Bernard GORGEON
aidé de Daniel TAUPIN

GRIMPER
Climbing, Klettern, Arrampicare, Escalar
au
VERDON
984 voies du 5b au 8c

Lei LAGRAMUSAS
en Mairie,
04120 la PALUD-sur-Verdon
affilié à la FFME

REMERCIEMENTS

Nous tenons à remercier chaleureusement pour leur aide matérielle, morale, technique ou financière tous ceux qui nous ont aidés dans ce travail parfois ingrat :
- Julien Ackermann, Frédéric Augier, Jean-Marc Blanche, Lionel Bouchet, Michel Bousquet, Lionel Catsoyannis, Frédéric Devoluet, Olivier Dobel Ober, Bernard Duterte, Patrick Edlinger, Pascal Faudou, Michel Fauquet, Ingrid Filloz, Hervé Guigliarelli, Marc Guiot, Cherry et Peter Harrop, Jean-François Hagenmuller, Sabine et Michel Jourdan, Michael Kern, Jean-François Lignan, Pep Masip, Jacky Molines, Gabriel et Jean-Pierre Ollive, Philippe Paulé, John Rander, Jean-Marc Roman, Cinzia Sarti, Natatxa Soms, Michel Suhubiette, Bernard Vaucher.
- les auteurs des textes historiques ou autres qui égaient cet ouvrage : Jean-Paul Bouquier, Bernard et Jean Cauvin, Gilles Chappaz (et son ami aquarelliste) (p. 181), Michel Charles, Jean Fabre (p. 303), Michel Fauquet (p. 131), Fernando Ferreira, Jean-François Gras (p. 269), Marc Guiot (p. 175), Jean-François Hagenmuller (p. 203), Serge Mendola (p. 299), Jacques Nosley (p. 133), Benoît Paquet, Jérôme Rochelle (p. 285), Claude Rémy (p. 257), Yves Rémy (p. 125), Marco Troussier (p. 221), Bernard Vaucher (p. 351), Gérard Vincent.
- Un grand merci en particulier à Jean-François Lignan qui a bien voulu pour votre plaisir et l'efficacité de ce guide réaliser bénévolement tous les dessins.
- Le Conseil général des Alpes-de-Haute-Provence, le Conseil régional Provence-Alpes-Côte-d'Azur, le Syndicat mixte des Pays du Verdon, la Chambre de commerce et d'industrie des Alpes-de-Haute-Provence.
- Le COSIROC, la D.R.J.S.-Marseille, la Mairie de la Palud-sur-Verdon, Lei Lagramusas, le CNRS, l'Université de Paris-Sud.
- les auteurs des logiciels du domaine public qui ont permis la typographie de cet ouvrage : Yannis Haralambous, Jörg Knappen, Donald E. Knuth, Leslie Lamport, Werner Lemberg, Eberhardt Mattes, Tom Rokicki, Friedhelm Sowa.
- Les annonceurs : le Wapiti (p. ii) ; l'Auberge des Crêtes (p. iii) ; l'Auberge de Jeunesse (p. iv) ; La Montagne (p. 4) ; Au Vieux Campeur (p. 6) ; Arc-en-Ciel (p. 16) ; Hôtel des Gorges du Verdon (p. 102) ; Camping « les Lavandes » (p. 104) ; 8 à Huit (p. 105) ; la Ferme de Boulogne (p. 106) ; l'Échoppe (p. 107) ; Perroquet Vert (p. 201) ; le Bureau des Guides (p. 372) .

Photos de couverture et intérieures : Bernard Gorgeon
Photos de la falaise de l'Escalès : Gabriel et Jean-Pierre Ollive
Pictogrammes : Daniel Taupin (©)

LEI LAGRAMUSAS — 12 juillet 2000
ISBN 2-9505261-3-6
Dépôt légal 3e trimestre 2000.

Sommaire

I	**AVERTISSEMENT / Warning / Warnung / Avviso / Advertencia**	**11**
II	**INTRODUCTION au VERDON**	**17**
II-1	Verdon ! mot magique...	17
II-2	Le climat	17
II-3	Histoire de l'escalade au Verdon	17
II-4	Le rocher — aperçu géologique	22
II-5	L'environnement	24
II-6	Les bonnes manières	24
II-7	Qui finance les équipements des falaises françaises ?	25
II-8	Autour du rocher, autour du Verdon	27
III	**INTRODUCTION to the VERDON**	**28**
III-1	Verdon ! the magic word...	28
III-2	The climate	28
III-3	History of climbing in Verdon	28
III-4	The rock — geology of the Verdon gorge	33
III-5	The environment	34
III-6	Good manners	35
III-7	Who paid for the equipment of the French crags?	36
III-8	Around the rock, around the Verdon	37
IV	**EINFÜHRUNG zum VERDON**	**39**
IV-1	Verdon ! das Zauberwort...	39
IV-2	Das Klima	39
IV-3	Zur Geschichte des Verdon	39
IV-4	Das Gestein — die Geologie der Verdon-Schlucht	45
IV-5	Umweltschutz	46
IV-6	„Gutes Benehmen"	47
IV-7	Wer finanziert die Einrichtung der Kletterwände in Frankreich?	48
IV-8	Die Umgebung ums Verdon herum	49
V	**INTRODUZIONE al VERDON**	**51**
V-1	Verdon ! la parola magica...	51
V-2	Il clima	51
V-3	Storia dell'arrampicata nel Verdon	51
V-4	La roccia — geologia delle Gorges du Verdon	56
V-5	L'ambiente	57
V-6	Le maniere gentili	58
V-7	Chi paga l'attrezzatura delle roccie di arrampicata in Francia?	59
V-8	Intorno alle roccie, intorno al Verdon	60

La MONTAGNE

Votre passion est la nôtre...

randonnée

alpinisme

ski

escalade

spéléo

ressemelage
chaussons d'escalade
chaussures de montagne
réparation de ski

85, rue d'Italie - 13006 MARSEILLE

ouvert tous les jours
de 9h à 12h et de 14h à 19h

Tél.
04 91 42 18 36

SOMMAIRE

VI	**INTRODUCCIÓN al VERDON**	**62**
VI-1	¡ Verdon ! palabra mágica...	62
VI-2	El clima	62
VI-3	Historia de la escalada del Verdon	62
VI-4	La roca — vision geológica de las gargantas del Verdon	67
VI-5	El medio natural	68
VI-6	Los buenos modales	69
VI-7	¿ Quién costea las instalaciones en los acantilados franceses y en el Verdon ?	70
VI-8	Alrededor del peñasco, alrededor del Verdon	71
VII	**TECHNIQUE / Technical / Technisches / Tecnica / Técnico**	**73**
VII-1	Pour stationner et retrouver sa voiture intacte / for parking and retrieving an undamaged car / sichere und unsichere Parkmöglichkeiten / per sostare e ritrovare la macchina intatta / para aparcar y poder recuperar el coche intacto	73
VII-2	Votre matériel / your personal gear / ihre Ausrüstung / il vostro materiale / vuestro material	76
VII-3	Cotations / grading / Schwierigkeitsskalen / quotazioni / cotas	80
VII-4	Si vous voulez équiper des voies / if you want to equip routes / wenn Sie vorhaben, Routen einzurichten / se volete attrezzare delle vie / si queréis equipar las vías	81
VII-5	Schémas / figures / Schemen / schizzi / esquemas	84
VII-6	Description des itinéraires / describing the routes / Routenbeschreibung / descrizione degli itinerari / descripción de los itinerarios	85
VII-7	Légende des pictogrammes / a key to pictograms / Zeichenerklärung / i pittogrammi / los pictogramas	89
VII-8	Secours / rescue / Rettungsdienst / soccorso / socorros	97
VIII	**PRATIQUE / Practical / Praktisches / Pratico / Práctico**	**103**
VIII-1	Logement / lodging / Übernachtung / alloggio / alojamiento	103
VIII-2	Ravitaillement / food / Verpflegung / alimentazione / alimentación	105
VIII-3	Garages	105
VIII-4	Garde d'enfants / baby sitting / Babysitten / guardería infantil	105
VIII-5	En cas de maladie / in case of illness / bei Krankheit / in caso di malattia / en caso de enfermedad	106
VIII-6	Banques, change / banks, change / Banke, Geldwechsel / banche, cambio / bancos, cambio	106
VIII-7	Matériel sportif / gear / Sportmaterial / materiale sportivo / material deportivo	107
IX	**VERDON AMONT – RIVE DROITE**	**115**
IX-1	AIGLE (ouest)	115
IX-2	L'AIGLE (centre)	116
IX-3	L'AIGLE (est)	117

1 ÉQUIPE, 17 BOUTIQUES SPÉCIALISÉES
7 catalogues, plus de 1000 pages couleurs

GRIMPE	ESCALADE	MONTAGNE	VELO TOUT TERRAIN*
SPELEO	RANDONNEE	EQUITATION*	CAMPING
RUNNING*	TENNIS*	SQUASH*	NAUTISME*
LIBRAIRIE / CARTOTHEQUE*	PLONGEE SOUS MARINE		CANYONNING
SKI DE FOND	MONOSKI		SKI DE RANDONNEE
SKI DE PISTE	RAQUETTES A NEIGE	PARAPENTE	SURF DES NEIGES

* Les disciplines annotées d'une astérisque ne sont pas encore présentes à Lyon.

AU VIEUX CAMPEUR PARIS
(autour du)
48, RUE DES ECOLES
75005 PARIS
TEL. (1) 43.29.12.32
TELEX 204881 F
FAX (1) 46.34.14.16
MINITEL 3614 VIEUXCAMP

AU VIEUX CAMPEUR LYON
43, COURS DE LA LIBERTE
69003 LYON
TEL. 78.60.21.07
et 78.62.20.52
FAX 78.62.31.42

AU VIEUX CAMPEUR

TOUT TEMPS LA TECHNIQUE, AUJOURD'HUI LA PASSION EN PLUS.

SOMMAIRE

IX-4	POINT SUBLIME (ouest)	118
IX-5	POINT SUBLIME (centre)	119

X   L'ESCALÈS   **122**

X-1	TILLEUL	122
X-2	PAS DE LA BAÙ	125
X-3	LIZ TAYLOR	126
X-4	MUR BLEU	127
X-5	DENT D'AIRE	128
X-6	JARDIN des SUISSES	129
X-7	SOURICIÈRE	130
X-8	SURBOTTES	132
X-9	GUEULE D'AMOUR	135
X-10	MORT à VENISE	136
X-11	SURVEILLER et PUNIR	138
X-12	MISSION	140
X-13	TUYÈRE	143
X-14	VIRGINIE	145
X-15	SORDIDON	149
X-16	SÉANCE	151
X-17	DÉBILOFF	153
X-18	FÊTE	155
X-19	TOBOGGAN	157
X-20	GOLEM	159
X-21	MANDARINE	161
X-22	SAUT D'HOMME	163
X-23	VIRILIMITÉ	165
X-24	FENRIR	167
X-25	MUAB	169
X-26	TROISIÈME CIEL	170
X-27	NAZIAQUE	173
X-28	SIX FOIS ZETTE	179
X-29	CARELLE	180
X-30	MAMI	183
X-31	CTULUH	184
X-32	PICHENIBULE	187
X-33	DALLES GRISES	189
X-34	DINGO	191
X-35	ÉCUREUILS	193
X-36	MÉGAFOOT	195
X-37	DEMANDE	197
X-38	SOLANUTS	199
X-39	MISKATONIC	200
X-40	GAÉLIQUE	203

X-41	LUNA BONG	205
X-42	GRANDS NAVIRES	207
X-43	ÉPERON SUBLIME	209
X-44	TCHÈQUE	211
X-45	ORNI	213
X-46	PAROI ROUGE	219
X-47	MESCALITO	223
X-48	COLIS	225
X-49	CASTAPIAGNE ROUGE	227
X-50	POKER	229
X-51	ARTIF	231
X-52	DÉROBÉE	233
X-53	LA PLAGE	234
X-54	MILLÉNAIRES	237
X-55	OFFRE	239
X-56	QUE DALLE	240
X-57	CATARACTES	241

XI   GRAND EYCHARME   242
XI-1	PÉROU	242
XI-2	ESTAMPO	245
XI-3	TIOTIEUMA	246

XII   MALINES   249
XII-1	BELVÉDÈRE	249
XII-2	CHAN-THÉ	250
XII-3	DISCORDE	252
XII-4	IGLOO	255

XIII   L'IMBUT   256
XIII-1	DÉCIZE	256
XIII-2	PATIBULAIRE	258
XIII-3	WAPITI	260
XIII-4	ROUMAGAOU	262
XIII-5	HERBETTO	265
XIII-6	STYX	267

XIV   ROUMI   269
XIV-1	ROUMI	269

XV   MAYRESTE   271
XV-1	BANANIERS	271
XV-2	SCHLOPPAKOTZE	272

XVI   COLLE DE L'OLIVIER   275
XVI-1	CHAPELLE	275
XVI-2	OLIVIER	276

SOMMAIRE

XVII	**ISSIOULE**	**277**
XVII-1	BALADE	277
XVII-2	ISSIOULE	278
XVII-3	GALETAS	279
XVIII	**OURBES**	**280**
XVIII-1	BELLIÈRE	280
XVIII-2	FAMILLE À MAX	283
XIX	**VERDON AMONT – RIVE GAUCHE**	**285**
XIX-1	CASSEYÈRE	285
XIX-2	TATOUNE	286
XIX-3	SERRE MEYAN	287
XX	**DUC – ENCASTEL – IROUELLE**	**289**
XX-1	LE DUC	289
XX-2	BLUES	290
XX-3	AVENTURE	293
XX-4	RÉGLISSE	295
XX-5	ENCASTEL	297
XX-6	IROUELLE	299
XX-7	ARTUBY	300
XXI	**VERDON VAROIS**	**303**
XXI-1	FAYET	303
XXI-2	DÉVERS	305
XXI-3	MOU	307
XXI-4	CAVALIERS	308
XXI-5	ESTELLIÉ	311
XXI-6	OURSINADE	312
XXI-7	FAUTEUIL	313
XXI-8	MAUGUÉ	315
XXI-9	KHÉOPS	316
XXI-10	ÉOUVIÈRE	317
XXI-11	KHMERS	319
XXI-12	VERNIS	321
XXII	**LES PETITES FALAISES**	**322**
XXII-1	SPÉCIALISTES	322
XXII-2	VALAUTE (ouest)	325
XXII-3	VALAUTE (est)	327
XXII-4	SOLITUDE	328
XXII-5	SALE TEMPS	329
XXII-6	SEPTIÈME SAUT	330
XXII-7	MIROIRS	332
XXII-8	LAMBERTS ET LAGRAMUSAS	334

XXII-9	ENVERS DU MIROIR	336
XXII-10	PETIT EYCHARME	339
XXII-11	COLLET BARRIS	341
XXII-12	BAUCHET	342
XXII-13	MAINMORTE	344
XXII-14	LA FAC	347
XXII-15	CHALANETTES	348
XXII-16	COL D'AYEN (ouest)	350
XXII-17	COL D'AYEN (est)	352
XXII-18	NÉOPHYTES	354
XXII-19	FÉLINES	356
XXII-20	MOUSTIERS	358

XXIII OMISSIONS VOLONTAIRES **360**
- XXIII-1 SAINT-MAURIN – BŒUF BEURRÉ 360
- XXIII-2 MOUTON 360
- XXIII-3 COURCHON 360
- XXIII-4 COL DE L'ÂNE 360
- XXIII-5 MONTDENIER 360

XXIV INDEX ALPHABÉTIQUE DES VOIES **361**

XXV INDEX DES VOIES PAR DIFFICULTÉ **371**

XXVI INDEX GÉNÉRAL **383**

MOULINETTE
Au Verdon encore plus qu'ailleurs,
l'assureur doit toujours s'encorder
à l'autre bout de la corde.

LE CASQUE,
ÇA N'EST PAS RIDICULE !
Au Verdon, tout n'est pas nettoyé,
il y a souvent des grimpeurs au-dessus de vous,
... et des promeneurs au sommet des voies.

I. AVERTISSEMENT / Warning / Warnung / Avviso / Advertencia

L'objectif de ce topo-guide est de vous donner envie de grimper au Verdon ; mais, quel que soit le soin que nous y avons apporté, notre travail ne vous dispense pas de respecter les règles de sécurité d'une activité réputée « à risque », surtout au Verdon.

Or, en escalade comme en alpinisme, la règle communément admise (et formalisée par la FFME dans les **Consignes fédérales de sécurité**, p. 12) est que le grimpeur est **seul responsable de sa sécurité** : vous devez donc toujours savoir vous-mêmes évaluer les risques, vos capacités et celles de vos collègues, et assurer vous-mêmes votre propre sécurité.

Pour évaluer la difficulté d'une voie et les risques qu'elle comporte, vous devez vous assurer par tous les moyens possibles (examen visuel, bibliographie, renseignements communiqués par des tiers dont vous devez apprécier la fiabilité, etc.), d'une part que la voie correspond à votre propre niveau, d'autre part que l'équipement en place est suffisant en quantité et en qualité, compte tenu de votre niveau et de votre équipement personnel.

Pour vous faciliter cette évaluation, nous avons collecté dans ce topo-guide les informations que nous souhaitons les plus fiables possibles, mais il est impossible à un auteur de grimper le millier de voies décrites et d'y vérifier toutes ces données. Certaines d'entre elles sont donc forcément fausses, ou obsolètes du fait de l'évolution du milieu naturel... ou du vandalisme de certains visiteurs[1]. Vous devez donc enquêter vous-mêmes... sur l'exactitude du topo et de vos informations avant de partir dans une voie inconnue !

Méfiez-vous en particulier des cotations, sujet inépuisable de discussion entre les grimpeurs : les auteurs de « premières » ont souvent peur de surcoter leurs voies pour ne pas être ridiculisés par des répétiteurs agiles ! Et certaines « classiques » sont bien plus faciles quand on les connaît par cœur !

Si vous doutez de vous-mêmes, ce n'est pas le topo qui vous apportera une garantie ; renoncez plutôt que de prendre des risques inconsidérés.

We hope that this guidebook will give the reader the desire to climb in the Verdon and that the information presented here is as reliable as possible. Unfortunately it is impossible for one author to have climbed all the routes and to standardise all the data. Inevitably therefore, some information will be false. Route grading, for example, is an inexhaustible subject of discussion between climbers; at least this

---

[1] Nous vous informons qu'un ou plusieurs irresponsables s'amusent à régulièrement détruire des relais au sommet des voies. Merci de nous prévenir si vous le ou les voyez.

Consignes fédérales de sécurité pour l'escalade en site naturel et l'alpinisme
(Assemblée Générale de la FFME, 14 Janvier 1993)

> *Références : Loi sur le Sport de 1984, article 17 : « Dans chaque discipline sportive et pour une période déterminée, une seule fédération reçoit délégation du ministre chargé des sports pour organiser les compétitions sportives [...] et procéder aux sélections correspondantes. Cette fédération définit, dans le respect des règlements internationaux, les **règles techniques propres à sa discipline**. »*

Il est de la responsabilité propre de tout alpiniste ou grimpeur en site naturel, non encadré par un professionnel ou un diplômé bénévole, d'estimer les risques qu'il prend en s'engageant dans une voie d'escalade ou dans une course en montagne. Ce texte a pour objectif d'en préciser les conditions d'exercice.

1. Le grimpeur ou l'alpiniste est seul responsable de sa propre sécurité.
2. Dans le cas de mineurs, cette responsabilité incombe aux parents ou à l'encadrement conformément à la législation en vigueur.
3. Tout conseil, toute aide, ne dispensent pas celui qui les reçoit ou les utilise d'évaluer les risques auxquels il peut s'exposer suite à son engagement dans la voie ou la course. Il est, par conséquent, nécessaire que le grimpeur ou l'alpiniste :
   (a) s'assure par tous les moyens possibles (examen visuel, bibliographie, renseignements communiqués par des tiers dont il doit apprécier la fiabilité...) que la voie correspond à son propre niveau ;
   (b) s'assure également par tous les moyens possibles que l'équipement en place est suffisant en quantité et en qualité, compte tenu de son niveau, de l'équipement personnel dont il dispose et de l'estimation qu'il fait de ses risques de chute ;
   (c) sache reconnaître une prise instable ou un ancrage vétuste ou inapproprié ;
   (d) sache renoncer s'il estime que la voie où il s'est engagé présente des caractéristiques qu'il ne peut maîtriser compte tenu de son niveau (mauvais rocher, équipement jugé insuffisant, conditions météorologiques...).
4. La FFME dispense, dans ses stages ou à travers ses clubs, les connaissances nécessaires à l'évaluation des moyens et au choix des comportements assurant la sécurité. C'est-à-dire qu'outre la technique gestuelle se trouvent enseignés :
   (a) l'apprentissage de la sécurité en fonction des divers milieux ;
   (b) l'apprentissage de l'appréciation des risques ;
   (c) l'apprentissage de la distinction entre équipements fiables et équipements vétustes, insuffisants ou abandonnés.

La FFME considère que ces connaissances sont indispensables à toute pratique autonome en sécurité et doivent faire partie de la formation de base des grimpeurs et des alpinistes.

enlivens evening conversations! Also, climbers of first ascents are often wary of over-grading their routes for fear of being ridiculed later by others.

Another reason why some information presented here may be misleading, is that by its very nature, the natural environment is continually changing; the limestone of the Verdon, as other rock, is millions of years old and in constant evolution. On the access to routes, as well as to the in-situ protection and of course, on the cliff itself, natural or man-made changes regularly occur[2].

The responsibility for an ascent rests entirely on you (see **Consignes fédérales de sécurité**, p. 29), the climber; you should always know how to evaluate your capacities, the actual difficulty, the quality of the equipment and must assure your own safety by yourself. Never trust anybody but yourself, not even this guidebook which still contains errors, regardless of the care it has been made with. The authors and editors of this guidebook cannot be held responsible for other climbers' lack of judgement faced with difficulties or problems which may be encountered on a route. In case of doubt, it is not the guidebook which can give a guarantee; it's better to abandon a project and do something else, or go home, rather than to take ill-considered risks.

Ziel dieses Kletterführers ist es, Appetit aufs Klettern im Verdon zu machen. Es führt aber kein Weg daran vorbei (speziell im Verdon) dass Sie sich an die Sicherheitsregeln der als gefährlich bekannten Aktivität des Kletterns halten.

Es gilt sowohl beim Klettern als auch im Alpinismus (wie in den Statuten **Consignes fédérales de securité** der FFME niedergelegt, p. 41), dass jeder voll und ganz für seine eigene Sicherheit verantwortlich ist. Deshalb müssen Sie auf eigene Faust das Risiko einer Route, Ihr kletterisches Niveau und das Können Ihrer Kollegen abschätzen. Ihre Sicherheit beim Klettern liegt in Ihrer ureigenen Verantwortung.

Für eine Einschätzung der Kletterschwierigkeiten und die damit verbundenen Risiken müssen Sie durch alle möglichen Mittel (wie eigenen Augenschein, Lektüre der einschlägigen Literatur und Auskünfte vertrauenswürdiger Dritter) sicherstellen, dass die projektierte Route Ihrem Können entspricht und dass zudem Ihre Fähigkeiten der qualitativen und quantitativen Absicherung vor Ort entsprechen und davon nicht überfordert sind.

Zu diesem Zweck haben wir in diesem Führer eine Menge Recherchen geleistet und einen Haufen Informationen zusammengetragen, die im Rahmen des Möglichen ein Maximum an Verlässlichkeit bieten dürften. Die Größe des Gebiets hat es leider an sich, dass der Autor unmöglich alle Touren klettern und somit sämtliche Angaben überprüfen kann. So kommt es schon einmal vor, dass sich zwischen Realität und ihrer Beschreibung im Führer ein gewisse Kluft auftut, und dass einige Informationen sowieso veralten: Der Zahn der Zeit nagt auch am Gestein des Verdon, ausserdem führen sich einige Besucher auf wie die Vandalen[3].

---

[2]Incidentally, one or several idiots amuse themselves by destroying belays at the top of routes. If you see people doing this, please inform us.

[3]Im übrigen sei darauf hingewiesen, dass sich einer oder mehrere Debilos regelmäßig einen

Also muss sich jeder selbst ein umfassendes Bild von den Gegebenheiten machen — zum Beispiel anhand des Führers, aber auch über Erkundigungen vor Ort — bevor er in eine ihm unbekannte Tour einsteigt.

Achten Sie besonders auf die Schwierigkeitsbewertungen, die sowieso unerschöpflichen Stoff zum Disputieren liefern und aus folgendem Grund stets mit Vorsicht zu genießen sind: Die Erstbegeher bewerten oft sehr hart. Das hat seinen Grund in der Angst, das Werk überzubewerten und dann von munteren Wiederholern der Lächerlichkeit preisgegeben zu werden. Denken Sie auch daran, dass ein Klassiker, den man eh schon kennt, sich leichter klettert als eine vollkommen fremde Route.

Wer seiner Sache nicht sicher ist, dem liefert das Topo keine Garantie: Im Zweifelsfall ist es besser, einen Rückzieher zu machen als unkalkulierbare Risiken einzugehen.

L'obiettivo di questa guida è di farvi venire voglia di arrampicare in Verdon; tuttavia, nonostante la cura e l'attenzione che ci abbiamo messo, il nostro lavoro non vi dispensa dal rispettare le regole di sicurezza di un'attività ancora considerata «a rischio», soprattutto in Verdon.

Ora, nell'arrampicata come nell'alpinismo, la regola comune (e formalizzata dalla FFME nelle Consignes fédérales de sécurité, p. 53) è che la responsabilità della sicurezza in arrampicata è completamente vostra; dunque dovrete essere sempre capaci di valutare da soli i rischi, le vostre capacità e quelle dei vostri compagni, e di garantirvi la vostra sicurezza.

Per valutare le difficoltà di una via ed i rischi che essa presenta, dovrete accertarvi con tutti i mezzi possibili (esame visuale, bibliografia, informazioni avute da altre persone, di cui dovrete valutare l'affidabilità, ecc.), da una parte che la via sia adatta al vostro livello, e dall'altra che l'attrezzatura in loco sia sufficiente in quantità ed in qualità, tenendo conto del vostro livello e del vostro equipaggiamento personale.

Per facilitarvi questa valutazione dei rischi, abbiamo raccolto in questa guida le informazioni che riteniamo più affidabili. Purtroppo è praticamente impossibile per un autore arrampicare personalmente tutte le vie e verificare così tutte le informazioni avute da altri. Sicuramente qualcuna di queste sarà errata, altre saranno obsolete, sia a causa dell'evoluzione dell'ambiente naturale, sia a causa del vandalismo di alcuni visitatori[4]. Ciò significa che, prima di partire per una via sconosciuta, dovrete investigare da soli sull'esattezza delle informazioni di cui siete in possesso... incluse quelle di questa guida!

Non fidatevi delle gradazioni, che sono oggetto di discussioni infinite fra gli arrampicatori: gli autori di «prime» hanno spesso paura di sopravvalutare le loro vie, e di apparire ridicoli ai forti ripetitori! Ed inoltre, alcune vie «classiche» sono

---

Spaß draus machen, die Standplätze am Trauf zu zerstören. Wer so etwas beobachtet, tut gut daran, uns sofort zu informieren.

[4]Dobbiamo informarvi che uno o più emeriti imbecilli si divertono a distruggere regolarmente le soste delle vie. Vi preghiamo di informarci se li vedete.

molto più facili quando si conoscono tutte le prese e tutti i movimenti...

Se dubitate di voi stessi non sarà una guida a garantirvi l'incolumità, quindi farete meglio a rinunciare piuttosto che esporvi a dei rischi sconsiderati.

El objetivo de esta guia es de motivaros para que vengais a escalar al Verdon; para este proposito hemos reunido las que creemos mejor y mas fiables informaciones. Desgraciadamente es imposible para un autor escalar todas las vias y contrastar todos los datos. Asi pues algunos de ellos no son totalmente veridicos. Las cotaciones por ejemplo son un sujeto inagotable de discusión entre los escaladores; esto hace que las reuniones sean mas animadas. Los autores de las «Primeras» tienen frecuentemente miedo de sobrevalorar sus vias para no ser ridiculizados por repetidores agiles! etc...

Por otra parte el medio natural es por naturaleza cambiante; no hay que olvidar que venimos, parece ser, de una gran explosión y vamos hacia.... todavia pueden tener lugar erosiones naturales o artificiales en los acantilados, los accesos y las instalaciones. De hecho hos informamos que han habido algunos cretinos que se han divertido regularmente destruyendo los enlaces en las cimas de las vias. Daremos las gracias por informanos de ellos si alguna vez hos los cruzais en vuestro camino.

La responsabilidad de una ascensión hos incumbe enteramente (ver **Consignes fédérales de sécurité**, p. 64); teneis que saber evaluar vuestras capacidades para asegurar vuestra seguridad. En ningun caso los autores o el editor de esta guia podran ser responsables de vuestra falta de juicio frente a las dificultades de una via. Si dudais de vosotros mismos, no sera la guia quien podra daros una garantia, es mejor renunciar, antes que lanzarse a riesgos inconsiderados...

Votre SÉCURITÉ en falaise,
ça ne s'improvise pas,
ÇA S'APPREND.
ADHÉRER À UN CLUB
C'EST PARTAGER l'EXPÉRIENCE,
C'EST GRIMPER PLUS SÛR.

Tous les clubs d'escalade de France :
http://www.ffme.fr/club/liste/index.html

II. INTRODUCTION au VERDON

II-1 Verdon ! mot magique...

Tout grimpeur en a rêvé... pourquoi ? La nature s'est surpassée pour créer ici une escalade unique au monde.

Les sens sont en extase, le corps se délecte de ce rocher gris-jaune, compact, raide, sculpté à merveille. Les yeux se rassasient de ce paysage, de ces formes. La tête se remplit de ce vide omniprésent.

Ici on descend grimper ! cela surprend au début...

Mais tout n'est pas paradisiaque : vous n'êtes pas seuls. Nous vous recommandons d'être modestes face à cette nature, aux habitants, aux autres usagers. Nous vous livrons quelques secrets pour retrouver cette aventure solitaire que certains aiment.

Avec nos remerciements,

II-2 Le climat

On peut grimper au Verdon toute l'année, mais de novembre à mars il faudra très bien choisir ses heures et ses lieux. En effet, vous êtes à 1000 mètres d'altitude en climat montagnard : il peut geler très fort en hiver et les chutes de neige sont possibles de novembre à mai.

Les orages sont fréquents au printemps et en été.

La falaise de l'Escalès est orientée est-sud-est, elle est donc au soleil le matin dans l'ensemble, mais certaines parties reçoivent cependant le soleil plus tard. Elle est abritée du Mistral qui est dans la région un vent d'Ouest.

Les falaises des Malines et de l'Imbut sont orientées plein sud. Elles sont donc chaudes et ensoleillés en été ; en revanche elles ne voient pas le soleil pendant les mois d'hiver.

La falaise de l'Estellié est orientée au nord et ne voit pratiquement jamais le soleil.

II-3 Histoire de l'escalade au Verdon

Les premiers habitants du Verdon n'y habitèrent certainement pas de gaîté de cœur. Ils furent en effet certainement refoulés depuis les plaines du rivage méditerranéen, berceau de l'humanité, vers ces terres pauvres et austères. Ils avaient donc certainement dans leurs gènes une capacité à la résistance et à la survie peu commune.

C'est ainsi que les premiers hommes à parcourir les falaises le firent très tôt : on dit que la falaise de l'Escalès (d'Escalet disent certains « anciens » paluards[1]) doit son nom à l'ascension qu'en aurait fait à l'aide d'échelles le seigneur moyenâgeux de Trigance pour attaquer son voisin de la Palud.

Les paluards continuèrent ensuite à plonger dans les gorges et leurs falaises par des sentiers escarpés comme ceux qui permettent d'accéder à l'arête du Belvédère ou à l'Imbut ou accrochés à des cordes comme l'indique le nom du Belvédère de « la Carelle », c'est-à-dire la *poulie* qui permettait de hisser les produits de la cueillette et parfois les hommes. Le butin était fait de buis rares qui présentaient des caractéristiques exceptionnelles pour être tournés ou encore d'essaims d'abeilles, de miel, d'aiglons ou de cades imputrescibles. Des traces ont été trouvées par les grimpeurs modernes : une poterie entière sur la *terrasse médiane* (à 150 m en rappel du sommet !), des « escarassons » (vieux coins de bois taillés plantés dans des fissures) dans le *Sordidon* ou *la Souricière*, deux points de faiblesse de la falaise de l'Escalès.

Mais venons en à ce qu'on a plus l'habitude d'appeler l'histoire de l'escalade au Verdon. Georges Livanos le célébrissime grimpeur marseillais était, paraît-il, passé par ici et, levant les yeux, n'y avait vu que de piètres falaises inintéressantes. C'est bien vers le « haut » que regardèrent également les premiers *ouvreurs* marseillais des Gorges et ils s'arrêtèrent donc à Saint-Maurin et Mayreste. En plus, s'échappant de la ville ils pouvaient aisément ripailler dans des grottes accueillantes.

Les noms des premières voies ouvertes en 1966 et 1967 par François Guillot, Maxime André, Claude Cassin, Jacques et Philippe Kelle, Marc Chabert, Gilles Cohen, Bernard Domenech témoignent bien de l'ambiance orgiaque : Le *Mouton saoul*, le *Bœuf beurré*, les *Écureuils alcooliques*.

Il a fallu en 1968 le sérieux monacal et parisien de Patrick Cordier et ses amis Patrice Bodin, Lothar Mauch, Patrice Richard, un été pourri à Chamonix et une technique himalayenne pour découvrir qu'il ne fallait pas regarder en haut (quoique... la paroi du Duc se voit encore en regardant vers le haut) mais en bas dans ce pays. Ils ouvrirent ainsi la voie des *Enragés*. La voie des Gorges était ouverte.

Ce fut ensuite ce que beaucoup considèrent encore comme l'âge d'or du Verdon. A l'automne 68 les marseillais François Guillot et Joël Coqueugniot ouvrent la *Demande* puis, en 1970 Guy Héran, un grimpeur parisien exceptionnel, avec ses amis marseillais Marius Coquillat, Michel Charles, Pierre Louis (un toulonnais), Bruno Dineur et Serge Gousseault, ouvre successivement *Luna Bong*, *l'Éperon sublime* et la *Paroi rouge*. En 1972 Bernard Bouscasse signe une de ses plus belles réalisations avec *Ula* et, Guillot – Coqueugniot les *Écureuils*.

Après, tout s'accélère, on se bat pour faire les premières répétitions et les candidats aux « premières » se multiplient. Plusieurs équipes en concurrence amicale se partagent le gâteau. Les marseillais du CAF, François Guillot, Joël Coqueugniot, Jean-Marie Picard-Deyme, Jean Fabre et Guy Abert ouvrent à l'Escalès, à la Maline, à l'Eycharme *l'Estamporanée* — voie majeure encore à l'heure actuelle —, au Maugué, à l'Imbut le *Péril rouge*. L'équipe des « Escurs » (les *Excursionnistes*

---
[1] « Paluard » : habitant de la Palud-sur-Verdon.

II-3. Histoire de l'escalade au Verdon

Marseillais) également, Raymond Bonnard, Roland Fustin, Bouscasse, Bernard Vaucher, Michel Tanner, Jacques Fouque (*Ula* en solo en 76), Henri Rigaud, Jean-Patrick Coullet ouvre en 72 la *Castapiagne rouge*, la *Mousson*, *l'Oursinade*... Les Toulonnais Pierre « P'tit » Louis, Serge Mendola, Christian Crespo, René Mattéoli ouvrent le *Pilier Gousseault*, *le Zippo*, la *Directe de la Paroi rouge*. Les marseillais de la FSGT avec Bernard et Daniel Gorgeon, Jacques Nosley, Jacques Keller, Pierre et Jean-François Gras ouvrent *Virilimité*, *les Barjots*, *Naziaque* et explorent d'autres falaises « perdues ». Pour la première fois cette équipe laisse équipées les voies en pitons et *golots*[2] pour permettre les répétitions en n'emportant que des coinceurs. Les aixois Jean-Paul Bouquier et Gérard Créton ouvrent principalement à la falaise de l'Imbut le *Roumagaou* et le *Dièdre des Aixois*. Et même, un parisien Jean-Claude Droyer ouvre le *Triomphe d'Éros*.

Les femmes sont présentes dans les répétitions avec Simone Badier, Denise Escande avec ses guides, Françoise Quintin. C'est la grande époque où s'ouvrent 4 à 5 grandes voies par week-end et où les vieilles granges squattées servent de lieu de rendez-vous.

Dans la deuxième moitié des années 70 arrivent de nouveaux protagonistes attirés par la renommée du site qui devient grandissante et mystérieuse. Martine et Christian Guyomar, Patrick Bestagno, Gilles Modica viendront appliquer ici leurs idées testées à la Sainte-Victoire, de grands itinéraires engagés verront le jour comme *Mescalito*, *Golem*, *Tecto-Flip*, *Interlope*.

Une date importante : au printemps 76, Stéphane Troussier (*Tuyau d'orgue*), Christian Guyomar descendent faire une voie de la Terrasse Médiane en y accédant en rappel. Ce qui paraît aujourd'hui tout naturel va alors changer la façon de voir le Verdon. Les dalles deviennent le fruit désiré. Et arrivera ensuite la suite logique : après une première ouverture avec corde fixe par Jacques Nosley dans *Dingomaniaque* en 78, l'équipement depuis le haut se systématise pour Jacques « Pschitt » Perrier qui ouvre cependant *Pichenibule* du bas en 77, puis *Ctuluh* et *Gwendal*.

C'est à cette époque que le maladroit et intolérant précurseur de l'escalade libre en France, Jean-Claude Droyer, est au centre des polémiques dont le rocher porte encore malheureusement la trace. Il reçoit du renfort venu d'outre-Manche avec Ron Fawcett et Pete Livesey qui lors d'un stage international libèrent de nombreux passages d'artif et convainquent nombre de protagonistes locaux.

Les méthodes alors utilisées pour l'ouverture sont en général basées sur l'usage maximal des coinceurs ; quand on ne peut pas mettre un coinceur, on met un piton ou au pire un *golot*. Les voies ne sont pas toujours laissées équipées mais cela arrive de plus en plus fréquemment. La nouvelle philosophie du « libre » s'accompagnera chez les locaux d'un usage plus systématique de points d'assurage meilleurs. Encore que certains comme Guyomar refusent l'usage de *golots* et tracent des itinéraires très engagés, pas ou peu repris, et veulent même imposer leurs points de vue aux autres... Là encore la polémique a fait rage et le rocher en a souffert également.

---

[2] *Golot* : l'ancêtre du *spit* dans les années soixante.

Jean-Marc Troussier (*Surveiller et punir*, le *Septième saut*), Philippe Maclé (*Rêves de fer*, *l'Ange en décomposition*), Claude Vigier (*Chrysalis*, *Durandalle*) utiliseront ensuite les deux méthodes, l'ouverture du bas et l'équipement du haut.

Certains comme Michel « Tchouky » Fauquet, Marc Guiot, les jeunes « Escurs » (*L'Arabe dément*, *Au delà du délire*) ou les suisses Claude et Yves Rémy (*Mégafoot*, *Écho logique*, *Télégrammes* et certainement le plus long kilométrage de voies ouvertes au Verdon) sont plus traditionalistes et n'ouvrent que du bas.

Les premiers grimpeurs de libre français vont alors aussi s'illustrer dans tous les genres ; grandes voies en solo pour Patrick Berhault, Patrick Edlinger, Thierry Volpiatto, Hugues Jaillet, « Pschitt » (*Estamporanée*), enchaînements, descentes en désescalade, travail des passages ; Berhault libère le bombé de *Pichenibule* ; voilà du libre dur (7c à l'époque) en plein gaz !

Au passage « Pschitt » invente le terme et la façon de faire en « moulinette ».

La recherche de la difficulté prime et la longueur des voies se raccourcit singulièrement : les couennes ou voies courtes partant suspendues dans la falaise deviennent légion (*Sale Temps pour les caves*, les *Miroirs*, *Troisième ciel*). L'emploi des « spits » se systématise. Le Verdon est alors un des premiers sites du monde à s'équiper presqu'entièrement en spits, sous la férule de Jean-Marc Troussier, Patrick Edlinger, Patrick Berhault, Françoise Lepron, Patrick Bestagno, rejoints ponctuellement par Jean-Baptiste Tribout, les frères Escoffier ou encore Jean-François Hagenmuller. C'est ainsi que naîtront *Papy on sight*, 8a puis 7c magistralement réalisé par Jerry Moffat en 84, *les Gestes pour le dire*, *Ouah, con, c'est du libre !*, le *Mur bleu*, *Les braves gens ne courent pas les rues*, *Agorgeamoclès*. C'est à cette époque que Bruno Potié (*Ève Line*) juge utile de tailler des prises dans la falaise de l'Escalès.

L'équipe « Tchouky »-Guiot ouvre en 80 le *Voyage de la Mandarine* préfigurant ainsi le schéma des années futures : la coexistence de tous les genres depuis la couenne jusqu'au grand mur d'artif. Dominique Suchet se lancera plus tard dans les grands itinéraires d'artif (*Ce lieu que les pierres regardent*).

Un nouveau genre naît dans ces années là : les grandes voies équipées pour l'escalade libre difficile ; *Mingus* en 1986 en est un bel exemple dont la première à vue en libre n'a été réalisée qu'en 1994 par Lynn Hill.

En 83/84 apparaissent les premiers perforateurs autonomes et cela va entraîner des changements profonds pour les falaises du monde entier et entre autres au Verdon. Pendant quelques années ce sera Michel Suhubiette pour permettre la création du centre UCPA qui maniera le plus cet outil dans les falaises du secteur et ce seront : *Afin que nul ne meure*, *À tout cœur*...

Peter Harrop équipe le col d'Ayen. Et là nous arrivons à la période d'affluence maximum qu'ait connu le Verdon ; la réputation est encore bien vivante mais l'équipement devient démocratique. Un service de secours se crée avec les pompiers de La Palud et Castellane qui se spécialisent dans les interventions en falaises. Une association (Lei Lagramusas) naît pour gérer les falaises et la pratique de l'escalade... nous sommes encore aujourd'hui dans cette période touristique.

Des films font alors découvrir le site au grand public avec Patrick Edlinger puis

II-3. Histoire de l'escalade au Verdon

Catherine Destivelle qui réalise alors le bombé de *Pichenibule* en libre. Quelques étrangers s'attachent ici tels : Martin Atkinson (*Gravities rainbow*), Louise Sheppard, Manolo. Didier Raboutou, Philippe Mussato passeront quelques étés dans le secteur (*Mijo, Farci par là*). « Pschitt » (encore lui !) équipe *les Spécialistes* gravi par Tribout, le premier 8c de France jusqu'à la 2e ascension d'Edlinger qui donne 8b+.

En tout cas c'est bien vers les falaises courtes que vont se concentrer les efforts des jeunes grimpeurs équipeurs locaux. Les *Néophytes*, le *Petit Eycharme*, quelques secteurs non autorisés à la publication sont l'œuvre de Pascal Faudou, Olivier Dobel-Ober, Frédéric Dévoluet, Bruno Clément. Cependant des aventuriers continuent à tracer des itinéraires depuis le bas souvent en artif : Hagenmuller, « Tchouky », Suchet et le petit nouveau mais non des moindres Hervé Guigliarelli et sa copine Karine Maze ont tracé pas moins de 10 grands itinéraires de falaise en 1994. Guigliarelli équipe (suréquipe ?) *Kallistée* entièrement en scellements. Certains disent que quelques prises sont collées ou trop consolidées... Il me semble dommage de faire cela au rocher mais de belles voies sont nées et parcourues... Qui a raison ?

Ces dernières années ont vu la pratique évoluer dans des directions qui, si elles ne sont en fait pas opposées, sont divergentes.

L'ouverture des voies d'artif continue à un rythme soutenu par Marco Troussier, Jean-François Hagenmuller, « Tchouky » (et son compère Marc Guiot), Christophe Moulin, Jean-Christophe Lafaille et leurs stagiaires, Dominique Suchet dans *la Castapiagne* (mais la place se fait rare). Une école d'artif voit le jour, une nouvelle technique fait rage : forer un début de trou pour y mettre un crochet ; certains crient au scandale... bataille des anciens et des modernes.

Des secteurs sont revisités : *la Corde tchèque, Les Cavaliers*. La cordée Guigliarelli-Maze, souvent renforcée de Gilles Crespi, sévit également dans de grandes voies équipées comme *Hors la loi*. Jérôme Rochelle gravit *la Castapiagne rouge* en libre et en solo, « Graou » (Bruno Clément) équipe des couennes extrêmes comme le toit de *Spaggiari* en libre.

Dans une autre optique, plus touristique qui malheureusement confine parfois au mercantilisme, se développe une autre réflexion visant à faciliter la pratique du plus grand nombre : des voies « faciles » sont équipées ou rééquipées par Alain Guinet, Jean-Marc Roman, Patrick Bestagno, Olivier Dobel-Ober ou Frédéris Dévoluet, comme *El gringo loco*, la *Voie des dalles*, *In memoriam* et la *Traversée des Cataractes* transformée en soi-disant itinéraire des secours, en fait surtout en « via cordata » par Michel Suhubiette. Une polémique s'engage sur cette dernière réalisation et des déséquipeurs « balancés » termineront la journée... chez les gendarmes. Les grimpeurs ont besoin des institutions pour discuter et régler leurs divergences. Un nouveau site école est équipé par Antoine Mahaut : *Collet Barris*, après une phase de discussion constructive entre Lei Lagramusas, la Mairie et les chasseurs.

L'avenir : l'escalade au Verdon toujours et encore ; le site n'est pas saturé même si certains endroits le sont. Mais aussi la protection du milieu naturel, le *Parc naturel régional du Verdon*, la nécessité du dialogue avec les différents protagonistes.

Le rééquipement, pour ou contre ? A-t-on le droit d'abandonner de vieilles chevilles un peu partout dans la falaise ? Le rocher se patine : faut-il fermer certaines voies ? L'heure est venue de se retourner sur notre pratique (voir la **Charte fédérale de l'équipeur**, p. 22). Plus nous serons à nous intéresser à toutes ces choses inintéressantes moins elles le seront et mieux nous les maîtriserons plus nous aurons le sentiment d'avoir une pratique en harmonie avec la terre, mère de toutes choses, et les autres *homo sapiens sapiens*.

II-4 Le rocher — aperçu géologique

Le rocher qui constitue les parois des gorges du Verdon, réputé auprès des grimpeurs pour être l'un des plus beaux et des plus solides d'Europe, est un calcaire très pur (c'est à dire dans lequel les impuretés argileuses sont quasiment inexistantes) d'origine organico-chimique et non de provenance interne au globe terrestre comme peuvent l'être des roches telles que granits, diorites et autres basaltes. Cette roche sédimentaire s'est déposée il y a 150 millions d'années, à la fin de l'époque jurassique

---

Charte fédérale de l'équipeur

1. Intégrer son action dans les priorités d'un plan local d'équipement.
2. Rencontrer tous les partenaires utilisateurs du site.
3. Respecter le classement du site.
4. Se soucier de l'environnement.
5. Ne pas équiper systématiquement et de manière équidistante toutes les lignes possibles sans se soucier de leur intérêt et de leur logique.
6. Ouvrir des itinéraires logiques et homogènes.
7. Ne pas modifier le rocher sauf purge nécessitée par la sécurité.
8. Respecter l'ambiance des anciennes voies. Ne pas couper ou ouvrir une voie moderne trop près d'un itinéraire classique intéressant.
9. Le rééquipement des anciennes voies régulièrement parcourues doit se faire, soit à l'identique (remplacement des ancrages vétustes), soit en respectant au maximum l'engagement antérieur (même nombre d'ancrages dans chaque longueur).
   Cette exigence doit être modérée dans le cas de voies de niveau moyen peu nombreuses, dans un massif où il est impossible d'en ouvrir d'autres du même niveau.
10. Laisser délibérément en l'état les grands terrains d'aventure.

II-4. Le rocher — aperçu géologique

de l'ère secondaire, dans les eaux d'un océan chaud et peu profond qui recouvrait alors une bonne partie de la Provence. Ses eaux étaient colonisées par des organismes marins appelés madrépores qui ont une *coquille* calcaire comme les huîtres, et qui ont des habitudes de vie grégaire, agglutinés les uns aux autres (on trouve encore de ces organismes sur les fonds de la Mer Rouge et du Golfe Persique). De plus ils favorisent la précipitation du calcaire contenu dans l'eau et se *cimentent* ainsi à leurs voisins pour résister à l'assaut des vagues, formant ainsi de véritables entablements ; leurs exigences écologiques étant très précises (eaux chaudes, peu profondes, bien éclairées et agitées), il suffit qu'un mouvement géologique majeur entraîne un accroissement de la profondeur de cet océan et les conditions seront réunies pour que la croissance de notre récif se fasse également verticalement, vers le haut, permettant une accumulation considérable de ces tables calcaires, jusqu'à former des plateaux sédimentaires que nous connaissons (Canjuers, Barbin, Moustiers, etc.).

Cette roche composée presque exclusivement de carbonate de calcium ($CaCO_3$) est blanche, mais elle apparaît le plus souvent grise, comme dans les fameuses dalles de l'Escalès ; il s'agit en fait uniquement d'une « patine » provoquée par la migration vers la surface des ions calcium, plus résistants à l'érosion et qui assurent ainsi une protection naturelle au rocher. Toutes les autres colorations allant du rouge au noir sont provoquées par des dépôts concrétionnés chargés en oxydes de métaux divers (fer, cuivre, manganèse, etc.). Plus une roche est cohérente mécaniquement et plus son profil d'équilibre peut se rapprocher de la verticale, les deux extrêmes étant la dune de sable sec dont la pente ne dépasse pas 30° et la falaise calcaire, qui peut parfois même être surplombante.

Notre galette calcaire de plusieurs centaines de mètres d'épaisseur aurait pu couler des millénaires paisibles si un événement géologique majeur n'était venu perturber cette immobilité ; à l'époque *éocène*, il y a environ 68 millions d'années, a commencé le soulèvement des Alpes consécutif à la confrontation de deux des plaques tectoniques qui composent le gigantesque puzzle de notre écorce terrestre : la plaque européenne et la petite plaque italienne poussée elle même par la plaque africaine. Toute surrection d'une chaîne de montagne entraîne des bouleversements très importants dans la disposition des terrains sédimentaires préexistants. Ainsi, après avoir définitivement quitté le milieu océanique, les plateaux carbonatés furent parfois plissés jusqu'à la fracture ou soulevés à certains endroits de plusieurs centaines de mètres, ne laissant aux cours d'eau d'autre choix que de s'enfoncer dans la masse calcaire par érosion chimique et mécanique, créant ainsi gorges et clues provençales, dont le canyon du Verdon est l'exemple le plus démesuré. Toute cette région des Alpes de Haute-Provence appartient à l'unité des Préalpes, sous l'influence tectonique du vaste Arc de Castellane.

La présence de fractures importantes du rocher ne peut qu'avoir facilité cet entaillement, particulièrement dans le secteur du Couloir Samson. Plus en aval, le Verdon a conservé son cours en larges méandres, témoin d'un tracé antérieur dans un paysage beaucoup moins accidenté ; en effet, une rivière n'adopte une configuration méandriforme que quand elle s'écoule dans une vallée large ou une plaine. Après un enfoncement vertical dans le massif calcaire de plus de 400 mètres, ce tracé sinueux demeure, très visible également chez son principal affluent, l'Artuby.

L'orientation générale au sud permet au rocher de ces falaises d'être préservé de l'humidité et des attaques du gel, facteur de dégradation de celui-ci. La lente conjonction de tous ces facteurs est donc à l'origine des conditions d'escalade exceptionnelles rencontrées dans les gorges : qualité du rocher, hauteur importante, verticalité, sculpture importante par dissolution, et soleil...

II-5 L'environnement

La plupart des sites d'escalade du Verdon sont sur le territoire de la commune de la Palud-sur-Verdon, qui tolère la fréquentation. Ce n'est pas toujours le cas, et certains sites ne figurent pas dans ce topo pour cette raison. D'autres sites y figurent, mais avec des restrictions. Nous vous demandons de respecter les consignes que nous vous indiquons ; cela est le gage d'une gestion consensuelle durable de l'espace naturel, et également la preuve que nous pouvons négocier avec les partenaires et véhiculer la bonne information.

Rappelons aussi que les gorges du Verdon sont un site classé. En mars 98 a été créé le *Parc naturel régional du Verdon* (PNRV) qui comprend les 53 communes riveraines du Verdon sur presque tout son cours. Ce syndicat intercommunal (le PNRV) peut être l'outil de gestion indispensable tant attendu par des petites communes devant, avec leurs faibles moyens, gérer un patrimoine naturel mondialement connu et visité... Mission impossible ! A vous, à nous de faire en sorte que tout se passe correctement.

Le PNRV, avec l'association *Vautours en Haute-Provence*, a entamé un programme de réimplantation du vautour fauve dans le ciel et les falaises du Verdon; la volière est située sur la commune de Rougon. Si vous grimpez, dans cette partie du massif plus particulièrement mais aussi ailleurs, signalez à la Mairie une découverte, un problème que vous auriez perçu à ce sujet.

II-6 Les bonnes manières

Vous venez au Verdon avant tout pour passer des vacances ou faire du sport. C'est une motivation éminemment respectable, mais ce n'est pas pour autant une raison valable pour vous conduire comme si vous étiez seuls au monde à grimper sur les falaises ou à circuler dans le pays.

II-6.1 Respectez les autres usagers du site

D'une part il y a les autres sportifs ou vacanciers, grimpeurs, randonneurs, campeurs, touristes, qui eux aussi ont droit à profiter paisiblement du rocher, de la nature et du temps qui passe :

- Évitez les bruits excessifs (cris, transistors, échappements).
- Ne jetez rien en bas : il y a peut-être des grimpeurs au-dessous.

- Ne monopolisez pas les voies par des *moulinettes* ou pour les travailler : pendant que vos muscles se décontractent, laissez passer les autres.
- Évitez de faire vos besoins au sommet des voies ;

II-6.2 Respectez la nature

D'autre part, il y a la nature qu'il convient de respecter par pitié pour les générations à venir :

- Remportez vos bouteilles de plastique, vos détritus ; si vous voyez des *détritus* oubliés par d'autres, il n'est pas déshonorant de les emporter aussi, ça compensera ceux qu'*accidentellement* vous avez peut-être un jour perdus.
- Si vous êtes dans l'incapacité de survivre sans fumer, faites-le uniquement en terrain rocheux, jamais en sous-bois ; et remportez vos mégots.
- Respectez tout particulièrement les *oiseaux* qui nichent dans les falaises. Leur survie dépend de votre *discrétion* quand vous passez à proximité, notamment au printemps : si vous inquiétez les parents, les œufs ou les poussins meurent de froid ou sont victimes d'autres rapaces.
- La partie aval de la falaise de l'Imbut est un repaire pour les oiseaux : il est interdit d'y grimper.

II-6.3 Respectez les habitants du pays

Enfin et surtout, aussi étrange que cela puisse paraître, *il y a des habitants au Pays du Verdon*. Même s'ils vivent en partie du tourisme, ils ne sont pas vos larbins ; au contraire ils ont droit à votre considération car c'est à eux que vous devez d'avoir un paysage et des villages accueillants. C'est pourquoi il vous est demandé :

- de ne pas piétiner les cultures,
- de ne pas effaroucher les troupeaux,
- de ne pas camper hors des campings autorisés,
- de ne jamais ouvrir les clôtures (pour éviter que le bétail s'échappe),
- de ne pas circuler en voiture sur les pistes forestières (ni *a fortiori* hors de tout chemin carrossable),
- de veiller à ce que votre *stationnement* permette le passage de véhicules utilitaires ou agricoles.

II-7 Qui finance les équipements des falaises françaises ?

Contrairement à ce que certains pourraient penser, les pitons, les plaquettes et les scellements ne poussent pas spontanément sur les falaises : il a bien fallu que quelqu'un les paye.

Alors que depuis près d'un siècle les stades et les gymnases sont financés par l'État, les communes ou les départements, les équipements des falaises françaises ont été intégralement payés de la poche des équipeurs bénévoles ou de clubs locaux, jusqu'au début des années 1980. La situation a commencé à changer vers 1983, date où le COSIROC (Comité de défense des sites et rochers d'escalade) suivi de la FFME (Fédération française de la montagne et de l'escalade, qui regroupe pratiquement toutes les associations de grimpeurs et de montagnards de France) et ici l'UCPA, décidèrent d'affecter un peu d'argent (quelques dizaines de milliers de francs) à l'équipement ou au rééquipement de sites d'escalade moderne.

Actuellement, beaucoup de communes (dont celle de la Palud-sur-Verdon), un certain nombre de conseils généraux (conseils de département) et de conseils régionaux ont compris l'intérêt économique et sportif de l'escalade et ont attribué des subventions — notamment dans le sud-est de la France — pour l'équipement des sites d'escalade. C'est un progrès, mais ça ne résoud pas tous les problèmes financiers :

- les besoins restent supérieurs aux subventions,
- toutes les régions et départements ne bénéficient pas de cette politique d'aide,
- les subventions ne sont versées que plusieurs mois après les achats de matériel ou la rétribution des professionnels (sur présentation de factures acquittées) de sorte que les clubs locaux ou les Comités Départementaux de la FFME doivent avancer des sommes souvent importantes,
- malgré l'exploitation des bénévoles supposés infatigables qui animent les clubs locaux (Lei Lagramusas) et la FFME, la gestion des politiques d'équipement entraîne des frais de fonctionnement qui ne sont pas négligeables.

Bref, « on » a besoin de votre contribution financière. Plutôt que d'instituer comme en Suisse ou en Belgique un péage au pied (ou au sommet) des voies, nous préférons faire appel à votre sens civique :

- achetez l'*autocollant* « Lei Lagramusas » ; les bénéfices servent à améliorer l'équipement du Verdon ;

- ne photocopiez pas mais faites l'effort d'acheter les topos des falaises où vous voulez grimper ; les bénéfices servent à améliorer les équipements ;

- adhérez à une association membre de la FFME; pour une cotisation annuelle de 200 à 350 F (selon les clubs) vous augmentez la crédibilité du monde des grimpeurs vis-à-vis des partenaires et vous donnez à la FFME et à ses comités locaux les moyens d'améliorer la quantité et la qualité des équipements. En prime vous bénéficierez d'une assurance *responsabilité civile* et *accidents*.

II-8 Autour du rocher, autour du Verdon

L'escalade est ici très belle, mais il n'y a pas que ça. Le pays, la nature, les gens à l'entour méritent aussi votre intérêt :
- des traditions anciennes telles que les tourneurs de buis d'Aiguines et les faïenciers de Moustiers ;
- la *Maison de l'Environnement* à la Palud-sur-Verdon ;
- les randonnées au fond des gorges ou sur les plateaux ;
- les activités nautiques sur les lacs de Sainte-Croix et de Castillon ;
- les autres activités de pleine nature :
  - la descente de canyons, rafraîchissante en été ;
  - le vélo tous-terrains ;
  - le rafting ;
  - la nage en eaux vives ;
  - le vol libre à Moustiers et Saint-André-les-Alpes.
- de nombreux petits sites d'escalade autour de Castellane, Aiguines et Moustiers ;
- les falaises de *Quinson* : l'escalade y est belle, l'équipement y est bon, les 130 voies d'une hauteur de 15 à 80 m sont de niveau 3 à 8. L'exposition est et ouest permet une escalade agréable pratiquement en toute saison ; il y fait cependant un peu chaud en été mais le lac permet de se rafraîchir. Le topo local est en vente au camping de Quinson, au Bar du Cours et à l'Hôtel Notre-Dame ;
- les falaises d'*Aiguines* et des *Cavaliers* (p. 308) : ce sont des falaises nouvellement équipées à des fins touristiques ; l'escalade y est souvent comparable à celle que l'on peut faire sur l'autre rive. Bien que faisant géographiquement partie du site des gorges du Verdon, ces voies ne figurent pas dans ce guide. En effet, après un long débat, l'association Lei Lagramusas a décidé de ne pas les décrire car leur style est par trop différent de l'état d'esprit aventureux qu'il peut sembler souhaitable de maintenir dans un site aussi prestigieux. L'équipement y est bon (tout en scellements), les 200 voies d'une hauteur de 15 à 120 m sont de niveau 3 à 8. L'exposition nord et ouest permet une escalade agréable en été. Le topo local est en vente au camping municipal et chez tous les commerçants du village.

III. INTRODUCTION to the VERDON

III-1 Verdon ! the magic word...

Every rock climber dreams of it... Why? Here, nature surpassed itself to create a sort of climbing which is unique in the world.

The senses are in ectasy, the body takes delight moving on this compact, steep, marvellously carved grey and yellow rock. The eyes get satiated with this landscape and these forms. And the head is filled with the omnipresent vacuum space.

Here, one has to descend to go climbing! This is rather surprising, at first...

But everything is not paradise: you are not alone in the country. We recommend you to use your discretion in front of this nature, its inhabitants, the other users of the site. We give you some secrets to help you find this lonely adventure which is loved by many.

Thank you.

III-2 The climate

Climbing is possible the whole year in the Verdon, but the climbing place should be carefully chosen from November to March. In fact, you are at 1000 m above sea level and in a mountain climate: hard frosts are frequent in winter, and snow may fall from November to May.

Thunderstorms are frequent in spring and summer.

The Escalès crag is oriented east-south-east, therefore it is generally sunny in the morning, but certain parts receive sunshine only later. It is protected from the Mistral, which comes from the west in this region.

The Malines and Imbut crags are oriented to the South. However they do not receive any sunshine during the winter months.

The Estellié crag is oriented to the North. Thus, it never receives sunshine.

III-3 History of climbing in Verdon

The first inhabitants of the Verdon certainly did not live therewith lights hearts. They must have been driven back from the from the plains bordering the Mediterranean, cradle of humanity, to this poor and austere lands. They certainly must have had in their genes an unusual capacity of resistance and survival.

The first men to travel over the cliffs did so very early: it is said that the Escalès cliff (or Escalet, as it is called by some of the old inhabitants of la Palud), owes its name to the ascension made with the aid of ladders by a Lord of Trigance during the Middle Ages to attack his neighbour of la Palud.

III-3. History of climbing in Verdon

From the Middle Ages, the villagers plunged in the gorges and climbed the cliffs by the steep paths such as those who give access to the route *l'Arête du Belvédère*, or the Imbut; or tied on to ropes (as is indicated by the name of the belvedere of the "Carelle" which means *pulley*) where products gathered from the traces and cliffs were hoisted up, men too sometimes. The booty was rare box wood of exceptional quality for turning, or swarms of bees, or honey, or young eagles, or incorruptible *cades* (junipers). Traces have been found by modern climbers: Whole pieces of old pottery on the *Terrasse médiane* (150 m from the top!), and "escarrassons" (old pruned wedges of box wood planted in cracks) on *Sordidon* and *la Souricière*, two points of weakness of the Escalès cliff.

But let's go on to the history of climbing in the Verdon. It is said that the famous Marseilles' climber Georges Livanos passed by here and, raising his eyes skywards saw only wretched, uninteresting cliffs. The first climbers from Marseilles to put up routes in the gorges also looked upwards, and therefore they stopped at the cliffs such as Saint-Maurin and Mayreste. Also, in escaping the city, they could easily have good blow-outs (dosses and parties) in the hospitable caves here. The names of the first routes put up here in 1966, 1967 by François Guillot, Maxime André, Claude Cassin, Jacques et Philippe Kelle, Marc Chabert, Gilles Cohen, Bernard Domenech

---

Consignes fédérales de sécurité
English translation
(Assemblée Générale de la FFME, 14 Janvier 1993)

1. The climber is the only person responsible for his (or her) own security.
2. In the case of minors, this responsability falls on the parents or on the instructor or guide conforming to current legislation.
3. All advice, all aid doesn't exempt a climber from estimating for himself the risks he could be exposed to, having started to climb a route. In consequence, it is necessary that the climber:
   (a) Makes sure, in every possible way(visual inpection, bibliography, information communicated by others, whose reliability he must estimate...) that the route corresponds to his abilities and level.
   (b) Ensures by every possible means, that the protection in place is sufficient in quality and quantity, taking account of his level, of his own equipment or gear and the estimation he makes of his risks of falling.
   (c) Knows how to recognise an unstable hold or a decrepit fixation or anchorage point.
   (d) Knows how to give up or retreat, if he considers that the route that he has started is beyond his capabilities (bad rock, insufficient protection, bad weather, etc.)

bear witness to the atmosphere of orgies: *le Mouton saoul* (the drunk sheep), *le Bœuf beurré* (the boozy beef), *les Écureuils alcooliques* (the alcoholic squirrels).

But in 1968, with a rotten season in Chamonix, the serious, monkish, parisian Patrick Cordier, and his friends Patrice Bodin, Lothar Mauch, Patrice Richard, and their himalayan techniques, discovered that one shouldn't look up, but down, in this region (even though the cliff named *Paroi du Duc* is still looked up to). So they put up the route of *Les Enragés*. The way of the Verdon Gorges was opened.

This was the start of what many still consider the golden age of the Verdon. In autumn of 1968 the Marseilles' climbers François Guillot and Joël Coqueugniot put up *La Demande*, then in 1970 Guy Héran, an exceptional climber from Paris, with his Marseilles' friends Marius Coquillat, Michel Charles, Bruno Dineur, Serge Gousseault, Pierre "P'tit" Louis (from Toulon), put up successively *Luna Bong*, *l'Éperon sublime* and the *Paroi rouge*. In 1972 Bernard Bouscasse created one of his best routes, *Ula*, and the team Guillot – Coqueugniot did *Les Écureuils*.

After this everything accelerated and people fought for first repeats as for first ascents. Several teams in friendly competition, shared the cake. Routes were put up on the Escalès, the Maline, the Eycharme (*Estamporanée*, still a major route), on Maugué, on the Imbut (*Péril rouge*), by the CAF (alpine club) Marseille's climbers, François Guillot, Joël Coqueugniot, Jean-Marie Picard-Deyme, Jean Fabre, Guy Abert. Also from Marseilles, the "Escurs" (i.e. the *Excursionnistes Marseillais*), Raymond Bonnard, Roland Fustin, Bouscasse, Bernard Vaucher, Michel Tanner, Jacques Fouque (who soloed *Ula* in 1976 !), Henri Rigaud, Jean-Patrick Coullet, in 1972 put up *la Castapiagne rouge*, *la Mousson*, *l'Oursinade*... The *Pilier Gousseault*, *le Zippo*, and the *Directe de la Paroi rouge*, were put up by Pierre "P'tit" Louis, Serge Mendola, Christian Crespo, and René Mattéoli, Richard Olsewski, from Toulon. The Marseilles' climbers of the FSGT, Bernard and Daniel Gorgeon, Jacques Nosley, Jacques Keller, Pierre and Jean-François Gras, were responsible for *Virimilité*, *les Barjots*, *Naziaque*, and explored and discovered other "lost" cliffs. For the first time, this group of climbers left their routes protected with some pegs and "*golots*[1]" to allow repeats using only nuts. Jean-Paul Bouquier and Gérard Créton from Aix put up routes mainly on the Imbut (*Roumagaou*, the *Dièdre des Aixois*). *Triomphe d'Éros* was done by the Parisian Jean-Claude Droyer.

Women present on early repeats included Simone Badier, Denise Escande, Françoise Quintin. It was the great epoch when 4 or 5 big routes were put up each week end, and where the old barns were used for dosses and meeting places.

During the second half of the 1970s, new climbers arrived, drawn by the fame of the site, which had become increasing and mysterious. Martine and Christian Guyomar, Patrick Bestagno, Gilles Modica came here to apply their ideas tested at Sainte-Victoire, and were responsible for great routes such as *Mescalito*, *Golem*, *Tecto-Flip*, *Interlope*.

An important date: Spring 1976. Stéphane Troussier (*Tuyau d'orgue*) and Christian Guyomar went to do a route from the *Terrasse médiane* and got there

---

[1] *Golot*: the ancestor of the *spits* in the sixties.

III-3. History of climbing in Verdon

by abseil. That seems completely normal today but it totally changed the way that the Verdon was looked at. The "dalles" (the walls between the major crack lines), became the desired fruit. The logical follow up to this came quickly: routes were equipped and put up from the top. Jacques Nosley used a fixed rope for putting up *Dingomaniaque* in 1978, and Jacques "Pschitt" Perrier systematized the technique of creating routes from the top, (although *Pichenibule* was done from the bottom in 1977) as well as *Ctuluh* and *Gwendal*.

It was at this period that the blundering and intolerant forerunner of free climbing in France, Jean-Claude Droyer was at the centre of polemics of which the rock, sadly, still bears the scars. From across the Channel, Ron Fawcett and Pete Livesey, on an international meet, freed many artificial pitches, and convinced many local climbers. Methods used at this time for putting up a new route were in general based on a maximum use of nuts; where there was no possibility of a nut placement, a peg, or at the worst a *golot*, were used. Routes were not always left with protection in place, although this became increasingly frequent. The new philosophy of free climbing was accompanied by a more systematic use of better points of protection. However, certain people, like Guyomar, refused to use *golots* and made very committing routes, imposing his ideas on others... Again, ethical debates and arguments ensued, and the cliffs suffered. Jean-Marc Troussier (*Surveiller et punir*, *Septième saut*), Philippe Maclé (*Rêve de fer*, *l'Ange en décomposition*), Claude Vigier (*Chrysalis*, *Durandalle*), used both methods, putting up a route from the bottom and protecting it from the top.

Certain climbers were (and are) more traditionalist and put up new routes only from the bottom: e.g. Michel "Tchouky" Fauquet, Marc Guiot, the young "Escurs" (*l'Arabe dément*, *Au delà du délire*), or the Swiss brothers, Claude and Yves Rémy (*Mégafoot*, *Écho logique*, *Télégrammes*) — who have done certainly the longest kilometrage of new routes in the Verdon. The best French free climbers also proved their abilities in many ways: soloing big routes (by Patrick Berhault Patrick Edlinger, Thierry Volpiatto, Hugues Jaillet, "Pschitt" (*Estamporanée*), linking up routes, climbing descents, working difficult sections of pitches; Berhault freed the "bombé" (the bulge) of *Pichenibule*, a hard (7c at the time) exposed and spacey free climb. On the way "Pschitt" invented the term and the way of doing a "moulinette" (top-roping).

The grade or difficulty became of prime importance and the length of routes decreased at the same time. The short routes or "couennes" starting suspended on the cliff, became legion (*Sale temps pour les caves*, the *Miroirs*, *Troisième ciel*). Use of bolts or "spits" became systematic. The Verdon is one of the first climbing sites in the world to be protected almost entirely by bolts, under the iron hand of such as Jean-Marc Troussier, Patrick Edlinger, Patrick Berhault, Françoise Lepron, Patrick Bestagno, punctually joined by Jean-Baptiste Tribout, the Escoffier brothers and Jean-François Hagenmuller. This was how routes such as *Papy on sight*, (8a then 7c authoritatively climbed by Jerry Moffat in 1984), *les Gestes pour le dire*, *Ouah, con, c'est du libre !*, *le Mur bleu*, *Les braves gens ne courent pas les rues*, *Agorgeamoclès*, etc., were born. It was at this time that Bruno Potié (*Ève Line*) judged it useful to chip holds in the cliff of the Escalès. In 1980, the "Tchouky"-Guiot partnership put up the *Voyage de la Mandarine* foreshadowing projects for future years: the coexistence of all types of climbing in one route, from "couennes" to big wall aid climbing. Dominique Suchet started later to put up big aid routes (*Ce lieu que les pierres regardent*).

A new type of route was born during the early 1980s: long route protected for free climbing of a high grade; a good example is *Mingus* (1986), which had it's first on sight free lead only in 1994 by Linn Hill.

The first autonomous drills appeared in 1983/84 which resulted in profound changes for the world's cliffs, not least for the Verdon. For several years it was Michel Suhubiette who, in order the create routes suitable for the UCPA centre's clients, used drills most on the Verdon's cliffs, producing routes such as *Afin que nul ne meure*, *À tout cœur*, etc. Peter Harrop equipped the cliff at Col d'Ayen (1985). And there we arrived at the most crowded period the Verdon has known; it's reputation is still well-alive, but the protection is democratic.

A rescue service was created with the *pompiers* (fire and emergency service) of La Palud and Castellane, specializing in cliff rescues. An association (Lei Lagramusas) was born to administer the local cliffs and the practice of climbing... We are today still in this period.

The general public discovered the site through films such as those made by Patrick Edlinger and Catherine Destivelle, who did the bulge of *Pichenibule* free. Some foreigners also put up routes such as: Martin Atkinson (*Gravities rainbow*), Louise Sheppard, Manolo. Didier Raboutou, Philippe Mussato passed several summers in the area (*Mijo, Farci par là*). "Pschitt" (him again!) equipped *Les Spécialistes*, first climbed by Tribout giving France's first 8c, until Edlinger's second ascent reduced the grade to 8b+.

The young, local climbers concentrated their efforts on new routes on small cliffs. *Les Néophytes*, the *Petit Eycharme* and other small cliffs were the work of Pascal Faudou, Olivier Dobel-Ober, Frédéric Dévoluet, Bruno Clément. Meanwhile, adventure climbers continued to create routes on the big cliffs, from the bottom up, often aid routes: Hagenmuller, "Tchouky", Suchet, and the newcomer, Hervé Guigliarelli with his friend Karine Maze, put up at least 10 new big routes on the cliff in 1994. Guigliarelli protected (overprotected?) *Kallistée* entirely with cemented rings.

The last few years have seen climbing evolve in directions which, while not in fact in opposition, are divergent. New artificial routes continue to be put up at a sustained pace, by Marco Troussier, Jean-François Hagenmuller, "Tchouky" and his accomplice Guiot, Christophe Moulin, Jean-Christophe Lafaille and their trainees, Dominique Suchet on *La Castapiagne* (here, there is not much space left for new routes!). In the sector *La Castapiagne*, there is now an area of cliff developed for practising artificial climbing. Here, a new technique is all the rage: drilling the start of a hole in which a sky hook can be placed; some think that this is outrageous... which leads to new conflicts between traditionalists and modern climbers. Some areas have been revisited, such as *La Corde tchèque* and *Les*

Cavaliers. Jérôme Rochelle climbed *La Castapiagne rouge* solo and free. In the modern style, Guigliarelli and Maze, often reinforced by Gilles Crespi, put up long protected routes such as *Hors la loi*. "Graou" (Bruno Clément) equipped extreme one-pitch routes such as the roof of *Spaggiari*.

To make climbing more accessible to a greater number of people, another style (which, in the author's opinion, sometimes verges on the mercantilism) has been developed: "easy" routes have been put up or their protection renewed, by Alain Guinet, Jean-Marc Roman, Patrick Bestagno, Olivier Dobel-Ober, Frédéric Dévoluet and others, such as *El gringo loco, La voie des dalles, In memoriam*.

The traverse route *Traversée des Cataractes* was completely changed in character to a security route — moreover, a "via cordata" — by Michel Suhubiette. A major controversy surrounded Suhubiette's action. Climbers who went and took out the protection placed on the route finished the day at the police station: it would seem that climbers need to set up a system for discussing and resolving their differences of opinion and ethics. A new practice cliff (also called "école d'escalade") at *Collet Barris* was equipped by Antoine Mahaut after a period of constructive discussion between the local climbing club, *Lei Lagramusas*, the municipality of La Palud-sur-Verdon and local hunters.

The future: climbing in the Verdon, always and more. The site as a whole is not saturated even though certain places are. Also: the protection of the natural environment, the *Parc naturel régional du Verdon* (PNRV), the necessity of dialogue between opposing camps, with different points of view. Re-equipping (replacing old protection), for or against? Has one the right to abandon old bolts anywhere or everywhere on the cliff? The rock is becoming polished in places: should certain routes be closed? The time has come to reconsider our practice.

III-4 The rock — geology of the Verdon gorge

The rock of the Verdon Gorge's cliffs, reputed by climbers for being some of the most beautiful and solid in Europe, is a very pure limestone (that is to say, in which clay impurities are practically non-existent), of organic-chemical origin, and not issuing from the interior of the earth as do such rocks as granites, diorites and other basalts. This sedimentary rock was laid down 150 million years ago, at the end of the secondary Jurassic era, in the waters of a warm and shallow ocean which, at the time, covered a large part of Provence. These waters were colonized by marine organisms called madrepores which have a calcareous shell such as oysters, and which have a gregarious life-style, agglutinating or binding one on another (such organisms are still found on the bottom of the Red Sea or the Persian Gulf). Also they encouraged the precipitation of calcium contained in the water and *cemented* against their neighbours to better resist the impact of waves, thus forming entablatures; their ecological needs being very precise, (warm, shallow water, well-lit and rough or choppy), it needed only a major geological movement leading to an increase in the depth of the ocean, and conditions were created in which the birth of our reef should be made vertically, towards the top, allowing a considerable accumulation of these calcium tables, forming the sedimentary plateaux that we know (e.g. Canjuers, Barbin, Moustiers etc.). This rock, composed almost exclusively of calcium carbonate, ($CaCO_3$) is white, but it appears more often grey, as on the famous walls of the Escalès cliff; in fact this is caused by a "patina" of calcium ions migrating towards the surface, which, being more resistant to erosion, thus ensures a natural protection for the rock. All the other colorations from red to black are caused by the concentrated deposits loaded with oxides of various metals (iron copper, magnesium, etc.). The more a rock is mechanically consistent, the more it's profile can approach the vertical, the two extreme examples being a sand dune, the slope of which can never be greater than 30°, and a limestone cliff which can be overhanging.

Our limestone "cake" several hundred metres thick could have continued to grow for millions of years, if a major geological event had not come to disturb its immobility; in the Eocene era, about 68 million years ago, the Alps started to be created, following the confrontation of two tectonic plates making up the giant puzzle of our Earth's crust: the European plate and the little Italian plate pushed themselves up against the African plate. Any pushing up of a mountain range results in major upheavals in the arrangement of the pre-existing sedimentary formations. In this way, after having definitely left the ocean environment, the carbonate plateaux were folded and fractured, or uplifted in certain places by several hundred metres, leaving no other choice for water courses except that of forcing themselves into the limestone mass by mechanical and chemical erosion, creating in this way the gorges and cuttings "clues" of Provence, of which the Verdon canyon in the greatest example. All this region of Haute-Provence belongs to the Préalpes geographical area, under the tectonic influence of the vast Are de Castellane.

The presence of major fractures in the rock could only have helped this process, especially in the Couloir Samson area. Upstream from here, the Verdon river has kept its course in large meanders, bearing witness to a previous time when it ran through a countryside much less uneven; a river only adopts a meandering course when it runs over a wide valley or plain. After a vertical driving into the limestone mass of over 400 metres, this winding trace continues, equally visible with its principal tributary, the Artuby.

The generally southern orientation allows the rock of the Verdon's cliffs to be protected from attacks of rain and frosts, so it is less damaged by the weather. The conjunction of all these factors is, thus, the reason why the climbing environment in the Verdon Gorge is exceptional: the quality of the rock, the great height of the cliffs, their verticality, the sculptures of the rock formed by dissolution, and sun...

III-5   The environment

Most of the climbing sites of the Verdon are located on the territory of the parish of la Palud-sur-Verdon, which tolerates their frequentation. Other situations may occur, and this is the reason that some possible climbing spots are not listed in this guide. Some other sites are mentioned, but with some access restrictions.

Let us also recall, that the Verdon Gorge is a classified site, which (according to the French regulations) means that you are not authorized to do anything which would alter its aspect.

Created in March 1998, the *Parc naturel régional du Verdon* (hereafter referred to as the PNRV, similar to a British National Park), includes 53 communes which border the river Verdon over most of its course. The PNRV could be the vital way forward, (long-awaited by small communes with feeble resources), to control and manage the Verdon Gorge with its world-wide reputation and many thousands of visitors a year. "Mission Impossible!" Everyone who comes to the Verdon is implicated, climbers and tourists alike. The PNRV with the association *Vautours en Haute-Provence* (Vultures in Haute-Provence), has started a programme to re-introduce Bald-Headed Vultures into the region. An aviary is situated in the parish of Rougon. Please inform the *Mairie* or the municipality if you discover, for example, a dead bird or a nest.

III-6 Good manners

One usually comes to the Verdon on holiday or for sport. Such motivations are highly worthy of respect, but not however a justification to behave as if you were the only one in the world who rock climbs or who goes rambling.

III-6.1 Respect the other users of the site

On one hand there are other sportsmen and vacationers, climbers, hikers, campers and tourists, who also are entitled to fully enjoy the crags, the nature... and their free time:

- Avoid excessive noise (shouts, radios, exhaust noises, car horns).
- Do not throw anything from the top of the crag: there might be climbers below.
- Do not monopolize the routes with *top ropes* while trying to learn them: give others a chance to climb while your muscles relax.
- Avoid relieving yourself at the top of the routes.

III-6.2 Respect the environment

On the other hand, it is wise to respect the nature for the sake of the future generations:

- Take all of your plastic bottles and garbage with you; if you see some *rubbish* forgotten by others, why not take it as well. This might cover the rubbish you *accidentally* forgot, one day or the other.
- If you cannot survive without smoking, please do so only on rocky ground, never in scrub or in a wood. And do not forget your cigarette butts.

- Birds who nest in the crags should be especially respected. Their survival depends upon your discretion when you pass in their neighbourhood, especially in spring: if you disturb the parents, the eggs or the chickens will die of cold or they become victims of the birds of prey.
- The lower part of the Imbut crag is a sanctuary for birds: climbing is forbidden in that sector.

III-6.3   Respect the local inhabitants of the area

Last but not least, and although this may appear as a weird situation to many, *there are inhabitants in the Verdon's country*. Even when their earnings partly come from tourism, they are not your flunkeys; on the contrary, they are worth your consideration since you are indebted to them for the pleasant landscape and the friendly villages. That is why you are kindly requested:

- not to walk on cultivated fields,
- not to frighten the sheep or other animals,
- not to camp outside the established campsites,
- not to open gates or fences,
- to avoid driving on forest tracks (and especially do not drive off the roads or tracks over the countryside),
- to make sure that your parked vehicle does not hinder the local and agricultural traffic.

III-7   Who paid for the equipment of the French crags?

In contradiction to a common belief, pitons, bolts and cemented anchorages do not grow naturally on the crags: somebody had to pay for them. Whereas sport halls and gymnasiums have been financed for more than a century by the state, the municipalities or the départements, the equipment of the French crags was paid for out the the local voluntary equipper's own money, at least until the early eighties.

This situation began changing about 1983, i.e. when the COSIROC (Comité de défense des sites et rochers d'escalade) and, afterwards, the FFME (Fédération française de la montagne et de l'escalade, which regroups nearly all the rock climber and mountaineer's associations in France) and here the UCPA, decided to invest some money (a few ten thousand francs) in equipping or re-equipping modern climbing sites.

At the present time, many communes (including la Palud-sur-Verdon), a number of Conseils Généraux (Département Councils) and of Region Councils have understood both the economic and sporting interests of rock climbing; thus, they allocated grants — especially in the South-East of France — for the equipment of climbing sites. This is a progress, but does not solve the whole of the money problems:

- the needs are still higher than the grants,
- all regions and départements do not benefit from this granting policy,
- grants are only paid several months after the material has been bought and the manpower has been paid, under exhibition of receipted bills, so that the local clubs often have to advance a large amount of money,
- notwithstanding the exploitation of the supposedly tireless voluntary people who manage the local clubs (e.g. Lei Lagramusas) and the département committees of the FFME, the management of the crag equipment policy entails considerable working expenses.

In short, your financial contribution is needed. Rather than establishing a toll at the foot (or at the top) of the routes, as is done in some places of Belgium and Switzerland, we preferred to call on your comprehension:

- buy the *sticker* "Lei Lagramusas"; the benefits are invested in a better equipment of the Verdon;
- do not photocopy the topo-guides of any crag, buy them; the benefits are invested in equipment;
- become a member of an association belonging to the FFME; with a subscription ranging from 200 to 350 F (depending on the club) you increase the credibility of the climber's world and you give the FFME and its local committees a chance of enhancing the quantity and the quality of the equipment. In addition you benefit from a *civil liability* and from a *personal injury* insurance.

III-8 Around the rock, around the Verdon

Climbing is very beautiful here, but that is not all. The country, the nature, the local people are also worth your interest:
- ancient traditions like the boxwood turners in Aiguines and the faience works in Moustiers;
- the *Maison de l'Environnement* in la Palud-sur-Verdon;
- hiking the gorges or on the plateaux;
- nautic activities on the lakes of Sainte-Croix and Castillon;
- the other open air activities:
    - canyon descents, which are refreshing in summer;
    - mountain biking;
    - rafting;
    - live water swimming;
    - free flying in Moustiers and Saint-André-les-Alpes.
- a number of smaller climbing sites around Castellane, Aiguines and Moustiers;

Chapitre III. INTRODUCTION to the VERDON

- *Quinson*'s crags: the rock climbing is beautiful, the equipment is good, the difficulty of the 130 routes (15 to 80 m high) ranges from 3 to 8. The East and West orientation of the crags provides pleasant climbing all the year; it may be somewhat hot in summer, but you can refresh in the lake. The local topo-guide is sold at Quinson's campsite, at the Bar du Cours and at the Hôtel Notre-Dame;
- the crags of *Aiguines* and the *Cavaliers* (p. 308): these crags were recently equipped mainly for touristic purposes; climbing can often be compared to the other bank of the Verdon. Although they geographically belong to the site of the Verdon's gorge, these routes are not described in this guide. In fact, after a long discussion, the association Lei Lagramusas decided not to describe them because their style — including the style of the equipment — is too different from the adventurous spirit which is wished to maintain in a prestigious site such as the Verdon. Their equipment is good (all cemented), the difficulty of the 200 routes (15 to 120 m high) ranges from 3 to 8. The North and West orientations provides pleasant climbing in summer. The local topo-guide is sold at the municipal campsite and in most shops in the village.

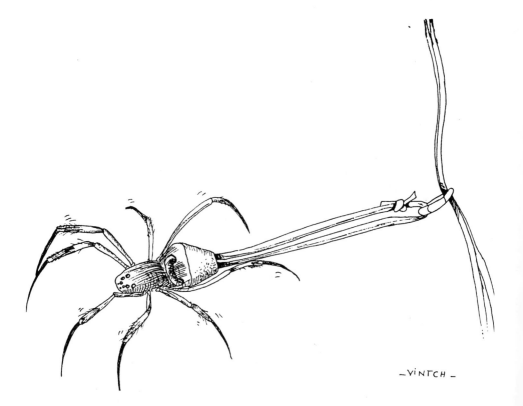

VINTCH

IV. EINFÜHRUNG zum VERDON

IV-1 Verdon ! das Zauberwort...

Welcher Kletterer hat noch nicht davon geträumt... Warum? Die Natur, so scheint es, hat sich hier selbst übertroffen, um ein auf de ganzen Welt einzigartiges Klettergebiet zu schaffen. Die Gegend ist atemberaubend.

Graugelber, kompakter und steiler Fels: Was will man mehr? Eine Umgebung, an der man sich kaum sattsehen kann. Und eine Tiefe, deren Allgegenwart überwältigend ist

Hier muss man erst hinunter, um klettern zu können! Das mag am Anfang gewöhnungbedürftig sein...

Zudem sind Sie nicht allein, auch wenn die Gegend noch so paradiesisch scheint. Es empfiehlt sich, auf die Natur, die Einheimischen und die anderen Besucher Rücksicht zu nehmen. Wir geben hier einige der Geheimnisse, Preis, die Ihnen die Abenteuer eröffnen, denen das Verdon seine Beliebtheit verdankt.

IV-2 Das Klima

Klettern können Sie im Verdon das ganze Jahr, aber von November bis März sollten Sie sich genau überlegen, wo und wann Sie einsteigen. Denn in rund 1000 Meter Höhe herrscht Gebirgsklima: starker Frost ist in Winter keine Seltenheit, und es kann vorkommen, dass es zwischen November und Mai schneit.

Im Frühjahr und Sommer sind Gewitter häufig.

Die Falaise de l'Escalès ist ostsüdöstlich ausgerichtet, deshalb scheint dort größtenteils bereits morgens die Sonne hinein; es gibt aber auch Teile, die erst später in der Sonne liegen. Insgesamt ist dieser Wandteil vor dem Mistral (einem dortigen Westwind) geschützt.

Stark nach Süden sind die Falaises des Malines und de l'Imbut ausgerichtet: im Sommer Heiß und sonnig, im Winter praktisch vollkommen im Schatten.

Die Falaise de l'Estellié ist nach Norden ausgerichtet und liegt praktisch vollkommen im Schatten.

IV-3 Zur Geschichte des Verdon

Sie siedelten dort sicher nicht aus freien Stücken, die ersten Einwohner des Verdon. Es waren Vertriebene, die man von der Küste des Mittelmeers zurückgedrängt hatte in diese karge und strenge Gegend. Und sie müssen ungewöhnlich widerstandsfähig veranlagt gewesen sein.

Die ersten Menschen, die Hand an den Fels anlegten, taten dies recht früh. Bereits im Mittelalter soll der Herrscher von Trigance, als er seinem Nachbar in La Palud ans Leder wollte, sich mit Hilfe von Leitern die Falaise de l'Escalès („Escalet" sagen die älteren Einwohner von La Palud) hinaufgearbeitet haben. Es blieb dabei, dass die Einheimischen sich in den Schluchten und Felswänden zu schaffen machten, meist auf abschüssigen Wegen wie jenen Pfaden etwa, die den Kamm des Belvédère oder des l'Imbut zugänglich machen. Das „Carelle" stand früher schon im Mittelpunkt, wie der Name belegt: Das Wort bedeutet nichts anderes als „Geflügelmarkt", und mit Seilen wussten die Leute damals ebenfalls umzugehen. Obst wurde auf diese Weise eingeholt, manchmal hing auch der Pflücker dran. Aber es gab noch mehr zu holen: Drechselholz mit besonderer Maserung zum Beispiel, Bienenvölker, Honig und junge Adler. Spuren haben sich bis in die jüngste Zeit erhalten. Kletterer fanden auf der Terrasse Médiane die Reste einer kompletten Töpferei (gerade mal 150 Abseilmeter unterhalb des Traufs!). Und sogenannte „Escarassons" (eine Art Holzkeil) steckten in den Rissen von Sordidon und la Souricière: Beides Bereiche, in denen die Wand der Falaise de l'Escalès relativ leicht zu knacken ist.

Das Klettern im heutigen Sinn hingegen ging lange Zeit am Verdon vorbei. Es dauerte, bis die Sportsmänner auf den Trichter kamen. Selbst Georges Livanos, ein berühmter Kletterer aus Marseille, übersah die Schlucht und erblickte rundum nur wenig lohnende Wände. Und auch die ersten Erschließer des Gebiets — sie kamen aus Marseille — waren noch ganz aufs „oben" fixiert. Saint-Maurin und Mayreste heißen die Massive, die die Pioniere in Angriff nahmen. Froh, aus der Stadt draußen zu sein, ließen sie es sich in den gastlichen Grotten gutgehen. Dass sie kräftig gefeiert haben, davon zeugen Routennamen wie le Mouton saoul, le Bœuf beurré und les Écureuils alcooliques. Die ersten Touren, die François Guillot, Maxime Auché, Claude Cassin, Jacques und Philippe Kelle, Marc Chabert, Gilles Cohen und Bernard Domenech eröffnet haben, stammen aus den Jahren 1966 und 1967.

Aber erst ein mieser Sommer in Chamonix und eine himalayaerprobte Klettertechnik brachten 1968 die Wende. Der mönchisch-ernste Pariser Patrick Cordier und seine Freunde Patrice Bodin, Lothar Match sowie Patrice Richard kamen drauf, dass die wahren Schätze des Verdon eine Etage tiefer, in Richtung Schlucht, zu finden sind. Sie eröffneten die Route Les Enragés. Das war der Durchbruch.

Was dann kam, betrachten viele als das Goldene Zeitalter des Verdon. Im Herbst '68 durchsteigt die Marseiller Seilschaft François Guillot und Joël Coqueugniot den Riss von La Demande, 1970 folgen Schlag auf Schlag Luna Bong, l'Éperon sublime und la Paroi rouge durch den aus Paris stammenden Spitzenkletterer Guy Héran und seine Marseiller Freunde Marius Coquillat, Michel Charles, Pierre Louis (er stammte aus Toulon), Bruno Dineur und Serge Gousseault. Bernard Bouscasse gelingt 1972 mit Ula einer seiner schönsten Touren, zusammen mit Guillot – Coqueugniot folgt Écureuils. Die Entwicklung gewinnt ein atemberaubendes Tempo, die Szene rauft sich um die ersten Wiederholungen; immer mehr Erstbegehungs-Kandidaten tauchen auf. Den Kuchen teilen sich die verschiedenen Mannschaften

IV-3. Zur Geschichte des Verdon

in einer Atmosphäre von freundschaftlicher Konkurenz.

Die Sektion Marseille des französischen Alpenvereins (Guillot, Coqueugniot, Deyme, Fabre und Albert) hinterlassen Touren an der Falaise de l'Escalès, im Sektor la Maline, an l'Eycharme klettern sie eine heute noch bedeutsame Route; auch am l'Imbut sind sie aktiv. Ebenfalls aus Marseille kommen Bonnard, Fustin, Bouscasse, Vaucher, Tanner, Fouque (der bereits '76 die *Ula* solo durchstiegen hat), Rigaud und Collet, die zum Kreis der *Excursionnistes Marseillais* gehören und 1972 zum Beispiel *la Castapiagne rouge*, *la Mousson* und *l'Oursinade* eröffnen.

Ein Team aus Toulon (Pierre „P'tit" Louis, Serge Mendola, Christian Crespo, René Mattéoli) knackt harte Nüsse wie *Pilier Gousseault*, *Zippo* und die *Directe de la Paroi rouge*.

Consignes fédérales de sécurité
Deutsche Übersetzung
(Assemblée Générale de la FFME, 14 Janvier 1993)

1. Der Kletterer oder Bergsteiger ist voll und ganz selbst für seine Sicherheit verantwortlich.
2. Im Fall von Minderjährigen fällt die Verantwortung jeweils gemäß der aktuellen Gesetzgebung auf die Eltern oder auf die Begleiter.
3. Jeder Rat, jede Hilfe, entbinden den, der darauf zurückgreift, nicht davon, das Risiko selbst abzuschätzen, das er durch seine Unternehmung auf sich nimmt. Folglich ist es unabdingbar, daß der Kletterer oder Bergsteiger:
   (a) Auf jede mögliche Weise sicherstellt, daß er der projektierten Tour gewachsen ist (eigener Augenschein, Sichtung von Literatur und Auskünfte Dritter, denen Vertrauenswürdigkeit unterstellt werden kann.
   (b) Zugleich sich Gewißheit darüber verschafft, daß die vorhandene Absicherung in Quantität und Qualität mit seinem Können und seiner persönlichen Ausrüstung korrespondiert und seiner Einschätzung des Sturzrisikos gemäß ist.
   (c) In der Lage ist, lockere Griffe und alte oder unsachgemäß angebrachte Sicherungen zu erkennen.
   (d) In der Lage ist, einen Rückzug anzutreten, falls er zu der Überzeugung gelangt, daß die auftretenden Schwierigkeiten sein Kletterkönnen übersteigen (etwa schlechter Fels, ungenügende Absicherung oder der Wetterbedingungen wegen...)

Die Routen *Virilimité*, *Les Barjots* und *Naziaque* fallen der FSGT (d.h. *Fédération sportive et gymnique de travail*) zu, einem gewerkschaftlich orientierten Verein, vertreten durch Bernard und Daniel Gorgeon, Jacques Nosley, Jacques Keller, Pierre und Jean-François Gras, die sich auch noch anderer entlegener Winkel annehmen. Die FSGT-Kletterer sind die ersten, die ein paar Haken und Sechs-Millimeter-Bohrhaken in den Routen belassen.

An der Falaise de l'Imbut eröffnen die aus Aix stammende Seilschaft Jean-Paul Bouquier und Gérard Créton die *Dièdre des Aixois*. Für *Triomphe d'Éros* zeichnet mit Jean-Claude Droyer ein Mann aus Paris verantwortlich.

Frauen machen durch Wiederholungen von sich reden. Zu nennen wären Simone Badier, Denise Escande mit ihren Führern und Françoise Quintin.

Es geht hoch her Anfang der 70er-Jahre, jedes Wochenende kommen vier bis fünf große Routen neu hinzu, und die Szene trifft sich in abenteuerlichen, alten Scheuern. Mitte der 70er-Jahre tauchen neue Gesichter auf, angelockt vom steigenden Renommee des Verdon, das inzwischen einen großartigen und sagenhaften Ruf genießt. Martine und Christian Guyomar, Patrick Bestagno und Gilles Modica erscheinen auf der Bildfläche und setzen in die Tat um, was sie vorher am Sainte-Victoire getestet haben. Ebenso große wie kühne Routen sind die Folge, zum Beispiel *Mescalito*, *Golem*, *Tecto-Flip* und *Interlope*, um nur einige zu nennen.

Ein neues Kapitel beginnt im Herbst 1976: Stéphane Troussier (*Tuyau d'orgue*) und Christian Guyomar seilen auf die Terrasse Médiane ab, um von dort aus eine Tour zu machen. Was heute selbstverständlich scheint, änderte damals die Perspektive grundlegend: Plattenkletterei rückt plötzlich in den Mittelpunkt. Die Erschließung von oben ist nur noch eine Frage der Zeit: Jacques Nosley benutzt 1978 für *Dingomaniaque* ein Fixseil, und Jacques „Pschitt" Perrier (wie das Mineralwasser), auf den Touren wie *Ctuluh* und *Gwendal* zurückgehen, und der *Pichenibule* anno '77 von unten eröffnet hatte, baut die Erschließung von oben systematisch aus.

Prompt gibt es Zoff. Keinem Geringeren als Jean-Claude Droyer, dem engstirnigen und wenig diplomatischen Vorreiter des Freikletterns in Frankreich, passt die ganze Richtung nicht. Er steht im Zentrum von Auseinandersetzungen, deren Spuren dem Fels heute noch anhaften (bös gemeinte Graffiti wie in *Triomphe d'Éros* oder *Dingomaniaque*). Schützenhilfe gibt ihm das Duo Ron Fawcett und Pete Livesey, die über den Ärmelkanal gekommen waren, um eifrig bisherige Technotouren frei zu bezwingen.

Klemmkeile spielen bis dahin die Hauptrolle bei der Erschließung von Routen; nur wenn's gar nicht anders geht, kommen Haken oder gar Bohrhaken zum Einsatz. Peu à peu erst setzt es sich jetzt durch, die Haken in der Wand zu belassen. Die neue Philosophie des Freikletterns führt bei den Locals zur Erkenntnis, dass es ohne die systematische Verwendung besserer Absicherung nicht geht. Noch sträuben sich noch einzelne wie Guyomar gegen das Setzen von Bohrhaken (sie steigen sehr gewagte Sachen) und wollen ihren Standpunkt auch den andern aufzwingen... Der Streit wogt hin und her, zum Schaden des Verdon. Jean-Marc Troussier (*Surveiller et punir, le Septième saut*), Philippe Maclé (*Rêves de fer, l'Ange en décomposition*) und Claude Vigier (*Chrysalis*, *Durandalle*) fahren zweigleisig, erschließen ihre Routen sowohl von unten als auch von oben.

Andere wiederum wie Michel „Tchouky" Fauquet, Marc Guiot und die Gruppe der „Escurs" (die *Excursionnistes Marseillais*) oder die Schweizer Claude und Yves Rémy (*Mégafoot*, *Écho logique*, *Télégrammes* — und damit wohl die am längsten eröffneten Kilometerstrecken im Verdon) sind eher traditionsbewußt und eröffnen nur von unten.

Die Elite der französischen Freikletterer betätigt sich nun in allen Spielarten des Sports: Patrick Berhault, Patrick Edlinger, Thierry Volpiatto, Hugues Jaillet und „Pschitt" bezwingen große Routen im Solo, aber auch das Aneinanderreihen mehrerer Touren, Abwärtsklettern und Ausbouldern schwieriger Passagen wird ein Thema. Berhault schließlich ist es, der den Überhang von *Pichenibule* frei zieht, damals mit 7c bewertet. Nebenbei entdeckt „Pschitt" die Vorteile des Toprope-Kletterns und prägt dafür den Ausdruck „Moulinette".

Der Leistungsstandard steigt immer mehr, und im Gegenzug geht die Länge der Touren zunehmend zurück. Routen an kleineren Klapfen (*Sale temps pour les caves*, die *Miroirs*) und Kurz-Climbs an der Oberkante der Schlucht (*Troisième ciel* zum Beispiel) haben Konjunktur. Der Gebrauch von Bohrhaken setzt sich durch.

Das Verdon avanciert zu einem der ersten Klettergebiete der Welt, das fast ausschließlich mit Bohrhaken erschlossen wird. Die Regie führen Jean-Marc Troussier, Patrick Edlinger, Patrick Berhault, Françoise Lepron, zeitweise mischen auch die Gebrüder Escoffier und Jean-François Hagenmuller mit. Es entstehen Klassiker wie *Papy on sight*, von Jerry Moffat 1984 als erstem frei geklettert und erst mit 8a bewertet, später auf 7c herabgestuft. Weitere Marksteine dieser Zeit: *les Gestes pour le dire*, *Ouah, con, c'est du libre !*, *le Mur bleu*, *Les braves gens ne courent pas les rues*, *Agorgeamoclès*. Bruno Potié (*Ève Line*) hält es in den 80er-Jahren gar für ratsam, sich ein paar Griffe in den Fels zu schlagen. Schon 1980 eröffnete die Seilschaft „Tchouky"-Guiot die *Voyage de la Mandarine*, und schon damals zeichnete sich ab, was das Klettern im Verdon künftig charakterisieren sollte: ein Nebeneinander aller Facetten des Kletterns vom Minizapfen bis zu Techno-Hämmern in Big-Wall-Manier, welche bis in jüngste Zeit vor allem Dominique Suchet faszinieren sollten.

In den 80er-Jahren kommt auch der Gedanke auf, die großen Touren frei zu wagen und entsprechend abzusichern. *Mingus* anno '86 ist ein schönes Beispiel dafür. Bis zur ersten freien Onsight-Begehung dauert es aber noch, erst Lynn Hill punktet *Mingus* 1994.

In den Jahren 1983 und 1984 kommen die ersten Akkubohrer auf, sie verändern das Klettern auch im Verdon tiefgreifend. Michel Suhubiette baut den UCPA-Stützpunkt auf und ackert emsig in der Vertikalen. *Afin que nul me meure* und *À tout cœur* entstehen, Peter Harrop bohrt den Col d'Ayen flächendeckend zu.

Größer denn je ist zu dieser Zeit bereits der Andrang aufs Verdon geworden, immer noch genießt das Gebiet einen sagenhaften Ruf, aber die Absicherung ist sozialer geworden. Aus den Reihen der Feuerwehr von La Palud und Castellane formiert sich gar eine Art Bergwacht, die sich auf Bergungen in der Wand spezialisiert. Und es bildet sich die Vereinigung „Lei Lagramusas", die das Klettergebiet betreut. Der Klettertourismus boomt bis zum heutigen Tag. Filme, zum Beispiel mit Patrick Edlinger oder Catherine Destivelle (wie sie den Überhang von *Pichenibule* klettert) haben das Interesse eines größeren Publikums geweckt und internationale Kundschaft angezogen. Martin Atkinson (*Gravities rainbow*), Louise Sheppard, Manolo, Didier Raboutou oder Philippe Mussato zum Beispiel verbringen einige Sommer im Gebiet und hinterlassen Touren wie *Mijo* und *Farci par là*. Doch es ist der gute alte „Pschitt", der mit *les Spécialistes* (von Tribout dann geklettert) die erste 8c in Frankreich einbohrt. Edlinger, der als zweiter *les Spécialistes* klettert, gibt dann 8b+. Das Interesse der Locals richtet sich nun verstärkt auf die weniger hohen Wände wie *Les Néophytes*, *le Petit Eycharme* und einige Bereiche, die der Öffentlichkeit verschlossen sind (Pascal Faudou, Olivier Dobel-Ober, Frédéric Dévoulet und Bruno Clément sind die Hauptakteure). Der alte Abenteuergeist ist trotzdem noch lange nicht verflogen, noch immer ist zugleich eine ganze Reihe von Pionieren zugange, die sich von unten — und nicht selten auch technisch — durch Neuland kämpfen. Hagenmuller, „Tchouky" und Suchet zum Beispiel, aber auch Hervé Guigliarelli, der es zusammen mit Karine Maze anno 1994 auf insgesamt zehn große Felsfahrten gebracht hat. *Kallistée* hat Guigliarelli durch die Bank mit Ringhaken abgesichert.

In den vergangenen Jahren haben sich verschiedene Tendenzen abgezeichnet, die zumindest weit auseinanderklaffen.

Zum einen gibt es eine hochfrequente Tendenz zu neuen Techno-Routen, die vor allem aufs Konto von Marco Troussier, Jean-François Hagenmuller, „Tchouky" (und seinen Kumpan Guiot), Christophe Moulin, Jean-Christophe Lafaille und deren Lehrlinge gehen. Ein neuer Stil greift um sich, der zunehmend Schule macht: Der Fels wird ein wenig angerauht, um ein Placement für den Cliff zu schaffen. Diese Praxis ist nicht umunstritten. Viele halten es für skandalös — schon haben sich Traditionalisten und die Verfechter dieser Moderne in den Haaren. Kann es sein, dass sich darin eine Art Generationswechsel abzeichnet? Eine Art Umbruch fand auch auf bekanntem Terrain statt. *La Corde tchèque* und und der Sektor *Les Cavaliers* erlebten einen zweiten Frühling. Die Seilschaft Guigliarelli-Maze, oft noch durch Gilles Crespi verstärkt, ließ sich nicht lumpen und legte hakengesicherte Touren wie *Hors la loi* in die Wand. Jerôme Rochelle durchstieg den Klassiker *La Castapiagne rouge* „en libre" und im Solo. „Graou" (Bruno Clément) wiederum pflegt andere Extreme und knackte recht extreme Dinger wie zum Beispiel das Dach von *Spaggiari*.

Zum andern gibt es den etwas populistischen Trend, den Touren ihre Schärfe zu nehmen und den Liebhabern des sogenannten Plaisirkletterns entgegenzukommen. Damit einher geht leider in manchen Fällen eine Kommerzialisierung des Kletterns. Besonders kümmern sich um die Erschließung oder Sanierung leichterer Touren Alain Guinet, Jean-Marc Roman, Patrick Bestagno, Olivier Dobel-Ober und Frédéric Dévoulet: *El gringo loco*, die *Voie des dalles*, *In memoriam* und die *Traversée des Cataractes* lauten beispielsweise ein paar der Touren, die für den Trend zu sehr gut gesicherten Routen für die breite Masse stehen. Besonders die

Umwandlung von *Cataractes* in eine Art Fixseilpiste (durch Suhubiette) hat viel böses Blut hervorgerufen, und Leuten mit Ausnagelambitionen blüht ein Stelldichein auf der Polizeiwache. Kurzum: Die Kletterer könnten gut ein anderes Forum als die Gendarmerie gebrauchen, um Meinungsverschiedenheiten auszutragen und vernünftige Lösungen erarbeiten zu können.

Neu hinzugekommen ist im Verdon nun auch ein Klettergarten mit leichten Routen, den Antoine Mahaut eingebohrt hat: *Collet Barris* heißt die Ecke, die nach konstruktiven Diskussionen zwischen Lei Lagramusas, dem Rathaus und den Jägern nun zum Klettern freigegeben ist.

Wie geht es weiter im Verdon? Die Möglichkeiten des Gebiets insgesamt sind bei weitem noch nicht ausgeschöpft, auch wenn in bestimmten Bereichen nichts mehr zu machen sein dürfte. Der Naturschutz wird zunehmend ein Thema, aber auch die Zukunft des gesamten Naturschutzgebiets. Die verschiedenen Interessen müssen aufeinander abgestimmt werden. Hakensanierung ja oder nein? Haben wir das Recht, mit den alten Bolzen einfach aufzuräumen? Der Fels setzt an manchen Stellen Speck an... Sollte man bestimmte Routen schließen? Die Zeit ist reif dafür, die heutige Praxis zu überdenken.

IV-4 Das Gestein — die Geologie der Verdon-Schlucht

Die Felswände des Verdon, ein Inbegriff für Steilheit, Festigkeit und Schönheit der Struktur, bestehen aus einem besonders reinen Kalkgestein. Dieses Gestein wurde als organisch-chemisches Sediment vor zirka 150 Millionen Jahren gegen Ende des Jura, im sogenannten Mesozoikum (der Blütezeit der Saurier) in einem tropischen Meer abgelagert, das zu dieser Zeit weite Teile der Provence bedeckte. Da in dieses Meer so gut wie keine Verwitterungsprodukte vom Festland eingeschwemmt wurden, ist der Kalkstein weitgehend frei von mergeligen Verunreinigungen. Das warme, sonnendurchflutete Meer bot ideale Lebensbedingungen für kolonienbildende Korallen. Die haben ähnlich wie Austern oder Muscheln ein kalkiges Außenskelett — mit einem Unterschied: Die Korallen wuchsen dicht an dicht und formten fest verbundene Korallenstöcke. Durch Kalkausfällung aus dem Meerwasser und Zementation der Zwischenräume (eine Anpassung an die rauhen Lebensbedingungen in der Brandung) entstanden ausgedehnte, massive Riffplattformen, wie sie auch heute noch in tropischen Gewässern (Rotes Meer, Bahamas, Australien) vorkommen. Da die ökologischen Ansprüche von Korallen an ihre Umwelt sehr spezifisch sind — das Wasser muss warm, hell, sauber und bewegt sein — genügen geringfügige wechsel im im geo-ökologischen Umfeld (zum Beispiel ein rascher Anstieg des Meeresspiegels), um das Wachstum der Korallen großflächig zu unterbrechen. Durch mehrfachen Wechsel des Ökosystems entstanden so, übereinandergeschichtet wie bei einer Torte, mehrere mächtige Kalkplattformen (Canjuers, Barbin, Moustiers etc.).

Das Gestein besteht fast ausschließlich aus Kalziumkarbonat. Die „innere" Farbe des Gesteines ist weiß, auch wenn es, wie in den Platten der Falaise de l'Escalès, grau erscheint. Die graue Farbe außen entsteht durch eine verwitterungsbedingte Konzentration bestimmter Ionen an der Felsoberfläche, die dem Gestein eine harte Patina verleiht und quasi eine natürliche Schutzschicht bildet. Alle anderen Färbungen, changierend von rot bis schwarz, entstehen durch die Anreicherung von Metalloxyden (Eisen, Kupfer, Mangan) an der Felsoberfläche. Sie finden sich meistens dort, wo wo Regenwasser den Fels nicht direkt angreifen kann.

Viele Millionen Jahre ruhte unsere „Torte" verborgen im Untergrund. Bis vor rund 68 Millionen Jahren — im Eozän, einer Epoche des Tertiär — folgendes geologische Spektakel diesen Dornröschenschlaf beendete. Im Bereich der westalpen kollidierten drei der tektonischen Platte, die die wie ein gigantisches Puzzle aus Kontinenten und Ozeanen die Kruste der Erde bilden.

Die europäische Platte, die adriatische Mikroplatte und die afrikanische Platte wurden im Alpenbogen zusammengeschoben. Dadurch wurden die ehemaligen Senkungsgebiete endgültig aus ihrem Niveau unter den Meeresspiegel emporgehoben. Die gesteinspakete stapelten sich übereinander, verfalteten, zerbrachen und wurden an den Störungslinien um viele Hunderte von Metern gegeneinander verschoben. Wegen der fortschreitenden Hebung des Gebiets waren die Flüsse gezwungen, sich durch chemische und mechanische Erosion einen Weg durch die mächtigen Kalkschichten zu bahnen und formten so die Täler und Schluchten der Provence, von denen die des Verdon sicher zu den beeindruckendsten gehört.

Der Verlauf der Schlucht ist nicht unwesentlich durch große Störungslinien vorgegeben, vor allem im Bereich des Couloir Samson. Flussabwärts hat sich ein weitläufig mäandrierender Verlauf des Verdon erhalten. Da sich Mäander nur in sehr weiten Tälern und in Ebenen ausbilden, nimmt man an, dass die Windungen des Flusses ein Erbe aus jener Zeit sind, in der die Schlucht noch nicht entstanden war. Unter Beibehaltung des Mäanderverlaufs sägte sich der Verdon-Fluss senkrecht durch über 400 Meter massiven Kalk. Das gleiche Phänomen läßt sich auch an seinem wichtigsten Zufluss — dem Artuby — beobachten.

Die Ausrichtung der Felsen in südliche Richtung bietet einen gewissen Schutz gegen Feuchtigkeit und Frost, was nicht nur den Kletterern zugute kommt, sondern auch den Fels vor starker Verwitterung schützt.

So hat das Zusammenspiel vieler Faktoren, vom kleinen Korallentierchen bis hin zu globalen Krustenverschiebungen dazu beigetragen, der Verdon-Schlucht ihre Einzigartigkeit zu verleihen: Ausgesetztheit, bombenfester Fels, phantastische Oberflächenformen und ein unvergessliches Ambiente.

IV-5   Umweltschutz

Die meisten Kletterorte des Verdon gehören zur Gemeinde la Palud-sur-Verdon, die das Klettern gestattet. Dem ist aber nicht überall so und deswegen sind gewisse Felsen in diesem Führer nicht aufgeführt. Es werden gleichwohl andere Klettergebiete außerdem beschrieben; allerdings mit gewissen Einschränkungen.

An dieser Stelle sei auch darauf hingewiesen, dass die Verdon-Schlucht ein Naturschutzgebiet (*site classé*) ist. Im März 1998 wurde dann zudem der *Parc naturel régional du Verdon* (PNRV) geschaffen, der 53 Anrainerkommunen des Verdon umfasst und sich somit quasi über den gesamten Lauf des Flusses erstreckt. Dieses interkommunale Gebilde ist eine Art Werkzeug, auf das besonders die kleinen Gemeinden mit ihren beschränkten Mitteln schon lange gewartet haben, um dem weltbekannten Naturdenkmal Verdon besser gerecht zu werden. „Allen Leuten recht getan" ist freilich bekanntermaßen eine Kunst die niemand kann. Umso mehr sollten sich also alle Beteiligten an die eigene Nase fassen, damit die Sache im Lot bleibt.

Die Parkverwaltung hat zusammen mit der Vereinigung *Vautours en Haute-Provence* ein Programm zur Wiederansiedlung von Geiern aufgelegt. Die Volière befindet sich auf dem Gebiet der Gemeinde Rougon. Falls es damit - sowohl auf Rougoner Terrain als auch anderwo – zu Problemen oder Auffälligkeiten kommt, ist das Rathaus (Mairie) in La Palud der richtige Ansprechpartner.

IV-6 „Gutes Benehmen"

In erster Linie sind Sie ins Verdon gekommen, um Urlaub zu machen oder Sport zu treiben. Beides ist ein höchst ehrenwerter Grund; gibt aber keinen Anlass, sich so auszuführen, als wäre man — sei's Kletterer oder Tourist – in dieser Gegend ganz allein.

IV-6.1 Nehmen Sie Rücksicht auf die anderen Leute

Gemeint sind alle die anderen Sportler, Urlauber, Kletterer, Wanderer, Camper, und Touristen, die auch ein Recht darauf haben, Fels und Natur zu genießen und ihre Zeit ungestört zu verbringen:

- Vermeiden Sie unnötigen Lärm (Schreien, Radio, Motorenlärm).
- Werfen Sie nichts hinab: vielleicht befinden sich unter Ihnen andere Kletterer.
- Die Routen sind für alle da; blockieren Sie die Touren nicht durch Toprope-Seile oder übermäßig langes Einstudieren: wenn Sie Ihrer Muskulatur eine Ruhepause gönnen, dann lassen Sie die andern ran.
- Verrichten Sie Ihre Notdurft nicht am Routenausstieg.

IV-6.2 Nehmen Sie Rücksicht auf die Natur

Schon im Hinblick auf die nächsten Generationen sollten Sie mit der Natur schonend umgehen:

- Nehmen Sie Ihren Müll wieder mit; und sollten Sie Abfälle sehen, welche vergessen wurden, dann ehrt es Sie, wenn Sie sie auch noch miteinpacken. Vielleicht als kleine Wiedergutmachung für irgendeinen Müll, den Sie mal unabsichtlich vergessen haben.
- Wenn Sie es ohne Zigaretten nicht aushalten, dann rauchen Sie ausschließlich auf felsigem Gelände, niemals im Wald oder Unterholz, und nehmen Sie Ihre Stummel mit.

- Nehmen Sie ganz besonders Rücksicht auf die Vögel, die in der wand nisten. Deren Überleben hängt von Ihnen ab.Wenn Sie auf ein nest stossen besonders im Frühling: verschrecken Sie die Eltern nicht durch Lärm, sonst sterben die Eier und die Küken durch Kälte, oder werden der Raubvögel leichte Beute.
- Aus diesem Grund ist der flussabwärts gelegene Teil der Falaise de l'Imbut gesperrt. Dort nistet eine Vielzahl Vögel.

IV-6.3 Nehmen Sie Rücksicht auf die Einheimischen

Last but not least, Sie sollten sich mit dem Gedanken vertraut machen: im Verdon tummeln sich nicht nur Touristen, *es gibt auch noch die Einwohner* . Auch wenn sie teilweise vom Tourismus leben, sind sie nicht ausschließlich zu Ihren Diensten da. Im Gegenteil haben sie ein Recht auf Ihre Respekt, und schließlich verdanken Sie es ihnen, so gemütliche Dörfer und eine gepflegte Landschaft vorzufinden. Daher sollten Sie:

- die Äcker nicht betreten,
- die Herden nicht stören,
- nur auf Campingplätzen zelten (Wildes Zelten ist streng verboten),
- die Gatter nie öffnen, damit das Vieh auf der Weide bleibt,
- nicht auf land- und forstwirtschaftlichen Wegen fahren (und schon gar nicht im Gelände),
- so parken, dass Ihr Fahrzeug den land- und forstwirtschaftlichen Verkehr nicht behindert.

IV-7 Wer finanziert die Einrichtung der Kletterwände in Frankreich?

Manchem mag es zwar auf den ersten Blick so recht nicht einleuchten, aber es verhält sich in der Tat so, dass weder die Haken, noch die Plättchen oder die zementierten Ringe von selber an den Felsen wachsen. Sie mussten alle gekauft und installiert werden. Bis die achtziger Jahre hinein geschah dies noch vollkommen in Privatinitiative, mit eigenen Geld der Ausrüster, während zum Beispiel seit fast einem Jahrhundert die Sportplätze und Turnhallen von der öffentlichen Hand finanziert werden. Die Lage änderte sich anno 1983 als das COSIROC (Comité de défense des sites et rochers d'escalade, d.h. Komitee zur Erhaltung der Klettergebiete und Kletterfelsen) und danach die FFME (Fédération française de la montagne et de l'escalade, in der praktisch fast alle französischen Kletterer- und Bergsteigervereine organisiert sind) und hier die UCPA, beschlossen Geld (einige zehntausend Francs) für die Sanierung und Neueinrichtung der französischen Sportkletterwände zur Verfügung zu Stellen gaben.

Von offizieller Seite das Klettern zur Zeit nun manchmal schon von der Gemeinde (la Palud-sur-Verdon zum Beispiel), dem Kreis oder Département unterstützt: sie leisten Subventionen für die Ausrüstung der Kletterwände, besonders

in Süd-Ost Frankreich. Das ist zwar ein Fortschritt, aber finanzielle Probleme sind damit noch lange nicht vom Tisch:
- der Bedarf übersteigt noch immer die Subventionen,
- die Unterstützung kommt den verschiedenen Regionen und Départements, nicht in gleichen Maß zugute,
- Die Lokalvereine müssen oft beträchtliche Summen vorstrecken, weil die Gelder erst gegen Vorlage von Quittung, und somit erst mehrere Monate nach Materialkauf oder Entlohnung der Berufsausrüster gezahlt werden,
- Schließlich führt auch die praktische Umsetzung der Ausrüstungspolitik zu beträchtlichen Kosten, obwohl die Mitglieder der Lokalvereine (Lei Lagramusas) und die FFME-Départementkomitees ehrenamtlich arbeiten,

Kurz: Wir sind auf Spenden angewiesen. Und wir appellieren lieber an Ihren guten Willen als dass wir am Ein- oder Ausstieg der Routen Gebühren erheben, wie es in der Schweiz oder Belgien teilweise praktiziert wird. Deshalb:

- kaufen Sie den Aufkleber „Lei Lagramusas"; der Erlös fließt in eine bessere Ausrüstung des Verdon;
- machen Sie sich keine Fotokopien, sondern kaufen Sie lieber die Topos von den Felswände, an denen Sie klettern wollen; der Erlös dient ebenfalls der Sanierung der Kletterwände des Verdon;
- treten Sie einem der Vereine bei, der Mitglied der FFME ist; mit Ihrem jährlichen Beitrag (von 200 bis 350 F — je nach Verein) steigern Sie das Ansehen und die Glaubwürdigkeit der Kletterwelt und die Mittel des Bergsteigerbunds (die FFME), die Quantität und Qualität der Ausrüstungen zu verbessern. Und außerdem kommen Sie in den Genuss einer Haftpflicht- und Unfallversicherung.

IV-8 Die Umgebung ums Verdon herum

So schön es auch, hier zu klettern, das Verdon hat doch noch mehr zu bieten. Es lohnt sich, auch mal einen Blick auf die Landschaft, die Gegend, die Natur, die Einheimischen zu werfen. Sie finden:
- traditionelles Handwerk wie die Drechsler in Aiguines und die Steingut-Manufakturen in Moustiers;
- das Haus für Umweltschutz in la Palud-sur-Verdon;
- Wanderwege durch die Verdon-Schlucht und auf den Hochebenen;
- Wassersportmöglichkeiten auf den Seen von Sainte-Croix und Castillon;
- eine Menge anderer Möglichkeiten, die Freizeit in freier Natur zu verbringen:
  - im Sommer erfrischendes Canyon-Trekking;
  - Mountainbiken;
  - River-Rafting;

- Stromschwimmen;
- Gleitschirmfliegen mit Startplätzen in Moustiers und Saint-André-les-Alpes.
- mehrere kleine Klettergebiete in der Nähe von Castellane, Aiguines und Moustiers;

- die Felswände von *Quinson*: sie bieten reizvolle Kletterei, die Absicherung ist gut, die 130 Routen von 15 bis 80 m hoch reichen vom 3ten bis zum 7ten Grad. Der Fels ist nach Westen und Osten ausgerichtet und gestattet fast das ganze Jahr über ein angenehmes Klettern; im Sommer ist es jedoch ein wenig zu warm, aber man kann sich im See baden. Ein Topo ist erhältlich auf dem Campingplatz von Quinson, in der Bar du Cours und im Hotel Notre-Dame;
- die Felswände von *Aiguines* und *les Cavaliers* (Seite 308): diese sind zum touristischen Zweck neu ausgerüstete Kletterwände ; hier ist die Kletterei oft mit dem anderen Rand des Verdons gleichbar, aber man wird nicht diese Routen in diesem Buch finden. Tatsächlich hat die Vereinigung „Lei Lagramusas" nach langen Debatten bestimmt, dass der Ausrüstungsstil dieser Felsen zum wünchenswerten Abenteuergeist des Verdons zu grundverschieden ist, um sie in einem eizigen Kletterführen zusammenzufassen. Die Absicherung ist gut (ganz mit Zementhaken), die 200 Routen von 15 bis 120 m hoch reichen vom 3ten bis zum 8ten Grad. Die Felsen sind nach Norden und Westen ausgerichtet und gestatten im Sommer ein angenehmes Klettern. Ein Topo ist erhältlich auf dem Campingplatz von Aiguines und bei meisten Geschäften des Dorfes.

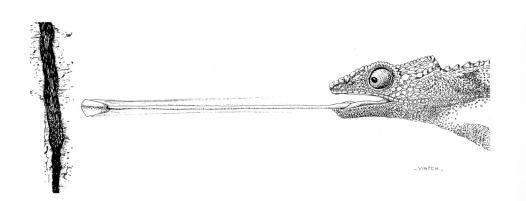

V. INTRODUZIONE al VERDON

V-1   Verdon ! la parola magica...

Ogni arrampicatore ne ha sognato... perché? Qui la natura ha superato sè stessa per creare un'arrampicata unica al mondo.

I sensi sono in estasi, il corpo si diletta con questa roccia grigiogialla, compatta, ripida, scolpita a meraviglia. Gli occhi si appagano di questo paesaggio, di queste forme. La testa si riempie di questo onnipresente vuoto.

Qui, si scende prima di arrampicarsi! Sorprende un pò all'inizio...

Però non tutto è paradisiaco: ricordatevi che non siete soli. Vi raccomandiamo di essere modesti di fronte a questa natura, agli abitanti, agli altri utenti. Ecco alcuni consigli per ritrovare questa solitaria avventura che alcuni amano.

V-2   Il clima

Si può arrampicarsi in Verdon tutto l'anno, ma da novembre a marzo bisognerà scegliere benissimo le ore e le pareti. Infatti, vi trovate ad un'altitudine di 1000 m con un clima montano: in inverno può gelare severamente e da novembre a maggio sono possibili le nevicate.

I temporali sono frequenti in primavera ed in estate.

La parete dell'Escalès è orientata ad est-sud-est, quindi è generalmente soleggiata nella mattinata, ma certe parti ne ricevono il sole più tardi. È protetta dal Mistral che in questa regione è un vento dall'ovest.

Le pareti delle Malines e dell'Imbut sono orientate a pieno sud. Quindi in estate sono calde e soleggiate; in compenso non vedono quasi mai il sole durante i mesi invernali.

La parete dell'Estellié è orientata a nord. Quindi non vede mai il sole.

V-3   Storia dell'arrampicata nel Verdon

I primi abitanti del Verdon non ebbero sicuramente vita facile. Essi furono costretti a rifugiarsi in queste terre povere e austere a causa delle piene dei fiumi. Erano certamente gente dotata di capacità e resistenza non comune che permise loro di sopravvivere.

Fu così che questi uomini molto presto cominciarono a percorrere le falesie: si dice che la falesia dell'Escalès (dell'Escalet dicono certi «vecchi» paluardi[1]) deve il suo nome ad un'ascensione compiuta con l'aiuto di scale da un signore di mezz'età, di Trigance, che voleva così stupire il suo vicino della Palud.

---

[1] «Paluard» : abitante della Palud-sur-Verdon.

Gli abitanti della Palud continuarono in seguito a scendere nelle gole e nelle falesie per ripidi sentieri, come quelli che permettono di arrivare al Belvedere o all'Imbut, oppure servendosi di corde, come indica il nome del Belvedere della «Carelle», che sarebbe la carrucola per issare uomini e mezzi. Si trasportavano legni rari, adatti ad essere lavorati al tornio, miele, ginepri imputrescibili. Alcuni di questi oggetti sono stati ritrovati da gli arrampicatori moderni: una terracotta intatta sulla Terrazza mediana (a 150 mt di calata dalla sommità!), degli «escarassons» (vecchi coni di legno) incuneati nelle fessure della roccia al *Sordidon* o alla *Souricière*.

Ma diamo un'occhiata alla storia dell'arrampicata in Verdon. Georges Livanos, il celebrissimo arrampicatore marsigliese, passò da queste parti, alzò gli occhi, e non vide altro che falesie rocciose prive di interesse. Anche i primi «apritori» marsigliesi delle Gorges guardarono verso l'alto, e si fermarono a Saint-Maurin o Mayreste. In questi luoghi inoltre essi potevano trovare riparo nelle grotte.

I nomi delle prime vie aperte nel 1966 e 1967 da François Guillot, Maxime Auché, Claude Cassin, Jacques e Philippe Kelle, Marc Chabert, Gilles Cohen, Bernard Domenech testimoniano bene l'ambiente orgiastico di quei giorni: *le Mouton saoul* (il montone ubriaco), *le Bœuf beurré* (il bue sbronzato), *les Écureuils alcooliques* (gli scoiattoli alcolici).

Si è dovuto attendere il 1968 e la serietà monacale e parigina di Patrick Cordier e i suoi amici Patrice Bodin, Lothar Mauch, Patrice Richard, un'estate trascorsa a Chamonix e una tecnica himalaiana per accorgersi che non bisognava guardare in alto, ma verso il basso, (anche se la parete del Duca si vede ancora guardando verso l'alto). Essi aprirono così la via degli *Enragés* (arrabbiati). La via delle Gorges era aperta.

Ci fu poi quella che molti considerano l'età d'oro del Verdon. Nell'autunno del 68 i marsigliesi François Guillot e Joël Coqueugniot aprirono *la Demande* e nel 1970 Guy Héran, un arrampicatore parigino eccezionale, con i suoi amici marsigliesi Marius Coquillat, Michel Charles, Pierre Louis (di Tolone), Bruno Dineur e Serge Gousseault aprirono Luna Bong, *L'Éperon sublime* e la *Paroi rouge*. Nel 1972 Bernard Bouscasse firma una delle più belle realizzazioni con *Ula* e *Les Écureuils*, con Guillot e Coqueugniot.

Dopo ciò tutto avviene molto rapidamente, inizia la gara per compiere le prime ripetizioni ed i candidati per le «prime» si moltiplicano. Molte cordate in amichevole competizione si spartiscono la torta. I marsigliesi del CAF François Guillot, Joël Coqueugniot, Jean-Marie Picard-Deyme, Jean Fabre, Guy Albert aprono vie all'Escalès, a La Maline, all'Eycharme l'*Estamporanée*, grande via ancora oggi attuale, e il *Péril rouge* all'Imbut. Il gruppo degli «Escurs» (gli *Excursionnistes Marseillais*), composto da Raymond Bonnard, Roland Fustin, Bernard Bouscasse, Bernard Vaucher, Michel Tanner, Jacques Fouque (*Ula* in solitario nel 76), Henri Rigaud, Jean-Patrick Coullet aprono nel 72 la *Castapiagne rouge*, la *Mousson*, l'*Oursinade*... I tolonesi Pierre «P'tit» Louis, Serge Mendola, Christian Crespo, René Mattéoli aprono il *Pilier Gousseault*, lo *Zippo*, la diretta della *Paroi rouge*. I marsigliesi della FSGT con Bernard e Daniel Gorgeon, Jacques Nosley, Jacques Keller, Pierre e Jean-François Gras aprono *Virilimité, les Barjots, Naziaque*, ed esplorano altre falesie «perdute». Per la prima volta questa cordata lascia le vie attrezzate con «pitons» e «*golots*[2]» per le ripetizioni. Jean-Paul Bouquier e Gérard Créton, di Aix, aprono vie principalmente nella falesia dell'Imbut, come la *Roumagaou* e il *Dièdre des Aixois*. Ed in quel periodo il parigino Jean-Claude Droyer apre il *Triomphe d'Éros*.

Fra i ripetitori ci sono anche delle donne, come Simone Badier e Denise Escande con le loro guide, e Françoise Quintin. Sono anni magnifici, si aprivano 4 o 5 grandi vie per week-end e i vecchi fienili abbandonati servono da luogo di ritrovo.

Dopo la seconda metà degli anni 70 arrivano i nuovi protagonisti, attirati dalla fama del luogo, che diviene sempre più grande e misterioso. Martine e Christian Guyomar, Patrick Bestagno, Gilles Modica verranno qui ad applicare le loro idee sperimentate alla Sainte-Victoire, e nascono così grandi itinerari attrezzati, come *Mescalito*, *Golem*, *Tecto-Flip*, *Interlope*.

[2]*Golot*: il antenato dello «spit» negli anni 60.

Consignes fédérales de sécurité
Traduzione in italiano
(Assemblée Générale de la FFME, 14 Janvier 1993)

1. L'arrampicatore o l'alpinista è il solo responsabile della propria sicurezza.
2. In caso di minori, questa responsabilità ricade sui genitori o su chi ne fa le veci in conformità alla legislazione in vigore.
3. Tutti i consigli o l'assistenza, non dispensano colui che li riceve o l'utilizza dal valutare da solo i rischi ai quali può esporsi percorrendo la via. Di conseguenza è necessario che l'arrampicatore o l'alpinista:
    (a) si assicuri con tutti i mezzi possibili (esame visuale, bibliografia, informazioni avute da altre persone, di cui dovrete valutare l'affidabilità, ecc.), che la via sia adatta al proprio livello;
    (b) allo stesso modo si assicuri con tutti i mezzi che l'attrezzatura in loco sia sufficiente in quantità ed in qualità, tenendo conto del proprio livello, dell'equipaggiamento personale di cui dispone e della stima dei rischi derivanti da una eventuale caduta;
    (c) sia in grado di riconoscere una presa instabile ed una sosta vecchia o inappropiata;
    (d) sappia rinunciare nel caso si renda conto che la via che sta percorrendo presenti delle caratteristiche che non può controllare, tenuto conto del suo livello (roccia marcia, equipaggiamento giudicato insufficiente, condizioni metereologiche, ecc.).

Una data importante: nella primavera 76 Stéphane Troussier e Christian Guyomar decidono di fare una via dalla *Terrasse médiane* e si calano dall'alto. Ciò che oggi appare del tutto naturale a quei tempi fece cambiare il modo di vedere il Verdon. Le placche divengono l'oggetto del desiderio. E arrivera subito la logica conseguenza: dopo una prima apertura con corda fissa di Jacques Nosley su *Dingomaniaque* nel 78, l'equipaggiamento dall'alto diviene sistematico ad opera di Jacques «Pschitt» Perrier che nel frattempo apre anche *Pichenibule* dal basso nel 77, poi *Ctuluh* e *Gwendal*.

È in questo periodo che Jean-Claude Droyer, il maldestro e intollerante precursore dell'arrampicata libera in Francia, è al centro delle polemiche delle quali la roccia porta ancora disgraziatamente traccia. Gli inglesi Ron Fawcett e Pete Livesey gli dettero manforte, liberarono numerosi passaggi di artificiale e convinsero un gran numero di protagonisti locali.

I metodi allora utilizzati per l'apertura delle vie erano generalmente basati sul massimo uso di assicurazioni; quando non si può mettere un dado si usa un pitone o al peggio un *golot*. Le vie non sono sempre lasciate equipaggiate, ma si fa sempre più frequentemente. La filosofia della «libera» portera fra gli arrampicatori locali l'uso sistematico di punti di assicurazione migliori. Anche se alcuni, come Guyomar, ancora rifiutano l'uso dei *golot* e tracciano itinerari molto impegnativi, e vogliono anche imporre agli altri il loro punto di vista... Da questo nasce la polemica, ed o ancora la roccia a farne le spese.

Jean-Marc Troussier (*Surveiller et punir*, settimo grado), Philippe Maclé (*Rêve de fer*, *l'Ange en décomposition*), Claude Vigier (*Chrysalis*, *Durandalle*) utilizzarono entrambi i metodi, l'apertura dal basso e l'equipaggiamento dall'alto.

Certi, come Michel «Tchouky» Fauquet, Marc Guiot, i giovani «Escurs» (*l'Arabe dément*, *Au delà du délire*) o gli svizzeri Claude e Yves Rémy (*Mégafoot*, *Écho logique*, *Télégrammes*, e certamente il più lungo chilometraggio di vie nel Verdon) sono tradizionalisti e aprono solo dal basso.

A questo punto i migliori arrampicatori della libera francese mostrano tutto quello che sono capaci di fare: grandi vie in solitaria per Patrick Berhault, Patrick Edlinger, Thierry Volpiatto, Hugues Jaillet, «Pschitt» (*Estamporanée*), concatenamenti, discese in arrampicata, lavoro dei passaggi; Berhault libera il bombamento di *Pichenibule*; ed ecco a voi la libera su passaggi davvero duri (7c all'epoca!), tutto d'un fiato!

«Pschitt» inventa il termine «moulinette».

Si ricerca soprattutto la difficoltà pura e la lunghezza delle vie diminuisce: sul bordo della falesia si moltiplicano le catene delle vie corte (*Sale temps pour les caves*, i *Miroirs*, il *Troisième ciel*). L'impiego degli spit diviene sistematico. Il Verdon o allora uno dei primi luoghi d'arrampicata al mondo equipaggiato a spits sotto la guida di Jean-Marc Troussier, Patrick Edlinger, Patrick Berhault, Françoise Lepron, Patrick Bestagno, seguiti puntualmente da Jean-Baptiste Tribout, i fratelli Escoffier o ancora Jean-François Hagenmuller. È così che nascono *Papy on sight*, 8a e 7c magistralmente realizzato da Jerry Moffat nell'84, *les Gestes pour le dire*, *Ouah, con, c'est du libre !*, *le Mur bleu*, *Les braves gens ne courent pas les rues*,

V-3. Storia dell'arrampicata nel Verdon

Agorgeamoclès. È in questo periodo che Bruno Potié (*Ève Line*) ritiene che sia utile scavare alcune prese nella falesia dell'Escalès.

La cordata «Tchouky»-Guiot apre nell'80 il *Voyage de la Mandarine* prefigurando anche la tendenza degli anni futuri: la coesistenza di tutti i generi di arrampicata. Dominique Suchet si lancera più tardi sui grandi itinerari di artificiale.

In quegli anni nasce un nuovo genere di arrampicata: le grandi vie attrezzate per la libera di alta difficoltà. *Mingus*, aperto nel 1986, ne è un bell'esempio: la prima salita a vista in libera sarà realizzata solo nel 1994 da Lynn Hill.

Nell' 83-84 appaiono i primi trapani automatici e ciò porta grandi cambiamenti nelle falesie di tutto il mondo e anche in Verdon. Entro qualche anno Michel Suhubiette renderá possibile la creazione del centro UCPA che fara uso del trapano nelle falesie. Nascono così *Afin que nul ne meure, À tout cœur...* Peter Harrop attrezza il col d'Ayen. E così arriviamo al periodo di massima affluenza mai conosciuto prima dal Verdon; la sua fama gode di ottima salute, ma l'equipaggiamento delle vie diviene democratico. Si organizza un servizio di sicurezza con i pompieri della Palud e di Castellane che si specializzano negli interventi in falesia. Nasce un'associazione (Lei Lagramusas) per gestire le falesie e la pratica dell'arrampicata... Siamo ancora oggi in questo periodo turistico.

Alcuni film fecero conoscere il Verdon al grande pubblico, come quelli di Patrick Edlinger o di Catherine Destivelle che riuscì a superare il bombamento di *Pichenibule* in libera. Anche qualche straniero lascia il proprio segno: Martin Atkinson (*Gravities rainbow*), Louise Sheppard, Manolo. Didier Raboutou, Philippe Mussato passeranno qualche estate da queste parti (*Mijo, Farci par là*). Pschitt (ancora lui!) attrezza *les Spécialistes* per Tribout, il primo 8c francese fino alla sua seconda salita quando Edlinger lo ha valutato 8b+.

In ogni caso gli sforzi dei giovani arrampicatori-attrezzatori locali vanno sempre più concentrandosi verso le falesie più corte. *Les Néophytes*, il *Petit Eycharme*; alcuni settori non autorizzati ad essere pubblicati sono opera di Pascal Faudou, Olivier Dobel-Ober, Frédéric Dévoluet, Bruno Clément. Inoltre alcuni avventurosi continuano a tracciare itinerari dal basso, spesso in artificiale: Hagenmuller, «Tchouky», Suchet ed il piccolo, ma non da meno, Hervé Guigliarelli e la sua compagna Karine Maze che hanno tracciato poco meno di 10 grandi itinerari nel 1994. Guigliarelli ha equipaggiato *Kallistée* interamente con fittoni.

Questi ultimi anni hanno visto la pratica dell'arrampicata evolversi verso direzioni che, anche se non sono in opposizione fra loro, sono però divergenti.

L'apertura di vie di artificiale continua a ritmo sostenuto per opera di Marco Troussier, Jean-Fraçois Hagenmuller, «Tchouky» (ed il suo compagno Marc Guiot), Christophe Moulin, Jean-Christophe Lafaille e Dominique Suchet nel settore *Castapiagne*, ma lo spazio a disposizione sta diminuendo. Nasce una nuova scuola di artificiale, una tecnica nuova furoreggia: forare un accenno di buco per piazzarci un gancetto; alcuni gridano allo scandalo... è la battaglia fra gli antichi ed i moderni. Alcuni settori sono rivisitati: *la Corde tchèque, Les Cavaliers*. La cordata Guigliarelli-Maze, spesso rafforzata da Gilles Crespi imperversano sulle grandi vie attrezzate come *Hors la loi*. Jérôme Rochelle sale *La Castapiagne rouge* in libera e in solitaria, «Graou» (Bruno Clément) realizza itinerari estremi come il tetto di *Spaggiari* in libera.

In un'altra ottica, più turistica e purtroppo talvolta un pò commerciale, si sviluppa la tendenza a facilitare la pratica dell'arrampicata ad un maggior numero di persone: alcune vie «facili» vengono attrezzate o riattrezzate da Alain Guinet, Jean-Marc Roman, Patrick Bestagno, Olivier Dobel-Ober o Frédéric Dévoluet, come *El gringo loco*, la *Voie des dalles* (la via delle placche), *In memoriam* e la traversata delle *Cataractes*, trasformata in un cosiddetto itinerario di soccorso e soprattutto in «via cordata» da Michel Suhubiette. Su quest'ultima realizzazione si è accesa subito una polemica ed i dis-attrezzatori «balancés» (denunciati) hanno concluso la giornata... in gendarmeria. Gli arrampicatori hanno bisogno delle istituzioni per discutere ed appianare le loro divergenze di opinioni. Un nuovo settore-palestra, *Collet Barris*, è stato attrezzato da Antoine Mahaut dopo una fase di discussione costruttiva fra *Lei Lagramusas*, le autorità municipali ed i cacciatori.

Il futuro: continuare ad arrampicare oggi in Verdon, sempre e comunque; il luogo non è ancora saturato, anche se certamente alcuni settori lo sono. Ma anche la protezione della natura, il Parco naturale regionale del Verdon (PNRV), la necessità di dialogo fra i diversi protagonisti.

Il riequipaggiamento, pro o contro? Abbiamo il diritto di romperci le nostre vecchie caviglie a giro per le falesie oppure no? La roccia si unge... Bisogna vietare certe vie? È arrivata l'ora di rimettere in discussione la nostra attività.

V-4 La roccia — geologia delle Gorges du Verdon

La roccia che costituisce le pareti delle Gorges del Verdon, reputata dagli arrampicatori una delle più belle e solide d'Europa, è un calcare molto puro (che significa quasi del tutto privo di impurità argillose) di origine chimica-organica e non di provenienza interna al globo terrestre come sono invece le rocce granitiche, le dioriti ed altri basalti. Questa roccia sedimentaria si è formata circa 150 milioni di anni fa, alla fine dell'epoca Giurassica dell'era secondaria, nelle acque di un oceano caldo e poco profondo, che ricopriva allora buona parte della Provenza. Queste acque erano colonizzate da organismi marini chiamati madrepore, dotati di conchiglia calcarea, e che vivevano attaccate le une sulle altre come le ostriche (questi organismi si trovano ancora sul fondo del Mar Rosso e nel Golfo Persico). Inoltre questi favoriscono la precipitazione del calcare contenuto nelle acque e si cementano fra loro per resistere all'assalto delle onde, formando dei veri e propri assemblamenti. Le loro esigenze ecologiche erano molto precise (acque calde, poco profonde, non stagnanti). A questo punto un grande evento geologico ha aumentato la profondita dell'oceano, creando le condizioni adatte affinché la crescita di questi organismi procedesse verticalmente, verso l'alto, e permettendo così un notevole accumulo di piani calcarei, fino a formare il plateaus sedimentario che conosciamo (Canjuers, Barbin, Moustiers).

Questa roccia, composta quasi esclusivamente da carbonato di calcio ($CaCO_3$) è bianca, ma di solito appare grigia, come nelle famose placche dell'Escalès; ciò è dovuto alla presenza di una «patina» di ioni calcio migrati sulla superficie; essi sono molto resistenti all'erosione ed assicurano una protezione naturale alla roccia. Tutte le altre colorazioni, dal rosso al nero, sono dovute a concrezioni formate da ossidi di metalli diversi (ferro, rame, manganese, etc.). Più una roccia è strutturalmente coerente e più il suo profilo di equilibrio può avvicinarsi alla verticale. I due esempi estremi sono le dune di sabbia asciutta dove la pendenza non oltrepassa i 30° e la falesia calcarea, che può essere addirittura strapiombante.

Il nostro altopiano calcareo dello spessore di molte centinaia di metri avrebbe potuto continuare ad accrescersi per millenni se non fosse intervenuto un grande evento geologico a disturbarlo. Nell'epoca Eocenica, circa 68 milioni di anni fa, è cominciato il sollevamento delle Alpi, dovuto allo scontro fra due delle placche tettoniche che compongono il gigantesco puzzle della nostra crosta terrestre: la placca europea e la piccola placca italiana, entrambe pressate dalla placca africana. La formazione di una catena di montagne ha portato alla creazione di spaccature molto rilevanti nei terreni sedimentari preesistenti. Inoltre, dopo aver definitivamente lasciato l'oceano, i plateaux di carbonato furono a loro volta piegati fino alla frattura e sollevati di centinaia di metri, ed i corsi d'acqua non hanno avuto altra possibilità che infossarsi nella massa calcarea con l'erosione chimica e meccanica, creando le gorges provenzali, delle quali il Canyon del Verdon è l'esempio più eclatante. Tutta la regione dell'Alta Provenza appartiene all'unità geografica delle Prealpi, sotto l'influenza tettonica del grande Arco di Castellane.

La presenza di importanti fratture nella roccia non può che averne facilitato la «lavorazione», in particolare nel settore di Couloir Samson. Più a valle il Verdon ha conservato il suo corso a larghi meandri, che testimonia la presenza, in passato, di un paesaggio molto meno accidentato; infatti un fiume presenta andamento meandriforme solo quando scorre in una valle ampia o pianeggiante. Dove il massiccio calcareo si innalza per più di 400 metri questa traccia sinuosa scompare, anche se rimane ben visibile nel suo principale affluente, l'Artuby.

L'esposizione a sud preserva la roccia di questa falesia dall'umidità e dagli attacchi del gelo, fattori di degradazione. La presenza combinata di tutti questi fattori fa sì che le Gorges offrano condizioni eccezionali per l'arrampicata: qualità della roccia, altezza considerevole, verticalità, roccia lavorata, e sole...

V-5 L'ambiente

La maggior parte delle rocce arrampicabili del Verdon sono situate sul territorio del comune di la Palud-sur-Verdon, che ne tollera la frequentazione. Ciò non è vero per tutti i luoghi, ed infatti alcuni posti non si trovano sulla guida, mentre che altri posti invece ci sono, ma con alcuni restrizioni.

Ricordiamoci che le Gorges du Verdon sono un luogo protetto. Nel marzo 1998 è stato creato il *Parc naturel régional du Verdon* (PNRV) che riunisce i 53 comuni che si trovano sulle rive del Verdon lungo tutto il suo corso. Questo sindacato intercomunale (il PNRV) potrebbe essere lo strumento di gestione indispensabile e tanto atteso dai piccoli comune che devono, con le loro poche risorse, gestire un patrimonio naturale conosciuto e visitato da gente di tutto il mondo... Missione impossibile! Tocca a voi, ed a noi, fare in modo che tutto si svolga nel migliore dei modi.

Il PNRV, insieme all'associazione *Vautours en Haute-Provence* (Avvoltoi in Alta Provenza) ha messo a punto un programma di reinserimento degli avvoltoi nei cieli e nelle falesie del Verdon; la voliera si trova nel comune di Rougon. Se arrampicate, soprattutto in questa zona, ma anche altrove, segnalate presso il municipio ogni avvistamento o notizia di cui venite a conoscenza al riguardo.

V-6 Le maniere gentili

Venite nel Verdon innanzitutto per trascorrere delle vacanze o per fare dello sport. È una motivazione degna di ogni rispetto, ma non è una valida ragione per comportarsi come se foste soli al mondo che si arrampicano sulle pareti o circolando nella campagna.

V-6.1 Rispettate gli altri utenti dei luoghi

Da una parte ci sono gli altri sportivi o villeggianti, arrampicatori, gitanti, campeggiatori, turisti, che hanno il vostro stesso diritto di usufruire piacevolmente delle rocce, della natura e del tempo che scorre:

- Evitate i rumori eccessivi (grida, transistor, scappamenti).
- Non buttate niente giù: ci potrebbero essere degli arrampicatori sotto.
- Non monopolizzate le vie con «top rope» o per imparare i passaggi: mentre che i vostri muscoli si decontraggono, lasciate passare gli altri.
- Evitate di soddisfare i vostri bisogni in cima alle vie.

V-6.2 Rispettate la natura

D'altra parte, c'è la natura che conviene rispettare par riguardo delle generazioni future:

- Portate via le vostre bottiglie di plastica, i vostri rifiuti; se vedete dei *rifiuti* abbandonati da altri, non è disonorevole portare via anche quelli, questo compenserà per quelli che forse anche voi avete *incidentalmente* perduto, qualche volta.
- Se non potete sopravvivere senza fumare, fatelo soltanto nel terreno roccioso, mai nel sottobosco. E portate via le vostre cicche.
- Rispettate particolarmente gli uccelli che nidificano nelle pareti. La loro sopravvivenza dipende della vostra *discrezione* quando passate vicino, particolarmente a primavera: se disturbate i genitori, le uova o i pulcini moriranno dal freddo oppure saranno uccisi da altri rapaci.
- La parte a valle della parete dell'Imbut è una zona di nidificazione per gli uccelli: l'arrampicata ci è vietata.

V-6.3 Rispettate gli abitanti del paese

Infine, ed anche se può sembrare strano, *ci sono degli abitanti del Paese del Verdon*. Anche se vivono parzialmente di turismo, non sono i vostri lacchè; invece, hanno diritto alla vostra considerazione perché è grazie a loro se potete godere del paesaggio e dei villaggi accoglienti. Quindi vi chiediamo:

- di non calpestare i campi coltivati,
- di non spaventare il bestiame,
- di non campeggiare fuori dei campeggi autorizzati,
- di non aprire i recinti (per evitare che il bestiame fugga),
- di non circolare con la macchina sulle piste forestali (nè *a fortiori* fuori di ogni cammino carrozzabile),
- di sostare in modo da non disturbare la circolazione dei veicoli utilitari o agricoli.

V-7 Chi paga l'attrezzatura delle roccie di arrampicata in Francia?

Al contrario di ciò che alcuni potrebbero pensare, i chiodi, le plachette e gli infissi non crescono spontaneamente sulle pareti: è stato necessario che qualcuno li pagasse.

Mentre da circa un secolo gli stadi e le palestre sono stati finanziati dallo Stato, dai communi, dalle regioni o dai *départements*, le attrezzature delle pareti francesi sono state interamente pagate di tasca propria dagli arrampicatori volenterosi o dai club locali, fino all'inizio degli anni ottanta.

La situazione cominciò a cambiare circa nel 1983, cioè quando il COSIROC (Comité de défense des sites et rochers d'escalade), poi la FFME (Fédération française de la montagne et de l'escalade, che raggruppa praticamente tutte le associazioni di arrampicatori e alpinisti di Francia) e qui l'UCPA, decisero di stanziare un pò di denaro (qualche diecina di migliaia di franchi) per l'attrezzatura o la riattrezzatura dei luoghi di arrampicata moderna.

Oggi, molti comuni (fra cui la Palud-sur-Verdon), alcuni Conseils Généraux (consigli di *département*) e Conseils Régionaux hanno capito l'interesse economico e sportivo dell'arrampicata e quindi hanno stanziato delle sovvenzioni — soprattutto nel sud-est della Francia — per l'attrezzatura dei luoghi di arrampicata. È un progresso, ma non risolve tutti i problemi finanziari:

- i bisogni rimangono superiori alle sovvenzioni,
- non tutte le regioni e *départements* beneficiano di questi aiuti,
- le sovvenzioni sono versate solo parecchi mesi dopo che il materiale è stato comprato o che i professionisti sono stati retribuiti, e solo con presentazione di fatture, per cui i club locali debbono spesso anticipare delle spese importanti,

- nonostante lo sfruttamento dei volenterosi — e ritenuti infatigabili — che animano i club locali (Lei Lagramusas) e di Comitati Dipartimentali della FFME, la gestione delle politiche di attrezzatura provoca delle spese di funzi°jonamento che non sono trascurabili.

In poche parole, si ha bisogno del vostro contributo finanziario. Piuttosto che di istituire come in Svizzera o in Belgio un pagamento all'attacco (o in cima) alle vie, si preferisce appellarsi al vostro senso civico:

- comprate l'*autoadesivo* «Lei Lagramusas»; i profitti servono a migliorare l'attrezzatura del Verdon;
- non fotocopiate ma fate lo sforzo di comprare le guide delle pareti dove intendete arrampicarvi; i profitti servono a migliorare le attrezzature;
- aderite ad un'associazione membra della FFME; per 200 a 350 F (secondo il club) aumenterete la credibilità del mondo degli arrampicatori e darete alla Federazione e ai suoi comitati locali i mezzi per migliorare la quantità e la qualità delle attrezzature. In più, beneficerete di un'assicurazione *responsabilità civile* e *incidente*.

V-8   Intorno alle roccie, intorno al Verdon

Qui l'arrampicata è bellissima, ma non c'è solo questo. Anche la natura, il paese, la gente circostante meritano il vostro interesse:
- le antiche tradizioni come i tornitori di bosso di Aiguines ed i maiolicai di Moustiers;
- la *Maison de l'Environnement* a la Palud-sur-Verdon;
- le gite nel fondo delle gole o sugli altipiani;
- le attività nautiche sui laghi di Sainte-Croix e Castillon;
- le altre *attività all'aria aperta*:
  - la discesa dei canyon, rinfrescante in estate;
  - la bicicletta fuoristrada;
  - il rafting;
  - il nuoto in acque vive;
  - il volo libero a Moustiers e Saint-André-les-Alpes.
- numerosi piccoli luoghi di arrampicata nei dintorni di Castellane, Aiguines e Moustiers;
- le pareti di *Quinson*: l'arrampicata è bella, l'attrezzatura delle vie ottima, le 130 vie lunghe da 15 fino a 80 m offrono difficoltà dal 3 al 8. Sia l'esposizione est o quella ovest permettono un'arrampicata piacevole quasi in ogni stagione; fa un pò caldo in estate ma il lago permette di rinfrescarsi. La guida locale è in vendita al campeggio di Quinson, al Bar du Cours ed all'Hôtel Notre-Dame;

- le pareti di *Aiguines* e dei *Cavaliers* (p. 308): sono palestre recentemente attrezzate in uno scopo turistico; l'arrampicata ci è spesso comparabile a quella che si trova sull'altro lato del Verdon. Benché siano geograficamente una parte delle Gorges du Verdon, queste vie non si trovano in questa guida. Infatti, dopo una lunga discussione, l'associazione Lei Lagramusas ha deciso di non descriverle perché il loro stile è purtroppo diverso dello spirito avventuroso che si desidera conservare in un luogo così prestigioso come il Verdon. L'attrezzatura di queste vie è moderna e ottima, le 200 vie lunghe di 15 fino a 120 m offrono difficoltà dal 3 al 8. L'esposizione nord e ovest permette un'arrampicata piacevole nel estate. La guida locale è in vendita al campeggio municipale ed in tutti negozi del villaggio.

Kayaks au pont de Tusset

VI. INTRODUCCIÓN al VERDON

VI-1   ¡ Verdon ! palabra mágica...

Todos los escaladores han soñado con él... ¿por qué? La naturaleza se ha sobrepasado, para crear aquí una escalada única en el mundo.

Los sentidos están en éxtasis, el cuerpo se deleita con este peñasco gris amarillento, compacto, tieso, escultando a las mil maravillas. Los ojos no se sacian de mirar este paisaje, de estas formas. La cabeza se llena de este vacío omnipresente.

¡ Aquí se baja para escalar! Esto sorprende al principio...

Pero todo no es paradisiaco: no estáis solos. Os recomendamos la modestia frente a esta naturaleza, a sus habitantes, a otros utilizadores. Os damos a conocer algunos secretos para encontrar esta aventura solitaria que les gusta a algunos.

Con todos nuestros agradecimientos.

VI-2   El clima

Se puede escalar el Verdon durante todo el año, pero de noviembre a marzo, hay que escoger muy bien las horas y los sitios. En efecto estamos a 1 000 metros de altitud con clima de montaña: puede helar mucho en invierno, y puede haber nevadas de noviembre a mayo.

Las tormentas son frecuentes en primavera y en verano.

El acantilado de l'Escalès está orientado este-sureste, está pues en su mayoría al sol por la mañana, pero ciertas partes están no obstante al sol más tarde. Está resguardado del Mistral, que es en la región un viento de oeste.

Los acantilados de las Malines y de l'Imbut están orientados en pleno sur. Son pues calientes y soleados en verano, y al contrario, l'Estellié no ve practicamente el sol durante los meses de invierno.

VI-3   Historia de la escalada del Verdon

Los primeros habitantes del Verdon no lo fueron por placer. Realmente ellos fueron rechazados desde los llanos de la orilla mediterránea, cuna de la humanidad, hacia las tierras pobres y austeras. Tenían en sus genes una capacidad a la supervivencia y resistencia poco comunes. Es así que los primeros hombres que recorrieron las paredes lo hicieron muy pronto: se dice que la *Falaise de l'Escalès* («d'Escalet» la llaman algunos ancianos de la Palud) debe su nombre a la ascensión que debió realizar, con ayuda de escaleras, el señor de la Edad Media de Trigance para atacar a su vecino de La Palud.

Los «Paluards»[1] continuaron adentrandose en la garganta y sus paredes por

---

[1] «Paluard»: habitante de La Palud-sur-Verdon.

VI-3. Historia de la escalada del Verdon

senderos escarpados como indica el nombre de Belvedere de la «Carelle», es decir «la Polea» que permitía izar los productos de la cosecha y a veces a los hombres. El botín estaba constituido de boj, que presentaban características excepcionales para ser torneado o también de enjambres de abejas, miel, aguiluchos o enebro que no se pudre. Han sido hallados restos por escaladores modernos: una cerámica entera en la terraza mediana (a 150 metros en rapel desde la cumbre!) «escarassons» (viejas cuñas de madera plantadas en las fisuras) en el *Sordidon* o la ratonera dos puntos débiles de la pared de l'Escalès.

Pero vayamos a lo que tenemos por costumbre de llamar «historia de la escalada en el Verdon». Parece ser que Georges livanos, el célebre escalador marsellés, pasó por aquí y alzando los ojos no vio más que pobres paredes de roca no interesantes. Bien hacia arriba miraron igualmente los primeros aperturistas marselleses de la garganta y ellos se pararon en Saint-Maurin, Mayreste. Además escapandose de la ciudad, podían hacer comilonas en las grutas acogedoras. Los nombres de las primeras vías abiertas en 1966 y 1967 por François Guillot, Maxime André, Claude Cassin, Jacques y Philippe Kelle, Marc Chabert, Gilles Cohen, Bernard Domenech, testimonian el ambiente orgiástico: *le Mouton saoul* (la oveja borracha), *le Bœuf beurré* (el buey borracho), *les Écureuils alcooliques* (las ardillas alcohólicas). Hizo falta en 1968 el serio monacal y parisino Patrick Cordier y sus amigos Patrice Bodin, Lothar Mauch, Patrice Richard, un verano podrido en Chamonix y una técnica himalayense para descubrir que no se tenía que mirar hacia arriba (a pesar de que la pared des duc se ve mirando hacia arriba) sino que había que hacerlo hacia abajo, en este país. Ellos abrieron así la vía de los *Enragés*. La vía de la garganta estaba abierta.

Después vino lo que a menudo se considera como la edad de oro del Verdon. En el otoño del 68 los marselleses François Guillot y Joël Coqueugniot abren *La Demande*, después en 1970 Guy Héran un escalador parisino excepcional, con sus amigos marselleses Marius Coquillat, Michel Charles, Pierre Louis, Bruno Dineur, Serge Gousseault abre seguidamente *Luna bong*, *l'Éperon sublime* y la *Paroi rouge*. En 1972 Bernard Bouscasse firma una de sus más bellas realizaciones con *Ula* y Guillot – Coqueugniot abren los *Écureuils*. Después todo se acelera, los escaladores se disputan por hacer las primeras repeticiones y los candidatos a las «primeras» se multiplican. Varios equipos en competición amistosa se parten el pastel. Los marselleses del CAF François Guillot, Joël Coqueugniot, Jean-Marie Picard-Deyme, Jean Fabre, Guy Abert abren en l'Escalès, en la Maline y en l'Eycharme *L'Estamporanée*, vía «mayor» aun en la actualidad, en el Maugué, en l'Imbut *le Péril rouge*.

El equipo de los «Escurs», de Marsella igualmente, Raymond Bonnard, Roland Fustin, Bouscasse Bernard Vaucher, Michel Tanner, Jacques Fouque (*Ula* en solo en 1976), Henri Rigaud, Jean-Patrick Coullet abre en 1972 la *Castapiagne rouge*, *la Mousson*, *l'Oursinade*... Los touloneses Pierre «P'tit» Louis, Serge Mendola, Christian Crespo, René Mattéoli abren el *Pilier Gousseault*, el *Zippo*, la *Directe de la Paroi rouge*. Los marselleses de la FSGT con Bernard y Daniel Gorgeon, Jacques Nosley, Jacques Keller, Pierre y Jean-François Gras abren *Virimilité*, *Les Barjots*, *Naziaque* y exploran otras paredes «perdidas». Por primera vez este equipo deja equipadas las vías con pitones y *golots*² para poder repetirlas solo con empotradores. Jean-Paul Bouquier y Gérard Créton (de Aix-en-Provence) abren principalmente en la pared de l'Imbut el *Roumagaou* y el *Dièdre des Aixois*.

E incluso un parisino, Jean-Claude Droyer abre *le Triomphe d'Éros*. Las mujeres están presentes en las repeticiones con Simone Badier, Denise Escande con sus guisa, Françoise Quintin. Es la gran época en que se abren 4 o 5 grandes vías por fin de semana y en que las viejas granjas ocupadas sirven de lugar de reunión.

En la segunda mitad de los años 70 llegan de nuevo protagonistas atraidos por el renombre del lugar que llega a ser engrandecido y misterioso. Martine y Christian Guyomar, Patrick Bestagno, Gilles Modica aplicaron sus ideas probadas en Sainte-Victoire, grandes itinerarios comprometidos verán la luz como *Mescalito, Golem, Tecto-Flip, Interlope*.

Un dato importante: primavera del 76, Stéphane Troussier (*Tuyau d'orgue*),

²*Golot*: el precursor de los «spits» en los años 60.

Consignes fédérales de sécurité
Traducción en español
(Assemblée Générale de la FFME, 14 Janvier 1993)

1. El escalador o alpinista es el solo responsable de su propia seguridad.
2. En el caso de menores de edad, esta responsabilidad incube a los padres segun el marco de la legislacion en vigor.
3. . todo consejo, toda ayuda, no dispensan a aquel que larecibe o utiliza, de evaluar los riesgos a los cuales uno se expone a consecuencia del compromiso adquirido en una via o en una carrera, espor consecuente necesario que el escalador o alpinista
   (a) se seguire per todos los medios posibles (examen visual, bibliografia, informaciones fiables de terceras personas, etc.) que la via correszponda a su proprio nivel;
   (b) asegurarse igualmente por todos los medios posibles de que las instalaciones existentes sean suficientes en calidad, presente su nivel de escalada, del material, del equipamiento personal del que se dispone y de valorar los riesgos de caida;
   (c) saber reconocer una presa inestabile o un anclaje vetusto o inapropriado
   (d) Saber reconocer si es necesario que la via enla que vamos a escalada coresponde al nivel descrito y que las condiciones climaticas, o malas instalaciones, etc., hagan variar este nivel.

VI-3. Historia de la escalada del Verdon

Guyomar descienden para hacer una vía en la terraza mediana, accediendo en rapel. Esto que parece totalmente natural hoy en día, cambió entonces la manera de ver el Verdon. Las placas llegan a ser el fruto deseado.

Y llegará enseguida la sucesión lógica: después de una primera obertura con cuerda fija por Nosley en *Dingomaniaque* en el 78, el equipamiento desde arribase sistematiza por Jacques «Pschitt» Perrier, aunque abre *Pichenibule* desde abajo en el 77, y también *Ctuluh* y *Gwendal*.

Es en esta época que el torpe e intolerante precursor de la escalada libre en Francia, Jean-Claude Droyer es el centro de las polémicas de las cuales la roca lleva todavía por desgracia la marca. El recibe refuerzo del otro lado de la Mancha con Ron Fawcett y Pete Livesey que en una reunión internacional liberan numerosos pasajes de artificial y convencen a gran número de protagonistas locales.

Los métodos entonces usados para la apertura están en general basadas en el máximo uso de los empotradores; cuando no se puede meter un empotrador, se pone un clavo o a lo peor un buril. Las vías no se dejan siempre equipadas, pero ello sucede cada vez con más frecuencia. La nueva filosofía del «libre» se verá acompañada por los locales, de un uso sistemático de puntos de seguro mejores. A pesar de que algunos como Guyomar rehusan el uso de *golots* y trazan itinerarios muy comprometidos poco o no repetidos y quieren imponer su punto de vista a los demás. Aquí también la polémica ha hecho furor y la roca ha sufrido igualmente.

Jean-Marc Troussier (*Surveiller et punir, Septième saut*), Philippe Maclé (*Rêves de fer, l'Ange en décomposition*), Claude Vigier (*Chrysalis, Durandalle*) utilizaron enseguida los dos métodos, la obertura desde abajo y el equipamiento desde arriba.

Algunos como Michel «Tchouky» Fauquet, Marc Guiot, los jovenes «Escurs» (*l'Arabe dément, Au delà du délire*) o los suizos Claude y Yves Rémy (*Mégafoot, Écho logique, Télégrammes* y ciertamente el más largo kilometraje de vías abiertas en el Verdon) son más tradicionalistas y solo abren desde abajo.

Los primeros escaladores franceses en libre se ilustrarán también en todos los géneros; grandes vías en solo por Patrick Berhault, Patrick Edlinger, Thierry Volpiatto, Hugues Jaillet, «Pschitt» (*Estamporanée*), encadenamientos, descensos desescalando, trabajo de los pasos; Berhault libera el bombeo de *Pichenibule*; libre duro (7c de la época) a tope!

Todo sea dicho, «Pschitt» inventa el término y la manera de hacer «moulinette». La búsqueda de la dificultad prima y el recorrido de la vía se acorta singularmente: los bordillos o vías cortas iniciandose suspendidas en la pared llegan a ser legión (*Sale temps pour les caves*, los *Miroirs, Troisième ciel*). El empleo de los spits se sistematiza. El Verdon es por aquel entonces uno de los primeros lugares del mundo que se equipa casi enteramente con spits, bajo la dirección de Jean-Marc Troussier, Patrick Edlinger, Patrick Berhault, Françoise Lepron, Patrick Bestagno seguidos puntualmente por Jean-Baptiste Tribout, los hermanos Escoffier o también Jean-François Hagenmuller. Es así que nacieron *Papy on sight* 8a más tarde 7c magistralmente realizado por Jerry Moffat en el 84. *Les gestes pour le dire, Ouah, con, c'est du libre !, le Mur bleu, Les braves gens ne courent pas les rues, Agorgeanoclès*. Es en esta época que Bruno Potié (*Ève Line*) juzga útil tallar presas en la pared de l'Escalès. El equipo «Tchouky»-Guiot abre en 1980 el *Voyage de la Mandarine* prefigurando así el esquema de los años futuros: la coexistencia de todos los géneros, desde las vías cortas hasta el gran muro artificial. Dominique Suchet se lanzará más tarde a los grandes itinerarios de artificial (*Ce lieu que les pierres regardent*)

Un nuevo género nace en estos años: las grandes vías equipadas para la escalada libre difícil; *Mingus* en el 1986 es un bello ejemplo, ya que la primera en libre no ha sido realizada hasta 1994 por Lynn Hill.

En 1983/84 aparecen los primeros taladros autónomos y ello comporta cambios profundos para las paredes del mundo entero y entre otras el Verdon. Durante algunos años será M. Suhubiette para permitir la creación del centro UCPA el que manejará más esta herramienta en las paredes del lugar que serán: *Afin que nul ne meure, À tout cœur*...). Peter Harrop equipa el *Col d'Ayen*. Y aquí llegamos al periodo de máxima afluencia que ha conocido el Verdon; la reputación es aún bien viva pero el equipamiento se vuelve democrático. Un grupo de rescate se crea con los bomberos de la Palud y Castellane, el cual se especializa en las intervenciones en pared. Una asociación (Lei Lagramusas) nacida para administrar las paredes y la práctica de la escalada... Estamos aún en este periodo turístico.

Películas hacen descubrir el lugar al gran público con Edlinger y más tarde Catherine Destivelle que realiza el bombé de *Pichenibule* en libre. Algunos extranjeros se enamoran del lugar, como Martin Atkinson (*Gravities rainbow*), Louise Sheppard, Manolo, Didier Raboutou, Philippe Mussato, pasaron aquí algunos veranos (*Mijo, Farci par là*). «Pschitt» (otra vez el!) equipa *les Spécialistes* por Tribout, el primer 8c de Francia hasta la segunda ascensión de Edlinger que le da 8b+. En cualquier caso es hacia las pequeñas paredes que se van a concentrar los esfuerzos de los jovenes escaladores locales. *Les Néophytes*, el *Petit Eycharme*, algunos sectores no autorizados a la publicación son obra de Pascal Faudou, Olivier Dobel-Ober, Frédéric Dévoluet, Bruno Clément. Entretanto los aventureros continúan trazando itinerarios desde abajo a menudo en artificial: Hagenmuller, «Tchouky», Suchet y el pequeño último, pero no de los menos significantes, Hervé Guigliarelli equipa (sobreequipa?) *Kallistée* enteramente con sellamientos (anclajes químicos).

Estos ultimos años, han visto evolucionar la practica de la escalada en direcciones que si no son opuestas si son divergentes. La avertura de vias artificiales continua a un ritmo mantenido por Marco Troussier, Jean-François Hagenmuller, «Tchouky» (y su compadre Marc Guiot), Christophe Moulin, Jean-Christophe Lafaille, y sus pasantes, Dominique Suchet en *La Castapiagne* (pero hay cada vez menos espacio). Una nueva escuela de artificial ve el dia, una nueva tecnica hace furor: se trata de hacer un agujero para introducir un gancho, hay algunos que se escandalizan... la eterna guerra entre los ancianos y los modernos, hay sectores revisitados: *La corde tchèque, Les Cavaliers*. La cordada Guigliarrelli-Maze, frecuentemente reforzada, por Gilles Crespi, obra tambien en las grandes vias equipadas como *Hors la loi*. Jèrome Rochelle escala *la Castapiagne rouge* en libre y en solitario, «Graou» (Bruno Clément) equipa las pequeñas vias asi como la totalidad de *Spaggiari* en libre.

Desde otra optica, mas turistica, que por desgracia esta ligada al aspecto mas comercial, se desarrolla otra tendencia, la de facilitar la practica a la mayoria: las vias «faciles» son equipadas o reequipadas por Alain Guinet, Jean-Marc Roman, Patrick Bestagno, Olivier Dobel-Ober o Frédéric Dévoluet, como *El gringo loco*, la *Voie des dalles*, *In memoriam* y la transversal de las *Cataractes*. Transformado en un autoproclamado itinerario de seguridad y sobretodo «via cordata» por Michel Suhubiette. Una polemica da comienzo sobre esta ultima realización, una cuadrilla de desinstaladores son invitados a terminar la jornada... en casa de los gendarmes. Los escaladores necesitan a las instituciones para hablar y arreglar sus divergencias. Un nuevo lugar escuela es equipado por Antoine Mahaut: *Collet Barris*, despues de una constructiva fase de discusión entre Lei Lagramusas, el Ayuntamiento y los cazadores.

El futuro: la escalada en el Verdon ahora y siempre el lugar no está saturado si bien ciertos sectores lo están. Pero también la protección del medio natural, el *Parc naturel régional du Verdon*, la necesidad de diálogo entre los diferentes protagonistas.

El reequipamiento, en pro o en contra? Tenemos el derecho de abandonar los viejos clavos por toda la pared? La roca resbala... hay que clausurar ciertas vías? La hora ha llegados para girarnos sobre nuestra práctica.

VI-4 La roca — vision geológica de las gargantas del Verdon

La roca que constituye la pared de las gargantas del Verdon, reputada en el circulo de escaladores por ser uno de los más bellos y más sólidos de Europa, es un calcáreo muy puro (es decir, en el cual las impurezas arcillosas son casi inexistentes) de origen orgánico-químico y no de procedencia interna al globo terrestre como pueden serlo ostras rocas como los granitos, dioritas y ostros basaltos. Esta roca sedimentaria se depositó hace 150 millones de años, al final de la época jurásica de la era secundaria, en las aguas de un oceano cálido y poco profundo que recubría entonces buena parte de Provenza. Sus aguas estaban ocupadas por organismos marinos llamados madreporasque tienen una concha calcárea como las ostras y que tienen hábitos de vida gregaria, aglutinados unos con otros (se encuentran aún estos organismos en los fondos del mar rojo y en el golfo Pérsico). Además favorecen la precipitación del calcáreo contenido en el agua y se cementan así con sus vecinos para resistir el asalto de las olas, formando así verdaderos entablamientos Sus exigencias ecológicas siendo muy precisas (aguas cálidas, poco profundas, claras y agitadas), solo hace falta que un movimiento geológico mayor avarree un crecimiento de la profundidad del océano y las condiciones estarán reunidas para que el crecimiento de nuestro arrecife se haga también verticalmente hacia arriba, permitiendo una acumulación considerable de estas arenas calcáreas, hasta formar las mesetas sedimentarias que conocemos (Canjuers, Barbin, Moustiers, etc.). Esta roca, compuesta casi exclusivamente por carbonato de calcio ($CaCO_3$) es blanca, pero ella aparece más a menudo, gris, como en las famosas placas de l'Escalès;

de hecho se trata únicamente de un pátina provocada por la migración hacia la superficie de los iones de calcio, más resistente a la erosión, y que aseguran así una protección natural a la roca. Todas las ostras coloraciones que van del rojo al negro están provocadas por los depósitos solidificados cargados en óxidos de metales diversos (hierro, cobre, magnesio, etc.). Cuanto más una roca es coherente mecánicamente más su perfil de equilibrio se puede acercar a la vertical, los dos ejemplos es tremos son la duna de arena cuya pendiente no excede los 30° y la pared calcárea, que puede a veces ser incluso extraplomada.

Nuestro pastel calcáreo de varios centenares de metros de espesor habría polido pasar milenios apacibles si un acontecimiento geológico mayor no hubiera venido a perturbar esta tranquilidad; a la época del Eoceno, hace aproximadamente 68 millones de años, comenzó el levantamiento de los Alpes, consecuencia del choque de dos de las placas tectónicas que componen el gigantesco puzle de nuestra corteza terrestre; la laca europea y la pequeña placa italiana empujada elle misma por la placa africana. todo levantamiento de una cadena montañosa conlleva trastornos muy importantes en la disposición de los terrenos sedimentarios preexistentes. Así, después de haber definitivamente abandonado el medio oceánico, las mesetas carbonatadas fueron plegadas a veces hasta la fractura o levantadas en algunos lugares varios centenares de metros, no dejando a los cursos de agua otra elección que hundirse en la masa calcárea por erosión química y mecánica creando así gargantas y clues provenzales, siendo el cañon del Verdon el ejemplo más demesurado. Toda esta región de la Haute-Provence pertenece a la unidad geográfica de los Préalpes, bajo la influencia tectónica del vasto *Arc de Castellane*.

La presencia de facturas importantes de la roca no puede sino haber facilitado este corte, particularmente en el sector del *Couloir Samson*. Río abajo, el Verdon a conservado su curso en anchos meandros, testimonio de un trazado anterior en un paisaje mucho menos accidentado; en efecto un río no adopta un configuración meandriforme sino fluye en un valle ancho o en un llano. Después de un hundimiento vertical en el macizo calcáreo de más de 400 metros, este trazado sinuoso permanece muy visible igualmente en su principal afluente, el Artuby. La orientación general al sur permite a la roca de estas paredes estar preservados de la humedad y de los ataques del hielo, factor de degradación de esta. La lenta conjunción de todos estos factores es por consiguiente el origen de las condiciones excepcionales de escalada que se encuentran en la garganta: calidad de la roca, altura importante, verticalidad, escultura importante por disolución, y sol...

VI-5 El medio natural

La mayoría de los sitios de escalada del Verdon están situados en el territorio del municipio de la Palud-sur-Verdon, que tolera la práctica de este deporte. Esta tolerancia no existe en todas partes, por lo que ciertos lugares de escalada no aparecen en las guías topográficas, o figuran pero con restricciones.

Hay que recordar también que el cañon del Verdon es un lugar clasificado, despues de marzo del 98 se ha creado un parque natural regional (*Parc régional naturel du Verdon* — PNRV) que comprende 53 municipios rivereños del Verdon en casi todo su curso. Este sindicato comunal (el PNRV) puede ser el util de gestión indispensable tan esperado por estos pequeños municipios delante de sus pocos medios, regir un patrimonio natural mundialmente conocido y visitado... Mision imposible a realizar! Os corresponde a vosotros facilitar que todo funcione correctamente.

El PNRV, con la asociación «Vautours en Haute-Provence» (Buitres en la Alta Provenza) a empezado un plan de reimplantación del buitre leonado en el cielo y los acantilados del Verdon; La pajarera esta situada en el municipio de Rougon. Si escalais en esta parte del macizo o en cualquier sitio del Verdon, informar al ayuntamiento de cualquier descubrimiento o problema que podais tener a proposito de este tema.

VI-6   Los buenos modales

Si venís al Verdon es ante todo para pasar las vacaciones o hacer deporte. Es una motivación eminentemente respetable, pero no es por ello una razón válida para comportarse como si fueseis los únicos en el mundo que escalaseis los acantilados, o que circulaseis en la región.

VI-6.1   Respetar a los demás utilizadores del lugar

Por una parte están los deportistas, veraneantes, escaladores, excursionistas, campistas, turistas, que también tienen derecho a aprovechar tranquilamente del peñasco, de la naturaleza y del tiempo que transcurre:

- Evitar los ruidos excesivos (gritos, transistores, tubos de escape).
- No tiréis nada: puede haber escaladores abajo.
- No monopolicéis las vías con vuestros descuelgues o para escalarlas: mientras que os relajáis dejar pasar a los demás.
- Evitar hacer vuestras necesidades en las cimas.

VI-6.2   Respetar la naturaleza

Por otro lado está la naturaleza que conviene respetar por consideración hacia las generaciones venideras:

- Guardaos las botellas de plástico, los desperdicios, y si veis basuras olvidadas por otros, no es ningún deshonor el llevárselas, también, esto compensará las que hayáis podido perder por accidente alguna vez.
- Si sois incapaces de sobrevivir sin fumar, hacerlo unicamente en terreno rocoso, jamás donde hay maleza, y llevaros las colillas.
- Respetar particularmente a los pájaros que anidan en los acantilados. Su supervivienca depende de vuestra discreción cuando pasáis a proximidad sobre todo en primavera: si molestáis a los padres, los huevos y los polluelos se morirán de frío o serán víctimas de otros rapaces.

- La parte baja del acantilado de l'Imbut es una referencia para pájaros por eso la escalada está prohibida allí.

VI-6.3 Respetar a los habitantes de la región

Por fin y sobre todo aunque parezca extraño, hay habitantes en la región del Verdon. Incluso si viven en parte del turismo, no son por ello vuestros criados, al contrario, tienen derecho a vuestra consideración pues gracias a ellos tenéis un paisaje y pueblos acogedores. Por ello os pedimos que:
- No pisoteéis los cultivos.
- No asustéis a los rebaños.
- No acampéis fuera de los campings autorizados.
- No abráis las cercas (para evitar que el ganado se escape).
- No circuléis en coche por pistas forestales (y con más razón fuera de todo camino transitable).
- No aparquéis vuestros utilitarios cerrando el paso a otros vehículos o maquinaria agrícola.

VI-7 ¿ Quién costea las instalaciones en los acantilados franceses y en el Verdon ?

Contrariamente a lo que algunos puedan pensar, los pitones, las plaquetas y los empotramientos no brotan de manera espontánea en los acantilados: bien ha tenido que pagarlos alguien.

Mientras que desde hace casi un siglo los estadios y los gimnasios están costeados por el estado, los municipios o los departamentos, los equipos de los acantilados franceses han sido pagados integralmente por el bolsillo de los instaladores benévolos o de los clubs locales, hasta principios de los años 1980.

La situación empezó a cambiar hacia 1983 fecha en la que la COSIROC (Comité de protección de lugares y rocas de escalada) seguido por la FFME (Federación Francesa de Montaña y de Escalada, que reagrupa practicamente todas las asociaciones de escaladores y montañeros de Francia) y aquí la UCPA, decidieron destinar algo de dinero (unas decenas de millares de francos) para la instalación o la reinstalación de lugares de la escalada moderna.

Actualmente, muchos municipios (entre ellos el de la Palud-sur-Verdon), cierto número de Consejos Generales (consejos de departamento) y Consejos Regionales han comprendido el interés económico y deportivo de la escalada y han atribuido subvenciones — sobre todo en el sureste de Francia — para equipar lugares de escalada.

Es un progreso, pero no resuelve todos los problemas económicos.
- Las necesidades siguen siendo superiores a las subvenciones.
- No todas las regiones y todos los departamentos disfrutan de esta política de ayuda.

- Las subvenciones no se abonan hasta pasados varios meses después de la compra del material o de la retribución de los profesionales, y presentando las facturas ya pagadas, de tal manera que los clubs locales tienen que adelantar a menudo, cantidades importantes.
- A pesar del partido sacado con los benévolos a quienes se supone infatigables y que aprecian a los clubs locales (Lei Lagramusas) y con los Comités Departamentales de la FFME la gestión de la política de instalaciones lleva consigo gastos de funcionamiento no menospreciables.

Resumiendo, «se» necesita vuestra contribución pecuniaria. En lugar de instaurar como en Suiza o Bélgica un peaje al pie (o en la cima) de las vías, «se» prefiere hacer un llamamiento a vuestro sentido cívico:

- Comprar la pegatina «Lei Lagramusas»: los beneficios sirven para mejorar las instalaciones del Verdon.
- En lugar de hacer fotocopias hacer el esfuerzo de comprar las guías de los acantilados que queréis escalar; los beneficios sirven parar mejorar las instalaciones.
- Afiliaros a una asociación miembro de la FFME; por una cuota que varía entre 200 y 350 F según los clubs, aumentaréis la credibilidad del mundo de los escaladores respeto a los demás interlocutores, dando así a la Federación y a sus Comités locales, los medios de mejorar la cantidad y la calidad de las instalaciones. Además beneficiaréis así de un seguro *accidentes* y *responsabilidad civil*.

VI-8 Alrededor del peñasco, alrededor del Verdon

La escalada es aquí muy bonita, pero además la región, la naturaleza, la gente de los contornos, merecen también vuestro interés:
- Las tradiciones antiguas como los torneros de boj de Aiguines y los fabricantes de loza de Moustiers.
- La casa del entorno natural de Verdon.
- Las excursiones en el fondo de los acantilados o en las planicies.
- Las actividades náuticas en los lagos de Sainte-Croix y de Castillon.
- Las demás actividades de aire libre:
    - la bajada de cañones, refrescante en verano;
    - la bici todo terreno;
    - el rafting;
    - la natación en aguas vivas;
    - el vuelo libre en Moustiers y Saint-André-les-Alpes;
    - los múltiples pequeños lugares de escalada alrededor de Castellane, Aiguines y Moustiers;

Chapitre VI. INTRODUCCIÓN al VERDON

- los acantilados de *Quinson*: la escalada es bonita, las instalaciones buenas, las 130 vías de una altura que oscila entre 15 y 80 metros y de un nivel de dificultad que va de 3 a 8. La exposición este y oeste permite una escalada agradable practicamente en toda época del año; no obstante hace más bien calor en verano, pero el lago permite refrescarse. Las guías locales están en venta en el camping de Quinson, en el Bar du Cours y en el Hôtel Notre-Dame;
- los acantilados de *Aiguines* y de los *Cavaliers* (p. 308): están nuevos acantilados de escalada, equipados por un objetivo turístico; a menudo la escalada es comparable a l'otro lado del Verdon. Aunque estos acantilados pertenecen geograficamente a la garganta del Verdon, estas vías no son descritas aquí. De hecho, luego una longa controversia, l'asociación «Lei Lagramusas» decidió no describirlas porque el estilo de sus equipamiento es muy diferente del espíritu de aventura que se desea conservar en un luego prestigioso come el Verdon. Las instalaciones son buenas, las 200 vías de una altura que oscila entre 15 y 120 metros y de un nivel de dificultad que va de 3 a 8. La exposición norte y oeste permite una escalada agradable en verano. Las guías locales están en venta en el camping de Aiguines y en los comercios del pueblo.

VII. TECHNIQUE / Technical / Technisches / Tecnica / Técnico

VII-1 Pour stationner et retrouver sa voiture intacte / for parking and retrieving an undamaged car / sichere und unsichere Parkmöglichkeiten / per sostare e ritrovare la macchina intatta / para aparcar y poder recuperar el coche intacto

Il y a de nombreux parkings sur la route des crêtes et sur le circuit touristique des gorges du Verdon. Tous ne sont malheureusement pas recommandables car des bandes de cambrioleurs de voitures sévissent régulièrement en saison. Ils s'intéressent notamment : aux autoradios, aux transistors, aux balladeurs, à l'argent liquide, au matériel d'escalade.

Les parkings les moins exposés sont ceux où il y a beaucoup d'animation: Carelle, Trescaïre, Tunnels des Crêtes, Malines, le Point Sublime devant le restaurant. Là, il suffit généralement de fermer la voiture à clé en ne laissant aucun objet intéressant à la vue des passants.

En dehors de ces endroits, vous n'êtes pas sûrs de retrouver la voiture, même vide. Pour grimper dans les secteurs excentrés comme Frimes et Châtiments ou le Jardin des Suisses, il vaut mieux parquer à la Carelle et marcher un kilomètre à pied. Pour le secteur des tunnels du Sentier Martel, parquer au Point Sublime et rejoindre les tunnels par le sentier (30 min).

Many parking places are available on the Route des Crêtes and on the touristic circuit of the Gorges of the Verdon. Unfortunately, all of them are not recommended due to several gangs of car burglars who regularly operate during the high season. They put special interest into: radios, transistors, money, currencies, climbing gear.

The parking places least risky are the most crowded and lively: Carelle, Trescaïre, Tunnel of the Route des Crêtes, Malines, le Point Sublime (facing the restaurant). In these few places, it generally suffices to lock the car without leaving any interesting thing visible.

In other places, you are not even sure of retrieving you car, even empty. To climb in excentrated sectors like Frimes et Châtiments or the Jardin des Suisses, it is better to park at the Carelle and walk a kilometer. For the sector of the tunnels of the Sentier Martel, park at the Point Sublime (in front of the restaurant) and walk

Chapitre VII. TECHNIQUE...

- **VERDON INSOLITE** -

Gîte - Chambres - Dortoirs - Demi-pension - Gestion libre

Route des Crêtes
04120 la Palud-sur-Verdon

Tél. : 04.92.77.30.63

Fax : 04.92.77.30.24

VII-1. Parking...

the footpath to the parking of the Couloir Samson (30 min).

Auf der Route des Crêtes und der Fremdenverkehrstrecke der Verdon-Schlucht gibt es viele Parkmöglichkeiten. Leider sind alle nicht zu empfehlen, da sich mehrere Einbrecher in der Hochsaison zu schaffen machen. Sie sind scharf in erster Linie auf Autoradios, Walkmen, Geld und Kletterausrüstung.

Die dem am wenigsten gefährdeten Parkplätze sind die lebhaftesten: Carelle, Trescaïre, Tunnels des Crêtes, Malines, le Point Sublime gegenüber dem Restaurant. In diesen Orten genügt es im allgemeinen, den Wagen abzuschließen, selbstverständlich ohne irgendeinen interessanten Gegenstand sichtbar zu lassen.

Außerhalb dieser Orte sind Sie nicht sicher, Ihren Wagen, sogar leer, wiederzufinden. Um auf den abgelegenen Sektoren wie Frimes et Châtiments zu klettern, ist es besser auf dem Parkplatz von la Carelle zu parken, und ein Kilometer zu Fuss zu gehen. Für den Sektor der Tunnel über dem Sentier Martel sollte man am Point Sublime parken und die Tunnel durch den Fussweg erreichen (30 Min.).

Ci sono numerosi parcheggi sulla Route des Crêtes e sul circuito turistico delle Strette del Verdon. Purtroppo non sono tutti consigliabili perché delle bande di ladri visitano regolarmente le macchine in sosta durante l'alta stagione. Si interessano particolarmente: alle autoradio, ai transistor, ai walkman, al denaro liquido, al materiale da arrampicata.

I parcheggi meno esposti sono quelli dove c'è più animazione: Carelle, Trescaïre, gallerie della Route des Crêtes, Malines, le Point Sublime (di fronte al ristorante). Qui, è sufficiente generalmente chiudere la macchina non lasciando alcun oggetto interessante in vista ai passanti.

Fuori da questi luoghi, non siete neppure sicuri di ritrovare la macchina, anche se vuota. Per arrampicarsi nei settori eccentrici come Frimes et Châtiments o il Jardin des Suisses, è preferibile sostare alla Carelle e camminare a piedi per circa un chilometro. Per il settore delle gallerie del Sentier Martel, sostare al Point Sublime e raggiungere il parcheggio del Couloir Samson a piedi dal sentiero (30 min).

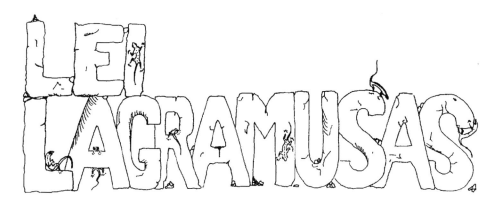

Hay muchos aparcamientos en la carretera de las crestas y en el circuito turístico del desfiladero del Verdon. Por desgracia no todos son recomendables ya que cuadrillas de ladrones de coches hacen verdaderos estragos durante la temporada. Les interesa sobre todo: las radios, los transistores, los auriculares, el dinero y el material de escalada.

Los aparcamientos menos expuestos son los que tienen mucha animación: Carelle, Trescaïre, Tunnels, Malines y le Point Sublime delante del restaurante. En estos aparcamientos por lo general es suficiente con cerrar con llave sin dejar ningún objeto interesante a la vista de los transeúntes.

Fuera de estos lugares, no podéis estar seguros de encontrar vuestro coche, incluso desvalijado. Para escalar en los sectores excéntricos como Frimes et Châtiments o Jardin des Suisses es mejor aparcar en la Carelle y andar un kilómetro a pie. Para el sector de los túneles hay que aparcar en le Point Sublime y coger el sendero 30 minutos.

VII-2 Votre matériel / your personal gear / ihre Ausrüstung / il vostro materiale / vuestro material

ATTENTION : le Verdon n'est pas Buoux, ni Mouriès, ni Orpierre, ni le Saussois. Alors que presque partout en France, les coinceurs sont tombés en désaffection dans les sites sportifs, ils restent d'usage courant dans les grandes voies du Verdon.

Aussi, quand « on » vous dit qu'une voie est équipée, ça veut souvent dire qu'il y a des ancrages ou des arbres solides aux relais et qu'on a placé des ancrages à demeure aux seuls passages délicats où l'assurage naturel (sangles sur arbustes ou sur lunules, coinceurs dans les fissures) est impraticable. Prêtez une attention particulière à la date de l'équipement lorsqu'elle est mentionnée. Une voie équipée en 1978 par exemple ne l'a pas été avec les mêmes techniques qu'une autre équipée en 1995 ; les pitons et les « spits de 8 » y seront certainement le standard. Il convient donc de se garder une marge de sécurité et de pouvoir juger de visu de la solidité des équipements en place.

Aussi, sauf indication contraire, le matériel de base est le suivant :
- Encordement recommandé 50 m, mais 45 m suffisent en général.
- Prévoir la possibilité de rappels en cas de problème, donc une corde à double de 90 ou 100 mètres plutôt qu'une corde à simple.
- Un descendeur par grimpeur, quelques cordelettes et sangles, et même un crochet à gouttes d'eau « en cas ».
- Le *casque* peut sauver; d'autant plus que le Verdon est très fréquenté.

Dans les « grandes voies » (notamment toutes celles qui partent du fond des gorges), il convient d'emporter en outre :
- un jeu complet de *coinceurs*,

VII-2. Votre matériel / your personal gear / ihre Ausrüstung...

- un ou deux « friends » pour fissures de 3 à 8 cm,
- une demi-douzaine de sangles, dont quelques grandes (1-2 m).

> *ATTENTION:* the Verdon is neither Buoux, nor Mouriès, nor Orpierre nor le Saussois. While nuts are nowadays seldom used on most of the French sport climbing crags, they still are frequently used on the great routes of the Verdon.
>
> If one is told that a route is "equipped" or "protected" by in-situ gear, be aware that this often means no more than that there are belay points, solid trees or anchorages at the belays; and that bolts are in place only on difficult or dangerous passages or moves, where natural protection, such as slings round trees or placing hardware in cracks etc., is not possible.
>
> Pay particular attention to when the route was equipped, if this is mentioned. A route equipped in 1978 for example, would not have been done using the same techniques as another, equipped 20 years later; in the former case, pitons and 8mm bolts ("spits de 8") are certainly standard. It is advisable to allow a margin of safety, and to be able to judge, on sight, the reliability of in-situ gear; take spare slings and a rack with you if in doubt.

Therefore, and unless otherwise specified, your basic gear should consist of the following:
- A 50 m rope is recommended, but 45 m is usually sufficient.
- A possibility of abseiling in case of problem, i.e. a double rope of 90 or 100 m, rather than a single rope.
- One abseil brake for each climber, some thin rope, slings and eventually a "skyhook", in case...
- A helmet may save your life, especially since the Verdon is sometimes crowded.

On the long routes (especially all those which start from the bottom of gorges) you should also carry:
- a complete set of nuts;
- one or two "friends" fit for 1-3 inch wide cracks;
- a half-dozen slings, including some large ones (1-2 m).

> ACHTUNG! das Verdon ist weder Buoux, noch Mouriès, noch Orpierre, noch le Saussois. Während die Klemmkeile fast überall in den französischen Sportklettergebieten nicht mehr benutzt werden, werden sie immer noch gewöhnlich in den großen Routen des Verdon benutzt.
> Auch wenn es heisst, dass eine Tour gesichert sei, so ist damit oft genug eine relativ spartanische Absicherung gemeint. Oft beschränkt sich die Absicherung auf Standhaken (in vielen Fällen dienen auch solide Bäume als Stand) und ein paar Haken in delikaten Passagen an jenen Stellen, wo keine natürlichen Sicherungsmöglichkeiten wie Sanduhren, Bäume oder Placements für Klemmkeile existieren.
> Näheren Aufschluss gibt oft ein Blick auf das Datum der letzten Sanierung oder der Erstbegehung: Eine Tour von anno 1978 kann nicht auf dem Stand sein, der sich für eine Route von 1995 erwarten läßt. In alten Touren stecken meistens noch 8er-Bohrhaken und auch geschlagene Haken. Es ist also ratsam, eine gewisse Sicherheitsreserve einzukalkulieren und die Fähigkeit mitzubringen, eine optische Kontrolle der Haken vor Ort durchführen zu können.

Daher raten wir im allgemeinen zu folgender Basisausrüstung:
- Empfohlene Seillänge 50 m, aber 45 m sind meist ausreichend.
- Im Fall eines Problems sollte man eine Abseilmöglichkeit voraussehen, deshalb lieber ein 90 oder 100 Meter Doppelseil als ein einfaches Sicherungsseil mitnehmen.
- Eine Abseilbremse für jeden Kletterer, einige Reepschnüre und Schlingen und sogar ein Skyhook, falls etwas nicht klappt.
- Der Helm kann retten, um so mehr als das Verdon sehr besucht ist.

In den „großen Routen" (inbesondere in allen Routen, die vom Schluchtboden aus starten) sollte man überdies mitnehmen:
- ein vollständiges Keilsortiment,
- ein paar „friends" für 3 bis 8 cm breite Risse,
- etwa sechs Schlingen, darunter einige lange (1–2 m).

> ATTENZIONE: il Verdon non è Buoux, nè Mouriès, nè Orpierre, nè le Saussois. Mentre quasi ovunque in Francia, i dadi sono caduti in disuso nei luoghi di arrampicata sportiva, rimangono invece una pratica diffusa nelle grande vie del Verdon.
> Anche quando si dice che una via «è attrezzata», spesso ciò significa solo che ci sono degli ancoraggi o degli alberi solidi alle soste, e che ci sono protezioni solo sui passaggi delicati, o dove l'assicurazione naturale (fettucce agli alberi, dadi nelle fessure) è impossibile.
> Ponete un'attenzione particolare alla data in cui la via è stata attrezzata, quando è riportata. Una via attrezzata nel 1978, per esempio, non è stata aperta con la stessa tecnica di una attrezzata nel 1995; in queste vecchie vie, i chiodi e gli «spit da 8» saranno certamente la regola. Conviene dunque lasciarsi un margine di sicurezza e la possibilità di valutare personalmente la solidità delle protezioni presenti.

Quindi, salvo indicazione contraria, il materiale di base è il seguente:

VII-2. Votre matériel / your personal gear / ihre Ausrüstung...   79

- Incordamento raccommandato 50 metri, ma 45 metri sono sufficienti generalmente.
- Prevedere la possibilità di discese con la corda doppia in caso di problema, quindi una corda doppia di 90 o 100 metri piuttosto che una corda semplice.
- Un discensore per ogni arrampicatore, alcuni cordini ed anelli, ed anche un «skyhook» per ogni eventualità.
- Il *casco* può salvarvi; tanto più che il Verdon è molto frequentato.

Nelle «grande vie» (particolarmente tutte quelle che partono dal fondo della stretta), conviene portare in oltre:
- un assortimento completo di dadi,
- uno o due «friends» per fessure di 3 a 8 cm,
- una mezza dozzina di anelli, fra cui alcuni grandi (1-2 m).

CUIDADO: El Verdon no es Buoux ni Mouriès ni Orpierre ni le Saussois. Mientras que en casi todas las partes de Francia los empotradores han caído en desuso en los lugares deportivos, continúan estando en servicio en las grandes vías del Verdon.

Cuando se hos habla de una «via equipada» quiere decir que se han instalado anclajes, que existen arboles solidos en los enlaces, y que se han puesto anclajes seguros solo en los pasajes delicados donde la protección natural es imposible.

Prestar una atención particular a las fechas en que han sido equipadas las vias. Una via equipada en 1978 no ha sido equipada con las mismas tecnicas que otra que lo ha sido en 1995. En las viejas vías, los pitones y los «spits de 8» seran seguramente el standart. Combiene pues guardar un margen de seguridad para poder juzgar la solidez de las instalaciones existentes.

Así que, salvo indicación, el material de base es el siguiente:
- La cuerda: se recomiendan 50 metros, pero en general basta con 45.
- Prever la posibilidad de tener que recurrir al rapel, así que una cuerda doble de 90 a 100 metros es mejor que una cuerda sencilla.
- Un rappelador para cada escalador, algunos cabos y correas, e incluso un gancho de gotas de agua «por si acaso».
- El casco puede salvar, sobre todo sabiendo que el Verdon está muy frecuentado.

En las grandes vías, (sobre todo en las que empiezan desde el fondo del desfiladero) conviene llevar además:
- un juego completo de empotradores;
- uno o dos «friends» para fisuras de 3 a 8 cm;
- media docena de correas, algunas de ellas grandes (uno o dos metros).

VII-3 Cotations / grading / Schwierigkeitsskalen / quotazioni / cotas

U.I.A.A.	G.B.	U.S.A.	France	Voie typique
V+	4c	5.7	5a	Dalles grises
VI–		5.8	5b	Gaffe dans le dos (L3)
VI	5a	5.9	5c	Clic clac
VI+		5.10a	6a	L'arabe dément
VII–	5b	5.10b	6a+	Ticket Danger (L6)
		5.10c	6b	Cœur de verre
VII		5.10d		
	5c	5.11a	6b+	Biscotte Margarine
VII+		5.11b	6c	Miroir du fou
VIII–	6a	5.11c	6c+	Ctuluh
VIII		5.11d	7a	Douk Douk
		5.12a	7a+	Dans'Line
VIII+	6b	5.12b	7b	Cenerentola
IX–		5.12c	7b+	Tiquet pour un taquet
IX	6c	5.12d	7c	Farci par là
IX+		5.13a	7c+	Supplément cornichon
		5.13b	8a	Séance tenante
X–	7a	5.13c	8a+	Claudia
X		5.13d	8b	Crime passionnel
X+	7b	5.14a	8b+	Les Spécialistes
XI–		5.14b	8c	...

Tableau VII.1: Équivalence entre les diverses échelles modernes de cotation / *equivalence between the various modern standards of difficulty* / Vergleich der verschiedenen Schwierigkeitsskalen / *equivalenza tra le diverse scale moderne di difficoltà* / equivalencia entre las diferentes escalas modernas de cota.

VII-4 Si vous voulez équiper des voies / if you want to equip routes / wenn Sie vorhaben, Routen einzurichten / se volete attrezzare delle vie / si queréis equipar las vías

Sachez que les bonnes volontés sont les bienvenues, mais quand même pas pour faire n'importe quoi n'importe où.

En effet certains itinéraires existants ou possibles sont :
— soit laissés à l'état vierge pour des raisons de *protection de la nature*,
— soit volontairement laissés à l'état de *terrain d'aventure* (chacun ses goûts et tout le monde a droit à sa part de rochers),
— soit volontairement maintenus en l'état *historique*,
— soit réservés à l'escalade sur *coinceurs*,
— soit neutralisés pour des raisons de sécurité (chutes de pierre, rocher dangereux).

D'autre part, dans les secteurs fréquentés, on souhaite que les équipements soient techniquement fiables, donc s'assurer de la compétence technologique des équipeurs, compétence qui ne s'acquiert pas uniquement avec de la bonne volonté ou un haut niveau sportif. Enfin, le Verdon est un site **classé**, ce qui signifie que vous n'avez pas le droit d'en modifier l'aspect sans autorisation spéciale.

Donc, avant de saisir le tamponnoir, le perforateur ou même simplement le marteau et les clous, prenez contact avec l'association locale qui coordonne les équipements : *LEI LAGRAMUSAS*, Mairie de la Palud, 04120 la Palud-sur-Verdon. Vous pouvez aussi vous adresser au magasin de sport « le Perroquet Vert ».

Le cas échéant, on pourra même mettre du matériel à votre disposition.

All goodwilling help is welcome, but clearly not to do anything anywhere. As a matter of fact, some existing or possible routes may be:
— *left in a completely natural condition for ecological reasons,*
— *purposely left as a "terrain d'aventure" (adventure climbing area), since all kind of practices are allowed and since anybody is entitled to have his own part in the rocky area,*
— *purposely maintained in their historical state,*
— *reserved for naturally protected climbing (slings and nuts),*
— *discouraged for safety reasons (stone falls, unsafe rock quality).*

Also, in the more visited sectors, the equipment must be technically reliable. Thus, we need to be sure of the technical competence of the equippers, and such a competence is not necessarily acquired by means of good will or high level athletic training.

Therefore, before taking the boltdriver or the drill, or even more simply a hammer and pegs, you are strongly advised to contact the local association in charge of coordinating the equipment: *LEI LAGRAMUSAS*, Mairie de la Palud, 04120 la Palud-sur-Verdon. You may also ask at the sport shop "le Perroquet Vert".

If you have an interesting proposal, you might even be provided with equipment for the job.

Sie sollten wissen, dass jeder willkommen ist, ganz kann man aber nicht tun und lassen was man will. Tatsächlich wurden einige bestehende oder mögliche Kletterrouten:
— entweder im ursprünglichen Zustand aus Naturschutzgründen
— oder absichtlich im Alpingeländezustand („terrain d'aventure") gelassen, aus dem Grund, dass jeder Kletterer ein Recht auf seine Ethik und sein Stück Felsen hat,
— oder absichtlich im historischen Zustand der Erstbegehung erhalten,
— oder für das Klettern mit Klemmkeilen vorgesehen,
— oder aus Sicherheitsgründen gesperrt (z.B. Steinschlag, unsicheres Gestein).

Andererseits ist es wünschenswert, dass die Absicherung in den stark frequentierten Sektoren einwandfrei angebracht wird; deshalb müssen wir uns erst davon überzeugen, ob der Erschließer sein Handwerk versteht, denn mit gutem Willen oder großen kletterischen Fähigkeiten allein
ist es nicht getan.

Zudem ist das Verdon ein Naturschutzgebiet. Und das heißt, dass Sie ohne spezielle Bewilligung keine Eingriffe vornehmen dürfen

Bevor Sie zum Bohrmeißel, Bohrmaschine oder bloß zum Hammer und Haken greifen, sollten Sie mit dem Lokalverein, der für die Koordinierung der Ausrüstung sorgt, Kontakt aufnehmen: *LEI LAGRAMUSAS*, Mairie de la Palud, 04120 la Palud-sur-Verdon. Sie können auch sich an das Sportgeschäft „le Perroquet Vert" wenden.

Gegebenenfalls kann man Ihnen sogar Ausrüstungsmaterial zur Verfügung stellen.

Sappiate che la buona volontà è benvenuta, ma non per fare qualsiasi cosa in qualunque luogo. Infatti, alcuni itinerari esistenti o possibili sono:
— *sia lasciati allo stato vergine per ragioni di protezione della natura,*
— *sia volontariamente lasciati nello stato di terrain d'aventure (terreno alpinistico; ciascuno ha diritto ad avere i suoi gusti e tutti hanno diritto ad una parte delle rocce),*
— *sia volontariamente mantenuti allo stato storico,*

VII-4. Si vous voulez équiper...

— sia riservati par l'arrampicata protetta dai dadi,
— sia neutralizzati per ragioni di sicurezza (caduta pietre, roccia cattiva o pericolosa).

D'altra parte, nei settori frequentati, si vorrebbe che l'attrezzatura fosse tecnicamente affidabile, e quindi accertarsi della competenza tecnologica degli attrezzatori, competenza che non si acquisisce unicamente con la buona volontà od un alto livello sportivo. Infine, il Verdon è una zona ufficialmente protetta («site classé»), cioè non avete diritto di cambiarne senza autorizzazione speciale.

Quindi, prima di afferrare il punteruolo, il perforatore o anche soltanto il martello ed i chiodi, mettetevi in contatto coll'associazione locale che coordina le attrezzature: *LEI LAGRAMUSAS*, Mairie de la Palud, 04120 la Palud-sur-Verdon. Potete anche rivolgervi al negozio di sport «le Perroquet Vert». All'occorrenza, si potrà anche mettere a vostra disposizione del materiale per attrezzare.

Aceptamos encantados las buenas voluntades, pero por supuesto no hay que hacer cualqiuer cosa en cualquier lugar. Por eso algunos itinerarios existentes o posibles están:
— sea dejados en estado bruto por razones de protección de la naturaleza.
— sea voluntariamente dejados en estado de terrenos de aventuras (a cada cual sus gustos, y todo el mundo tiene derecho a su parte de roca).
— sea voluntariamente dejados en su estado histórico.
— sea reservados a la escalada con empotradores.
— sea neutralizados por razones de seguridad (derrumbamientos, peñones peligrosos).

Por otra parte, en los sectores frecuentados, queremos que las instalaciones sean fiables técnicamente, por lo tanto hay que asegurarse de la competencia tecnológica de los instaladores; competencia que no se adquiere únicamente con la buena volundad o con un nivel deportivo elevado. Y para terminar, El Verdon es un sitio clasificado lo que significa que no podéis cambiar su aspecto, sin una autorización especial.

O sea que antes de coger el taladro, la perforadora o sencillamente el martillo y a los clavos, poneros en contacto con la asociación local que coordina las instalaciones: *LEI LAGRAMUSAS*, ayuntamiento de La Palud 04120 la Palud-sur-Verdon. También podéis dirigiros a la tienda de deportes «Le Perroquet vert».

Si llega el caso, incluso se podrá poner material a vuestra disposición.

VII-5 Schémas / figures / Schemen / schizzi / esquemas

ATTENTION
Pour plus de clarté dans les dessins avec de nombreuses voies, l'échelle horizontale est plus grande que l'échelle verticale. Les traversées horizontales y sont donc dessinées plus longues que dans la réalité.

CAUTION
For the sake of clarity in the drawings with a large number of routes, the horizontal scale is larger than the vertical one. Thus, the horizontal traverses seem longer in the figures than they really are.

ACHTUNG!
Zur besseren Klarheit der mit vielen Routen abgebildeten Karten wurde der horizontale Maßstab größer als der vertikale gezeichnet. Deshalb scheinen Quergänge länger zu sein, als sie es in der Wirklichkeit sind.

ATTENZIONE
Per garantire la massima chiarezza negli schizzi con numerose vie, la scala orizzontale è più grande della scala verticale. Quindi le traversate orizzontali sono disegnate più lunghe che nella realtà.

¡ CUIDADO !
Para más claridad en los dibujos con muchas vías, la escala horizontal es mayor que la escala vertical. Las traversías están dibujadas pues más largas que lo que son en la realidad.

Principaux symboles utilisés / *most important symbols* / wichtigsten gebrauchten Symbole / *principali simboli utilizzati* / principales símbolos utilizados :

 Rappel / *abseil* / Abseil / *discesa con la corda doppia* / rapel.

 Les *arbres* indiqués peuvent éventuellement servir à l'assurage / *the trees which are represented can be (should be) used for protection* / die gezeichneten Bäume können als Sicherungspunkte gebraucht werden / *gli alberi segnalati possono all'occorrenza servire l'assicurazione* / los árboles indicados pueden servir si se tercia para asegurarse.

o   Relais / *belay stances* / Standplatz / *sosta* / enlace.

⊙   Bivouac / *bivouac* / Biwak / *bivacco* / vivaque.

 Surplomb / *overhang* / Überhang / *Strapiombo* / desplomo.

VII-6. Description des itinéraires / describing the routes...

Vire ou terrasse / *ledge or terrace* / Band oder Terrasse / *cengia o terrazza* / cornisa o terraza.

Dièdre ou couloir / *corner or gully* / Verschneidung oder Rinne / *diedro o canalone* / diedro o canal.

Éperon, pilier ou arête / *pillar, edge or crest* / Pfeiler, Kante oder Grat / *pilastro o cresta* / pilar o cresta.

VII-6 Description des itinéraires / describing the routes / Routenbeschreibung / descrizione degli itinerari / descripción de los itinerarios

La plupart des itinéraires sont décrits sur un seul schéma et ne figurent qu'une seule fois dans le texte. Il arrive cependant que des longs itinéraires ne présentent pas des caractéristiques homogènes (exemple : *Minets gominés*) ou que leurs dernières longueurs constituent une escalade intéressante mais moins difficile que l'ensemble de la voie (exemples : *le Chant du perfo, Prises uniques, Delirium très mince*). Dans ces cas la voie pourra être décrite en deux ou trois tronçons avec des commentaires et des cotations distincts, ou bien les divers parcours recommandables figureront séparément dans l'index des voies classées par difficulté.

Afin que ces descriptions soient compréhensibles quelle que soit la langue comprise par le lecteur, nous y avons fait un très large usage de *pictogrammes*. Pour chaque itinéraire décrit (ou chaque portion d'itinéraire décrite séparément), on trouvera successivement :

- Le numéro de la voie, qui figure toujours sur les dessins.
- Le nom de la voie, toujours et uniquement en français car un nom propre ne se traduit pas, ou ne devrait jamais être traduit.
- Entre parenthèses, le nom des *ouvreurs* de la voie et l'année d'ouverture.
- Si nécessaire, la localisation de la voie, indiquée par un numéro de schéma et sa page (en général, le texte descriptif et le schéma correspondants sont présentés face-à-face).
- La *cotation* du passage le plus dur (échelle française – voir équivalences avec les cotations étrangères dans le tableau VII-3) et la longueur de chaque « longueur ». Exemple : L1:6b+, 45m ; L2:5c, 30m. Lorsque le détail n'est pas indiqué, la cotation indique le passage le plus dur de toute la voie. Le cas échéant, on trouvera (entre parenthèses et en petits caractères) la difficulté du passage obligatoire le plus dur. Pour les *voies mixtes* ou d'*artificiel* on trouvera des cotations de la forme :
6c.A1 : passage(s) principalement en libre (6c) et un peu d'artificiel (A1) mélangés,

A1.6c : passage(s) principalement en artificiel (A1) et un peu d'escalade libre (6c) mélangés,

6c & A1 : voie principalement en libre (6c) avec quelques passages d'artificiel (A1),

A1 & 6c : voie principalement en artificiel (A1) avec quelques passages d'escalade libre (6c).

C1, C2, C3 : escalade artificielle sur *crochets à gouttes d'eau*.

- La *cotation d'ensemble* (D, D+, TD-, TD, TD+, etc.) pour les grands itinéraires.
- Le moyen d'accès à la voie.
- Un certain nombre d'indications et de conseils, sous forme de *pictogrammes*.

Most routes are described on one diagram and appear only once in the text. However, it may happen that some long routes do not have homogeneous characteristics all the way up (example: Minets gominés) or that their last pitches provide an interesting climb although far less difficult than the whole of the route (examples: le Chant du perfo, Prises uniques, Délirium très mince). In these cases, the route may have been described as two or three distinct sections with different comments and gradings, unless the various recommended pitch combinations separately appear in the index of the routes sorted by difficulty.

Pictograms have been widely used in route descriptions, in order to make them understood by everybody, whatever their language. For each route description (or separately described section of a route), one will find successively:

- *The route reference number, as it appears on the drawings.*
- *The name of the route, always and only in the genuine language (French in general), since a proper noun is never — or should never be — translated.*
- *Between parentheses, the name of the first climbers of that route and the year of the first ascent.*
- *If needed, the location of the route, given by means of a figure number and its page number (in general, the description and the corresponding figure are presented facing each other).*
- *The rating of the hardest move (French standard — see equivalences with foreign standards in Table VII-3) and the length of each pitch. Example: L1: 6b+, 45m; L2: 5c, 30m. When no detail is given, the rating refers to the hardest move on the whole route. If useful, the difficulty of the hardest required move is given (between parentheses and* in small characters*). In the case of mixed or artificial routes, gradings can be expressed inf the form:*

  6c.A1 : mainly free climbing (6c) and some artificial (A1) mixed together,

  A1.6c : mainly artificial climbing (A1) and some free climbing (6c) mixed together,

  6c & A1 : mainly free climbing (6c) and, besides, some artificial (A1) in distinct pitches,

VII-6. Description des itinéraires / describing the routes...

A1 & 6c : mainly artificial climbing (A1) and, besides, some free climbing (6c).
C1, C2, C3 : artificial climbing on skyhooks.
- The global rating (D, D+, TD-, TD, TD+, etc.) for the great and long routes.
- The access to the starting point of the route.
- A number of indications and advice in the form of pictograms.

Die meisten Routen werden nur auf einer einzigen Grafik dargestellt. Deshalb erscheinen sie auch im Text nur einmal. Es gibt aber hin und wieder den Fall, dass lange Touren keine nicht durch die Bankvon einheitlichem Charakter sind (z.B.: *Minets gominés*), oder die oberen Seillängen lohnende Kletterei bieten, die zudem oft interessante, weniger schwierig ist, (z.B.: *le Chant du perfo, Prises uniques, Delirium très mince*). Wenn dem so ist, dann wird die Route entweder abschnittsweise mi den dazu gehörigen Kommentaren und Schwierigkeitsbewertungen beschrieben, oder die Touren werden jede für sich im Index der nach Schwierigkeitsgrad sortierten Routen einzeln aufgelistet.

Und es dem Leser leicht zu machen, arbeiten wir mit Piktogrammen. Die Angaben für jede Tour sind der Reihe nach folgendermaben geordnet:
- Die Routennummer, unter der die Tour grafisch beschrieben ist.
- Der Name der Tour, den wir stets auf der Urspache (Französisch im allgemeinen) bringen, weil Eigennamen nicht zu übersetzen sind.
- In Klammern, jeweils die Namen der Erstbegeher und das Erschließungsjahr.
- Wenn nötig der Verweis auf das einschlägige Topound dessen Seitenzahl(in aller Regel finden sich aber Grafik und Text auf ein und derselben Doppelseite).
- Den Schwierigkeitsgrad der schwersten Passage der Route (französiche Schwierigkeitsskala — siehe Vergleichstabelle in Tabelle VII-3) und die Länge jeder „Seillänge". Beispiel: L1: 6b+, 45m; L2: 5c, 30m. Sind keine Einzelheiten angegeben, entsprechen die angegebenen Schwierigkeiten der schwierigsten Stelle der ganzen Route. Gegebenenfalls wird man (in Klammern und mit kleinen Schriftzeichen versehen) die Schwierigkeit der schwierigsten obligatorischen Stelle finden. Im Fall Misch- oder Technotouren wird man Bewertungen in folgenden Formen finden:
6c.A1 : hauptsächlich freie Kletterei (6c) mit etwas technischem Klettern (A1) zugleich,
A1.6c : hauptsächlich technische Kletterei (A1) mit etwas freiem Klettern (6c) zugleich,
6c & A1 : hauptsächlich freie Kletterei (6c) mit etwas technischem Klettern (A1) in verschiedenen Stellen,
A1 & 6c : hauptsächlich technische Kletterei (A1) mit etwas freiem Klettern (6c)in verschiedenen Stellen.
C1, C2, C3 : Cliffkletterei.

- Der Schwierigkeitsgrad (D, D+, TD-, TD, TD+, usw.) der großen Touren insgesamt.
- Der Zustieg zu der Route.
- Eine gewisse Anzahl Angaben und Hinweise als Piktogramme.

Affinché queste descrizioni siano comprensibili qualunque sia la lingua parlata dal lettore, abbiamo fatto un ampio uso dei pittogrammi. Per ogni via descritta (o per ogni parte separatamente descritta), si troverà in ordine:
- Il numero della via, che si trova sempre sugli schizzi.
- Il nome della via, sempre e soltanto in françese perché un nome proprio non si traduce mai, o non doverebbe mai essere tradotto.
- Tra parentesi, il nome dei primi salitori della via e l'anno di apertura.
- In caso di necessità, la situazione della via, indicata da un numero di schizzo con la sua pagina (generalmente, il testo della descrizione si trova di fronte allo schizzo corrispondente).
- La quotazione del passaggio più difficile (scala francese — vedere le equivalenze colle scale straniere nella tavola VII-3) e la lunghezza di ogni tiro. Esempio: L1: 6b+, 45m; L2: 5c, 30m. Quando non è indicato nessun dettaglio, la quotazione indica il passaggio più difficile di tutta la via. All'occorenza, si troverà (tra parentesi e in piccoli caratteri) la difficoltà del passaggio obbligato più difficile. Nelle vie miste o artificiali si troverànno delle quotazioni nella forma:
6c.A1 : passaggi(o) principalmente di arrampicata libera (6c) ed un poco di artificiale (A1) misti,
A1.6c : passaggi(o) principalmente di arrampicata artificiale (A1) ed un poco di arrampicata libera (6c) misti,
6c & A1 : via principalmente di arrampicata libera (6c) con alcuni passaggi artificiali (A1),
A1 & 6c : via principalmente di arrampicata artificiale (A1) con alcuni passaggi di arrampicata libera (6c).
C1, C2, C3 : arrampicata artificiale sugli skyhook.
- La difficoltà globale (D, D+, TD-, TD, TD+, ecc.) per i grandi itinerari.
- L'accesso alla via.
- Alcune indicazioni e consigli, simbolizzati con pittogrammi.

La mayoría de los itinerarios están descritos en un solo esquema y no aparecen más que una sola vez en el texto. No obstante puede ocurrir que los itinerarios largos no presenten características homogéneas (ejemplo: *Minets gominés*) o que los últimos tramos constituyan una escalada interesante, pero menos difícil que el conjunto de la vía (ejemplo: *le Chant du perfo, Prises uniques, Delirium très mince*). En estos casos, la vía podrá estar descrita en dos o tres tramos, con comentarios y cotas distintas o bien los diversos itinerarios recomendados aparecerán por separado en el índice de las vías clasificadas según la dificultad.

A fin de que estas descripciones sean comprendidas sea cual fuere la lengua utilizada por el lector, hemos empleado mucho los pictogramas. Para cada itinerario descrito encontraréis sucesivamente:

- El número de la vía, que aparece siempre en los dibujos.
- El nombre de la vía, siempre y unicamente en francés, puesto que un nombre propio no se traduce nunca, o al menos no debería ser traducido.
- Entre paréntesis, el nombre de los que abrieron la vía y del año de apertura.
- Cuando es necessario, la localización de la vía indicada por un número de esquema y de página (ver arriba).
- La cota del paso más difícil (escala francesa — ver equivalencias con las cotas extranjeras en el cuadro VII-3) y la distancia de cada tramo. Ejemplo: L1:6b+, 45 m; L2:5c, 30 m. Cuando el detalle no está indicado, la cota indica el paso más difícil de toda la vía. Dado el caso, se podrá encontrar (entre paréntesis y en letra pequeña) la dificultad del paso obligatorio más difícil. En los itinerarios *mixtos* o *artificiales* se podrá encontrar cotas con las formas siguientes:

  6c.A1 : paso(s) principalmente de escalada libre (6c) y un poco de artificial (A1) mezclados,

  A1.6c : paso(s) principalmente de escalada artificial (A1) y un poco de escalada libre (6c) mezclados,

  6c & A1 : vía principalmente de escalada libre (6c) con algunos pasos de artificial (A1),

  A1 & 6c : vía principalmente de escalada artificial (A1) con algunos pasos de escalada libre (6c).

  C1, C2, C3 : escalada artificial con *ganchos de gotas de agua*.

- La cota de conjunto (D, D+, TD-, TD, TD+, etc.) para los itinerarios largos.
- El medio de acceso a la vía.
- Cierto número de indicaciones y de consejos en forma de pictogramas.

VII-7 Légende des pictogrammes / a key to pictograms / Zeichenerklärung / i pittogrammi / los pictogramas

Les ☐ sont des informations utiles ; les △ sont des avertissements ou des dangers; les ◇ sont des conseils et les ◯ des recommandations impératives sous peine de risque grave d'accident.

The ☐ give useful information; the △ indicates warnings or dangers; the ◇ are advice and the ○ are urgent recommendations ignoring which is likely to entail a serious risk of injury.

Die ☐ sind nützliche Angaben; die △ geben Warnungen oder Gefahren an; die ◇ sind Hinweise und die ○ sind maßgebende Empfehlungen sonst besteht die Gefahr eines schweren Unfalls.

I ☐ sono informazioni utili; i △ son avvertenze o pericoli; i ◇ sono consigli ed i ○ raccomandazioni imperativi la cui ignoranza può causare ferite gravi.

Los ☐ son informaciones útiles; los △ indican los avisos o las indicaciones de peligro; los ◇ son consejos y los ○ recomendaciones imperativas bajo pena de riesgo grave de accidente.

VII-7.1 Accès aux voies / access to the routes / Zugang nach den Routen / accesso alle vie / acceso a las vías

↓ si la descente se fait en *rappel* dans la voie / *if the route is reached by abseiling down the route itself* / ugang durch Abseilen in derselben Route / *se la discesa si fà con la corda doppia nella via stessa* / si el descenso se hace en rapel en la vía.

↓ 139 signifie que l'accès se fait par le ou les rappels de la voie 139 / *means that the route is reached using the abseil(s) of the route 139* / Zugang durch ein- oder mehrmaligen Abseilen über die Route 139 / *significa che l'accesso si fà con la corda doppia nella via 139* / significa que el acceso se hace por el o los rapel de la vía 139.

↓ 125/130 signifie que l'accès se fait en rappel dans la voie 125 ou dans la voie 130 / *means that the route is accessed by abseiling either down the route 125 or down the route 130* / Zugang durch Abseilen entweder in Route 125 oder in Route 130 / *significa che l'accesso si fà con la corda doppia nella via 125 oppure nella via 130* / significa que el acceso se hace en rapel en la vía 125 o en la vía 130.

↓ 125+139 signifie que l'accès se fait en rappel dans la voie 125, et ensuite dans la voie 139 / *means that the access requires abseiling down the route 125, and then down the route 139* / Zugang durch Abseilen in Route 125 und dann in Route 139 / *significa che l'accesso si fà con la corda doppia nella via 125, poi nella via 139* / significa que el acceso se hace en rapel en la vía 124 y luego en la vía 139.

VII-7. Pictogrammes...   91

325
⇒
signifie que l'accès nécessite d'escalader préalablement la voie numéro 325 / *means that the route is accessed by previously climbing the route 325 /* das bedeutet, dass der Zustieg vorher das Klettern der Route 325 erfordert / *significa che l'accesso necessita di arrampicarsi innanzitutto nella via numero 325 /* significa que para su acceso, se necesita escalar primero la vía número 325.

signifie que l'accès se fait à pied, par un sentier ou une escalade/désescalade facile / *means that the route is accessed either walking or from an easy scramble /* das bedeutet, dass der Zugang zu Fuss oder auf einem Pfad oder durch eine leichte Auf- oder Abwärtskletterei erfolgt / *significa che l'accesso si fà a piedi, da un sentiero o da un'arrampicata o una discesa facile /* significa que el acceso se hace a pie, por un sendero, una escalada o una desescalada fácil.

S.M.
signifie que l'accès se fait par le fond des gorges (*Sentier Martel*, voir p. 176) / *means that the route is reached from the bottom of the gorge (Sentier Martel, see p. 176) /* bedeutet, dass der Zustieg durch den Schluchtboden (*Sentier Martel*, siehe Seite 176) erfolgt / *significa che l'accesso si fà dal fondo della gola (Sentier Martel, vedere p. 176) /* significa que el acceso se hace por el fondo del desfilado (*Sentier Martel*, ver p. 176).

VII-7.2 Caractère des voies et indications utiles / style of the routes and other useful information / Routenbesonderheiten und andere nützliche Informationen / indicazioni ed informazioni utili / carácter del itinerario y informaciones utiles

Horaire d'ensoleillement en été / *Sunny hours in summer* / Zeit der Sonneneinstrahlung (im Sommer) / *Orario di soleggiamento in estate* / Horario en que da el sol en verano.

Itinéraire aérien / *an impressively airy route* / beeindruckend steile Route / *itinerario aereo ed impressionnante* / itinerario aéreo.

Itinéraire surplombant / *overhanging route* / überhängende Tour / *itinerario con strapiombi* / Itinerario en muros desplomados.

Itinéraire en dalle / *slabs* / Plattenkletterei / *arrampicata su delle placche* / Itinerario en placas.

Itinéraire très raide (vertical) / *steep or vertical route* /   / . / steile oder vertikale Kletterei / *arrampicata ripida (verticale)* / Itinerario muy rígido (vertical).

Itinéraire usuellement parcouru en artificiel (entre parenthèses le nombre de « pitons » de progression). / *a route which is usually climbed by artificial means (between parentheses, the number of pegs to be placed)* / gewöhnlich Technoroute (in Klammern die Zahl der für den Einstieg nötigen Hilfspunkte) / *itinerario usualmente percorso in artificiale (tra parentesi il numero dei pitoni da piantare)* / itinerario usualmente recorrido en artificial (con el número de pitones de escalada artificial).

Escalade en dièdre / *corner climbing (dihedral)* / Verschneidungskletterei / *arrampicata in diedro* / escalada en diedro.

Escalade en fissure / *crack climbing* / Risskletterei / *arrampicata in fessure* / escalada en fisura.

Escalade en grosse fissure / *wide crack climbing* / breiter Risskletterei / *fessure grosse* / escalada en fisuras anchas.

Fissure(s) exceptionnellement large / *off width crack* / außergewöhnlich breiter Riss („off width") / *fessura(e) eccezionalmente larga(e)* / fisura o fisuras de una anchura excepcional.

Escalade en cheminée / *chimney climbing* / Kaminkletterei / *camino* / escalada en chimemea.

Itinéraire en traversée / *traverse* / Quergang / *traversata* / itinerario en escalada invertida.

Itinéraire abrité de la pluie / *protected from rain* / vor Regen geschützte Route / *via protetta dalla pioggia* / itinerario resguardado de la lluvia.

Itinéraire complexe et peu évident / *a complex and unobvious itinerary* / heikle, komplexe Tour / *itinerario complesso e poco evidente* / itinerario complejo y poco evidente.

Difficulté de continuité / *continuous difficulty* / Ausdauertkraft-Route / *Difficoltà di continuità* / dificultad de continuidad.

Bref passage difficile (« pas de bloc ») / *a short hard move (boulder difficulty)* / eine Kletterei, deren Schwierigkeit in einer kurzen Stelle konzentriert ist (Boulderschwierigkeit) / *un breve passaggio difficile* / .

VII-7.3 Style d'équipement / style of equipment / Karakter der Absicherung / tipo dell'attrezzatura / estilo del equipo

Terrain d'aventure : attendez-vous au meilleur comme au pire / *"terrain d'aventure":* be prepared for the best and for the worst / Alpingelände („terrain d'aventure"): seien Sie auf das Beste sowie auf das Schlimmste gefasst / *terreno di avventura; dovete essere preparati al meglio ed al peggio* / terreno de aventura: podéis encontrar tanto lo mejor como lo peor.

 Dans les en-têtes de secteurs : équipement général de qualité intermédiaire entre le terrain d'aventure et le site « sportif » / *in sector headings : equipment quality ranging from "terrain d'aventure" to "sport climbing" site* / in Sektorenköpfen : veränderliche Ausrüstungsqualität zwischen Alpingelände („terrain d'aventure") und Sportklettergebiet / *attrezzatura di qualità variabile tra il terreno di avventura e la palestra di arrampicata* / cualidad del equipamiento variable entre el terreno de aventura y el equipamiento «deportivo».

 Équipement vétuste / *old and unsafe equipment* / alte unsichere Einrichtung / *attrezzatura vetusta e non affidabile* / instalaciones vetustas.

 Voie non équipée à demeure (entre parenthèses le nombre total de points d'assurage et de progression) / *no protection in place (between parentheses, the total number protection and progression pegs to be placed)* / nicht fix ausgerüstete Route (in Klammern die erforderliche Totalanzahl der Hilfs- und Sicherungspunkte) / *via non attrezzata (tra parentesi, il numero totale di punti di protezione e di progressione)* / vía no equipada con instalaciones definitivas (número de puntos de anclaje y de progresión).

 Itinéraire exposé ou dangereux, c'est-à-dire risque de blessures graves en cas de « vol » si l'on n'est pas du niveau requis / *dangerous or exposed route: i.e. serious risk of injury in case of fall, if the climber is not of the required level* / ausgesetzte oder gefährliche Route, d.h. es besteht durch Stürzen ernsthafte Unfallgefahr, wenn man das erforderliche Niveau nicht beherrscht / *via esposta o pericolosa, cioè con rischio di ferita grave in caso di caduta, se uno non è abbastanza bravo* / itinerario expuesto o peligroso, es decir: de no ser del nivel requerido, riesgo de heridas graves en caso de caída.

 Itinéraire engagé, c'est-à-dire risque de « vols » impressionnants (10–20 m) si l'on n'est pas du niveau requis / *"committed route", i.e. risk of dramatic falls (10–20 m) if the climber is not of the required level* / kühn abgesicherte Route, d.h. mit hohem Risiko von eindrucksvollen (10–20 m) Stürzen, wenn man das erforderliche Niveau nicht beherrscht / *itinerario impegnativo, cioè con rischio di cadute impressionanti (10–20 m) se uno non è abbastanza bravo* / itinerario con compromiso, es decir, de no ser del nivel requerido, riesgo de «vuelos» impresionantes (10-20 metros).

Voie équipée dans les passages délicats où l'assurage naturel (sangles, coinceurs, « friends ») est impraticable / *protection is in place when and only when natural protection (slings, nuts, "friends") is impossible* / Sicherungspunkte sind nur in den schwierigen Stellen eingerichtet worden, und nur wenn die natürliche Absicherung (d.h. Schlingen um Baüme oder Felsringe, Klemmkeile oder „friends" in den Rissen) unmöglich ist / *Via attrezzata nei soli passaggi delicati dove la protezione naturale (cordini, dadi, «friends») è impraticabile* / vía equipada en los tramos delicados en los que el anclaje natural (correas, empotradores, «friends») es imposible.

Voie normalement équipée à demeure (entre parenthèses l'année d'équipement ou de rééquipement) ; au Verdon, ceci signifie un point d'assurage tous les 4–6 m / *complete protection normally in place (between parentheses, the year of the most recent update of the route); in the Verdon, this means protection every 4–6 m* / mit Bohrhaken abgesicherte Route (in Klammern das Ausrüstungs- bzw. Neueinrichtungsjahr); im Verdon bedeutet das einen Sicherungspunkt alle 4–6 m / *via normalmente attrezzata (tra parentesi si indica l'anno dell'attrezzatura o della sua revisione); nel Verdon, questo significa un punto di protezione ogni 4–6 metri* / por lo general vía instalada en permanencia (entre paréntesis el año de su instalación o reinstalación). En el Verdon esto significa un punto de anclaje cada 4–6 metros.

Voie surprotégée (un point d'assurage tous les 3 m environ) / *overprotected route (protection in place approximately every 3 m)* / übersicherte Route (ein Sicherungspunkt ca. alle 3 m) / *via super protetta (un punto di assicurazione ogni 2 m circa)* / vía superprotegida (un punto de amarre cada 3 metros aproximadamente).

VII-7.4 Mises en garde / warnings / Warnungen / avvertenze / los sobre avisos

Itinéraire encombré de végétation / *climb with cumbersome vegetation* / Tour mit vielem Gestrüpp / *via ingombrata dalla vegetazione* / itinerario obstruido por la vegetación.

Itinéraire aux prises usées et peu adhérentes / *a route with worn and slippery holds* / eine Route mit abgenutzten und schlüpfrigen Tritten und Griffen / *una via con appigli levigati e scivolosi* / vía por la cuale los apoyos han sido muy utilizados y están muy pulidos.

Retraite impossible (en général, traversée au-dessus de surplombs) : pour s'engager dans une telle voie il faut absolument être sûr de pouvoir sortir / *a route of no return (usually, traverses above overhangs): if you get onto such a route, you must be definitely sure of being able to get off by any means* / Rückzug unmöglich (d.h. im allgemeinen Quergänge über Überhängen): in eine solche Route einzusteigen, sollte man den Schwierigkeiten souverän gewachsen und sich unbedingt sicher sein, bis oben durchklettern zu können / *ritirata impossibile (generalmente a causa di traversate sopra dei strapiombi): per andare in una tale via, bisogna essere assolutamente certi di potere uscire dall'alto* / retroceso imposible (en general, cruce sobre desplomes): para aventurarse en tal vía hay que estar absolutamente seguro de poder llegar hasta el final.

VII-7.5 Conseils ou nécessités / advice and necessities / Empfehlenswerte und nötige Ausrüstung / consigli e necessità / consejos y necesidades

Quelques coinceurs sont utiles (resp. *nécessaires*) / *some nuts are useful (resp. required)* / einige Klemmkeile sind zu empfehlen (bzw. erforderlich) / *alcuni dadi sono utili (resp. necessari)* / algunos empotradores son útiles (resp. necesarios).

Jeu complet de coinceurs utile (resp. *nécessaire*) / *a comprehensive set of nuts is useful (resp. required)* / ein vollständiges Keilsortiment ist zu empfehlen (bzw. erforderlich) / *un assortimento completo di dadi è utile (resp. necessario)* / un gran juego de empotradores es útil (resp. necesario).

Jeu complet et gros coinceurs utiles (resp. *nécessaires*) / *a comprehensive set and some large nuts are useful (resp. required)* / ein vollständiges Keilsortiment und sehr große Klemmkeile sind zu empfehlen (bzw. erforderlich) / *un assortimento completo ed grossi dadi utili (resp. necessari)* / un gran juego de empotradores y empotradores grandes son útiles (resp. necesarios).

Jeu complet et très gros coinceurs utiles (resp. *nécessaires*) (entre parenthèses les largeurs des fissures en cm) / *a comprehensive set and some very large nuts are useful (resp. required) (crack width(s) are given in cm between parentheses)* / ein vollständiges Keilsortiment und übergroße Klemmkeile sind zu empfehlen (bzw. erforderlich) (mit Rissbreiten in Klammern in cm) / *un assortimento completo ed grossissimi dadi utili (resp. necessari) (con le larghezze delle fessure in cm tra parentesi)* / un gran juego de empotradores y empotradores muy grandes son útiles (resp. necesarios) (con entre paréntesis las tallas de las fisuras en cm).

Crochets à « gouttes d'eau » utiles (resp. *nécessaires*) / *skyhooks are useful (resp. required)* / Cliffs sind zu empfehlen (bzw. erforderlich) / *alcuni «skyhooks» sono utili (resp. necessari)* / llevar ganchos de gotas de agua.

 Port du casque encore plus vivement conseillé que dans les autres voies / *the helmet is especially recommended, even more than in other routes* / bei dieser Route ist der Helm noch nötiger als in anderen / *il casco qui è ancora più raccomandato che nelle altre vie* / uso del casco aún más aconsejado que en las demás vías.

 Emporter un jeu de sangles de bonne longueur / *a comprehensive set of slings of various lengths is required* / ein wohlsortierter Satz längerer Schlingen sollte mitgenommen werden / *prendere un assortimento di anelli abbastanza grandi* / llevar un juego de correas bastante largas.

 Distance maximale entre relais = distance d'encordement conseillée / *maximum pitch length, i.e. recommended rope length* / maximaler Abstand zwischen Standplätzen = empfohlene Seillänge / *distanza massima tra le soste = distanza d'incordamento consigliata* / distancia máxima entre enlaces = distancia de cordada aconsejada.

 Nombre minimal de *dégaines* pour une cordée de deux (ceci s'applique surtout aux courtes voies modernes) / *minimum number of quickdraws for a party of two climbers (applies to modern short routes)* / minimale Karabinerpaaranzahl für eine Zweierseilschaft (dieses gilt besonders für moderne kurze Routen) / *numero minimo di paia di moschettoni per una cordata di due (vale soprattutto per le corte vie moderne)* / número mínimo de «dégaines» (conjunto de 2 mosquetones unidos por una correa) para una cordada de dos (esto se aplica sobre todo a las vías modernas cortas).

 Marteau et quelques pitons utiles (resp. *nécessaires*) / *a hammer and some pegs are useful (resp. required)* / Hammer und einige Haken sind zu empfehlen (bzw. erforderlich) / *il martello ed alcuni chiodi sono utili (resp. necessari)* / martillo y algunos pitones útiles (resp. necesarios).

Un large assortiment de pitons est utile (resp. *nécessaire*). Entre parenthèses le nombre et les tailles requises (dimensions de la lame en mm). / *A large choice of pegs useful (resp. required). Between parentheses the number and the required sizes (dimensions of the piton blade in mm).* / Ein vollständiges Hakensortiment ist zu empfehlen (bzw. erforderlich). In Klammern wird die erforderliche Anzahl und die erforderliche Hakengröße angegeben (Hakenmaße in mm). / *Un assortimento completo di chiodi è utile (resp. necessario). Tra parentesi si indica il numero e le taglie richieste (dimensioni della lama in mm).* / Un gran juego de pitones es útil (resp. necesario). Entre paréntesis, el número y las tallas necesarias (dimensiones de la lámina en mm) : **PP**=50×3,5; **EP**=50×2 — 80×2; **P**=70×5 — 120×7; **B**=70×10 — 130×10; **PB**=70×20 — 130×25; **BO**=150×50 — 150×80).

Quelques plaquettes utiles (resp. *nécessaires*). Entre parenthèses, nombre et ⌀ vis. / *Some hangers are useful (resp. required). Between parentheses, the number and the ⌀ of the screw.* / Einige Bohrhakenlaschen sind zu empfehlen (bzw. erforderlich). In Klammern die nötige Anzahl und der Durchmesser der Schraube. / *Alcune placchette sono utili (resp. necessarie). Tra parentesi, il numero ed il ⌀ della vite.* / Algunas plaquetas útiles (resp. necesarios). Entre paréntesis, el número y el ⌀ del tornillo.

Bivouac / *bivouac* / Biwak / *bivacco* / vivaque.

VII-8   Secours / rescue / Rettungsdienst / soccorso / socorros

- Pompiers / Fire Brigade / Feuerwehr / Vigili del fuoco / Bomberos : **18** (24 heures/24)
- Gendarmerie / Police / Polizei / Guardia Civil : 0033/4.92.74.66.03 (Moustiers)
- Mairie / Townhall / Gemeindehaus / Municipio / Ayuntamiento − de la Palud-sur-Verdon : 0033/4.92.77.38.02

En cas d'accident de falaise, de canyon, de randonnée (pédestre ou aquatique) les sauvetages sont effectués par les sapeurs-pompiers des Alpes-de-Haute-Provence qui disposent d'un équipe spécialisée.

> **EN CAS D'ACCIDENT :**
> **appeler le 18 au téléphone**

    Inutile de perdre du temps à chercher des pièces ou une *télécarte*, le numéro d'urgence 18 et les secours sont **GRATUITS**.
    In case of an accident on the crag, in a canyon, during a hike (walking or swimming) the rescue is made by the fire brigade of the Alpes-de-Haute-Provence who dispose of a specialized team.

> **IN CASE OF ACCIDENT:**
> **dial 18 on the telephone**
> **... and SPEAK FRENCH!**

    Do not waste time looking for coins or for a télécarte, the emergency telephone number 18 — as well as the rescue — are **FREE OF CHARGE**. *Look rather for a person able to phone in French.*
    Die Rettungsaktionen werden bei einem Unfall (durch Klettern in der Schlucht, durch Canyonabstieg, durch Wandern zu Fuss oder im Wasser) durch die Feuerwehr der Alpes-de-Haute-Provence durchgeführt, die über eine speziell ausgebildete Gruppe verfügen.

> **IM FALLE EINES UNFALLS:**
> **Fernruf 18 wählen**
> **... und SPRECHEN SIE NUR FRANZÖSISCH!**

    Verlieren Sie keine Zeit nach Münzen oder einer *Télécarte* zu suchen: die Benutzung des Notrufnummers 18 ist kostenlos. Suchen Sie vielmehr jemanden der auf Französisch telefonieren kann.
    In caso di disgrazia sulla falesia, nella discesa di un canyon, di gita a piedi o acquatica, i salvataggi sono effettuati dai vigili del fuoco delle Alpes-de-Haute-Provence che dispongono di una squadra specializzata.

> **IN CASO DI DISCRAZIA:**
> **comporre il 18 sul telefono**
> **... e PARLARE SOLO FRANCESE!**

VII-8. Secours / rescue / Rettungsdienst / soccorso / socorros

Non perdere tempo per trovare delle monete o una télécarte: il numero di urgenza 18 è gratuito. È più importante trovare qualcuno che sia capace telefonare in francese.

Los socorros a raiz de accidentes ocurridos en el acantilado o en el cañón durante excursiones (pedestres o acuáticas) los efectuan los bomberos de los Alpes-de-Haute-Provence que disponen de un equipo especializado.

> ## EN CASO DE ACCIDENTE:
> marcar el 18 su vuestro teléfono
> ... ¡ y HABLAR SOLO FRANCÉS !

No perde tiempo para buscar cadas de moneda o una *télécarte*: el número de urgencia 18 es gratuito. Busca antes alguien que puede telefonear en francès.

VII-8.1 Où trouver les points d'appel ? / where are located the calling points? / Wo kann man die Notfallrufpunkte finden? / dove si trovano i punti di chiamata? / ¿dónde se encuentran los puntos de llamada?

n°1 : Auberge du Point Sublime
n°2 : Auberge des Crêtes
n°3 : la Palud-sur-Verdon
n°4 : Chalet de la Maline
n°5 : Saint-Clair
Voir carte p. 101

VII-8.2 5 renseignements à donner pour l'alerte :

1. le type d'accident
2. le lieu de l'accident
3. l'heure de l'accident
4. le nombre de victimes
5. le numéro du point d'appel (voir ci-dessus).

> ## LES SECOURS SONT GRATUITS

VII-8.3 5 information data to be given to the rescue service:

1. the type of accident
2. the place of the accident
3. the time of the accident
4. the number of victims

5. the number of the calling point (see above).

| THE RESCUE IS FREE OF CHARGE |

VII-8.4 5 Informationen durch Notfall anzugeben:
1. Unfalltyp
2. Unfallsort
3. Unfallzeit
4. Anzahl der Opfer
5. Rufpunktnummer (siehe oben).

| DIE RETTUNGEN SIND KOSTENLOS |

VII-8.5 5 informazioni da comunicare per l'allarme:
1. il tipo della disgrazia
2. il luogo della disgrazia
3. l'ora della disgrazia
4. il numero delle vittime
5. il numero del punto di chiamata (vedi sopra).

| I SOCCORSI SONO GRATUITI |

VII-8.6 5 informaciones que hay que dar en caso de alerta:
1. el tipo del accidente
2. el lugar del accidente
3. la hora del accidente
4. el número de víctimas
5. el número del punto de llamada

| LOS SOCORROS SON GRATUITOS |

VII-8. Secours / rescue / Rettungsdienst / soccorso / socorros

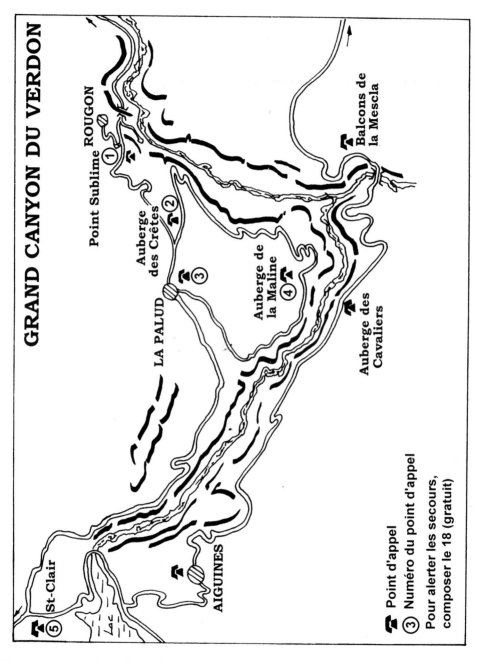

Figure 1: Les points d'appel des secours en cas d'accident / *The calling points for rescue in case of accident* / Die Notfallrufssäulen bei einem Unfall / *I punti di chiamata dei soccorsi in caso di disgrazia* / Los puntos de llamada de los socorros en caso de accidente

HOTEL DES GORGES DU VERDON

3 *

RESTAURANT PANORAMIQUE, *face au village et au Mourre de Chanier*

Piscine *accessible à la clientèle du restaurant*

Tennis *gratuit pour clients de l'hôtel, payant pour clientèle extérieure*

Tel 04 92 77 38 26
Fax 04 92 77 35 00
e-mail <u>helene.bogliorio@worldonline.fr</u>
<u>www.hotel-des-gorges-du-verdon.fr</u>

VIII. PRATIQUE / Practical / Praktisches / Pratico / Práctico

Nous ne mentionnons ici que les services les plus proches du centre d'escalade ; on peut trouver à Moustiers ou à Castellane d'autres services. / *Only the facilities in the neighbourhood of the climbing area are included here. Many others can be found in Moustiers and Castellane.* / Hier wurden nur die Kundendienste erwähnt, die sich neben den Klettergebieten befinden. Manche andere sind in Moustiers und Castellane vorhanden. / *Sono indicati qui solo i servizi più vicini del centro di arrampicata. Molti altri servizi si possono trovare in Moustiers e Castellane.* / No mencionamos aquí más que los servicios más cercanos del centro de escalada; se pueden encontrar en Moustiers o en Castellane otros servicios.

VIII-1 Logement / lodging / Übernachtung / alloggio / alojamiento

> **PAS DE CAMPING SAUVAGE**
> No camping other than in authorized campsites
> Kein Freizelten
> Nessun campeggio fuori dai terreni autorizzati
> No acampar fuera de los campings autorizados

VIII-1.1 Campings

- Camping de Bourbon : 0033/4.92.77.38.17.
- Camping Municipal (ouvert / *open* / offen / *aperto* / abierdo : 1.6 – 15.9) : 0033/4.92.77.38.13 ou 0033/4.92.77.38.02.
- Campings « à la ferme » :
    - Ferme de BOULOGNE (VIAL) : 0033/4.92.77.30.27
    - JULLIARD : 0033/4.92.77.38.18
    - PAULET : 0033/4.92.77.38.22
    - TOCHE : 0033/4.92.77.33.54

VIII-1.2 Hébergement en dur / lodges and refuges / Wohnungen und Hütte / locande e rifugi / hospedajes

- Auberge de Jeunesse : 0033/4.92.77.38.72

Chapitre VIII. PRATIQUE...

- Refuge de la Maline (Club Alpin Français) : 0033/4.92.77.38.05
- Gîtes :
  - Le Wapiti : 0033/4.92.77.30.02
  - L'Arc-en-Ciel : 0033/4.92.77.37.40
  - L'Étable : 0033/4.92.77.30.63
- Locations meublées / *furnished flat rental* / Vermieten möblierter Wohnungen / *affitto di appartamenti ammobiliati* / alquileres en pisos amueblados :

  - Cauvin : 0033/4.92.77.38.20
  - Autres possibilités / *other facilities* / andere Möglichkeiten / *altre possibilità* / otras posibilidades : 0033/4.92.77.32.02 (Syndicat d'initiatives).

VIII-1.3 Hôtels

- Auberge des Crêtes : 0033/4.92.77.38.47
- Hôtel Le Provence : 0033/4.92.77.38.88
- Hôtel des Gorges : 0033/4.92.77.38.26
- Hôtel Le Panoramic : 0033/4.92.77.35.07

CAMPING CARAVANING
Les Lavandes

CAMP DE TOURISME ★★

1ᵉʳ Prix National Camping Qualité France
Charte de l'accueil

*LOCATION CARAVANES ET MOBIL-HOMES
SAUNA FINLANDAIS
ANIMATION DE PLEIN AIR
BASE DE LOISIRS
SALLE DE GROUPE AVEC BARBECUE*

Route des Gorges du Verdon - F 04120 CASTELLANE
Téléphone : 04 92 83 68 78 -- fax : 04 92 83 69 92

VIII-2 Ravitaillement / food / Verpflegung / alimentazione / alimentación

Il y a un petit *supermarché* à la Palud-sur-Verdon où l'on trouve les produits de base nécessaires, essence, tabac, boulangerie, deux bars et de nombreux restaurants. / *There is a little supermarket at la Palud-sur-Verdon which sells food and basic household products as well as petrol and cigarettes; also in the village — a boulangerie, two bars and several restaurants.* / Es gibt in la Palud-sur-Verdon einen kleinen Supermarkt, in dem man Grundnahrungsmittel, Benzin, Tabak, Brot kaufen kann. Es gibt auch zwei bars und zahlreiche Restaurante. / *A la Palud-sur-Verdon si trova un piccolo supermercato dove si possono trovare tutte le merci necessarie di base, benzina, tabacchi, panetteria. Ci sono anche due bar e numerosi ristoranti.* / Hay un supermercado pequeño en la Palud-sur-Verdon en el que se pueden encontrar los productos de base necesarios, gasolina y tabaco. También hay una panadería, dos bares y muchos restaurantes.

VIII-3 Garages

À Moustiers et à Castellane.

VIII-4 Garde d'enfants / baby sitting / Babysitten / guardería infantil

S'adresser au Syndicat d'Initiatives / *apply to the Tourist Office* / sich an den Fremdenverkehrverein wenden / *rivolgersi all'Azienda Soggiorno* / llamar al « Syndicat d'Initiatives ».

SUPÉRETTE 8 à HUIT

ALIMENTATION – BOUCHERIE – CHARCUTERIE
PRIMEURS – GAZ – CARBURANTS - SOUVENIRS

TABAC – PRESSE

LA PALUD-SUR-VERDON – Tél. : 04 92 77 38 07

VIII-5 En cas de maladie / in case of illness / bei Krankheit / in caso di malattia / en caso de enfermedad

Médecins / physicians / Ärzte / medici / médicos
- Martin : 0033/4.92.74.66.20 (Moustiers)
- Bizot-Gastaldi & Chaix : 0033/4.92.83.67.81 (Castellane)
- Bridel & Van Winkelberg : 0033/4.92.83.77.40 (Castellane)
- Jourdan : 0033/4.92.74.40.04 (kinésithérapeute)

Dentistes / dentists / Zahnärzte / dentisti / dentistas
- Martin (Mme) : 0033/4.92.83.66.20 (Moustiers)
- Queyrel : 0033/4.92.83.67.08 (Castellane)
- Leflon : 0033/4.92.83.60.99 (Castellane)

Pharmacies / chemists / Apotheke / farmacie / farmacias
- Carle : 0033/4.92.83.61.01 (Castellane)
- Pellegrin : 0033/4.92.74.60.61 (Moustiers)

VIII-6 Banques, change / banks, change / Banke, Geldwechsel / banche, cambio / bancos, cambio

- P.T.T. la Palud : change, Carte Bleue, Eurochèques / Geldwechsel, Euroschecke (Korrespondent der Deutsche Bundespost) / cambio, tarjeta Crédito Azul, Eurocheques.

CAMPING À LA
FERME
de BOULOGNE
Route de la Maline
S. VIAL. Tél. : 04 92 77 30 27
6 hectares – Calme, ombragé, ambiance familiale

- Crédit Agricole : 0033/4.92.83.63.65 (Castellane)
- Crédit Agricole : 0033/4.92.74.66.80 (Moustiers)

VIII-7 Matériel sportif / gear / Sportmaterial / materiale sportivo / material deportivo

- Matériel d'escalade / *climbing gear* / Klettermaterial / *materiale da arrampicata* / material de escalada :
    - **Au Perroquet Vert**, la Palud : 0033/4.92.77.33.39.
    - **L'Échoppe**, Castellane : 0033/4.92.83.60.06.

L'ÉCHOPPE
TOUT LE MATÉRIEL POUR :
ESCALADE
RANDONNÉE - CAMPING - NAUTIQUE
04120 CASTELLANE   *04 92 83 60 06*

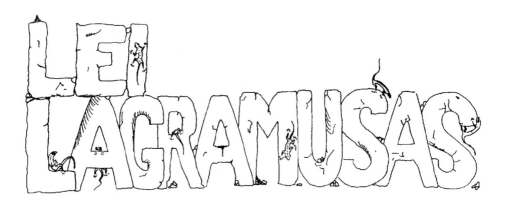

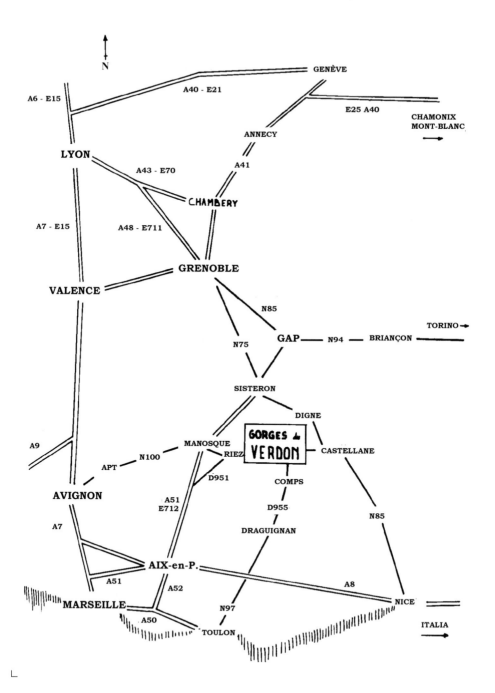

Figure 2: Le Sud-Est de la France

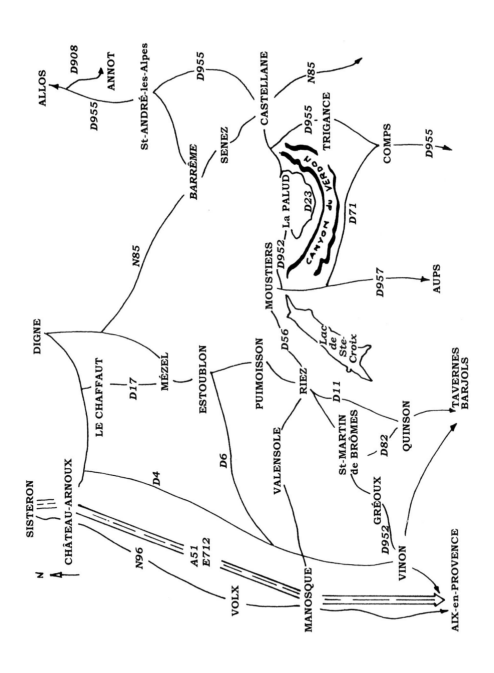

Figure 3: La Haute-Provence

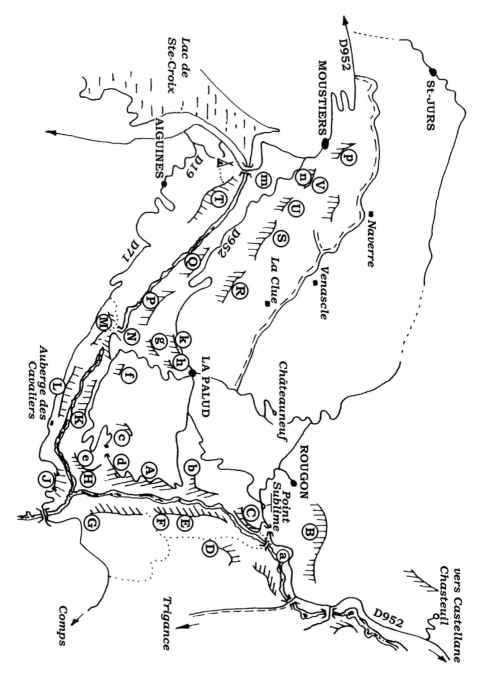

Figure 4: Le Pays du Verdon

Le PAYS du VERDON

- [A] ESCALÈS : 5b-8b&A4, 20-300 m, 🔲 & 🔺 (p. 120).
- [B] L'AIGLE : 4c-5b.A2, 100-170 m, 🔺 (p. 115).
- [C] POINT SUBLIME : A1.5c-A1.6c, 60-150 m, 🔺 & 🔲 (p. 118).
- [D] SERRE MEYAN - TATOUNE : 5b-6c, 45-180 m, 🔺 & 🔲 (p. 287).
- [E] DUC - ENCASTEL : 5b-7c+&A4, 80-300 m, 🔺 & 🔲 & 🔲 (p. 289).
- [F] IROUELLE : 5b-6b, 120-200 m, 🔺 (p. 299).
- [G] ARTUBY : 5c+-6c& A2, 130 m, 🔺 (p. 300).
- [H] GRAND EYCHARME : 5b-6c+&A2, 100-230 m, 🔺 & 🔲 & 🔲 (p. 242).
- [J] FAYET : 5c-6a&A1, 100-200 m, 🔺 (p. 303).
- [K] MALINES, STYX : 5b-6c, 120-200 m, 🔺 & 🔲 & 🔲 (pp. 249, 267)
- [L] CAVALIERS - ESTELLIÉ : 5b-6c&A1, 200 m, 🔺 & 🔲 (pp. 308, 309).
- [M] MAUGUÉ : 5c-7a+&A2+, 140-240 m, 🔺 & 🔲 & 🔲 (p. 315).
- [N] IMBUT : 5c-7b&A2, 130-200 m, 🔺 & 🔲 & 🔲 (p. 256).
- [P] ROUMI : 5c&A2-6b&A1, 150 m, 🔺 (p. 269).
- [Q] CHAPELLE - OLIVIER : 5c-6a&A2, 30-200 m, 🔺 (p. 275).
- [R] MAYRESTE : 4b-5c&A1, 200-280 m, 🔺 (p. 271).
- [S] ISSIOULE : 5b-6b&A1, 120-150 m, 🔺 & 🔲 (p. 278).
- [T] ÉOUVIÈRE - VERNIS : 4b-8a & 5c.A2, 30-200 m, 🔺 & 🔲 & 🔲 (p. 317).
- [U] GALETAS : 4b-5c&A2, 100-200 m, 🔺 & 🔲 (p. 360).
- [V] BELLIÈRE - OURBES : 5a-6a&A1, 100-150 m, 🔺 (pp. 283, 283).
- [a] SPÉCIALISTES : 6c+-8b+, 20 m, 🔲 (p. 322).
- [b] VALAUTE, 4c-6c+, 10-35 m, 🔲 (p. 325).
- [c] SOLITUDE, 5b-8b, 15-60 m, 🔲 (p. 328).
- [d] SEPTIÈME SAUT, SALE TEMPS, MIROIRS, 5b-8b+, 15-60 m, 🔲 (p. 329).
- [e] PETIT EYCHARME, 3b-8a, 10-20 m, 🔲 (p. 339).
- [f] BAUCHET, 3b-8a, 10-20 m, 🔲 (p. 342).
- [g] MAINMORTE, 3b-8a, 10-20 m, 🔲 (p. 344).
- [h] CHALANETTES, 3c-5b+, 10-20 m, 🔲 (p. 348).
- [k] AYEN, 3b-8a, 10-20 m (p. 350).
- [m] NÉOPHYTES, 7a-8c, 10-15 m, 🔲 (p. 354).
- [n] FÉLINES, 4c-7a, 10-60 m, 🔲 (p. 356).
- [p] MOUSTIERS, 5c-6c, 10-70 m, 🔲 (p. 358).

FFME
8-10, quai de la Marne
75019 PARIS
info@ffme.fr

COSIROC
bât 510, Centre universitaire
91405 ORSAY Cedex
taupin@lps.u-psud.fr

GUIDE des SITES NATURELS d'ESCALADE de FRANCE

Daniel TAUPIN

Édition 1999

L'inventaire des 1926 sites naturels d'escalade connus en France, avec leur situation, leur accès, un aperçu de leur intérêt ; 480 pages, 55 cartes.

Vendu au profit de la protection et de l'équipement des sites naturels d'escalade.

Vente par correspondance 135 francs (t.t.c., envoi compris) à la Boutique FFME. En vente également dans les librairies et les magasins spécialisés. Pour les accociations et librairies, vente en gros par le COSIROC.

VERDON AMONT – RIVE DROITE

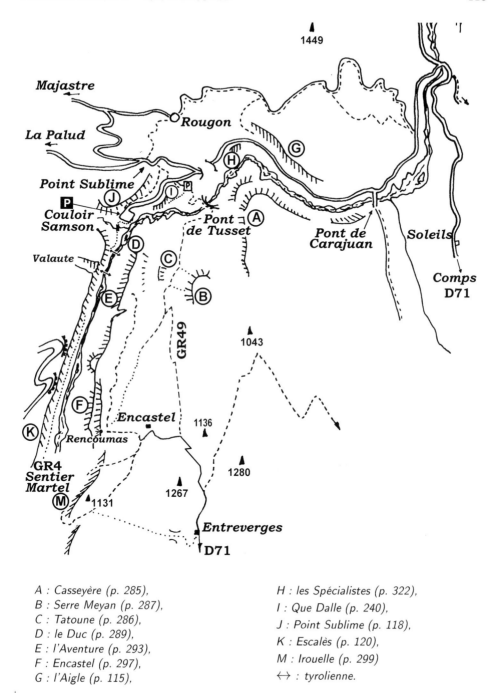

A : Casseyère (p. 285),
B : Serre Meyan (p. 287),
C : Tatoune (p. 286),
D : le Duc (p. 289),
E : l'Aventure (p. 293),
F : Encastel (p. 297),
G : l'Aigle (p. 115),

H : les Spécialistes (p. 322),
I : Que Dalle (p. 240),
J : Point Sublime (p. 118),
K : Escalès (p. 120),
M : Irouelle (p. 299)
↔ : tyrolienne.

Figure 5: Verdon amont, vue d'ensemble et accès

114

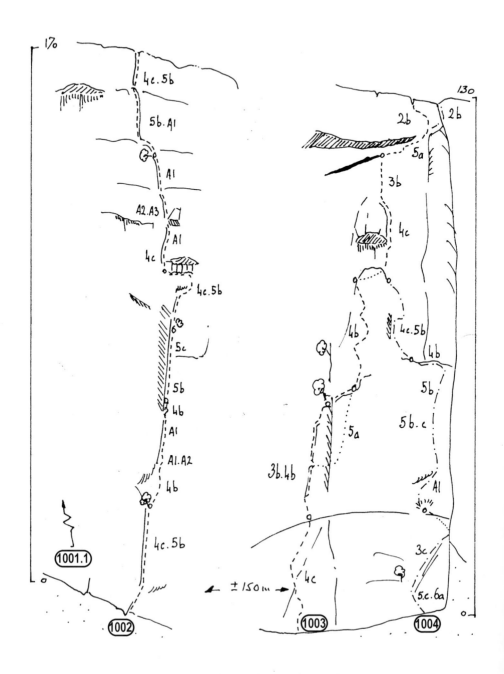

IX-1 : secteur L'AIGLE (ouest)

IX. VERDON AMONT – RIVE DROITE

IX-1 AIGLE (ouest)

⛵ (30 min) : p. 113 ; 🔺 🧗 📖 👤   ☀ 10–18

Escalade réglementée ; voir p. 293

1001.2 – 1001.1 – — : voir p. 149

1002 – CHARME-ANTICHARME *(M. Perrotet, A. Guenoche, M. Perrotet, 1976)* A3 & 5c, TD+, 170 m, 5 h ; 🧗 🧗 ; 🔺 (35) ; 🪝 🔩.

1003 – LA RIMAYE* *(P. Kelle, R. Loll, 1968)* 5b, D+, 120 m ; 🔺 (5) 🪝 🔩.

1004 – LA TRIPO-DECHOU** *(F. Frachon, B. Gorgeon, D. Gorgeon, J. Nosley, 1973)* A1.5c, TD, 130 m ; 🔺 (7) 🪝 🔩.

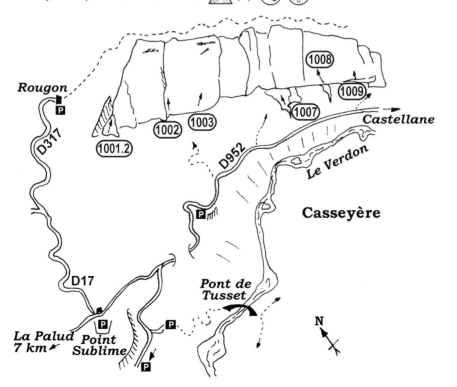

Figure 6: Falaise de l'Aigle, itinéraires d'accès

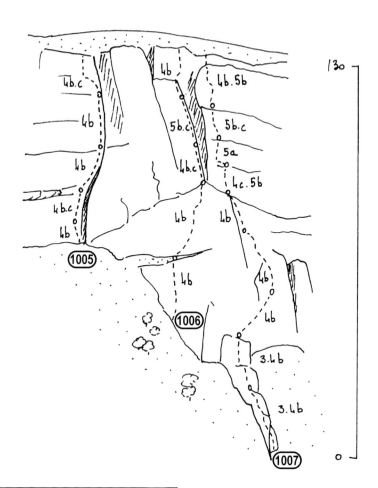

IX-2 L'AIGLE (centre)

🚶 (30 min) : p. 113, 115 ; ⚠️ 🧗 📖 ☀️ 10–18

Escalade réglementée ; voir p. 293

1005 – LES DALLES* *(B. Domenech, F. Guillot, 1968)* 4c+, D+, 100 m ; 🔺(3) 🔗 ⛓️.

1006 – LE TEMPS PERDU *(P. Bestagno, ?)* 5b+, D, 110 m ; 🔗 ⛓️.

1007 – LE GLAND* *(F. Guillot, F. Reginaud, C. Villain, 1968)* 5c+, D, 130 m ; 🔺(4) 🔗 ⛓️.

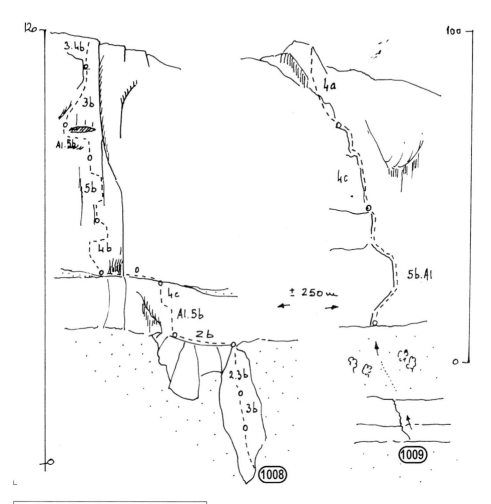

IX-3 L'AIGLE (est)

🥾 (30 min) : p. 113, 115 ; ⚠️ 📖 📚 ☼ 10–18

Escalade réglementée ; voir p. 293

1008 – LA VIRGULE TRICOTEUSE *(N. Broche, G. Célidoni, M. Chabert, J. Lemaître, M. Pannetier, 1970)* A1.5b, D+, 120 m ; (7) 🔨 🔨.

1009 – LE RAVI SANS CAR *(B. Gorgeon, P. Gras, 1976)* 5b.A1, D, 100 m ; 🪨 : ⬭.

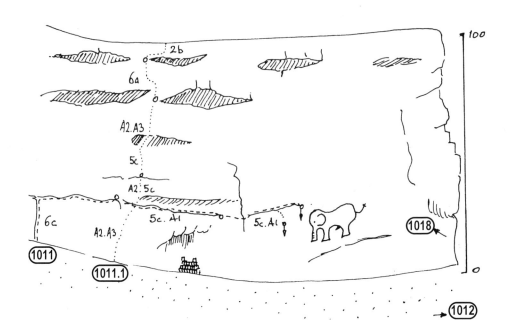

IX-4 POINT SUBLIME (ouest)

⛰ (30 min) : p. 113, 115 ; ☀ 7–17

Escalade réglementée ; voir p. 293

1011 – HANNIBAL** *(J. Perrier, 1981)* 6c & A1, 150 m, TD ;

1011.1– L'ÉTERNEL DÉTOUR *(H. Guigliarelli, K. Maze, 1992)* 6a & A2+, 4 h, 100 m, TD+ ;

1018 – — voir : p. 149

COMPRATE LE GUIDE DI ARRAMPICATA !

Solo alcuni municipi ed alcuni dipartamenti pagano le attrezzature delle palestre di arrampicata. Nella maggioranza dei casi, nonostante gli aiuti dalla FFME e dal COSIROC i cui mezzi economici sono assai restritti, gli attrezzatori hanno pagato l'attrezzatura almeno parzialmente da tasca propria ! La vendita delle guide è per loro l'unico mezzo di recuperare il denaro investito... e di comprare il materiale per le nuove vie o per trattenere le vie che hanno attrezzate.

**COMPRARE LE GUIDE
È CONTRIBUIRE ALL'ATTREZZATURA**
una guida comprata = 1 sosta + 2 punti di protezione

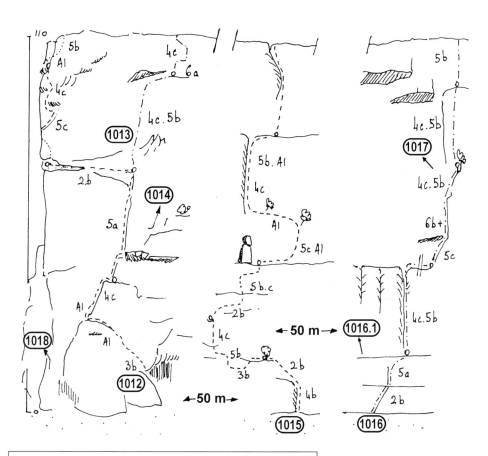

IX-5 POINT SUBLIME (centre)

⬥ 🕯 : p. 113, 115 ; ❓ 📖 ▮   ☼ 6–17

1012 – **PILIER SUD*** *(A. Charbonnier, J.-J. Lainez, L. Ware, 1970)* A1 & 5c, TD, 120 m ; 🧗 ; ⚠ (1970) ; ①.

1013 – **MIFASCAGA** *(R. Balestra, V. Giacomo, 1978)* 6a, TD–, 50 m, $\overset{1012}{\Longrightarrow}$; 🧗 ; ⚠ (4) ⚃ ⚒.

1014 – LE TRIOMPHE DES BROCS *(G. Gauthier, 1978)* ?, 80 m, $\overset{1012}{\Longrightarrow}$; 🧗 ; ⚒ ⚃.

1015 – **LES VIRES** *(R. Bonnard, A. Querelle, 1972)* 5c.A1, D+, 80 m ; 🧗 📖 ; ⚠ (10) ⚃ ⚒.

1016.1 – 1016.2 – 1017 – — : voir p. 149

1016 – **ZARTEMEUH** *(M. Guiot, P. Fédéli, 1978)* 6b+, D+, 60 m ; 🧗 📖 ; ❓ ▫ (6) ; ⚒ ①.

Chapitre X. L'ESCALÈS

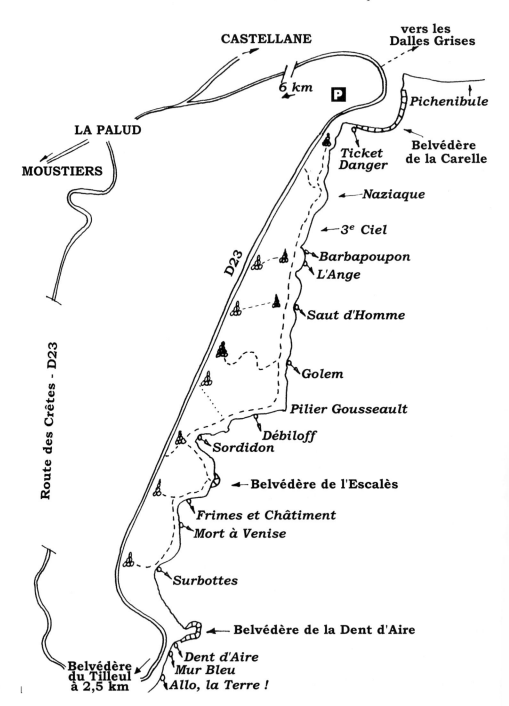

Figure 7: Vue d'ensemble et accès de l'Escalès, de Mur bleu à la Carelle

L'ESCALÈS

Figure 8: Escalès sud

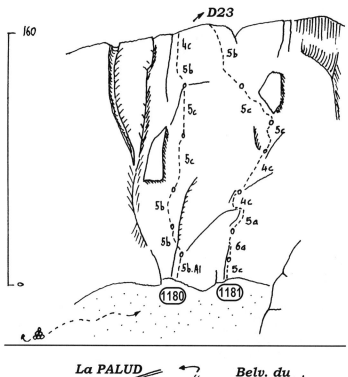

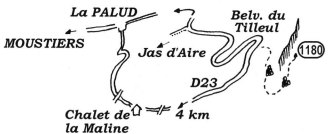

X. L'ESCALÈS

X-1 TILLEUL 🥾 ; ⚠️   ☀ 8–13

1180 – LES GLAÇONS *(S. Morizot, R. Bonnard, B. Bouscasse, M. Charles, 1975)*
  5c & A1, TD+, 200 m, 4 h ; 📖📄 ; 🔺 (15)

1181 – LES GLOBULES ROUGES *(R. Bonnard, R. Jamin, G. Migieu, 1974)*
  6a, TD, 200 m, 4 h ; 📖📄 ; 🔺 (10)

  991 – STANLEY-LIVINGSTONE *(M. Pannetier, P.-F. Pernet, 1970)* 5b, D+, 350 m, 🥾 ; 📖📄 ; ⚠️ 🔺 (25), pas de schéma ; se situe sur un éperon ENE, un lacet au-dessus du belvédère du Tilleul.

Le fameux arabe dément (collection M. Guiot).

124   *Chapitre X. L'ESCALÈS*

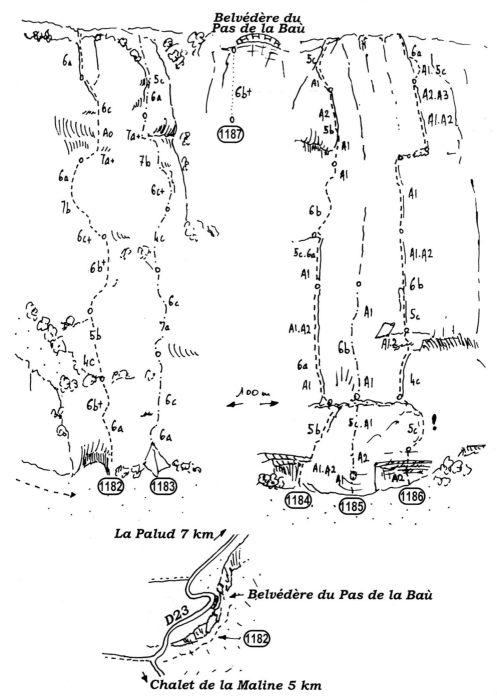

X-2 : secteur PAS DE LA BAÙ

X-2   PAS DE LA BAÙ   9–15

1182 – **VISITE À URT**** *(L. et L. Catsoyannis, 1999)* 7b & A0(6c), ED-, 160 m ; ⬚ (1999)

1183 – **TOUS AU CADE**** *(L. et L. Catsoyannis, 1999)* 7b(6c+), ED+, 160 m, 4 h ; 📖 ; ⬚ (1999)

1184 – **L'HOMME MORT**** *(L. et L. Catsoyannis, 1999)* A2 & 6b, ED+, 180 m, 15 h ; 🔋 ; 📐 (sera prochainement partiellement équipée pour une répétition dans la journée), 🔗 🔔.

1185 – **LA GAÎTÉ** *(L. et L. Catsoyannis, 1999)* ? : projet.

1186 – **COUPS DE SEMONCE** *(L. et L. Catsoyannis, 1999)* A2+ & 6b, ED+, 180 m, 25 h ; 🔋 ; 📐 (relais en place), 🔗 🔔. L2 déconseillée, démarrer par 1184 ou 1185.

1187 – **?** *(?)* 6b+, 45 m ; ⬚.

Prises de sang au Verdon ou : Verdon un jour, Verdon toujours

Pendant des années le Verdon marque, au printemps, le début de notre saison d'escalade. Notre frénésie nous voit parcourir les plus difficiles voies des gorges, parfois en pulvérisant les horaires, et notre vorace appétit d'ouvreurs multiplier les nouveautés à une cadence qui n'accepte que de rares arrêts. Même par mauvais temps nous commençons des grandes voies dans la falaise reine, l'Escalès. Ainsi sont abordées *Glamour, Sexe xhystérie, L'école des fans, Batso, Mille pas de vide...* Grimpant tous les jours durant un mois entier, nous partons le plus souvent tôt et rentrons tard, sans avoir rien mangé ni bu de la journée. Souvent crevés et le corps douloureux, mais heureux.

Lots de consolation ou plutôt autre plaisir quotidien : les fabuleuses pâtisseries du boulanger local Monsieur Cauvin, dévorées au café « Chez Maurel » où l'on retrouve un monde de « fous passionés » favorables aux échanges. Ainsi se créent, depuis le milieu des années 70, des liens d'amitié qui vont résister aux décades. Et ce n'est pas rien ! Mais pour le frangin et moi-même le Verdon représente à la fois un but et un entraînement pour l'été

Suite p. 135

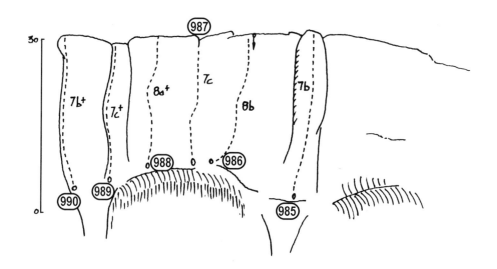

X-3 LIZ TAYLOR

acc.: p. 120, 9–15

990 – LE CAS REAGAN* (J.-M. Troussier, 1985) 7b+, 40 m.

989 – MA NUIT CHEZ MAUD* (J.-M. Troussier, 1987) 7c+, 40 m (1987).

988 – ALLÔ, LA TERRE !** (J.-B. Tribout, 1987) 8a+, 40 m (1987).

987 – LIZ TAYLOR IS RICH** (J.-M. Troussier, 1985) 7c.

986 – UN CRIME PASSIONNEL** (J.-B. Tribout, 1986) 8b, 40 m ; (1986).

985 – UN DÉSORDRE AMOUREUX (J.-M. Troussier, 1986) 7b, 40 m ; .

Attention à la foudre !

En cas d'orage, éloignez-vous du bord des falaises : ce sont les cibles préférées de la foudre !

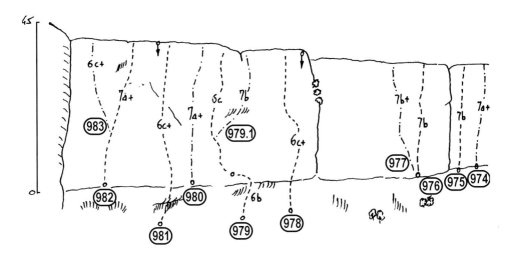

| X-4   MUR BLEU | acc.: p. 120, ☀ 10–18

983 – BABA YAGA** *(J.-M. Troussier, 1983)* 6c+, 25 m ; (1991).

982 – LE MUR BLEU** *(J.-M. Troussier, 1983)* 7a, 25 m (1991).

981 – SABRA* *(J.-B. Dalin, 1983)* 6c+, 35 m ; (1991).

980 – TÊTE EN L'AIR* *(J.-M. Roman, 1986)* 7b, 35 m ; (1986).

979 – ASSURANCETOURIX** *(J.-B. Dalin, 1983)* 6b+, TD, 60 m ; (1991).

979.1 – FOU DE DOULEUR* *(S. Hermant, 1994)* ?, 25 m ;

978 – VIOLENT PASSION SURROGATE *(?, 1984)* 6c+, 30 m ; (1984).

977 – LES AVEUX LES PLUS DOUX* *(J.-M. Troussier, 1984)* 7b+, 20 m ;

976 – SACRÉ NASCIMO* *(J.-M. Troussier, 1983)* 7b, 20 m ;

975 – UNE PASSION NÉFASTE *(J.-M. Troussier, 1983)* 7b, 20 m ;

974 – T'EN VEUX ?** *(F. Magaud, F. Dévoluet, 1990)* 7a+, 25 m ; (1990).

Chapitre X. L'ESCALÈS

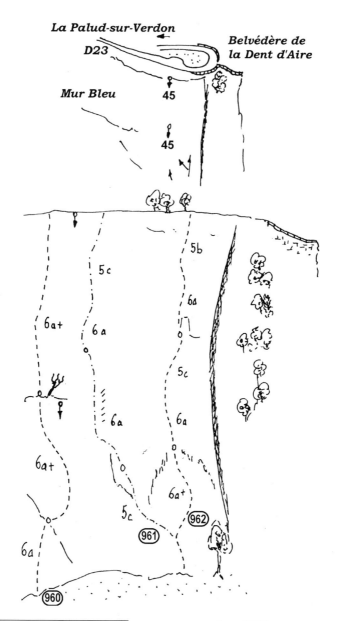

| X-5 DENT D'AIRE | acc.: p. 120, | | 9–15 |

960 – DOLCE VITA*** *(A. Guinet, 2000)* 6a+(6a), 90 m ; (99/2000).
961 – EL GRINGO LOCO*** *(A. Guinet, 1998)* 6a(5c), 90 m ; (98).
962 – PETIT CHAT*** *(A. Guinet, 1998/1999)* 6a+(6a), 90 m ; (98/99).

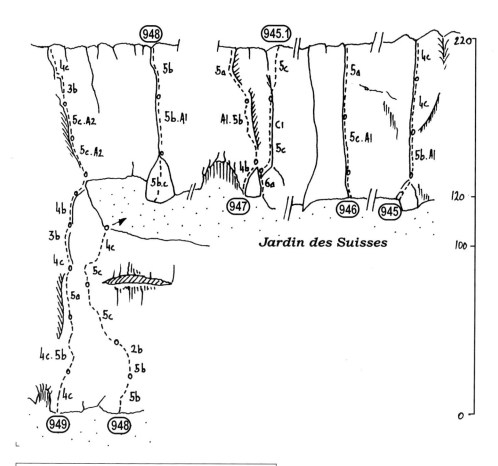

X-6 JARDIN des SUISSES

acc.: p. 120, ⌊941 p. 130 ; 🖼️ 📖 🚪 🖼️ ❓ ☼ 7-13

949 − DEBADO *(B. Gorgeon, J. Nosley, 1974)* 5c.A2, TD, 200 m, 5 h ;
948 − COTIGNAC *(C. & Y. Rémy, 1984)* 5c & A1, TD, 200 m, 4 h ;
947 − DÉLUGE *(C. & Y. Rémy, 1984)* A1.5b, D+, 100 m ;
946 − LE NEZ* *(C. & Y. Rémy, 1981)* 5c+.A1, D+, 100 m ;
945.1 − BALADE HUMIDE* *(?, ?)* 6a & C1, TD, 100 m ;
945 − KROKUS *(C. & Y. Rémy, 1981)* 5b.A1, D+, 90 m, ⌊941 ;

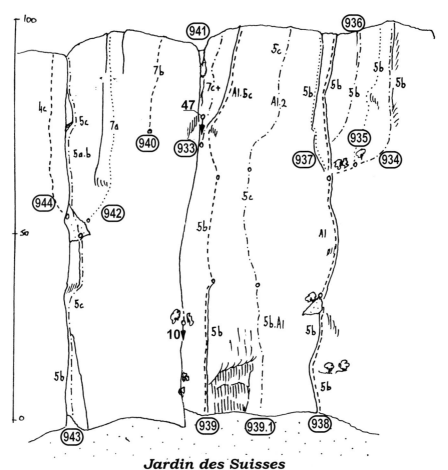

Jardin des Suisses

X-7 SOURICIÈRE acc.: p. 120 ; 9–15

944 – LA SOURICIÈRE (sortie gauche) *(Stage FFME, 1983)* 4c, D–, 55 m,

943 – LA SOURICIÈRE* *(B. Gorgeon, J. Keller,)* 5c (photo p. 121), D+, 90 m,
941

942 – PATIENCE DANS L'AZUR* *(F. Damilano, 1983)* 7a, 40 m,
 (1983).

941 – RAPPELS DE LA SOURICIÈRE *(?)* (photo p. 121), 90 m.

940 – CRUEL BRITTONIQUE *(J.-M. Troussier, 1985)* 7b, 30 m,
 (1985).

X-7 Secteur SOURICIÈRE

939 – AGAIN* (C. & Y. Rémy, 1982) A1.5c, TD–, 100 m, 4 h, 941 ;
939.1 – LE SINGE (?) A1+, TD, 100 m, 4 h, 941 ;
938 – NILVIA (C. & Y. Rémy, 1981) 5c.A1, D+, 100 m, ;
937 – NILVIA (sortie gauche)* (C. & Y. Rémy, 1981) 5b, 30 m, ;
936 – NILVIA (sortie droite)* (C. & Y. Rémy, 1981) 5b, 30 m, ;
935 – NILVIA (sortie Court mais bon)* (C. & Y. Rémy, 1982) 5b, 30 m, ;
934 – NILVIA (sortie dièdre)* (C. & Y. Rémy, 1982) 5b, 30 m, 941 ;
933 – CHEZ LES GRECS (B. Potié, 1986) 7c+, 45 m, ; ; (1986).

Adolescence au Verdon

Agé de 13 ans je débarque à la Palud, (pour un grimpeur, il n'était déjà pas nécessaire de préciser « sur-Verdon ») cela coulait de source ou plutôt de lac !
Ce fut le choc, peut-être pas le choc de la verticale, mais l'intégration dans la communauté grimpante.
Grimper au Verdon suffisait alors pour faire partie de la confrérie des grimpeurs du Sud.
C'est comme cela que j'ai pu côtoyer des figures, des gars qui avaient leurs noms dans le topo, (qui n'était d'ailleurs pas édité, mais qui se recopiait le soir « chez Maurel »).
Ce fut les soirées bercées par les histoires de Pepsi, ayant souvent pour thème *Jésus-Christ Dardicule*, le seul homme ayant osé nommer une de ces réalisations le *Triomphe d'Éros*. Ce fut également les récits d'ouverture du grand Gorgeon (il était beaucoup plus grand à l'époque !), ou plus tard l'assurance de Pschitt tentant de gravir *Ctuluh* qu'il vient d'équiper, ou celle du Blond qui avait placé des points bétons toutes les cinq brassées de jumar dans *Douk Douk* sans lire le rocher, afin d'en faire la première ascension à vue (Il m'avait vaché très sec au relais car mon faible gabarit ne lui inspirait qu'une confiance relative). Ce fut également cette rencontre avec ce niçois, dans le petit apart que nous louait Cauvin au-dessus de ces fours ; à peine lui avions-nous dit que nous étions marseillais, le voilà qui nous questionne sur les surplombs des Calanques. Nous les connaissions bien car nous venions de

Suite p. 185

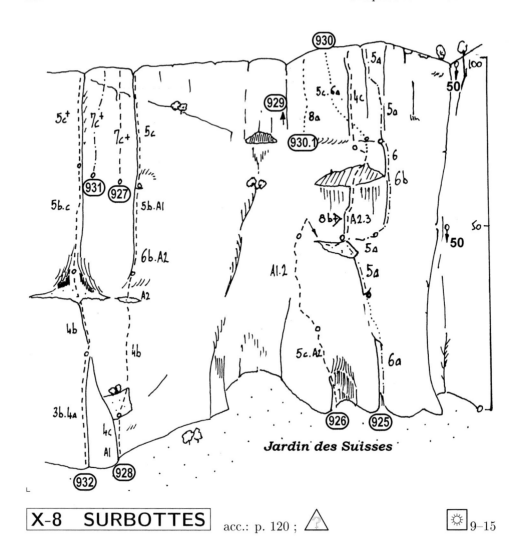

X-8 SURBOTTES acc.: p. 120 ; 9-15

932 – **LES SOUS-DOUÉS** *(C. & Y. Rémy, 1980)* 5c, TD–, 100 m, 941 ;

931 – **LAISSE DIRE*** *(B. Potié, 1986)* 7c+, 40 m, ; ; (1986).

927 – **DIVAN LE TERRIBLE*** *(B. Potié, 1986)* 7c+, 40 m, ; ; (1986).

928 – **ORGASME** *(C. & Y. Rémy, 1980)* 7b(6b.A2), TD+, 100 m, 7 h, 923 (40).

929 – NOSTRADAMUS *(?)* ?, 30 m, ;

930.1 – **NENEC PLUS ULTRA**** *(B. Clément, 1998)* 8a, 60 m, 🔖 ; 🖼 ; [o] (1998).

930 – **LE SUPPOSITOIRE***** *(B. Clément, 1998)* 8b, 60 m, 🔖 ; 🖼 ; [o] (1998).

926 – **MÉTROPOLIS** *(C. & Y. Rémy, 1981)* 5c.A3, ED–, 100 m, 10 h, |⎻923 ; 🆃🖼 ; /?\.

925 – **SPAGGIARI**** *(C. & Y. Rémy, 1980)* 6b (photo p. 121), TD, 100 m, 3 h 30, |⎻923 ; 🕯📖🆃 ; [o] (1999) ⬥.

Naissance d'un G.R. vertical

Dans les années 70 à 80 le merveilleux Verdon a offert aux grimpeurs un terrain de chasse particulièrement giboyeux ; des kilomètres de falaise quasiment vierges allant jusqu'à 340 m de hauteur, un rocher offrant d'innombrables configurations de grottes-bivouacs, vires boisées, cheminements possibles, fissure, piliers, bref un espace vertical de rçeve pour chasseurs de premières. Plusieurs équipes de grimpeurs du Sud ont commencé à sévir dans l'Escalèsouvrant régulièrement des premières, en partant bien évidemment du bas de la falaise. L'équipe dont je faisais partie était issue de la F.S.G.T. de Marseille : Bernard Gorgeon, Daniel Gorgeon, Pierre Gras, Jean-François Gras, et quelques « pièces rapportées », Jacques Keller, Jean-Patrick Coullet et Michel Bonnon. Nous avions eu une chance incroyable : être arrivés quelques années avant à Buoux dans les mêmes conditions : un terrain presque vierge. Là nous nous étions faits la main à l'ouverture avec plus de 70 voies, et deux ans après le Verdon ! Le rêve. En avant, sus aux crochets à gouttes d'eau, aux « nuts », aux pitons et un peu aux spits aussi (fallait bien des relais solides).

Un jour de semaine vers 77–78, dans la principale revue d'escalade du moment, un article sur la grimpe au Verdon retient toute mon attention. J'y découvre, avec stupeur la photo d'un grimpeur parisien en train d'ouvrir une première ! Là comme ça, chez nous sans avoir demandé ! Un vrai scandale ! Mais qui est-ce ? qui a eu l'outrecuidance de nous voler une première ? Je dévore les lignes et enfin je découvre le patronyme de l'individu qui était sur la photo : Jean-Claude Droyer, hé oui, l'homme du jaune (pas le pastis), celui-là même qui voulait imposer sa façon de grimper et qui avait signé son forfait dans une de nos voies à Buoux, le PGF, en la déséquipant et en remettant ses propres points.

Suite p. 137

Chapitre X. L'ESCALÈS

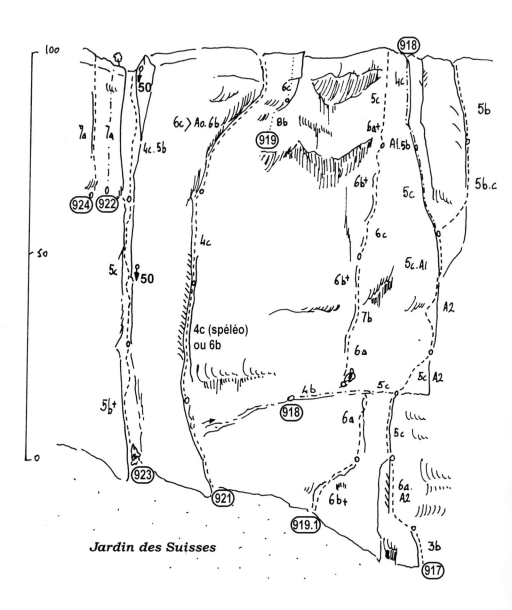

X-9 : secteur GUEULE D'AMOUR

X-9 GUEULE D'AMOUR   acc.: p. 120 ;   △   ☀ 9–15

924 – UNE LARME TOMBÉE DU CIEL* *(E. Demay, 1987)* 7a, 40 m,
 ⃝ ; ⃝ ; ⃝ (1987).

922 – BABAR EST TOMBÉ DU VÉLO* *(E. Demay, 1987)* 7a+, 40 m,
 ⃝ ; ⃝ ; ⃝ (1987).

923 – BOTTES SURBOTTES** *(B. Bouscasse, F. Guillot)* 5c (photo p. 121), TD–, 100 m, ⃝ ; ⃝ (1981) ; ⃝.

921 – GUEULE D'AMOUR** *(C. & Y. Rémy, 1980)* 6c (5c.A1 / 6b.A0) (photo p. 121), TD+, 100 m, ⌊923 ; ⃝ ⃝ ⃝ L2: 6b par l'extérieur / 6b outside ; L2: 3c par l'intérieur (spéléo : lampe frontale nécessaire / headlight required / Stirnlampe notwendig) ; L3: 4c ; L4: ⃝ ⃝ (1993) ⚠.

919 – DURE LIMITE** *(P. Faudou, 1990)* 8b, 30 m ; ⃝ ; ⃝ (1990).

919.1 – EN ROUTE POUR NULLE PART** *(L. et L. Catsoyannis, 1999)* 7b(6b), TD+, 120 m, ⌊923 ; ⃝ ⃝ ; ⃝ (1999).

918 – VARIETTE *(C. & Y. Rémy, 1980)* 5c.A1, TD, 100 m, ⌊923 ; ⃝ ⃝ ; ⃝ (25).

917 – HENRIETTE *(B. Domenech, F. Guillot, 1977)* 6a.A2, TD+, 100 m, 4 h, ⌊923 ; ⃝ ⃝ ; ⃝ (25).

« Verdon un jour, Verdon toujours », suite de la p. 125

afin d'aller se défoncer sur d'autres fascinantes parois, certaines vierges, à travers les Alpes ; telles celles du Grimsel, du Slot, du Schlossberg et surtout des Wendenstöcke.

Situé au cœur de la Suisse ce démesuré massif calcaire domine le col de Susten. Il est entouré de toutes sortes de légendes et d'incroyables hauts faits alpins. Imaginez un immense Verdon, culminant à 3000 mètres, une paroi sud haute jusqu'à 1000 mètres, longue de près de 10 kilomètres. Aux Wendenstöcke se trouvent des voies de plus de 20 longueurs sur un rocher et dans une ambiance absolument uniques dans tout l'arc alpin...

Yves Rémy

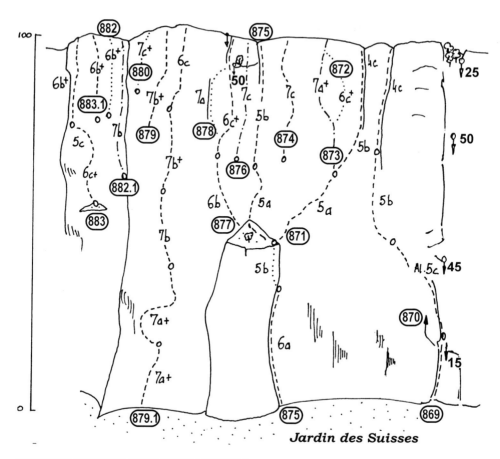

Jardin des Suisses

X-10 MORT à VENISE acc.: p. 120 ; 9–15

883 – TAPIS VOLANT** *(J.-M. Troussier, 1982)* 6c+, TD+, 60 m, (1987).

883.1 – TAPIR VOLANT *(?, 1992)* 6b+, 30 m, (1992).

882 – VOLEUR DE BAGDAD** *(J.-M. Troussier, 1982)* 6b+, 35 m, (1982).

882.1 – LA FESSE D'OR DE LA GRANDE VORACE *(?)* 7b, 30 m, (1995).

880 – AMENA* *(M. Zanola, R. Bassi, 1984)* 7c+, 10 m,

879 – MISS CANYON *(M. Zanola, R. Bassi, 1984)* 7b+, 40 m,

X-10 Secteur MORT à VENISE

879.1 − SAGA DU VERDON *(P. Faudou, 1991)* 7b+, 100 m, (1992)
878 − T.N.T.** *(J.-M. Troussier, 1982)* 7a, 25 m, (1989).
877 − MORT À VENISE** *(J.-M. Troussier, 1982)* 6c+, 55 m, 875 ; (1991).
876 − FARCI PAR LÀ* *(P. Mussato, 1986)* 7c, 35 m, (1986).
875 − HEAVY METAL** *(C. & Y. Rémy, 1980)* (photo p. 121); ; (1980) (12).
874 − ENCORE UNE JOURNÉE D'FOUTUE* *(M. Le Ménestrel, 1983)* 7c, 35 m, (1999). Nouveau nom : **LA LOI DU MOUVEMENT**.
873 − YUKIO MISHIMA* *(J.-M. Troussier, 1982)* 7a+, 20 m, 872 ; (1982).
872 − HAKAMA *(J.-M. Troussier, 1982)* 6c+, 20 m, .
871 − VYTAL *(C. & Y. Rémy, 1981)* 5b, D−, 60 m, 875 ; .
869 − BOIS GENTIL *(C. & Y. Rémy, 1980)* A1.5c, TD−, 100 m, 923 ; .

« Naissance d'un GR vertical », suite de la p. 133

Alors là, c'en était trop : le médiatique personnage avait dépassé le supportable ; la voie en question, *le Triomphe d'Éros*, était la plus ceci, la fissure la plus cela, la traversée la plus longue, la dalle la plus expo. Bref c'était le top du Verdon ! L'idée d'une punition méridionale par la moquerie germa instantanément dans mon esprit fertile et futile. Nous allions baliser de marques rouges et blanches, type sentier de Grande Randonnée, le très fameux *Triomphe d'Éros* qui deviendrait le GR 69. Au printemps 78 une équipe de 4 grimpeurs se charge de l'opération et laissa en plus des marques de GR quelques commentaires acerbes signifiant à Monsieur l'ouvreur que pour une voie de 135 mètres dans le Verdon il n'y avait pas de quoi faire autant de cocoricos.

Aujourd'hui je conseille de s'encorder pour faire le GR69 ; c'est une jolie voie, on y rencontre du surplomb jaune, de la fissure rouge, de la fissure grise typique, de la dalle à gouttes d'eau ; attention, il faut quand même s'employer pour faire ces 135 petits mètres « d'anthologie ».

Jacques-Laurent NOSLEY

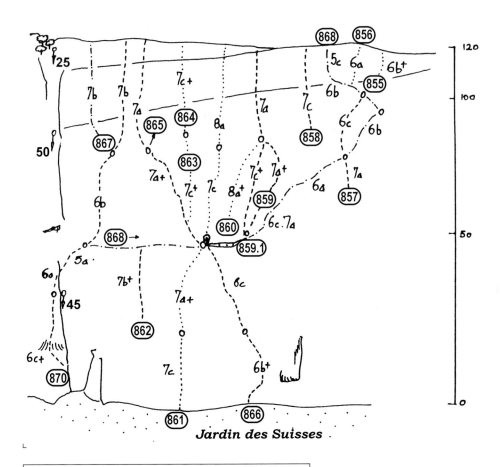

Jardin des Suisses

X-11 SURVEILLER et PUNIR

acc.: p. 120 ; 11–17

870 – **MANDARIN MERVEILLEUX*** *(J.-M. Troussier, 1981)* 7b(7a), ED–, 100 m, 868 ; ; (1981).

868 – **FRIMES ET CHÂTIMENTS*** *(C. Vigier, 1981)* 6c, TD+, 80 m, ; ; (1994).

867 – **CENERENTOLA** *(M. Guérini, 1985)* 7b, 25 m, ; (1985).

866 – **SURVEILLER ET PUNIR*** *(J.-M. Troussier, 1981)* 7a+(6c), ED–, 120 m, 868 ; (1990).

864 – **L'ÉTROIT MOUSQUETAIRE*** *(B. Potié, 1985)* 7c+, 20 m, ▮868 ;
◻(1985).

863 – **SUPPLÉMENT CORNICHON** *(B. Potié, 1985)* 7c+, 20 m, ▮ ;
◻(1985).

862 – **HOLOCAUSTE*** *(D. Garnier, 1983)* 7b, 25 m, ▮868 ; ◻(1983).

865 – ON S'EN CAGHELOS *(B. Potié, 1986)* 7b+ ; △ ; voie déséquipée.

861 – **TAKE IT OR LEAVE IT***** *(P. Edlinger, 1984)* 8a(7c), 120 m, ▮868 ;
⚠ ◻(1984).

860 – **DOCTEUR JIVAGO*** *(J.-M. Troussier, 1986)* 8a+, 30 m, ▮868 ;
⚠ ◻(1986).

859.1 – **DOCTEUR NO**** *(P. Faudou, 1989)* 7c+, 15 m, ▮ ; ◻(1989).

859 – **LES FRÈRES CARAMEL MOU***** *(J.-M. Troussier, 1985)* 7a+,
50 m, ▮868 ; ◻(1992).

858 – **GUÈRE ÉPAIS*** *(J.-M. Troussier, 1985)* 7c, 30 m, ▮ ; ⚠ △ (1985).

857 – **COCO D'ZILES*** *(F. Lepron, 1986)* 7a, 30 m, ▮855 ; ◻(1986).

856 – **MINETTE EXPRESS**** *(C. Carré, 1983)* 6a, 35 m, ▮855 ;
◻(1999).

855 – **SIDERMEK**** *(F. Lepron, 1983)* 6b+, 35 m, ▮ ; ◻(1983).

SUICIDE, MODE D'EMPLOI (au Verdon)

Comme chacun sait, le suicide est une activité onéreuse et difficile. Un suicide propre nécessite une arme à feu, ce qui n'est pas en vente libre en France. Bien sûr on en trouve librement aux USA, mais — même pour un aller simple — le voyage coûte cher, sans compter une perte de temps non négligeable.

Mais en escalade et, surtout, au Verdon, la configuration des lieux vous offre des solutions de rechange qui ne nécessitent même pas... un sérieux entraînement.

Voir p. 143.

Chapitre X. L'ESCALÈS

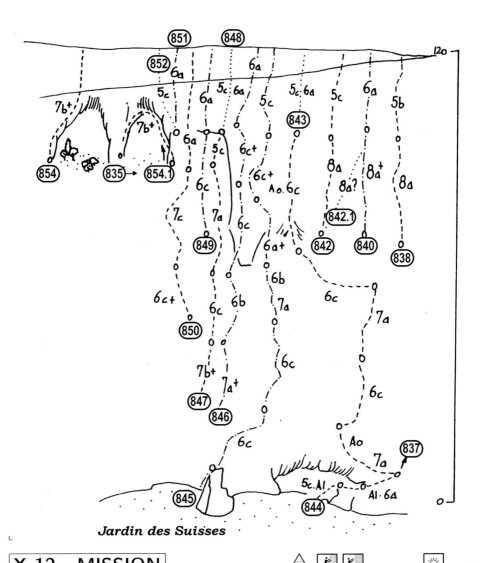

Jardin des Suisses

| X-12   MISSION | acc.: p. 120, 138 ;

854 – MISSION IMPOSSIBLE** *(S. Troussier, 1983)* 7b+, 35 m, 855 ; (1983).

835 – BIG MIR VOLAGE : voir X-13, p. 143.

854.1 – PETIT BAIN* *(O. Dobel-Ober, 1994)* 7b+, 35 m, 855 ; (1994).

852 – EXTASE** *(M. Suhubiette, 1987)* 5c, 25 m, ; (1987).

851 – **TOUR DE CHAUFFE**** *(M. Suhubiette, 1987)* 6a, 25 m.

850 – **COUP DE FOUDRE*** *(B. Potié, P. Edlinger)* 7c, ED+, 80 m, (1983).

849 – **PAS DE SIDA POUR MISS POIREAU***** *(M. Suhubiette, 1987)* 6c, 50 m, ; (1987).

848 – **PAS DE POIREAU POUR MISS SIDA**** *(M. Suhubiette, 1987)* 5c+, 25 m, ; (1987).

847 – **ALICANTROPIA** *(M.-A. Casal, 1984)* 7b+(7a+) ;, ED+, 110 m, 4 h, ; (1984).

846 – **BON CHIC, BON GENRE**** *(H. Laillé, ?)* L1–L4:7a+, L5:6a, ED, 120 m, ; (1983).

844 – COGITUM : voir X-13, p. 143

843 – **FAIT CAR**** *(M. Suhubiette, 1987)* 5c+, 30 m, ; (1987).

842 – **EMBALLEZ, C'EST PESÉ**** *(D. Raboutou, 1985)* 8a, 60 m, ; (1985).

842.1 – **DÉBALLEZ, JE SUIS CASSÉ**** *(O. Dobel-Ober, 1993)* 8a?, 30 m, ; (1993).

840 – **DESSOUS, C'EST AFFRIOLANT** *(M. Suhubiette)* 8a+, 60 m, ; (1987).

838 – **MIJO**** *(D. Raboutou, 1985)* 8a, 60 m, ; (1985).

ACHETEZ LES TOPOS !

Seules quelques communes et quelques départements financent l'équipement des falaises. La plupart du temps, et malgré les aides de la FFME ou du COSIROC dont les moyens sont très limités, les équipeurs financent en partie l'équipement avec leur argent personnel ! La vente des topos est alors pour eux le seul moyen de récupérer leur mise de fonds... et d'acheter du matériel pour de nouvelles voies ou le rééquipement de celles qui ont vieilli.

ACHETER LE TOPO
C'EST PARTICIPER À l'ÉQUIPEMENT
Un topo acheté = un relais + un point d'assurage

Chapitre X. L'ESCALÈS

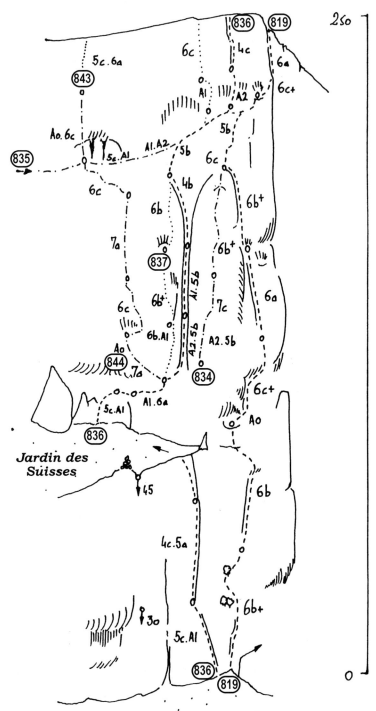

X-13 : secteur TUYÈRE

X-13   TUYÈRE   acc.: p. 120, 138   ☼ 12-18

845 – **PHŒBUS**** *(C. & Y. Rémy, 1985)* 7a(6c), ED–, 130 m, 4 h, ↓923 ; ◇ ; (1985).

844 – **COGITUM***** *(P. Faudou)* 7a(6c), 130 m, 4 h, ↓ ; (1989).

843 – FAIT CAR** :   voir X-12, p. 140

837 – **AMOK*** *(C. & Y. Rémy, 1987)* 6b+ & A1, ED–, 150 m, 8 h, ↓923 ; (1987). ◯.

836 – **LA TUYÈRE** *(C. & Y. Rémy, 1980)* 6a & A2, TD+, 250 m, 8 h, ↓923 ; △△ ; ◉◯.

834 – **SALUT LE BREF** *(M. Fauquet, B. Potié, 1987)* A2.C2 & 6c, 130 m, 4 h, ↓923 ; △△ ; ◯◯◯.

819 – **LA VOIE DE 50 CM***** *(L. Catsoyannis)* 6c & A0(6b), TD+, 260 m, 4 h, ↓923 ; ▮▮▮ (1998) ◇ =50 m, 20.

835 – **BIG MIR VOLAGE** *(B. Gorgeon, H. Rigaud, 1981)* 5c & A2, TD+, 180 m, 6 h, ↓855 ; → ; △(25). ◯ ◯.

SUICIDE, MODE D'EMPLOI
Solution I : le rappel sans nœud au bout
Suite de la p. 139.

Vous faites un rappel — par exemple pour arriver « en direction » du départ de votre voie. Bien sûr, comme souvent au Verdon, les bombés vous empêchent de voir jusqu'où votre corde descend.

Conformément à vos habitudes des courtes falaises de plaine, vous n'avez **pas fait de nœud au bout du rappel**. Ensuite, ou bien le rappel est trop court (par exemple une corde de 100 m pour descendre à un relais distant de 60 m), ou bien vous passez à côté du relais et vous continuez la descente... jusqu'à vous écraser 100 ou 200 m plus bas.

Suite p. 163.

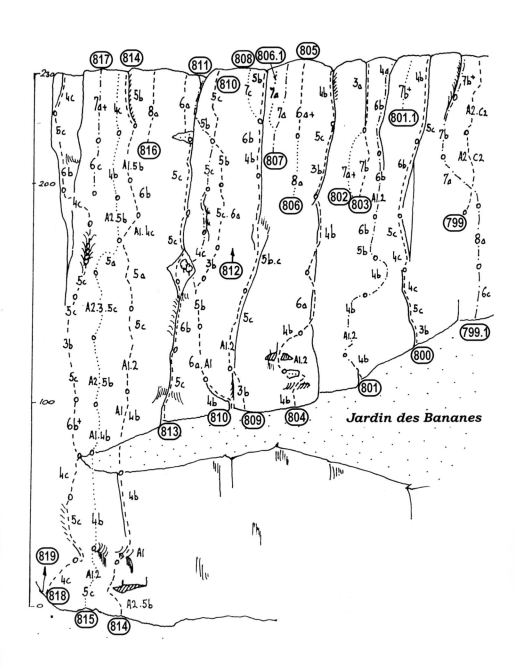

X-14 : secteur VIRGINIE

X-14 VIRGINIE acc.: p. 120, 148 ; ☀ 8-13

818 – LES BANANES *(B. Domenech, F. Guillot, 1969)* 6b+ & A2 (photo p. 121), TD, 230 m, 5 h, ↳$_\mathfrak{k}^{792}$, S.M. ; ？ ; ⚠ (25).

815 – LA FÊTE DU BAGNE *(C. & Y. Rémy, 1983)* A3 & 5c, TD+, 230 m, 12 h, ↳$_\mathfrak{k}^{792}$; ; ⚠ (50) .

817 – HORMONES FRITES** *(P. Faudou, 1986)* 7a+, ED–, 50 m, ; ; (1986).

816 – GRAPHIQUE* *(P. Mussato, 1988)* 8a, 30 m, ; ⚠ .

814 – GRANDS PENSEURS* *(C. & Y. Rémy, 1983)* A2 & 6b, TD+, 230 m, 10 h, ↳$_\mathfrak{k}^{792}$; ⚠ (60).

813 – BELLE FILLE SÛRE** *(C. & Y. Rémy, 1980)* 6b (photo p. 121), TD+, 160 m, 4 h, ↳$_\mathfrak{k}^{792}$; ; .

812 – — : voir p. 149.

811 – SLUT *(C. & Y. Rémy, 1983)* A1 & 5c+, TD–, 100 m, 5 h, ↳$_\mathfrak{k}^{792}$; ⚠ (20).

810 – CRI MÉTALLIC *(C. & Y. Rémy, 1983)* 6a.A1, TD–, 150 m, 6 h, ↳$_\mathfrak{k}^{792}$; ⚠ (20) .

809 – VIRGINIE* *(A. Estève, P. Martinez, 1976)* A2 & 6b (photo p. 121), TD+, 130 m, 4 h, ↳$_\mathfrak{k}^{792}$; ⚠ (25) .

808 – LE VIRUS** *(P. Faudou, 1991)* 7c ; ; (1992).

806.1 – LA JACQUERIE*** *(O. Dobel-Ober, 1997)* 7a, 40 m, ; ; (1997).

807 – ÈVE LINE** *(B. Potié, 1986)* 7b, 40 m, ; ; (1986).

806 – ÉCHOGRAPHIE** *(B. Potié, 1987)* 8a, 40 m, ; ; (1991).

805 – CHATILAH** *(J.-C. Grand, 1983)* 6a+, 40 m, ; ; ⚠ ; (1983).

804 – DOMAINE DES DIEUX *(C. & Y. Rémy, 1979)* A2 & 6a, ED–, 150 m, 8 h, ↳$_\mathfrak{k}^{792}$; ; ⚠ (30).

802 – DISTRIBUTION DE TOPINAMBOURS* *(B. Potié, 1986)* 7a+, 30 m, ↳$_\mathfrak{k}^{807}$; ; (1986).

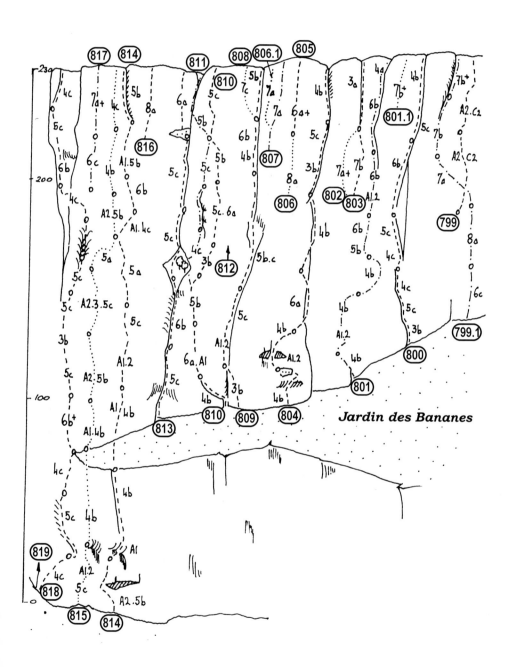

X-14 : secteur VIRGINIE

803 – **UNE BOTTE DE CAROTTES ÇA RAVIGOTTE*** *(B. Potié, 1986)* 7b, 50 m, ⌊₅⁸⁰⁷ ; 🔩🔩 ; ⌞o⌟ *(1986)*.
801 – **LES RÊVES DE LA MER*** *(C. & Y. Rémy)* 6b.A2, ED–, 150 m, 10 h, ⌊₅⁷⁹² ; ⌞🔩⌟ ; ⚠(30).
801.1 – **LE SYNDROME DE CALIMERO**** *(O. Dobel-Ober, 1994)* 7b+, 40 m, ⌊₅ ; ⌞o⌟ *(1994)*.
800 – **LES CAPRICES DU DÉSIR**** *(C. & Y. Rémy)* 6b, TD+, 150 m, 5 h, ⌊₅⁷⁹² ; ⌞🔩o⌟ *(1979)* ; 🔩.
799 – **COUP DE CALCAIRE**** *(P. Faudou, 1990)* A2.C2, 60 m, ⌊₅ ; ⚠ ⌞o⌟ *(1990)* ; 🔩 ◇.
799.1 – **?** *(M. Velasquez, 1992)* 8a?(7b+), 110 m, ⌊₅ ; ⌞o⌟ *(1992)*.

ÉLOGE DE LA GOUTTE D'EAU

Une des figures du *sestogrado* italien a dit un jour : « la voie la plus logique sur une paroi est le chemin suivi par la goutte d'eau qui tombe ».

Je n'ai jamais su comment interpréter cette phrase ; pensait-il aux parois surplombantes des *Tre Cime* où la goutte suit le fil à plomb ? pensait-il à ces lignes que les équipeurs modernes tracent sur leurs cordes fixes comme les maçons suivent eux aussi le fil à plomb ? Pour moi il parlait plutôt du chemin que la goutte suit lorsqu'elle ruisselle sur le rocher comme la première particule du fleuve qu'elle deviendra. Elle trouvera ainsi inévitablement le chemin le plus logique le plus régulier. Dans un surplomb ce sera la chute verticale avant de reprendre son chemin en commençant par faire la sculpture la plus belle du calcaire : la goutte d'eau.

C'est grâce à l'observation du cheminement, des chutes des gouttes et des sculptures ainsi créées que nous ouvrions les voies. Systématiquement nous épluchions la photo de la paroi à la loupe pour ouvrir une voie. Rocher gris avec un surplomb rouge au dessus... Parfait : à coup sûr une rangée de gouttes d'eau pour y mettre le crochet. De toutes les « lectures » celle de *Mangoustine* fut la plus belle ; alors qu'en convalescence je claudiquais sur l'autre rive des gorges, un orage a éclaté et j'ai pu voir la dalle se mouiller « en direct ».

J'ai vu que tout ne se mouillait pas en même temps ; il y avait donc dans ce gris des petits surplombs, donc des gouttes... donc des prises... donc une voie... que nous avons ouverte un peu plus tard une fois rétabli.

Bernard GORGEON

Chapitre X. L'ESCALÈS

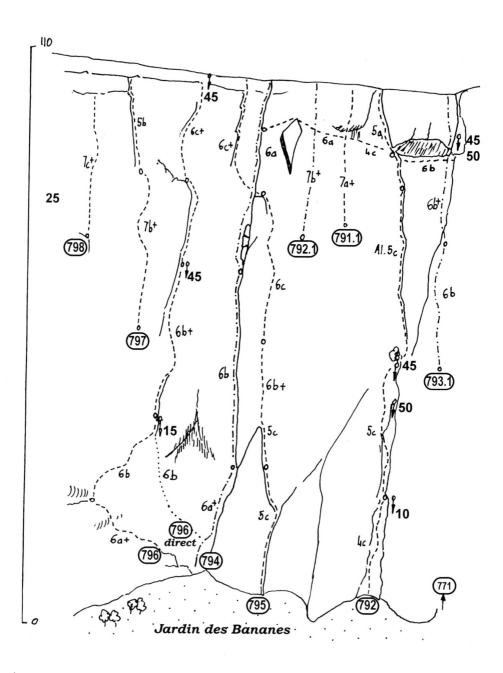

X-15 : secteur SORDIDON

X-15 SORDIDON   acc.: p. 120 ; 10-16

798 – **LIQUEUR DE COCO**** *(J.-M. Troussier, 1984)* 7c+, 45 m, (1984).

797 – **LES FILS DE LA TERRE ET DU VENT**** *(A. & M. Le Ménestrel, 1984)* 7b+, 45 m, (1984).

796 – **HEURE ZÉRO**** *(C. & Y. Rémy, 1985)* 6c+(6b+), ED–, 110 m, $\lfloor_{\mathrm{F}}^{792}$; L1 : var. directe 6b ; (1999).

794 – **ÉCHO LOGIQUE**** *(C. & Y. Rémy, 1979)* 6b (photo p. 121), TD+, 110 m, $\lfloor_{\mathrm{F}}^{792}$; ; (1998) .

795 – **VISION FUTÉE**** *(C. & Y. Rémy, 1987)* 6c+(6b+), ED–, 110 m, 3 h 30, $\lfloor_{\mathrm{F}}^{792}$; (1987) ; .

793 – **MALICE AU PAYS DES MERVEILLES*** *(C. & Y. Rémy, 1983)* 6c, ED–, 200 m, 11 h, $\lfloor_{\mathrm{F}}^{795}$; ; (1983) . Voir aussi X-16, p. 151 et X-17, p. 153.

792 – **SORDIDON** *(N. Broche, B. Gorgeon, J. Keller,)* A1.5c (photo p. 121), TD–, 100 m, ; .

791.1 – **HÉLÈNE ET LES GROS CONS**** *(S. Hermant, 1993)* 7a+, 30 m (1993).

792.1 – **RIRI PINSON*** *(?, 1993)* 7b+, 35 m (1993).

793.1 – **VICTIMES DE LA CRUAUTÉ DES FEMMES**** *(S. Hermant, 1993)* 6b+, 60 m (1993).

Pourquoi certaines voies d'artif sont délibérément omises

L'auteur des voies omises, Dominique Suchet, a écrit à Bernard Gorgeon : « J'aimerai que mes voies (qui ne sont d'ailleurs pas équipées) ne figurent pas et plus dans le topo... C'est personnel et c'est pour aller dans le sens du pourquoi je fais les choses... »

Chapitre X. L'ESCALÈS

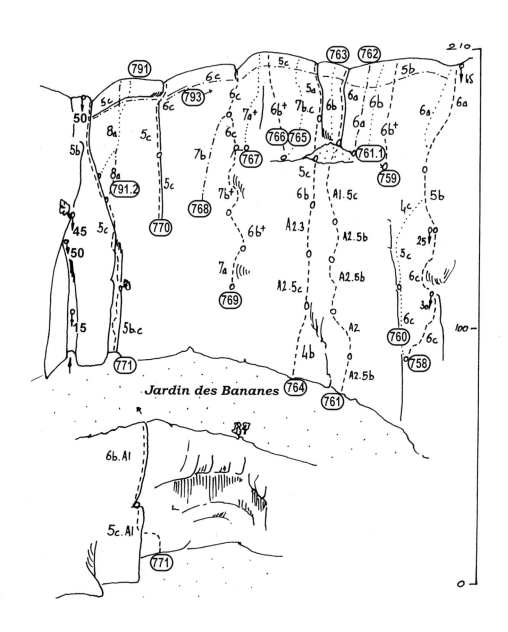

X-16 : secteur SÉANCE

X-16 SÉANCE acc.: p. 120, 148 ;   ☀ 10–16

793 – MALICE AU PAYS DES MERVEILLES* : voir X-15, p. 149.
791.2 – **SÉANCE CREVANTE*** *(P. Faudou, 1987)* 8a ;   ; (1987).
791 – **SÉANCE TENANTE*** *(Mussato, 1987)* 8a, 25 m,   ;   ;
 (1987).
771 – **LE CHEMIN DE LA GIÈME*** *(B. Gorgeon, J. Nosley, 1977)*
6b.A1, TD, 110 m, 4 h, $\lfloor$ 792 , S.M. ;   ; p. 120 ;   (40) ;
  =55 m.
770 – **EL CAMINO DE LOS INCAS**** *(P. Decorps, J.-M. Troussier, 1980)*
5c, TD, 70 m, $\lfloor$ 792 ;   ; (8) ; (12).
768 – **EL CHOCHODUERME*** *(B. Potié, 1985)* 7b, 30 m,   ; (1985).
769 – **CHRYSALIS**** *(G. Grenier, C. Vigier, 1979)* 7b+(7b) (photo p. 121), ED,
80 m, 4 h,   ; (1997).
767 – **DU GOUDRON ET DES PLUMES**** *(P. Faudou, 1990)* 7a, 30 m ;
 (1990).
766 – **TÊTE À CLAQUES*** *(J.-M. Troussier, 1984)* 6b+, 35 m,   ;
 (1984).
765 – **TÊTE À EAU*** *(P. Edlinger, 1983)* 7b+, 35 m,   ; (1986) .
764 – **LE GUET** *(C. & Y. Rémy, 1982)* A3 & 6b, TD+, 150 m, 7 h, $\lfloor$ 792 ;
 .
763 – **LE ENIÈME TAS** *(F. Lepron, 1984)* 6b,   ; .
762 – **T'Y VAS SI J'T'ASSURE*** *(F. Lepron, 1984)* 6a, 30 m,   ;
 (1984).
761.1 – **COLORIAGES**** *(P. Duret)* 6b, 30 m,   ; (1991).
761 – **BYE BRIGITTE** *(C. & Y. Rémy, 1983)* A2.5c, TD, 150 m, 7 h, $\lfloor$ 792 ;
  .
759 – **SARBACANE**** *(P. Duret, 1989)* 6b+, 40 m,   ; (1989).
760 – **MAGNÉSIAC*** *(B. Gorgeon, 1980)* L1:6c, L2:5c, L3:5c+, TD, 100 m,   ;
   ; L1: , L2+L3:   (1980) ; .
758 – **DURANDAL**** *(C. Vigier, 1980)* 6c, TD+, 100 m,   ; (1997).

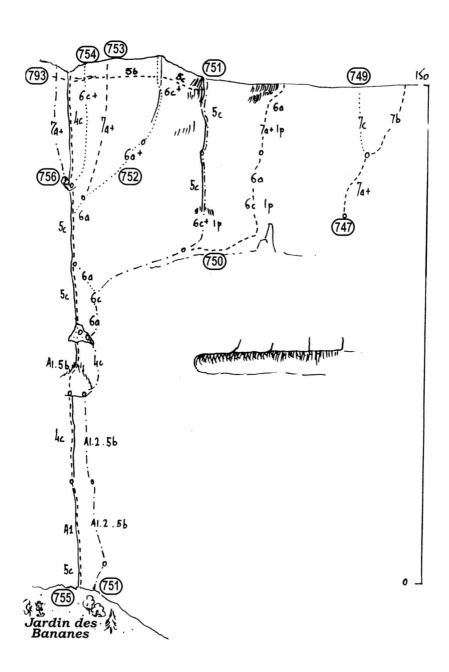

X-17 : secteur DÉBILOFF

X-17 DÉBILOFF   acc.: p. 120, 148, 9-16

793 – MALICE AU PAYS DES MERVEILLES* : voir X-15, p. 149.
756 – **LE MANÈGE ENCHANTÉ*** *(L. Thibal, 1983)* 7a+, 35 m, 752 ; (1983).
755 – **SIDARDENDAILLE** *(B. Gorgeon, J. Keller, J. Nosley, 1979)* A2 & 5c+, TD, 150 m, 792 ; (20).
754 – **DÉBILOFF PROFFONDICUM**** *(F. Lepron, 1982)* 6c+, 30 m, 752 ; (1991).
753 – **SINFONIE DEL VENTO** *(des Italiens, 1986)* 7a+, 30 m, 752 ; (1991).
752 – **TURLUT**** *(M. Suhubiette, 1986)* 6c+(6c), TD+, 80 m, ; (1986).
751 – **QUI S'Y FROTTE S'Y PIQUE** *(C. & Y. Rémy, 1983)* A2 & 6c+, TD+, 160 m, 4 h 30, 752 ; ; (1983) ; .
750 – **AU BORD DES ABÎMES*** *(C. & Y. Rémy, 1983)* 7a+, TD+, 80 m, 752 ; ; .
749 – **LES JUPONS CAPITEUX*** *(P. Mussato, 1988)* 7c, ; (1988).
747 – **BOULEVARD DES STARS**** *(S. Troussier, 1983)* 7b(7a), ED–, 60 m, ; (1989).

𝔄𝔠𝔥𝔱𝔲𝔫𝔤 𝔞𝔲𝔣 𝔅𝔩𝔦𝔱𝔷𝔰𝔠𝔥𝔩𝔞𝔤𝔤𝔢𝔣𝔞𝔥𝔯!

Meiden Sie den Felsrand bei Gewitter:
dort schlägt der Blitz mit Vorliebe ein!

Chapitre X. L'ESCALÈS

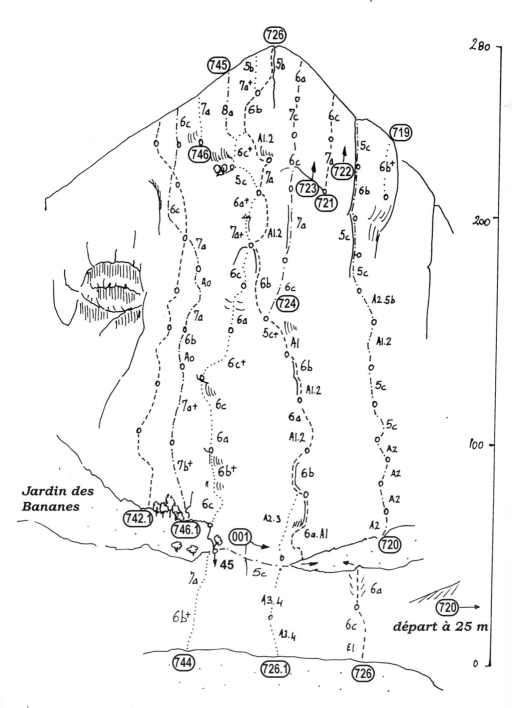

X-18 : secteur FÊTE

X-18 FÊTE

acc.: p. 120, 148 ; 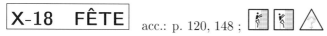 11–18

742.1 — — : voir p. 149.

746.1 – **DE GEVANGENPOORT** *(M. Kleinjan, M. Verb, 1994)* 7b+, 150 m, ; ; (1994) .

746 – **IMPASSE DES NOUILLES*** *(H. Laillé, 1983)* 7a, 45 m, ; (1983) .

745 – **CLAUDIA**** *(D. Chambre, 1986)* 8a, 50 m, ; (1993).

744 – **LA FÊTE DES NERFS**** *(B. Duterte, 1984)* 7a+(6c+), ED, 280 m, 7 h, 792 S.M. ; ; (1993) .

726.1 – **GOUSSEAULT DIRECT** *(P. Louis, 1974)* A3+, 80 m, ; .

726 – **PILIER GOUSSEAULT**** *(M. Barthassat, J.-L. Desplaye, S. Mendola, 1973)* 7a & A2(6c) (photo p. 121), ED+, 280 m, 10 h, 792 , S.M. ; ; .

724 – **LA BELLE LINDA LAVE ET RIE*** *(J.-B. Dalin, 1985)* 7c(7b), ED+, 140 m, 4 h, ; (1985) .

723 – **FANTASIA*** *(E. Demay, 1987)* ??, 50 m, ; (1987).

721 – **LE GÉNIE DES ALPAGES**** *(J.-M. Rey, 1982)* 7a (photo p. 121), ED–, 60 m, ; (1982).

722 – **POÊLE À MAZOUT** *(?)* ?.

720 – **LA MOUSSON*** *(M. Dassonville, B. Bouscasse, M. Tanner, 1972)* A2 & 6b, ED–, 280 m, 20 h, 792 , S.M. (100) ; ; L1-2. Voir aussi X-19, p. 157.

719 – **G2LOQ*** *(B. Potié, 1986)* 6b+, 30 m, ; .

001 – LES CATARACTES : voir X-57, p. 241.

Chapitre X. L'ESCALÈS

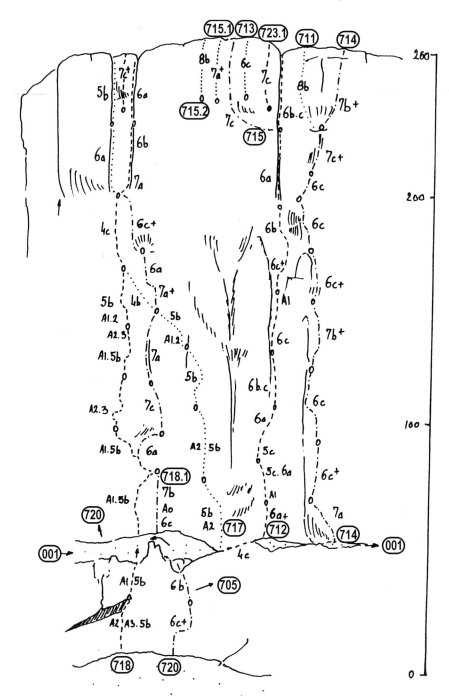

X-19 : secteur TOBOGGAN

X-19 TOBOGGAN

acc.: p. 120, 148, 154 ; 🯅 🯅 △ ☼ 8-14

720 − LA MOUSSON : voir X-18, p. 155.

718 − **BATSO*** *(C. & Y. Rémy, 1980)* A3 & 5c, ED, 280 m, 25 h, ↓792, S.M. ;
▯ ; △ (142) 🛈 (10) ⌒.

715.2 − **BIDOCHONS BRETONS*** *(?)* 8b, ? m, ↓ ; △ ▢ (1985).

715.1 − **KINGOS** *(?)* 7a+, ? m, ↓ ; ▢ (1985).

715 − **GRAVITIES RAINBOW**** *(M. Atkinson, 1985)* 7c (photo p. 121), 45 m, ↓ ; △ ▢ (1985).

713 − **TANTI AUGURI*** *(des Italiens, 1986)* 6c, 25 m, ↓ ; ▢ (1986).

723.1 − **SALVAJE DE CORAZÓN*** *(M. Velasquez, 1991)* 7c ; ▢ (1991).

718.1 − **HORS LA LOI**** *(H. Guigliarelli, 1995)* 7c(7a), TD+, 280 m, 4 h, ↓792, S.M. ; ▢ (1995); jcl 15 ⚭.

717 − **THALAMUS*** *(D. Brunel, G. Modica, 1978)* A2 & 6a, TD+, 200 m, 17 h, ↓792, ⇒726 ; ▯ ; △ (70) 🛈.

712 − **LE TOBOGGAN DE LA MORT**** *(B. Gorgeon, J. Nosley, A. Bultel, J.-P. Coullet, 1980)* 6c+ & A1(6b) (photo p. 121), ED−, 200 m, 8 h, ↓792 ; △ ▢ (1994) ; ◇ (12) ; L5: ◇ =55 m, 22 ⚭.

711 − **LES BRAVES GENS NE COURENT PAS LES RUES**** *(J.-B. Tribout, 1986)* 8b, 35 m, ↓ ; ▢ (1986).

714 − **TOUT ÇA POUR UNE MÉDAILLE**** *(E. Fossard, P. Pietri, S. Rosso, S. Koenig, ENSA, 1990)* 7b+(7a), ED+, 230 m, 10 h, ↓792 ; 🯅 ;
▢ (1990) ; 🛈 🛈 ◇ ⌒ ◇ =50 m.

705 − LA DÉVIÉE : voir X-21, p. 161.

001 − LES CATARACTES : voir X-57, p. 241.

Chapitre X. L'ESCALÈS

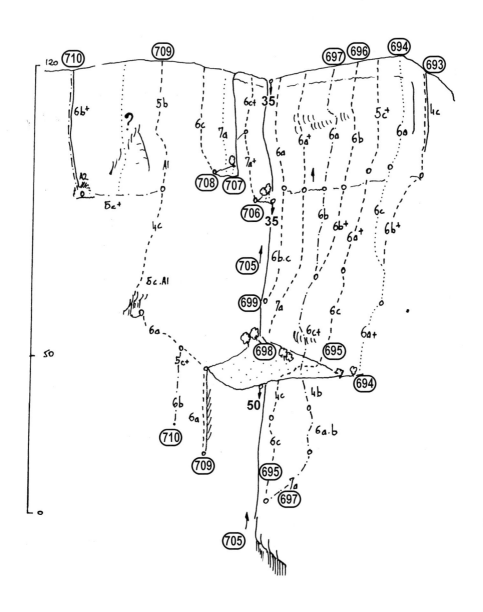

X-20 : secteur GOLEM

X-20 GOLEM   acc.: p. 120 ;   10-17

710 – ANOTHER PERFECT DAY* *(C. & Y. Rémy, 1984)* 6b+ & A1, TD+, 110 m, 7 h, ; L2 et L3 communs avec Big Balls ;   ; (1984).

? – ? : voie inconnue

709 – BIG BALLS* *(B. Gorgeon, P. Bestagno, J.-P. Coullet, J. Nosley, 1981)* 6a & A1, TD+, 100 m, 5 h, **710** ; (1981) ; (11) .

708 – UN PETIT COIN DE PARADIS** *(P. Maclé, 1982)* 6c (photo p. 121), 30 m, **707** ; (1991).

707 – DIMENSION CACHÉE* *(J.-F. Hagenmuller, 1985)* 7a, 30 m, ;   (1991).

706 – MANU RIBDU* *(J.-F. Hagenmuller, 1985)* 7a+, ED–, 65 m, ; (1985).

705 – LA DÉVIÉE : voir X-21, p. 161.

699 – I.V.G.* *(M. Suhubiette, 1986)* 6b+, TD, 60 m, ; (1986) .

698 – CHEMIN DU NUAGE BLANC** *(J.-F. Hagenmuller, 1985)* 7a(6c), TD+, 80 m, **697** ; (1985).

697 – GOLEM** *(P. Bestagno, G. Modica, D. Brunel, 1979)* 7a(6c) (photo p. 121), ED–, 140 m, ;   ; (1993). Voir aussi X-21, p. 161.

696 – CHARLIE BROWN** *(P. Duret, 1989)* 6b+, 65 m ; (1990).

695 – SOMMEIL PARADOXAL* *(F. Damilano, 1985)* 6c, ED–, 140 m, **697** ;   ; (1992) ; 15 .

694 – CIEL, MES BIJOUX ! *(J.-P. Minazzi, 1984)* 6c, TD+, 80 m, **697** ; (1984) .

693 – MORT SUBITE* *(B. Domenech, P. Livet, 1985)* 6b+, TD, 50 m, **697** ; (1994).

Chapitre X. L'ESCALÈS

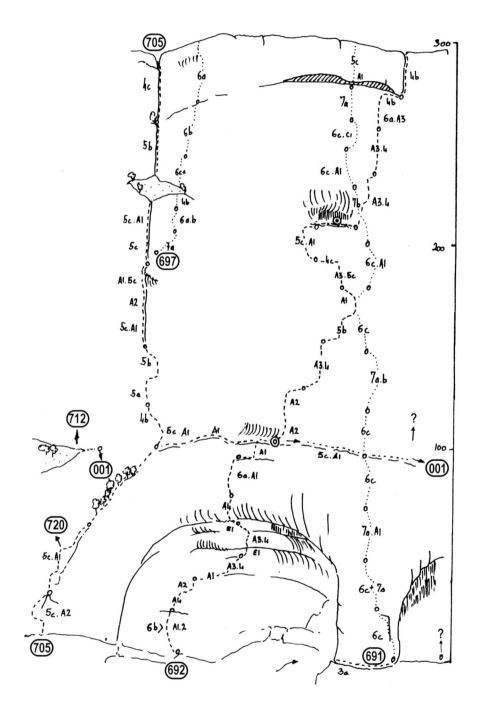

X-21 : secteur MANDARINE

X-21 MANDARINE

acc.: p. 120, 148, 154 ; △ ☀7–14

705 – LA DÉVIÉE (B. Gorgeon, J. Nosley, J. Keller, P. Gras, 1977) 6a & A2, TD+, 270 m, 12 h, |⁷⁹²ₖ, S.M. ; ◬ (30) ; .

697 – GOLEM* ** (P. Bestagno, G. Modica, D. Brunel, 1979) 7a(6c), ED–, 140 m, |ₖ ; 🧗 ; ⊙ (1993).

692 – LE VOYAGE DE LA MANDARINE* ** (M. Fauquet, M. Guiot, P. Guiraud, 1980) A4 & 6a (photo p. 121), ED+, 300 m, 25 h, |⁷⁹²ₖ, S.M. ; 🧗 ; ◬ (120) 🪝 🔨 (5PP, 20P, 5EP, 15B, 5PB) 🔗 🔗 (10, ⌀8 mm)+ plombs.

691 – MINGUS* ** (C. Froifond, 1986) 7a+ & 6c.C1(7a), ABO, 300 m, 12 h, |⁷⁹²ₖ, S.M. ; 🧗 ; ⚠ ⊙ (1986) 🔗.

? – ? : B. Potié ? .

001 – LES CATARACTES : voir X-57, p. 241.

Le Verdon des années 70 : LENONDÉVOI

C'est toujours un bon moment après s'être donné à fond dans une ouverture de voie de lui trouver un nom :

Six fois zette : en l'honneur de « Pschitt » qui était à l'époque ascétique et travaillait assez peu, et que nous appelions donc l'ascète oisif.

Pichenibule : un nom d'une brebis d'un copain de « Pschitt ».

Caca boudin ou les grands navires : les deux ouvreurs n'avaient pas les mêmes sources d'inspiration ; Pschitt, c'était la littérature de Bernard Amy, et Steph était plus terre à terre.

Virilimité : beaucoup de grandes traversées dans cette voie et également de grosses frayeurs qui faisaient penser à une virilité mitée.

Naziaque : après un bivouac en face d'une grotte en forme de nazique (ce singe à gros nez) et une longue tradition de plaisanteries sur nos divers appendices nasaux.

Bernard GORGEON

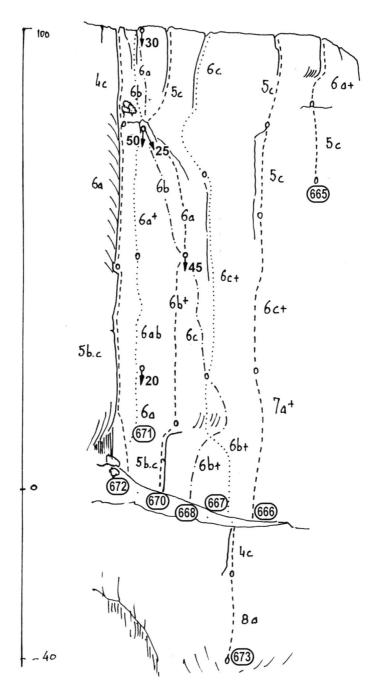

X-22 : secteur SAUT D'HOMME

X-22 SAUT D'HOMME

acc.: p. 120 ; 🔲 🔲 △ ☀️ 11-14

673 – MUCHE *(J. Larthomas, 1986)* 8a, 40 m, ⌊672 ; ⦿ (1986).

672 – SAUT D'HOMME*** *(B. Gorgeon, P. Gras, J. Keller, J. Nosley, 1977)* 5c (photo p. 121), TD–, 100 m, ⌊ ; ⦿ (1993) ;

671 – LES FILLES SALES DU MÉTIER*** *(M. Suhubiette, 1986)* 6a+(6a), L4:4c (photo p. 121), TD+, 100 m, ⌊ ; ⦿ (1986) ; 12 ♂.

670 – MINETS GOMINÉS (L8-L11)** *(M. Fauquet, M. Guiot, A. Janin, 1981)* 6b+(6b), TD+, 100 m, ⌊671 ; ⦿ (1981).

669 – MINETS GOMINÉS (L1-L7) : voir X-23, p. 165.

668 – SAMBA TRISTE** *(J. Giral, B. Lassale, 1987)* 6c(6b), TD+, 100 m, ⌊671 ; ⦿ (1987), croise Série Noire.

667 – SÉRIE NOIRE* *(D. Garnier, 1984)* L1:6b+, L2:6c+, L3:6b, L4:4c, ED–, 100 m, ⌊671 ; ⦿ (1984).

666 – LE CHANT DU PERFO** *(M. Suhubiette, 1986)* L1:7a+, L2:6c+, L3:5c, L4:5c, ED–, 100 m, ⌊671 ; ⦿ (1986).

665 – REGAIN** *(M. Suhubiette, 1987)* 6a+, TD, 40 m, ⌊ ; ⦿ (1987).

SUICIDE, MODE D'EMPLOI
Solution II : le rappel parallèle

Suite de la p. 143.

Un rappel, ça prend du temps : pourquoi pas le rappel en parallèle, avec un grimpeur sur chaque brin ? Tant qu'il y a un grimpeur sur chaque brin, les frottements empêchent la corde de coulisser. Mais quand le plus rapide arrive au relais et libère son brin, l'autre continue, d'abord lentement, puis en chute libre jusqu'au pied de la paroi.

Cette méthode a été testée avec succès il y a quelques années. Elle a l'avantage de la roulette russe et du duel : le plus rapide gagne le droit de continuer à grimper, l'autre a droit à un ticket gratuit pour l'au-delà.

Suite p. 255.

Chapitre X. L'ESCALÈS

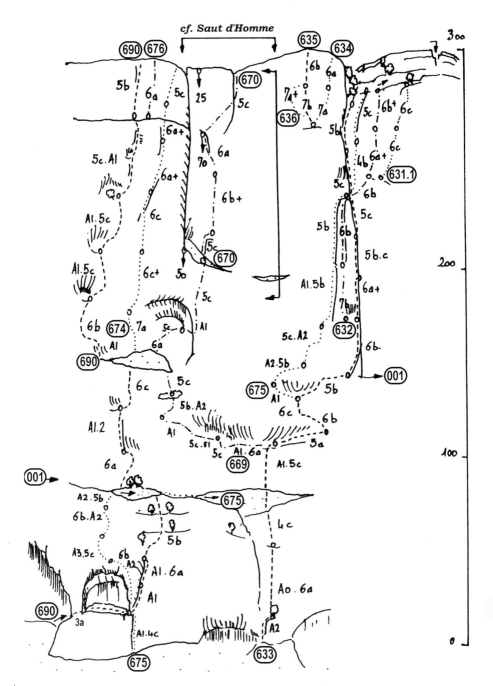

X-23 : secteur VIRILIMITÉ

X-23 VIRILIMITÉ acc.: p. 120, 148, 154 ; 8-14

690 – ARMOIRAPRODS* (J. Keller, D. & B. Gorgeon, J. Nosley, J.-P. Coullet, 1979) 6b.A2, TD+, 300 m, 8 h, 792, S.M. ; (4, ⌀8 mm).

676 – FAUT VIDANGER LES BIGORNEAUX* (M. Suhubiette, 1987) 6a, 30 m, (1987).

675 – AGACELARD (C. & Y. Rémy, 1984) 6b.A2, ED–, 300 m, 13 h, 792, S.M. ; (62).

674 – LUTTE CONTRE LA FIN** (C. & Y. Rémy, 1985) 7a, ED–, 130 m, 672 ; (1985) ; .

670 – MINETS GOMINÉS (L8-L11) : voir X-22, p. 163.

669 – MINETS GOMINÉS (partie inférieure)* (M. Fauquet, M. Guiot, 1980) A1.6a, ED–, 200 m, 6 h, 792, S.M. ; (30) ; (30).

636 – MISS TOURBILLON (J.-M. Troussier, 1983) 7a+, ED–, 40 m, 634 ; ; .

635 – LE CRABE AUX PINCES D'OR* (S. Troussier, 1983) 7b, ED, 40 m, 634 ; ; (1983).

634 – TINTIN AU PAYS DES MAUVIETTES** (P. Maclé, 1982) 7a, TD+, 40 m, ; ; (1982).

633 – VIRILIMITÉ** (B. Gorgeon, P. Gras, J. Keller, J. Nosley, 1976) 6c & A2 (6b), TD+, 260 m, 5 h, 792, S.M. ; ; (1976) ; +(8).

632 – ZIZAGUTTI** (B. Gorgeon, 1988) 7b(6b+), TD+, ; ; (1988) ; 15.

631.1 – JOUR D'ÉTÉ** (F. Magaud, 1991) 6c, ; ; (1991).

001 – LES CATARACTES : voir X-57, p. 241.

Chapitre X. L'ESCALÈS

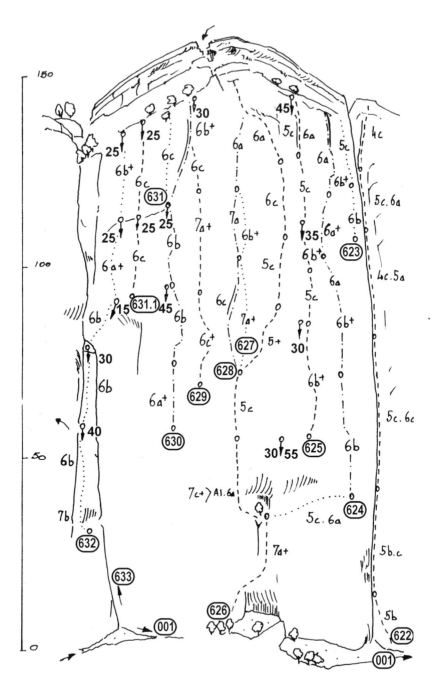

X-24 : secteur FENRIR

X-24 FENRIR acc.: p. 120 ; 🔆 8-14

- **633** – VIRILIMITÉ : voir X-23, p. 165, p. 165.
- **632** – **ZIZAGUTTI**** *(B. Gorgeon, 1988)* 7b(6b+), TD+, ; (1988) ; 15. Voir aussi X-23, p. 165.
- **631.1** – **JOUR D'ÉTÉ**** *(F. Magaud, 1991)* 6c, ; ⚠ (1991). Voir aussi X-23, p. 165.
- **631** – **LE RÊVER C'EST BIEN, LE FER C'EST MIEUX*** *(C. & F. Kern, 1983)* 6c, 30 m, **630** ; .
- **630** – **RÊVE DE FER***** *(P. Maclé, 1982)* 6b+ (photo p. 121), TD+, 100 m, ; ; (1987).
- **629** – **ALERTE AU GAZ**** *(J.-M. Troussier, 1983)* 7a+(6c+), ED–, 100 m, 3 h 30, ; ⚠ .
- **628** – **L'ANGE EN DÉCOMPOSITION***** *(P. Maclé, 1982/1987)* 7a(6c) (photo p. 121), ED–, 100 m, 3 h 30, ; ; (1987).
- **627** – **TRONCHE À NŒUDS*** *(D. Canivenq, 1984)* 7a+(6c+), ED–, 100 m, 3 h 30, **626** ; ⚠ (1984).
- **626** – **FENRIR**** *(G. Modica, D. Brunel, B. Saint-Maurice, 1978)* 7c+(6c.A0) (photo p. 121), ED+, 160 m, 3 h 30, ; ; (1992).
- **625** – **RIVIÈRE D'ARGENT**** *(M. Suhubiette, 1987)* 6b+(6b), TD+, 100 m, 3 h 30, ; (1987).
- **624** – **BARBAPOUPON**** *(M. & N. Broche, B. & D. Gorgeon, J. Keller, J. Nosley, 1979/1987)* 6b+ (photo p. 121), TD+, 130 m, ; (1987).
- **623** – **PAIN ET CHOCOLAT*** *(G. Merlin, 1984)* 6b (photo p. 121), TD, 70 m, ; (1984).
- **622** – **TOUJOURJAMÉ** *(B. Gorgeon, J. Nosley, 1976)* 6a, TD, 180 m, 4 h, ; ; ? .
- **001** – LES CATARACTES : voir X-57, p. 241.

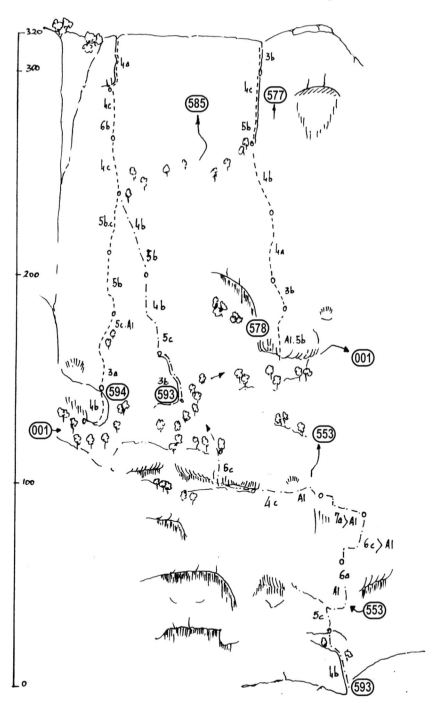

X-25 : secteur MUAB

X-25 MUAB acc.: p. 120 ; ⚠️ ☀️ 8-14

594 – PITONCANTHROPE *(C. Guyomar, P. Bestagno, 1979)* 6b & A1, TD, 150 m, 4 h, ⌐622 ; 🪧 ; ⚠️ ; 🔺.

593 – MUAB.DIB *(B. Domenech, J. Fabre, F. Guillot, 1977)* 6b & A1, TD+, 320 m, 6 h, ⌐506, S.M. ; 🪧📖 ; ⚠️🔺 ; 🔔🔑.

578 – LA RATICIDE *(J. Fabre, F. Guillot, C. Guyomar, 1977)* 5b.A1, TD, 100 m, ↓ ; 🪧 ; 🔺.

001 – LES CATARACTES : voir X-57, p. 241.

Autres voies voir p. 170, 173.

UNE SOIRÉE INOUBLIABLE

C'était en 1996. Je remonte les derniers mètres de la petite arête de *Rêve de fer* et — Ô surprise ! — un képi ! Puis un autre ! Ce brave gendarme « pètelefeu » qu'on n'avait pas vu depuis longtemps a décidé de fouiller nos sacs et de nous (nous, c'est Pete Harrop, Yann Clavé, Jacques Nosley, Jean-Marc Blanche et moi-même) boucler comme terroristes de grande envergure ayant détruit un « itinéraire préfectoral de secours », selon le lieutenant-colonel des pompiers. Tout le monde au poste !

On se doutait de quelquechose depuis qu'on avait trouvé notre corde fixe détachée et jetée avec des nœuds dans des arbres.

En fait il s'agissait seulement de la *traversée des Cataractes* équipée avec des cordes fixes, pour y charrier — moyennant finances — des clients, ceci sans aucune concertation et au mépris du respect des grimpeurs amateurs de terrain d'aventure. On a nettoyé... on a respecté le rocher, le site, et on a bien rigolé....

Doit-on faire des soi-disants itinéraires de secours au milieu des Grandes Jorasses ou du Capitan ? ça me paraît indispensable !

Les gendarmes, le Préfet, le procureur de la République comprendront bien la situation et aucune suite ne sera donnée.

Bernard Gorgeon

Chapitre X. L'ESCALÈS

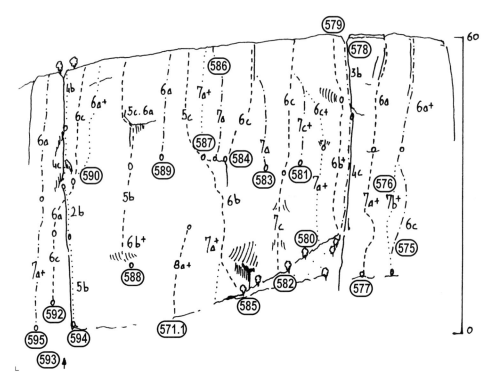

X-26   TROISIÈME CIEL   acc.: p. 120 ; 8-14

595 – DÉSIR DU MATIN* (F. Pevsner, 1984) L1:7a+, L2:6a, 60 m, ⌶ ; (1984).

592 – SALUT LES COPINES* (M. Suhubiette, 1985/1987) 6c, 60 m, ⌶ ; (1985).

  594 – PITONCANTHROPE : voir X-25, p. 169
  593 – MUAB.DIB : voir X-25, p. 169

590 – LA VACHE QUI TACHE** (S. Jaulin, 1986) 6a+, 25 m, ⌶ ; (1986).

588 – PERCÉIDES* (C. & F. Kern) 6b, 60 m, ⌶ ; (1987).

589 – POPA SAID (M. Suhubiette) 6a, 30 m .

571.1 – ? (?) 8a+, 30 m .

587 – **L'ÂNE ROUGE*** *(J.-M. Troussier, 1983)* 7a+, 40 m, ↑585 ; 📖 ; ▫(1983).

586 – **L'INCAL**** *(P. Bestagno, 1983)* 7a, 40 m, ↑585 ; ▫(1983).

585 – **TROISIÈME CIEL***** *(J. Perrier, 1979)* 7a+ (photo p. 121), 50 m, ↑ ; ▫(1987).

584 – **LE GRAND NEZ QUI BOITE*** *(J.-F. Lignan, 1982)* 6c, 40 m, ↑ ; ▫(1982) ; 🎯.

583 – **L'HEURE DES MAMANS*** *(E. Escoffier, 1984)* 7a, 40 m, ↑ ; ▫(1984).

582 – **POLPOT**** *(P. Edlinger, 1983)* 7c (photo p. 121), 50 m, ↑580 ; ▫(1983).

581 – **LA DESCENTE AU BARBU*** *(H. Laillé, 1983)* 7c+, 30 m, ↑580 ; ▫(1992).

580 – **L'ŒIL DU TIGRE*** *(P. Bestagno, 1983)* 7a+, 50 m, ↑ ; ▫(1992).

579 – **CORBEAUTAGE*** *(S. Troussier, 1983)* 6c+, 50 m, ↑ ; ▫(1994). Ancien nom **TAQUET COINCEUR** ; voie ouverte sur coinceurs puis équipée et rebaptisée.

578 – LA RATICIDE : voir X-25, p. 169

577 – **DOUK DOUK***** *(P. Edlinger, 1982)* 7a (photo p. 121), 50 m, ↑ ; ⚠ ▫(1988).

576 – **TICKET POUR UN TAQUET*** *(S. Troussier, 1984)* 7b+, 30 m, ↑575 ; ⚠ ▫(1992).

575 – **L'OISEAU DE FEU**** *(J.-M. Troussier, 1982)* 6c, 50 m, ↑ ; ⚠ ▫.

Chapitre X. L'ESCALÈS

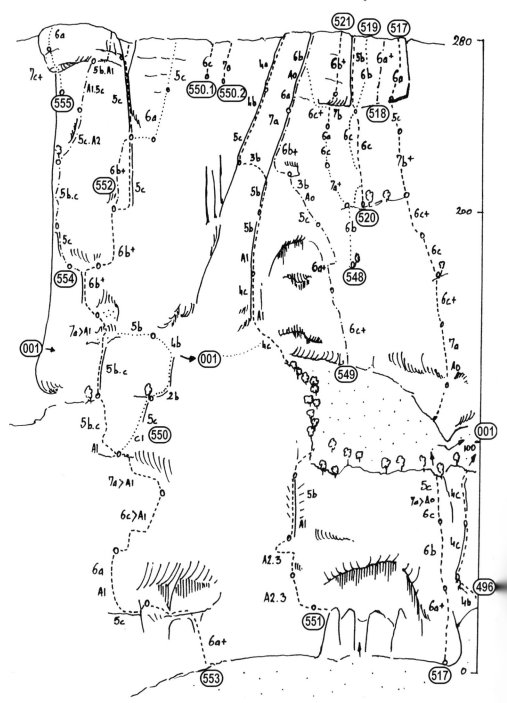

X-27 : secteur NAZIAQUE

X-27 NAZIAQUE

acc.: p. 120, 178, 182 ; 🛇 7–13

555 – FLASH** *(P. Faudou, 1990)* 7c+, 40 m, ; (1990).

554 – TOPO HALLUCINOGÈNE* *(B. Gorgeon, J. Keller, 1978)* 5c.A2 (photo p. 121), TD+, 120 m, ⌊553 ; ; (30) .

552 – HAPQT** *(B. Gorgeon, J. Keller, 1978/1987)* 6b+, TD+, 50 m, ⟹ 553 ; (1987).

553 – NAZIAQUE** *(B. Gorgeon, J. Keller, J. Nosley, P. Gras, 1977)* 7a & A1(6b) (photo p. 121), ED, 250 m, 7 h, ⌊506 , S.M. ; ; (1989) ; .

550 – ANGKOR VAT *(B. Lemouel, F. Daymard, R. Fenlon, 1986)* 5c.C1, ED–, 160 m, ⟹553 ; (20).

550.1 – ? *(?, 1990)* 6c, 15 m, ; (1990).

550.2 – NO SELF CONTROL* *(?, 1992)* 7a, 20 m, ; (1992).

551 – LA GRAVATATION *(C. Guyomar, S. Troussier, 1977)* 5c.A2 (photo p. 177), ED, 250 m, 15 h, ⌊506 , S.M. ; (65) .

521 – GAZ MAX AU VERDON** *(M. Suhubiette, 1986)* 7b(7a), ED, 60 m, ; (1986).

549 – LES CLOPORTES PHOSPHORESCENTS*** *(H. Guigliarelli, K. Maze, 1995)* 7a(6c), 170 m, ⌊506 ; (1995) ; .

548 – L'EFFET PAPILLON** *(H. Guigliarelli, 1997)* 7a+(7a), 130 m, ; (1997).

520 – KABOUBE** *(B. Gorgeon, D. Gorgeon, 1979)* 6c(6b) (photo p. 177), TD, 80 m, ⌊508 ; (1979) ; .

519 – LOVE ME** *(M. Suhubiette, 1986)* 6c(6b), TD+, 80 m, ; (1986) ; 15 =50 m.

Chapitre X. L'ESCALÈS

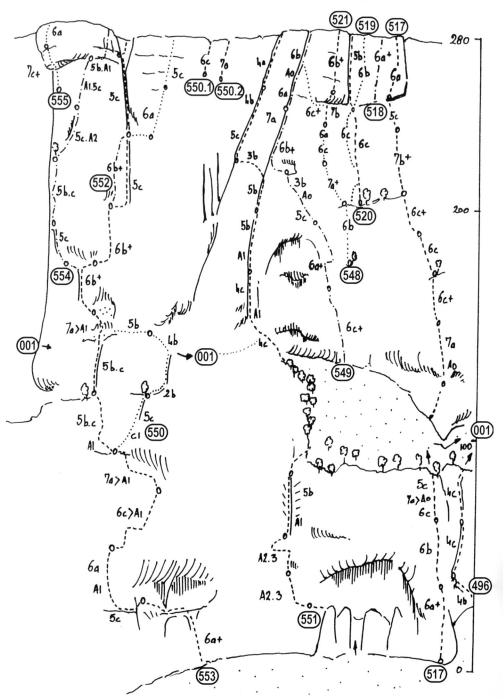

X-27 : secteur NAZIAQUE

518 – SIX FOIS ZETTE** : voir X-28, p. 179.
517 – **KARIN'S LINE***** *(H. Guigliarelli, K. Maze, 1986)* 7b+(7a), 240 m, 506 ; (1986) ; =50 m.
496 – **MARCELIN L1-L3** *(M. Dassonville, B. Bouscasse, M. Tanner, 1972)* A4 & 6b+, ED–, 270 m, 10 h ; ; ; . Voir aussi X-28, p. 179.
001 – LES CATARACTES : voir X-57, p. 241.

Le verdon des années 70 :
TRANCHE DE VIE

« Le Verdon du grimpeur – Haute école d'escalade dans les Alpes de Provence » était le titre d'un article paru dans *La montagne et alpinisme* début 1975, rédigé par B. Domenech, J. Fabre et A. Lucchesi.

C'est dans cette revue que j'ai découvert le Verdon il y a 25 ans, dans 6 pages agrémentées de photos noir et blanc représentant un certain Droyer ouvrant un certain Triomphe d'Éros, d'une nomenclature des itinéraires parcourus fin 74 (sic), le tout enrobé de commentaires techniques et historiques.

Voilà le décor est planté il ne reste plus qu'à consommer. Et on a consommé ! Pendant ces dernières années, on peut dire que ce pôvre Verdon a été pressé comme un citron. Tout raconter tiendrait sûrement dans plusieurs volumes. En vrac, voici les principales grandes époques qui se sont enchaînées sous le soleil provençal, ainsi que quelques noms, événements et faits divers marquants.

Il y a eu les années Gorgeon *and Co.* : Nes, Pepsi, Steph, Pschitt, Guyomar... On dormait dans les granges ou la maison du boulanger. Dans la foulée débarquent les Edlinger, Berhault et toute une nouvelle génération de forts grimpeurs (bandeau et magnésie dans les cheveux). Deux frères suisses passent par là et s'incrustent. On découvre les canyons et des enchaînements furieux sont réalisés dans des temps records, des solos fous également. Ça ouvre.

Marc GUIOT

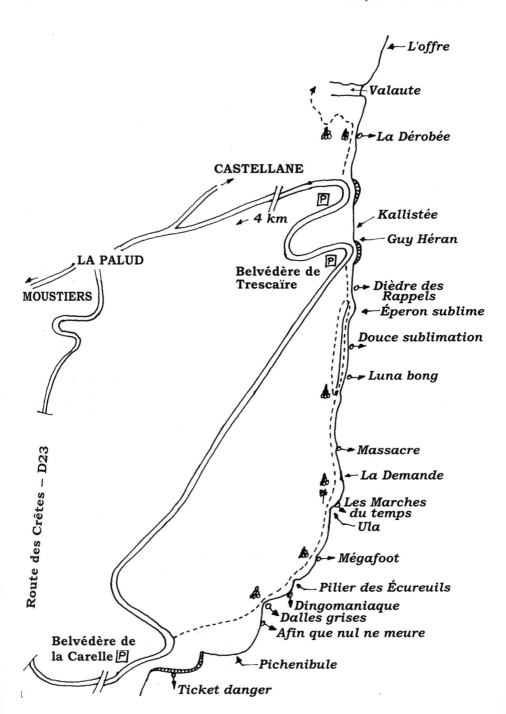

Figure 9: Vue d'ensemble et accès de l'Escalès, de la Carelle à l'Offre

L'ESCALÈS

Figure 10: Escalès centre

Chapitre X. L'ESCALÈS

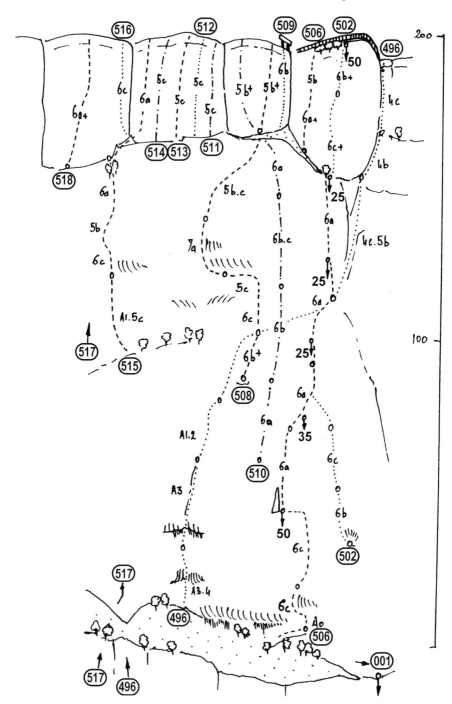

X-28 : secteur SIX FOIS ZETTE

X-28 SIX FOIS ZETTE

acc.: p. 120, 176, 182 ; 🧗 △ ☀8–14

518 – **SIX FOIS ZETTE**** *(B. Gorgeon, 1979/1985)* 6a+, 50 m, ↓ ;
 ▫ (1985) ; ◁|▷ =50 m.

517 – KARIN'S LINE*** : voir X-27, p. 173.

516 – **LES BIDOCHON EN VACANCES*** *(?, 1988)* 6c, 50 m ;
 ▫ (1988) ; ◁|▷ =50 m.

515 – **ESCALEBITTE DURE*** *(M. Suhubiette, 1986)* 6c(6b), TD+, 70 m,
 ↓ ; ▫ (1986).

514 – **ROP'NROLL*** *(M. Suhubiette, 1986)* 5c, 25 m, ↓ ; ▫ (1986).

513 – **TIRE-FLEMME*** *(M. Suhubiette, 1986)* 5c, 25 m, ↓ ; ▫ (1986).

512 – **ON RASE BIEN LES POIREAUX*** *(M. Suhubiette, 1986)* 5c, 25 m,
 ↓ ; ▫ (1986).

511 – **FINI AU PIPI*** *(M. Suhubiette, 1986)* 5c, 25 m, ↓ ; ▫ (1986).

496 – **MARCELIN L4-L11** *(M. Dassonville, B. Bouscasse, M. Tanner, 1972)*
 A4 & 6b+, ED–, 270 m, 10 h ; 🗻 ; ❓ △ ; .

508 – **DELIRIUM TRÈS MINCE*** *(J.-F. Hagenmuller, S. Koenig, 1980)*
 L1:6b+, L2:7a(6c), L3:5b+, L4:5c (photo p. 177), ED, 120 m, 4 h, ↓ ; △ ;
 ①.

510 – **SÉRIEUX S'ABSTENIR**** *(M. Suhubiette, 1986)* 6b+, TD, 130 m ,
 ↓ ; ▫ (1986).

509 – **?*** *(?)* 6b.

506 – **TICKET DANGER***** *(M. Suhubiette, 1985)* L1–L2:A0 & 6c, L3–
 L7:6a+, TD+, 200 m, 6 h, ↓ ; 🌿 ▯ ; 𝟾 (1992).

502 – **LA BARAKA**** *(M. Suhubiette, 1987)* 6c+, TD+, 150 m, ↓ ;
 ▫ (1987/1990).

001 – LES CATARACTES : voir X-57, p. 241.

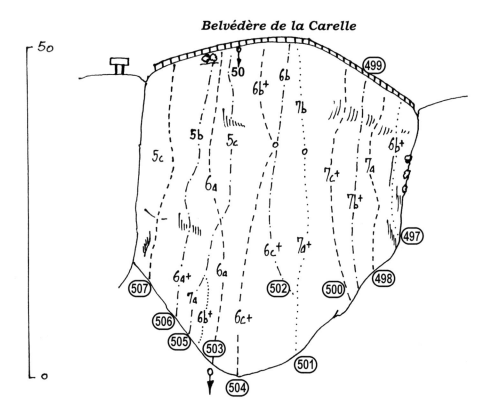

Belvédère de la Carelle

X-29 CARELLE   acc.: p. 176 ; 8–14

- 507 – **CLIC-CLAC*** *(M. Suhubiette, 1986)* 5c, 35 m, ; (1986).
- 506 – **TICKET DANGER (L7)*** *(M. Suhubiette, 1985)* 6a+, 40 m, ; ; (1992).
- 505 – **POLPETT*** *(des italiens, 1985)* 7a, 45 m, ; (1992).
- 504 – **CERCOPITHÈQUE** *(M. Suhubiette, 1986)* 6c+, 45 m, ; (1986).
- 503 – **ÉCLOPANTE (L11)*** *(J. Perrier, C. Rudolf, P. Martinez, 1978)* 6a, 50 m, 506 ; .
- 502 – **LA BARAKA (L6)*** *(M. Suhubiette, 1987)* 6c+, 45 m, ; (1987).
- 501 – **SCOUMOUNE*** *(B. Potié, H. Laillé, 1984)* 7b, 55 m, ; (1984).
- 500 – **PAPY ON SIGHT*** *(P. Edlinger, 1983)* 7c+ (photo p. 177), 50 m, ; (1983).

499 – **?** *(?)* 7b+, 30 m ; 🔺
498 – **JE SUIS UNE LÉGENDE*** *(D. Chambre, J.-B. Tribout, 1984)* 7a, 30 m, |ₖ ; |o| (1984).
497 – **STARTER*** *(M. Suhubiette, 1986)* 6b+, 30 m, |ₖ ; |o| (1986).

SOLO
ou :
La corde, ça sert — aussi — à ça...

Comme d'habitude il faisait beau. Nous étions au premier relais après la Terrasse. Celui où le gaz vous envahit l'esprit pour vous accompagner ensuite sans relâche jusqu'aux buis sommitaux. L'air avait cette vibration si particulière des matins de printemps au fond des gorges. Après quelques tergiversations durant le rituel café-croissants à Lou Cafetié, nous avions opté pour le parcours classique, mais à l'esthétique incomparable, de Pichenibule.

Perdu dans la contemplaton du scintillement du Verdon vers la Mescla, j'assurais nonchalamment mon premier. C'est alors que je le vis arriver. Il était quelques dizaines de mètres au dessous de nous en train de négocier la traversée qui fait le charme de cette longueur, celle où l'on quitte le port rassurant de la Terrasse pour plonger au cœur des grandes vagues calcaires de l'Escalès.

Il semblait grimper bien, sans à-coups ni hésitation. Nous pensions déjà à réorganiser le relais pour lui faire une place. Du coin de l'œil, je le vis subitement se détacher de la paroi. Une chute, ici ? Cela m'étonna car il n'y a pas à proprement parler de pas dur à ce niveau de la voie, surtout pour un bon grimpeur. Mais ce qui m'étonna plus encore, ce fut la façon dont son second manifestement « aux fraises », semblait l'assurer. Car pour une chute c'était une sacrée chute ! Une de celles qui laissent des souvenirs, et d'autant plus quand elles suniennent dans un endroit aussi gazeux !

Puis abruptement, en comprenant qu'il n'avait pas de second et que je le voyais s'arracher définitivement du monde des hommes, je compris la raison de son cri d'effroi et de solitude à faire pâlir toutes les scènes d'horreur du cinéma fantastique depuis son invention...

Je ne l'ai « connu » que ces quelques instants... Il était belge, il grimpait bien... Mais seul.

Gilles CHAPPAZ

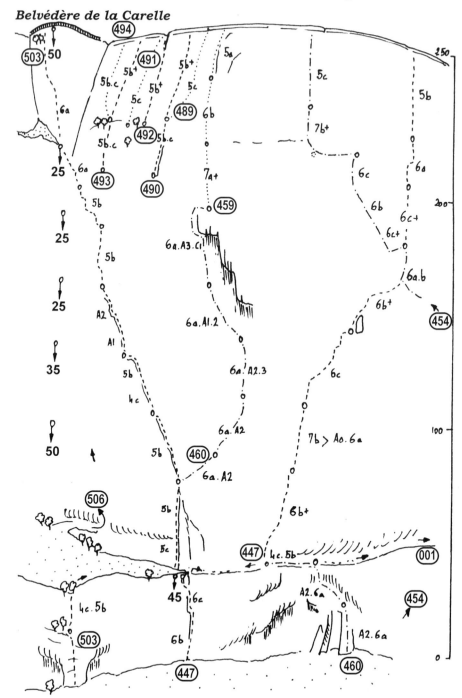

X-30 : secteur MAMI

X-30 MAMI acc.: p. 176 ; 9-16

506 – TICKET DANGER*** : voir X-28, p. 179.

503 – ÉCLOPANTE *(J. Perrier, C. Rudolf, P. Martinez, 1978)* A2 & 6a, ED, 250 m, 10 h, 506 , S.M. ;

494 – MAMI NOVA** *(E. Albertini, B. Potié, 1984)* 5b+, 25 m, (1991).

493 – FACE AU PUBLIC** *(M. Suhubiette, 1985)* 5b+, 50 m, (1991).

492 – TARPET FARCEUR** *(E. Albertini, B. Potié, 1984)* 5b+, 25 m, (1984).

491 – OPÉRA VERTICOUENNE** *(E. Albertini, B. Potié, 1984)* 5c, 25 m, ; (1991).

490 – À MOI LES VIVANTS** *(M. Suhubiette, 1985)* L1:7b+(6c), L2-3:5c, ED–, 90 m , ; ; (1985).

489 – TARSINGE L'HOMME ZAN** *(J.-L. Fenouil, C. Terrier, 1984)* 5c, 25 m, ; (1991).

459 – GAFFE DANS LE DOS** *(C. Ferrera, 1982)* L1:7a+, L2:6b, L3:5a, TD+, 90 m, ; ; (1982) .

460 – MICROSPORUM CANIS** *(M. Zucchini, N. Saunia, B. Duterte, 1995)* 6a.A3, 250 m, 18 h, 506 ; ; (⌀8 mm) =50 m.

454 – PICHENIBULE (L8-L12)*** *(A. Bultel, P. Grenier, S. Troussier, J. Perrier)* 7b+(6c) (photo p. 177), 100 m, 447 ; ; (1992) =50 m ; 15 . Voir aussi X-31, p. 184.

447 – LES RIDEAUX DE GWENDAL*** *(J. Perrier, J.-P. Moron, B. Raynaud, C. Rudolf, 1983/1986)* 7b(7a) (photo p. 177), ED, 250 m, 7 h, 506 , S.M. ; ; (1986) . Voir aussi X-31, p. 184.

001 – LES CATARACTES : voir X-57, p. 241.

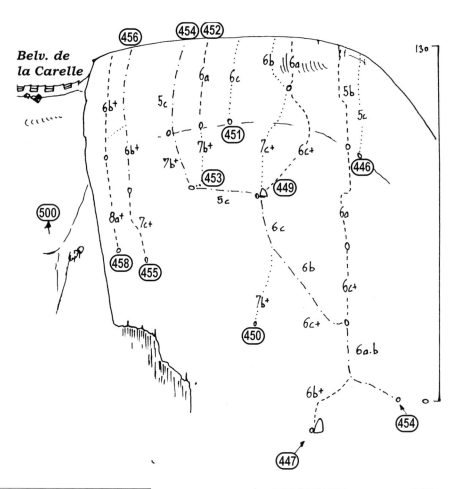

| X-31　CTULUH | acc.: p. 176 ; | 8–14 |

458 – **WALL OF WOODOO**** *(P. Plantier, 1986)* 8a+, 60 m, (1986).

456 – **BISCOTTE MARGARINE***** *(J.-B. Tribout, 1984)* 6b+ (photo p. 177), 40 m , ; ; (1984).

455 – **ABNÉGATION*** *(P. Plantier, 1987)* 7c+, 40 m, **456** ; (1987).

454 – **PICHENIBULE (L8-L12)***** *(A. Bultel, P. Grenier, S. Troussier, J. Perrier)* 7b+(6c) (photo p. 177), 100 m, **447** ; (1992) =50 m ; 15 .

453 – **HAUTE TENSION*** (J.-B. Tribout, 1984) 7b+, 40 m, ↓**451** ; ◻ (1984).

452 – **WIDE IS LOVE*** (B. Potié, 1984) 6a, 20 m, ↓ ; ▦ (1992).

451 – **SALTA MINCHIA ! C'È UNA STELLA CHE CADE**** (R. Hossan, Fior, 1986) 6c, 55 m, ↓ ; ◻ (1986).

450 – **LE GENOU DE CLAIRE** (H. Laillé, 1984) 7c+, ED, 90 m, ↓ ; ⚠ (1984).

449 – **CTULUH*** (J. Perrier, 1982) 6c+(6c), ED, 50 m, ↓ ; ◻ (1991) ⚠.

447 – **LES RIDEAUX DE GWENDAL (L6-L9)*** (J. Perrier, J.-P. Moron, B. Raynaud, C. Rudolf, 1983) L8:6c+, L9:6a, L10:5b, TD−, 90 m, ↓ ; ◻ (1986).

446 – **BÊTE À SEXE** (M. Suhubiette, 1986) 5c, 45 m, ↓ ; ◻ (1986) ; 12 ⚲.

« *Adolescence au Verdon* », suite de la p. 131

réaliser la seconde ascension de la Baume, à la grotte de l'Hermite. Nous lui expliquons par le menu les pitons et petits coinceurs utiles à cette réalisation, mais rapidement nous comprenons que c'est en libre qu'il envisage cette ascension. Nous lui affirmons sans hésitation que c'est impossible. La suite nous prouva que non : cet inconnu au gros biceps n'était autre que Patrick Berhault !

Ce fut ensuite les frères Rémy aux expéditions punitives redoutables : 5 jours, 5 voies nouvelles, souvent dans de nouveaux secteurs, parfois entièrement équipés sur lunules !

Il y eut d'autres rencontres moins agréables comme celle avec Bruno Fara. Rencontre que j'immortalisais en ouvrant *Baiser sanglant* (il faut dire que j'avais délesté l'une de ses voies « d'escalade artificielle » de ses 300 plaquettes, en signe de protestation quant à son mode d'ouverture, tout au tamponnoir).

Vous l'aurez compris, mon adolescence fut marquée par ces figures de l'escalade moderne.

Je passais dans ces gorges la plupart de mon temps libre et pus gravir la presque totalité des voies.

Suite p. 353

Chapitre X. L'ESCALÈS

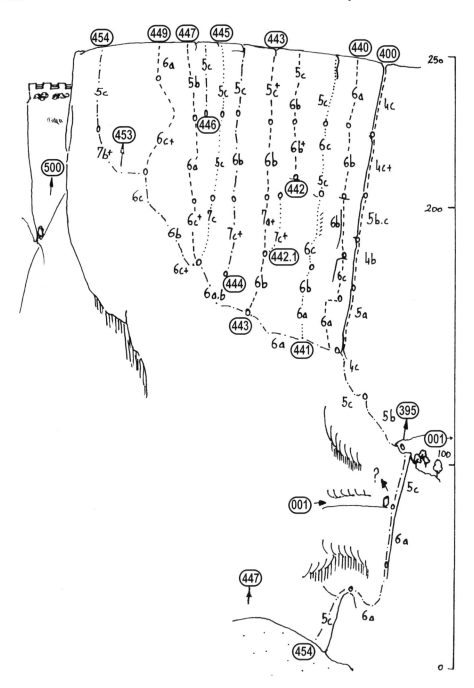

X-32 : secteur PICHENIBULE

X-32 PICHENIBULE

acc.: p. 176, 190, 192 ; 8–14

- **500** – PAPY ON SIGHT : voir X-29, p. 180.
- **453** – HAUTE TENSION : voir X-31, p. 184.
- **449** – CTULUH : voir X-31, p. 184.
- **447** – **LES RIDEAUX DE GWENDAL (L7-L9)***** *(J. Perrier, J.-P. Moron, B. Raynaud, C. Rudolf, 1983)* 6c+, ED, 250 m, 7 h, 395+375, S.M. ; (1986). Voir aussi X-31, p. 184.
- **446** – BÊTE À SEXE : voir X-31, p. 184.
- **445** – **LES GRIMPEURS SE CACHENT POUR VOMIR**** *(P. Bestagno, 1986)* L1:7c, L2:5c, L3:5c, ; (1986) ; =50 m.
- **444** – **APPELEZ-MOI « GUIDOS »**** *(M. Suhubiette, 1986)* L1:7c+(7c), L2:5c, L3:5c, ED, 110 m, ; (1986) ; 12.
- **443** – **PRISES UNIQUES***** *(M. Suhubiette, 1986)* L1:6b, L2:7a+(7a), L3:5c+, L4:5c+ (photo p. 177), ED–, 120 m, ; (1986).
- **442.1** – **?** *(D. Page, 1991)* 7c+, 30 m, ; (1991).
- **442** – **SOLIDE AU BIDET**** *(M. Suhubiette, 1987)* 6b+(6b), TD+, 60 m, ; (1987).
- **454** – **PICHENIBULE (L5–L11)***** *(A. Bultel, J. Ginat, P. Grenier, S. Troussier, J. Perrier, J.-P. Moron, P. Martinez, 1977)* 7b+(6c), ED, 150 m, 4 h, 395 ; (1992) ;
- **454** – **PICHENIBULE (L1–L4)**** *(A. Bultel, J. Ginat, P. Grenier, S. Troussier, J. Perrier, J.-P. Moron, P. Martinez, 1977)* 6b, ED, 100 m, 395+375, S.M. ; ; (2000) ; .
- **441** – **AGORGEAMOCLÈS**** *(J.-F. Hagenmuller, A. Long, 1979)* L1–L3:6c, L4:5c, ED–, 130 m, 3 h 30, 395 ; ; (1979) ; .
- **440** – **TROUS SECS***** *(M. Suhubiette, 1985)* 6c (photo p. 177), TD+, 110 m, ; (1985), 12.
- **400** – **TRIROUTE** *(B. Gorgeon, F. Guillot, 1977)* 5b+, TD, 130 m, 395 ; ; .

- **001** – LES CATARACTES : voir X-57, p. 241.
- **395** – LES DALLES GRISES : voir X-33, p. 189

Chapitre X. L'ESCALÈS

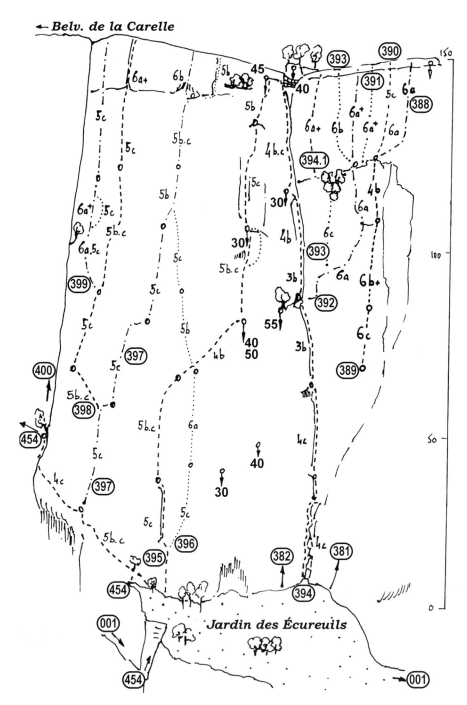

X-33 : secteur DALLES GRISES

X-33 DALLES GRISES

acc.: p. 176, 190 ; 🔺 📖 🌓   ☼ 8-14

454 – PICHENIBULE : voir X-32, p. 187
395 – LES DALLES GRISES : voir X-33, p. 189

399 – **36.15*** *(M. Suhubiette, 1987)* L1:6a+(6a) (var. 5c), L2:5c, TD, 80 m, ▌ ; ⎕(1987).

398 – **AFIN QUE NUL NE MEURE***** *(M. Suhubiette, 1985)* 6a+(5c) (photo p. 177), TD–, 150 m, ▌395 ; ⎕(1985).

397 – **EREBUS*** *(B. Gorgeon, J.-F. Gras, J.-F. Lignan, 1983)* 6b+, TD–, 150 m, ▌395 ; 🌀.

396 – **COCOLUCHE***** *(M. Suhubiette, 1987)* 6a(5c), TD, 150 m, ▌395 ; ⎕(1987) ; ⏾.

395 – **LES DALLES GRISES**** *(B. Bouscasse, M. Coquillat, 1970)* 5c(5b) (photo p. 177), D+, 150 m , ▌ ; ⎕(1990) ; ⏾ ◇.

394.1 – **?** *(?, 1990)* 6a+, 30 m, ▌ ; ⎕(1991).

382 – SUCEPÉ : voir X-34, p. 191

394 – **CHLOROCHOSE** *(M. & C. Guyomar, 1976)* 4c+, D+, 150 m, ▌395 ; 🔺 🔺 🌀.

381 – ATOUT CŒUR : voir X-34, p. 191

393 – **L'ARABE SOURIANT*** *(M. Fauquet, 1981)* 6c, 30 m, ▌ ; ▌ ; ⎕(1991).

392 – **L'ARABE DÉMENT***** *(R. Balestra, M. Fauquet, P. Guiraud, A. Jamin, 1979)* 6a+(5c) (photo p. 177), 60 m, ▌395 ; ▌ ; ⎕(1979).

391 – **L'ARABE EN DÉCOMPOSITION**** *(M. Fauquet, M. Guiot, 1982)* 6a+(5c), 60 m , ▌395 ; ▌ ; ⚠ ⎕(1982).

389 – **À L'EST DES BENS***** *(M. Suhubiette, 1986)* 6c(6b+), TD+, 90 m, ▌395 ; ⎕(1986).

390 – **CIRCONCISION***** *(M. Suhubiette, 1986)* 6a, 30 m, ▌ ; ⎕(1991).

388 – **BÉNÉNUTS**** *(B. Le Mouel, F. Daymard, 1981)* 6a, 30 m, ▌ ; ⎕(1991).

001 – LES CATARACTES : voir X-57, p. 241.

Chapitre X. L'ESCALÈS

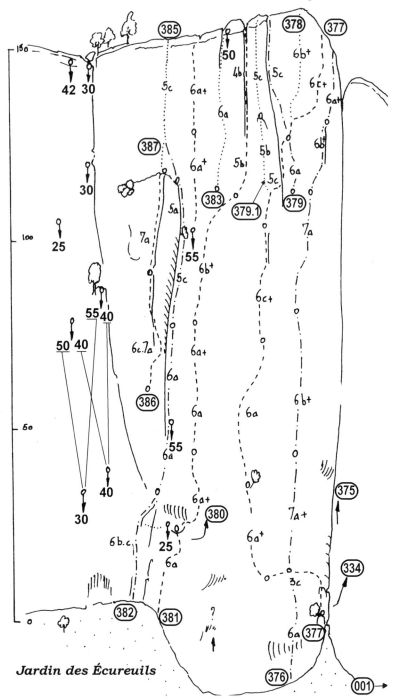

X-34 : secteur DINGO

X-34 DINGO acc.: p. 176 ;   ☀ 10-17

387 – BESTATÊTE* *(P. Bestagno, 1985)* 5c, 30 m, ; (1991).

386 – TOTEM** *(M. Suhubiette, 1987)* 7a(6c+), ED–, 70 m , ; (1990) ⚠.

382 – SUCEPÉ** *(B. Gorgeon, J. Keller, J. Nosley, 1976, UCPA, 1990, 1992)* 6b+, TD+, 145 m, |³⁹⁵ ; ; (1992)15 ⟨↕⟩ =50 m.

385 – CŒUR DE VERRE* *(J.-F. Hagenmuller, ?)* 6a+, 50 m, |³⁸² ; (1991).

 384 – TRIONGLE *(J. Perrier, G. Thomas, 1980)* 5c, TD+, 50 m, |³⁸² ; △ ⊘ . Ancienne voie abandonnée.

381 – À TOUT CŒUR* *(M. Suhubiette, 1985)* 6b+ (photo p. 177), TD+, 150 m, 4 h, |³⁹⁵ ; (1985-92).

 380 – SPITOPHAGE PERVERS *(C. Guyomar, G. Prioreschi, 1979)* 6b, TD, 150 m, 4 h, |³⁹⁵ ; △ (23) (L1: ≡À tout Cœur(L1)). Ancienne voie perdue.

383 – PASSION D'AMOUR** *(?, 1984)* 6a, 50 m, |³⁸² ; (1991)15 ⟨↕⟩ =50 m.

379.1 – L'ARABE OU GRIS** *(?, 1988)* 5b, 55 m, ; (1988).

379 – RAGTIME** *(M. Suhubiette, 1987)* L1:6a, L2:5c, D+, 60 m, ; (1987).

378 – BABYFOOT* *(?, 1989)* 6b+, 40 m, ; (1989).

377 – DINGOMANIAQUE** *(J.-P. Coullet, B. Gorgeon, J. Keller, J.-F. Gras, J. Nosley, 1978)* 6c+(6c), TD+, 150 m, 4 h, |³⁹⁵ ; (1987).

376 – DÉMON** *(M. Suhubiette, 1987)* 7a+(7a), ED, 150 m, 4 h, ; ; (1987).

 375 – LE PILIER DES ÉCUREUILS : voir X-35, p. 193.
 334 – TOUJOURPLUPRÈS : voir X-35, p. 193.
 001 – LES CATARACTES : voir X-57, p. 241.

Chapitre X. L'ESCALÈS

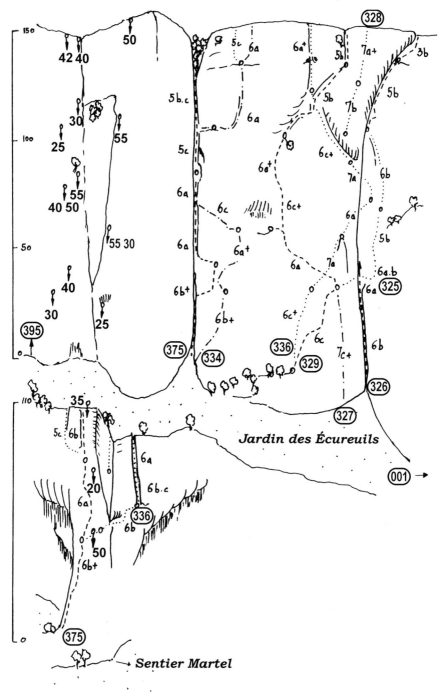

X-35 : secteur ÉCUREUILS

X-35 ÉCUREUILS acc.: p. 176 ; △ 🧗 🧗   ☼ 9–15

375 – LE PILIER DES ÉCUREUILS* *(J. Coqueugniot, F. Guillot, 1972)* 6b+(6a) (photo p. 177), TD+, 270 m, 5 h; , ⌊ 395+375 , S.M. ; 🔦 📖 🧗 ; |o| (1998) ; .

334 – TOUJOURPLUSPRÈS* *(P. Bestagno, B. Gorgeon, 1987)* 6c(6b) (photo p. 177), TD+, 150 m, ⌊ 395 ; |o| (1987) ⟨↓⟩ =50 m

329 – MANGOUSTINE SCATOPHAGE* *(M. Bonnon, B. Gorgeon, D. Gorgeon, J. Keller, J. Nosley, 1979)* 6c+(6c) (photo p. 177), ED–, 150 m, 4 h, ⌊ 395 ; |o| (1991) .

336 – PRISE DE CENT* *(C. & Y. Rémy, 1988)* 7a, ED, 240 m, 7 h, ⌊ 395+375 , S.M. ; |𝄞| ; |o| (1988) ; 🪁 .

328 – TENTATIVE D'ÉVASION *(J.-M. Troussier, 1983)* 7b, ED, 60 m, ⌊ ; |o| (1994) ⚠ .

327 – BLACK POT *(M. Suhubiette)* 7c+, 60 m, ⌊ 395 ; |o| (1988).

326 – LES BARJOTS : voir X-36, p. 195
325 – FOOTCROUTE : voir X-36, p. 195
001 – LES CATARACTES : voir X-57, p. 241.

Le Verdon des années 70 : « ULATROCE »

Septembre 74 (ça ne nous rajeunit pas !). Tout fraîchement sortis du stage d'aspi nous avions rêvé du Verdon pendant ces longues semaines à Chamouny dans le froid et l'humidité de ces maudites « glacières ». Nous voilà en route dans le petit matin et dans les tunnels du Martel, avec Jacques Fouque et Jacques Keller pour la « troisième » de Ula... J'apprendrai plus tard que c'était en fait la « quatrième ».

D'entrée ce n'est pas facile, et nous sommes lourds de tous ces gros *Hexcentrics* nouvellement ramenés du Yosemite. Enfin ça passe, lentement mais on progresse, pour mieux se faire décalquer par le soleil dans la fissure un peu plus haut... Et cette fissure toujours trop raide, toujours trop large, toujours trop râpeuse, on s'y épuise, on s'y écorche... on agonise pendant quatorze heures ! Le meilleur moment : le sommet... La route des crêtes n'existe pas, le Verdon est désert... On jette les chaussons et tout le matos sur place jusqu'au lendemain et on file pieds nus vers la Palud, un bon demi et un coup de stop vers la voiture, le resto...

Bernard GORGEON

Chapitre X. L'ESCALÈS

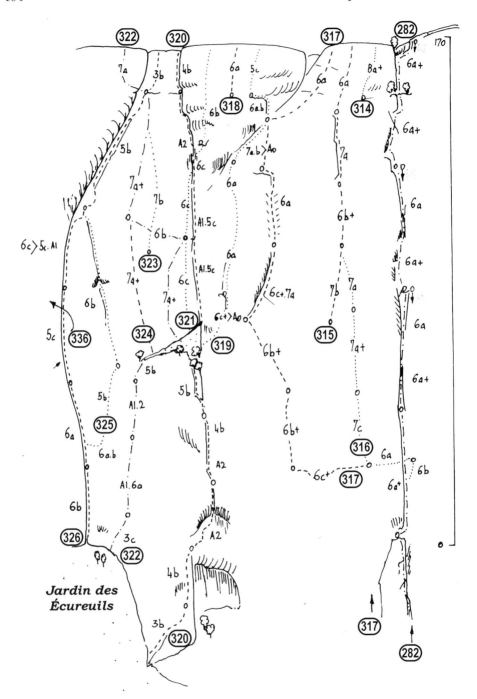

X-36 : secteur MÉGAFOOT

X-36 MÉGAFOOT

acc.: p. 176, 190, 192 ; 8-13

326 – LES BARJOTS** *(G. Abert, B. Gorgeon, J. Keller, P. Louis, S. Mendola, 1974)* 6c(6b & 5c.A1), ED–, 160 m, 4 h, $\lfloor_{\ast}^{395}$; 🎣 🧤 🪝 ; |●|(1974)L2 ⚠ ; 💧.

325 – FOOTCROUTE** *(B. Gorgeon, J.-F. Gras, J. Keller, 1980)* 6b (photo p. 177), TD+, 80 m, $\overset{326}{\Longrightarrow}$; |●|(1980) ; 🧤.

336 – PRISE DE CENT : voir X-35, p. 193

324 – MIROIRS ARDENTS *(C. Guyomar, B. Domenech, ?)* 7a+, ED–, 70 m, $\lfloor_{\ast}^{321}$; ⚠ ⚠ (1983).

323 – PIERRE DE LUNE* *(H. Guigliarelli, 1986)* 7b, ED–, 50 m , $\lfloor_{\ast}^{321}$; |●|(1986).

322 – MÉGAFOOT** *(C. & Y. Rémy, 1982)* L1–L3:A2, L4–L7:7a+(6c) (photo p. 177), ED–, 150 m , $\lfloor_{\ast}^{321}$; ❓ ; L1-L3 ⚠ ; L4-L7 |●|(1991) ; 💧.

321 – PIQUE ASSAUT*** *(C. & Y. Rémy, 1987)* 6c(6b), TD+, 120 m, $\lfloor_{\ast}^{321}$; 📖 ; |●|(1987) 🧤.

320 – DERNIÈRE SURPRISE *(D. Brunel, C. Guyomar, ?)* A2 & 5c, ED–, 200 m, 10 h, $\lfloor_{\ast}^{395}$; 🪝 ; ⚠(65)🗡(20)💧.

319 – COUP D'ÉTAT** *(C. & Y. Rémy, 1991)* 7a+(6b) (photo p. 177), TD+, 100 m, $\lfloor_{\ast}^{321}$; 🪝 🧗 → ; |●|(1984) ; 🧤.

318 – AUTANT EN SUPPORTE LE VIER *(?)* 6a, 10 m, $l_\ast$; |●|(1985).

317 – AU DELÀ DU DÉLIRE (L3–L9)*** *(M. Fauquet, M. Guiot, P. Guiraud, D. Mottin, 1981)* 7a(6c) (photo p. 177), ED–, 180 m, 5 h, $\lfloor_{\ast}^{395}$; 🪝 ; 🧤 |●|(1981-91) ; voir X-37.

315 – TRANXÈNE 5* *(P. Etienne, 1982)* 7b(7b), ED, 100 m, $l_\ast$; ⚠(1982).

316 – PALUARDE SECOUSSE *(M. Suhubiette, 1990)* 7c(7b), ABO–, 180 m, 5 h ; 🪝 ; |●|(1990).

282 – ULA (L7–L9)*** *(B. Bouscasse, M. Coquillat, 1972)* 6b(6a+), TD+, 150 m, $l_\ast$; 📖 🧤 ; |●|(1990) ; 💧.

314 – POSSÉDER LES CHROMOSOMES *(J.-M. Troussier, 1987)* 8a+, 30 m, $l_\ast$; ⚠ ⚠(1987).

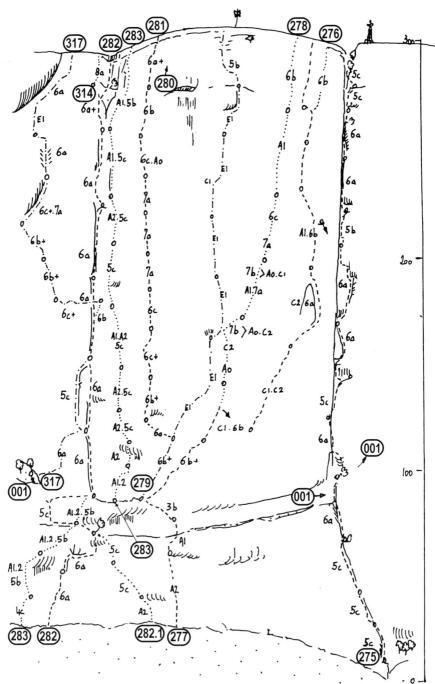

X-37 : secteur DEMANDE

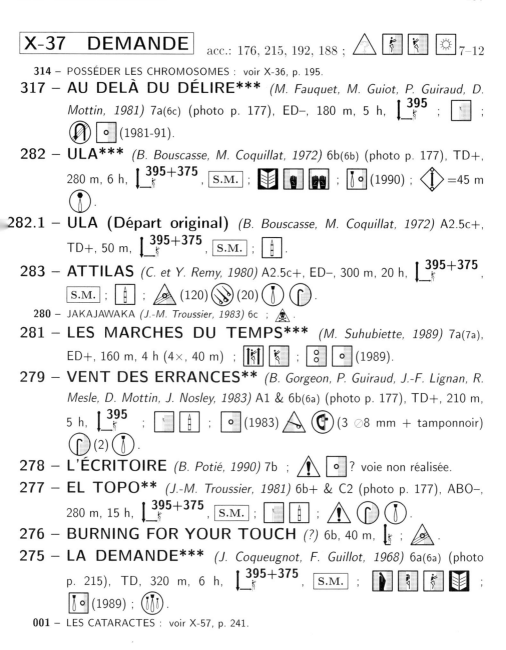

Chapitre X. L'ESCALÈS

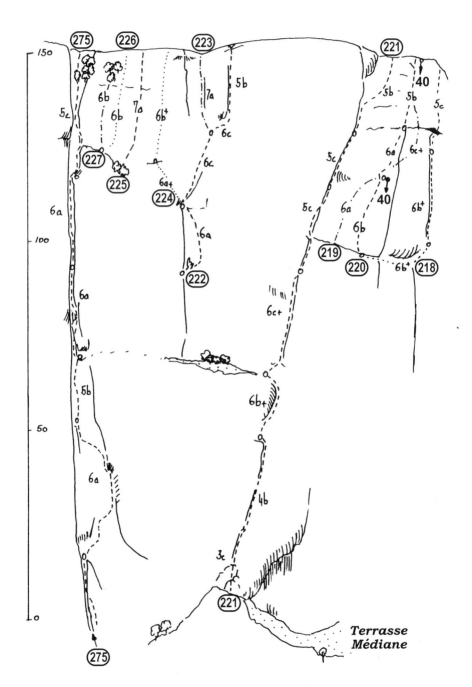

X-38 : secteur SOLANUTS

X-38 SOLANUTS   acc.: p. 176, 215 ; △ 🗝️ 🗝️   ☼ 7–12

275 – LA DEMANDE : voir X-37, p. 197.
227 – **BRIN DE SOLEIL**** *(?)* 6b, 30 m, ↟ ; ▫ (1985).
226 – **ABRAXAS**** *(Fèvre, P. Tardieu, 1982)* 6b, 30 m, ↟ ; △ (1982).
225 – **ANT'S KILL*** *(?, 1983)* 7a, 30 m, ↟ ; ▫ (1983).
224 – **TAMARA*** *(H. Talamasco, 1987)* 6b+, 30 m, ↟ ; ▫ (1987).
223 – **ANDROPOLIS**** *(D. Garnier, 1983)* 7a, 30 m, ↟²²² ; ▫ (1983).
222 – **NÉCROPOLIS**** *(M. Guiot, F. Raduit, 1982)* 6c (photo p. 215), TD, 80 m, ↟ ; ▫ (1982).
221 – **SOLANUTS**** *(B. Bouscasse, B. Gorgeon, J. Keller, 1976)* 6c+ (photo p. 215), ED–, 150 m, 4 h, ↟¹⁷⁰ ; 🗝️🗝️🗝️ ; ▫ (1979) ; 🛈.
220 – **MASSACRE À LA TRONÇONNEUSE***** *(R. Balestra, D. Chevalier, M. Guiot, 1982)* L1:6b(6b), L2:6a+, L3:5a (photo p. 215), TD+, 90 m, ↟ ; 🗝️ ; ▫ (1982).
219 – **LES BONBONS COLLENT AU SACHET*** *(un belge, 1986)* 6c+, ED–, 90 m, ↟²²⁰ ; ⚠ △ (1986).
218 – **BAISER SANGLANT**** *(M. Fauquet, A. Jamin, 1982)* 6c+(6b+) (photo p. 215), ED–, 100 m, ↟²²⁰ ; 🗝️🗝️ ; ▫ (1989) ⚠.

Attenti al fulmine !
In caso di temporale, andate via dall'orlo delle falesie : questi sono i traguardi più favoriti dal fulmine.

Beware of thunder !
In case of thunderstorm, keep off the edge of the crag: this is the preferred target of thunder !

Chapitre X. L'ESCALÈS

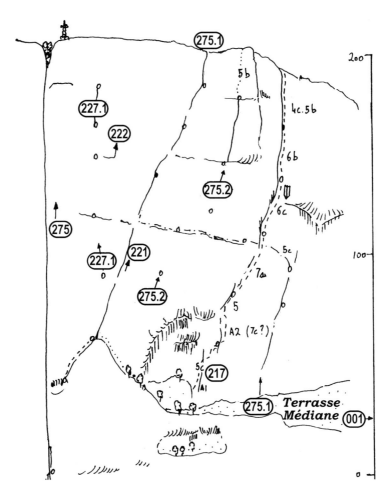

X-39 MISKATONIC acc.: p. 176, 214 ; 7–12

- **227.1** – — : voir p. 149.
- **275.2** – — : voir p. 149.
- **275** – LA DEMANDE : voir X-37, p. 197.
- **222** – NÉCROPOLIS : voir X-38, p. 199.
- **275.1** – — : voir p. 149.
- **221** – SOLANUTS : voir X-38, p. 199.
- **217** – **MISKATONIC**** *(J.-P. Coullet, J. Perrier, S. Troussier, 1978)*
  7c(7b), ED–, 150 m, 4 h, 170 ; ; ; =50 m, 12 (1993).
- **001** – LES CATARACTES : voir X-57, p. 241.

LE PERROQUET VERT

— RESTAURANT . CHAMBRES —

MAGASIN D'ESCALADE
VETEMENTS
CADEAUX

04120 LA PALUD SUR VERDON

TEL . 04 92 77 33 39   FAX . 04 92 77 31 57

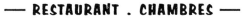

Chapitre X. L'ESCALÈS

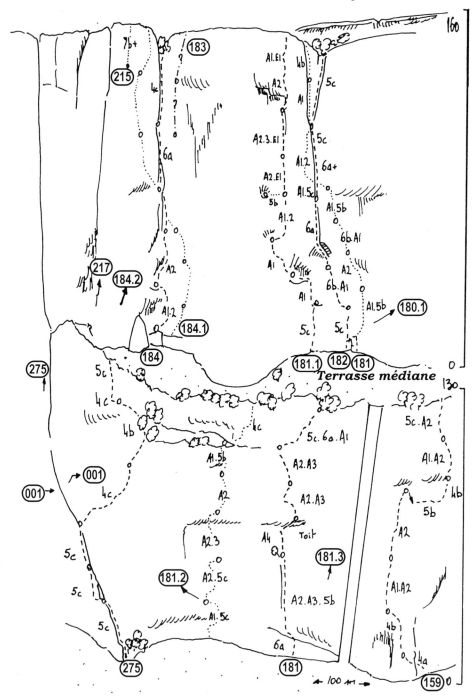

X-40 : secteur GAÉLIQUE

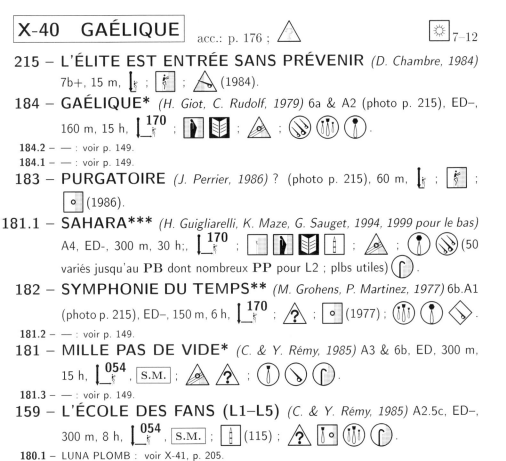

X-40 GAÉLIQUE
acc.: p. 176 ; ☀ 7–12

215 – L'ÉLITE EST ENTRÉE SANS PRÉVENIR (D. Chambre, 1984)
7b+, 15 m, ; ; (1984).

184 – GAÉLIQUE* (H. Giot, C. Rudolf, 1979) 6a & A2 (photo p. 215), ED–,
160 m, 15 h, 170 ; ; ; .
- 184.2 – — : voir p. 149.
- 184.1 – — : voir p. 149.

183 – PURGATOIRE (J. Perrier, 1986) ? (photo p. 215), 60 m, ; ;
(1986).

181.1 – SAHARA***(H. Guigliarelli, K. Maze, G. Sauget, 1994, 1999 pour le bas)
A4, ED–, 300 m, 30 h;, 170 ; ; ; (50 variés jusqu'au **PB** dont nombreux **PP** pour L2 ; plbs utiles) .

182 – SYMPHONIE DU TEMPS** (M. Grohens, P. Martinez, 1977) 6b.A1
(photo p. 215), ED–, 150 m, 6 h, 170 ; ; (1977) ; .
- 181.2 – — : voir p. 149.

181 – MILLE PAS DE VIDE* (C. & Y. Rémy, 1985) A3 & 6b, ED, 300 m,
15 h, 054, S.M. ; ; .
- 181.3 – — : voir p. 149.

159 – L'ÉCOLE DES FANS (L1–L5) (C. & Y. Rémy, 1985) A2.5c, ED–,
300 m, 8 h, 054, S.M. ; (115) ; .
- 180.1 – LUNA PLOMB : voir X-41, p. 205.
- 001 – LES CATARACTES : voir X-57, p. 241.

Le jeu des perles de verre

Joseph Valet, un érudit d'une époque imaginaire permettant de juger le passé et, par conséquent, notre temps, est le maître du jeu des perles de verre qui consiste à manier les idées et la somme des connaissances comme un organisme très subtil répand des harmonies...

Dans les dévers de la Paroi rouge, tombent des gouttes d'eau qui captent la lumière du soleil pour se transformer en perles de verre....

Jean-François HAGENMULLER

Chapitre X. L'ESCALÈS

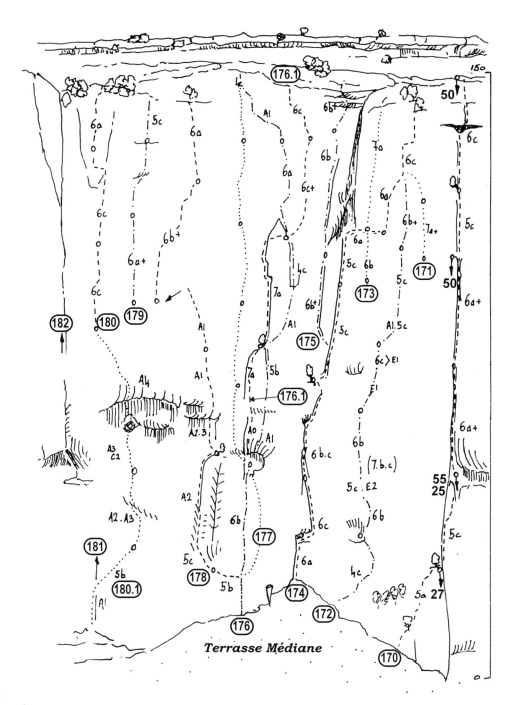

X-41 : secteur LUNA BONG

X-41   LUNA BONG

acc.: p. 176, 214, 210 ;   △ 📷 🚪   ☼ 7–12

182 – SYMPHONIE DU TEMPS : voir X-40, p. 203.
181 – MILLE PAS DE VIDE : voir X-40, p. 203.

180.1 – **LUNA PLOMB** *(H. Guigliarelli, K. Maze, G. Sauget, 1999)* A4, ED+, 80 m, 16 h, ⌊160 ; 🔲 ; △ ; ⊗(50 dont nombreux **PP**, plbs) 🕴 🕯 (bivouac avec hamacs à R3).

180 – **STRAMILANO*** *(C. & Y. Rémy, 1987)* 6c, TD+, 70 m, 👤 ; o (1987) ; (⛺).

179 – **SCIENCE DÉSASTRE*** *(C. & Y. Rémy, 1987)* 6c, TD+, 60 m, 👤 ; o (1987) ; (⛺).

178 – **MONA LISA KLAXON** *(M. Fauquet, M. Guiot, 1980)* 6b+ & 5c.A2(6b), TD+, 150 m, 7 h(L1-L3), ⌊170 △ ⊗ ⛺ 🕯 ; (L4-L5), 👤 o.

177 – — : voir p. 149.

176 – **LA RAGE DES SAIGNEURS** *(C. Guyomar, S. Troussier, 1977)* A2 & 6a, ED–, 150 m, 8 h, ⌊170 ; ⚠ △(30) ; 🕴 ⊘.

176.1 – **LA NOISETTE ENRAGÉE*** *(H. Guigliarelli, 1998)* 7a(6a+), ED–, 150 m, ⌊160 ; o (1998)15 ♂.

175 – **NOS AMIES LES BÊTES*** *(B. Gorgeon, S. Troussier, 1981)* 6b+(6b) (photo p. 215), TD+, 80 m, ⌊170 ; 👤 📖 ; o (1981) ; (⛺).

174 – **LE TRIOMPHE D'ÉROS***** *(J.-P. Bougerol, J.-C. Droyer, G. Gaby, 1974)* 6c(6b+) (photo p. 215), ED–, 130 m, 4 h, ⌊170 ; 👤 🚪 📖 👤 ; o (prévu en 2000) ; (⛺) 🕴.

173 – **TICKET PIÉGÉ**** *(H. Guigliarelli, 1986)* 7a, TD+, 50 m, 👤 ; o (1986).

172 – **LOS ALFAQUES** *(J.-M. Troussier, H. Jaillet, 1980)* C2 & 6c (photo p. 215), ED, 135 m, 6 h, ⌊170 ; ⚠ △ ; 🕯.

171 – **SOLEIL MINÉRAL*** *(H. Guigliarelli, 1986)* 7a+, TD+, 60 m, 👤 📷 ; o (1986).

170 – **LUNA BONG***** *(M. Coquillat, G. Héran, 1970)* 6c(6a+) (photo p. 215), TD+, 150 m, 👤 ; 👤 📷 📖 🔲 ; o (1990) ; (⛺).

001 – LES CATARACTES : voir X-57, p. 241.

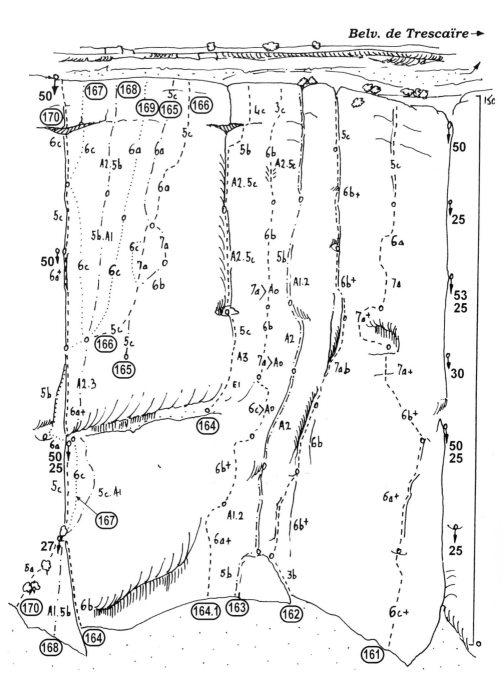

X-42 : secteur GRANDS NAVIRES

X-42   GRANDS NAVIRES

acc.: p. 176 ; △ 🗎 👤   ☼ 9–13

170 – LUNA BONG : voir X-41, p. 205.

167 – **L'ESPRIT INVENTIF*** *(C. & Y. Rémy, 1987)* 6c(6b), ED–, 120 m, 5 h, ∟170 ; |o| (1987) ; (🌂).

168 – **L'ESPRIT TORTURÉ*** *(C. & Y. Rémy, 1982)* A3 & 5c, ED–, 150 m, 8 h, ∟170 👤 ; 🔺 ; (🌂)(🎒)(🎣).

169 – **LA COULEUR TOMBÉE DU CIEL*** *(H. Guigliarelli, 1986)* 6c, 60 m , |👤 ; |o| (1986).

166 – **NÉCRONOMICON**** *(J. Perrier, S. Troussier, 1976)* 6c(6b) (photo p. 215), ED–, 80 m, ∟170 ; |o|(1981) ; ◇.

165 – **LE GRIS QUI TUE** *(H. Guigliarelli, 1986)* 7a, TD+, 80 m, |👤 ; |o| (1987).

164 – **OVERDOSE** *(M. & C. Guyomar, 1977)* A3 & 5c ED, 150 m, 6 h, ∟170 ; |👤| ; 🔺(30) (🎒)(15)(🌂)(🌂).

164.1 – **LE REPÈRE BONDISSANT** *(?)* 7a & A2(6b+) ; aucun renseignement disponible / *no information available.*

163 – **CHIRAT*** *(C. & Y. Rémy, 1982)* A2.5c, ED–, 150 m, 12 h, ∟160 ; 👤 👤 👤 ; |👤| ; 🔺(95) ; (🎒)(🌂)(🎒)(60).

162 – **TROGLOBULE***** *(D. Mille, S. Troussier, 1978)* 7a+(6c), ED, 150 m, 4 h, ∟160 ; 👤 📗 📗 ; |o|(1983).

161 – **CACA BOUDIN OU LES GRANDS NAVIRES***** *(J. Perrier, S. Troussier, 1979)* (6c) (photo p. 215), ED, 150 m, 4 h ; 👤 👤 📗 👤 ; |o| (1994) ; ◇ ◇ =50 m.

001 – LES CATARACTES : voir X-57, p. 241.

Chapitre X. L'ESCALÈS

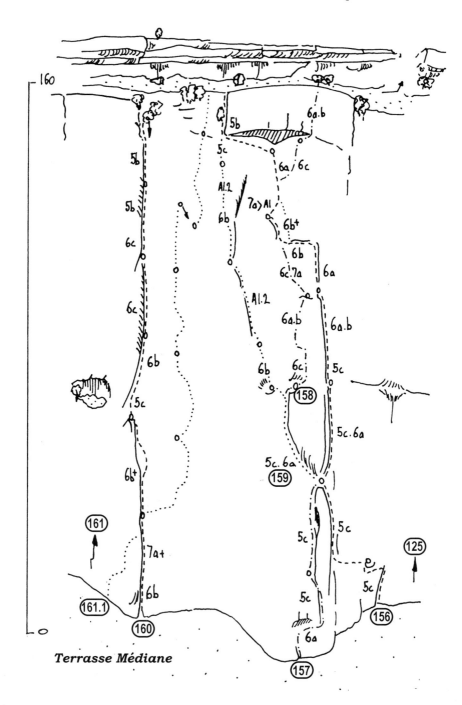

X-43 : secteur ÉPERON SUBLIME

X-43 ÉPERON SUBLIME

acc.: p. 176, 214, 206, 204 ; ▲ 🯄 🯅 🯆 ☼ 7–12

161 – CACA BOUDIN : voir X-42, p. 207

161.1 – — : voir p. 149.

160 – **DOUCE SUBLIMATION*** *(F. Quintin, J.-C. Droyer, 1973)* 6c (photo p. 215), TD+, 150 m , ↧**160** ; ▫(1979) ; ⏧.

159 – **L'ÉCOLE DES FANS (L6–L11)** *(C. & Y. Rémy, 1985)* 6b & A2, ED–, 120 m, 8 h, ↧**054** , S.M. ; ▯(115) ; ▫ ⏧ ⏐.

158 – **LES EXTRA TERRESTRES**** *(C. & Y. Rémy, 1986)* 6c & A1(6a), ED–, 120 m, 4 h, ↧**160** ; ▫(1999) ; ⏧.

157 – **MANGE POUTRE**** *(N. Broche, B. Gorgeon, J. Keller, J. Nosley, 1979)* 6a(5c), TD, 40 m, ↧**160** ; ▯▫(1979) .

156 – **L'ÉPERON SUBLIME***** *(M. Charles, G. Héran, 1970)* 7a(6a) (photo p. 215), ED–, 150 m, 3 h 30, ↧**160** ; ▯▫(1989) ; ⏧. Autre nom : **LE PILIER VERMOULU**

125 – SEXE HYSTÉRIE : voir X-45, p. 213

001 – LES CATARACTES : voir X-57, p. 241.

Chapitre X. L'ESCALÈS

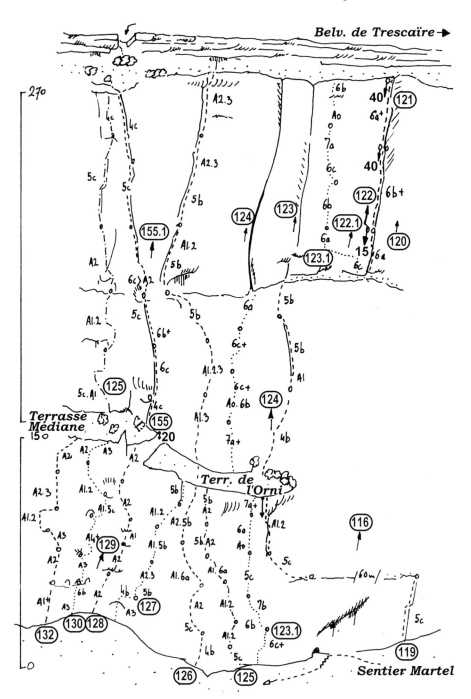

X-44 : secteur TCHÈQUE

X-44 TCHÈQUE   acc.: p. 176, 215 ; 🔺 📄   ☼ 7-12

132 − MÉMORIAL PATRICK BERTHET *(J.-M. Troussier, F. Mathieu, P. Bogino, 1998/99)* A2+, ED-, 150 m, 10 h, $\lfloor\overset{054}{\ }$, S.M. ; 🔳 📄 ; 🔺 (25P, 20B, 5PB) ⊕ ⌐(10) ⊙ (15 ⊘8 et 10 mm, avec vis), plbs(4).

130 − LE PLUS VIEUX RÊVE DE L'HOMME *(A. Bauvoie, M. Fauquet, J.-F. Hagenmuller1998)* A4+ & 6b}, ED, 150 m, 15 h, $\lfloor\overset{054}{\ }$, S.M. ; 🔳 📄 ; 🔺 (10EP, 20P, 20B, 5PB) ⊕ ⌐(10), plbs (3).

129 − ESPÈCE D'ESPACE *(?)* ?

128 − LES LANCES DU CRÉPUSCULE *(J.-M. Troussier, J. Ménard, C. Larcher, 1999)* A2+, ED, 150 m, 10 h, $\lfloor\overset{054}{\ }$, S.M. ; 🔳 📄 ; 🔺 ⊕ ⊕ ⌐.

127 − CORDE TCHÈQUE *(J. Fabre, C. Hautcœur, 1978)* 6a.A3, ED, 150 m, 11 h, $\lfloor\overset{054}{\ }$, S.M. ; 🔺 (80) 🔺 ; ⊕ (25).

126 − GLAMOUR *(C. & Y. Rémy, 1983)* A3 & 6a, ED, 250 m, 15 h, $\lfloor\overset{054}{\ }$, S.M. ; 📄 🔺 ⊕ (20) ⊕ ⌐.

155 − NYCTALOPES* *(J.-P. Bouvier, C. Guyomar, G. Modica, 1976)* 6c (photo p. 215), TD+, 170 m, 8 h, $\lfloor\overset{160}{\ }$; 🔺 ; ▫(40).

155.1 − — : voir p. 149.
124 − ORNI : voir X-45, p. 213

125 − SEXE HYSTÉRIE *(C. & Y. Rémy, 1986)* 6b.A2, ED-, 300 m, 12 h, $\lfloor\overset{054}{\ }$, S.M. ; 🔺 ; 🔺 🔺 (110) ; ⊕ (25) ⊕ ⌐.

123 − TUYAU D'ORGUE : voir X-45, p. 213

121 − DIÈDRE DES RAPPELS** *(M. Coquillat, G. Héran, 1970)* 6b+ (photo p. 215), TD, 100 m, $|_{\ }$; ▫(1978) ; ⊕ ⊕(9cm).

122.1 − — : voir p. 149.

123.1 − CÉLIA FOLLYS** *(H. Guigliarelli, K. Maze, 1997)* 7b(6b), ED, 300 m, 6 h, $\lfloor\overset{054}{\ }$, S.M. ; 🔳 🔳 ; ▫(1997)15$_\varnothing$ ⊕ ⌐en cas.

119 − L'ASCENSION *(M. Coquillat, G. Héran, 1970)* 6b & A2, ED-, 320 m, 8 h, $\lfloor\overset{054}{\ }$, S.M. ; 🔺 🔺 ; L9-L11 = 121, Dièdre des rappels, voir X-44, p. 211.

120 − MANIMAL : voir X-45, p. 213
122 − ORGIAQUE : voir X-45, p. 213

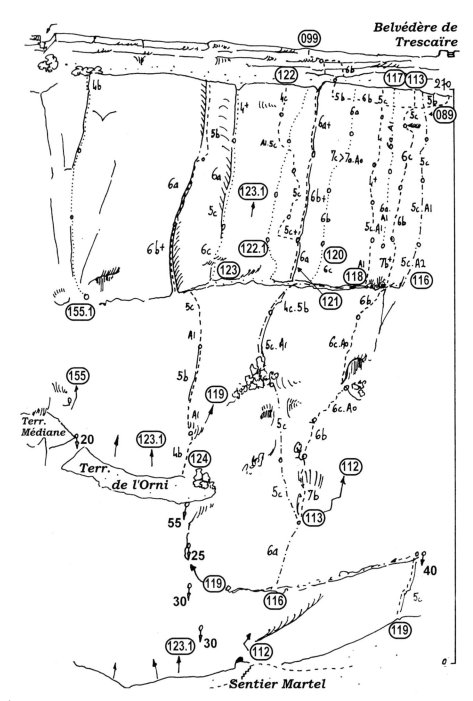

X-45 : secteur ORNI

X-45 ORNI acc.: p. 176, 215, 206 ; ⚠️ 📖 🗡️ ☀️ 7-11

123.1 – CELIA FOLLYS : voir X-44, p. 211
155 – NYCTALOPES : voir X-44, p. 211

124 – **ORNI**** *(G. Abert, J. Agulhon, J.-P. Coullet, 1976)* L1–L4:5c.A1, L4–L6:6b+(6b) (photo p. 215), TD+, 170 m, 4 h, ⌊121 ; 🗡️ 🗡️ 🔨 ; ⎡o⎤(1979) ; 🪝 ⑨(Hex 11, 10cm).

123 – **TUYAU D'ORGUE**** *(J.-M. & S. Troussier, 1976)* 6c, TD+, 100 m, ⌊121 ; 🗡️ 🗡️ 🔩 ; ⎡o⎤(1985) ; ⑨(10cm).

119 – L'ASCENSION : voir X-44, p. 211

122 – **ORGIAQUE** *(R. Ghilini, G. Peyroulet, 1978)* 5c.A1, TD+, 100 m, ⌊121 ; 🔺.

121 – DIÈDRE DES RAPPELS : voir X-44, p. 211

120 – **MANIMAL*** *(C. & Y. Rémy, 1988)* 7a(6b), ED–, 100 m, ⌊121 ; ⎡o⎤(1986) ; 🪝.

118 – **LIPS** *(B. Gorgeon, J. Nosley, 1979)* 5c.A1(6b), TD, 100 m, ⌊121 ; 🔺 ❓ ; 🪝 🔑.

117 – **PREMIÈRE LOGE** *(C. & Y. Rémy, 1987)* 6a.A1, TD, 70 m, ⌊ ; 🔺 ❓ : 🔑 🪝.

119 – L'ASCENSION : voir X-44, p. 211

116 – **L'ASCENSURE** *(B. Gorgeon, J. Keller, J. Nosley, 1976)* 5c.A2, TD+, 270 m, 8 h, ⌊054 , ⎡S.M.⎤ ; ❓ 🔺 ; ◇=50 m ; 🪝 🔑.

113 – **QUI SE SOUVIENDRA DES HOMMES ?**** *(H. Guigliarelli, K. Maze, 1999)* 7b+, ED–, 170 m, ⟹, ⎡S.M.⎤ ; 🗡️ 🗡️ ; ⎡o⎤(1999) ; L3 et L4 à libérer et nettoyer.

112 – MATTÉORITE : voir X-46, p. 219.

089 – **ENTRÉE DE SECOURS** *(C. & Y. Rémy, 1984)* 6b(6b), TD–, 100 m, ⌊ ; →🗡️ ; ⎡o⎤(1984).

001 – LES CATARACTES : voir X-57, p. 241.

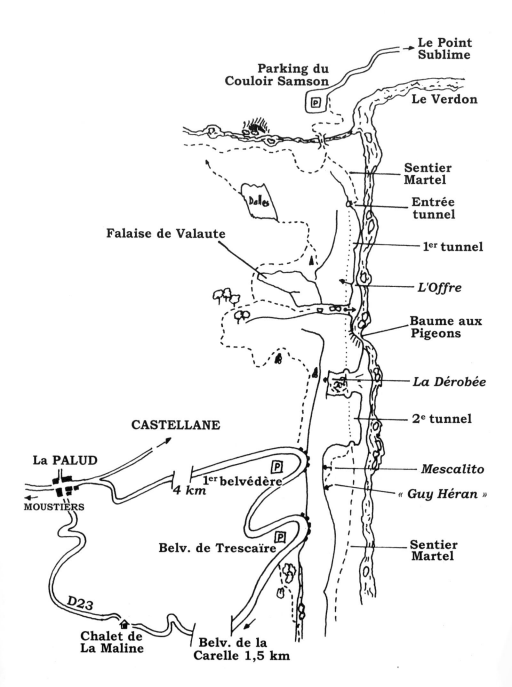

Figure 11: Vue d'ensemble et accès de l'Escalès, de la Paroi rouge à l'Offre

Figure 12: Escalès nord

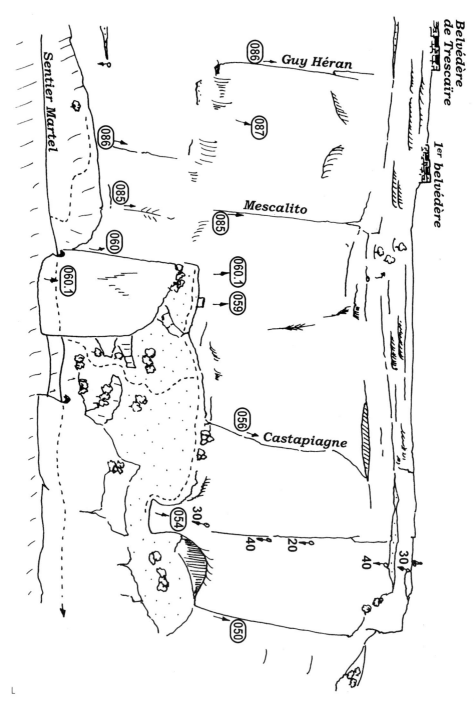

Figure 13: Accès Paroi rouge, Castapiagne, Dérobée

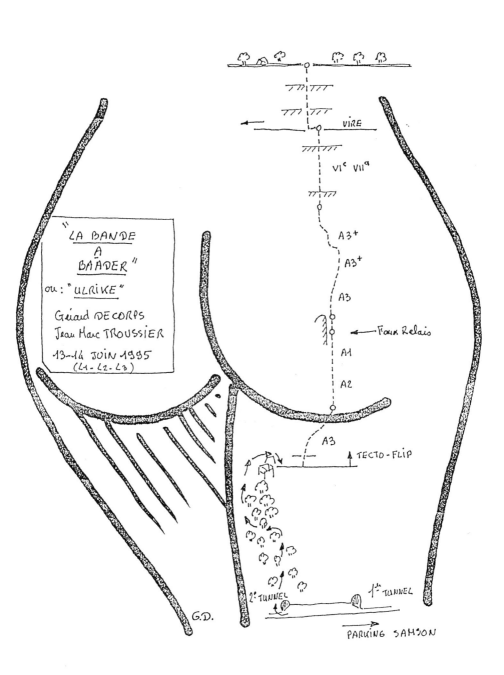

Chapitre X. L'ESCALÈS

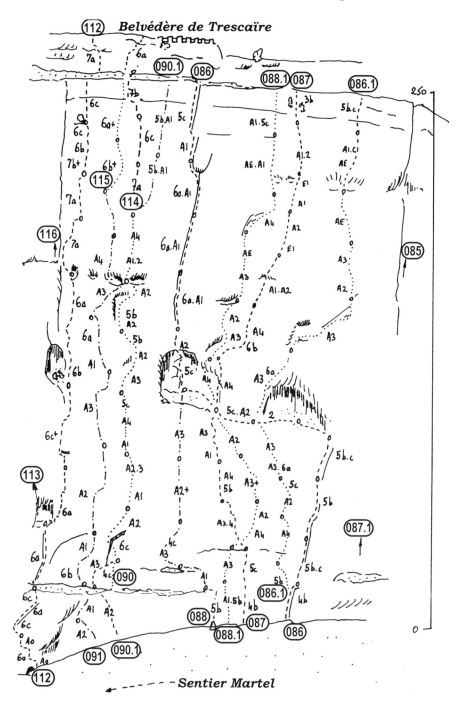

X-46 : secteur PAROI ROUGE

X-46 PAROI ROUGE

acc.: p. 214, 216 ; [?] [symbols] [☼] 9-12

113 − QUI SE SOUVIENDRA DES HOMMES ? : voir X-45, p. 213.

112 − MATTÉORITE* (H. Guigliarelli, K. Maze, 1998) 7b+(6b), ED-, 300 m, 7 h, 054, S.M. ; [symbols] ; [o](1998) ; L1 à libérer ; 16.

115 − UNIVERS CARCÉRAL (M. Guiot, 1987) 6b+(6b), TD, 80 m, ; [symbols] ; [o](1992) ;

114 − OUBLIER POUR TENIR (O. Dobel-Ober, 1991) 7b(7a), ED, 110 m, ; [symbols] ; [o](1991).

091 − HOT RED CHILI PEPPER* (D. Brau Mouret, J. Rochelle, 1996) A4 & 7a+(6c), ED, 170 m, 15 h, 054, S.M. ; [symbol] ; [symbol](60 avec B))[symbols](15)[symbol](10, ⌀8 mm), plbs (25)[C].

090 − METALLIC K.O.* (M. Fauquet, M. Guiot, 1992) 6c & A4, ED+, 180 m, 18 h, 054, S.M. [symbol](90) ; [?] [symbols](12PP, 20EP, 10P, 15B)[symbol].

090.1 − — : voir p. 149.

088 − DIRECTE DE LA PAROI ROUGE (C. Crespo, P. Louis, R. Olsewski, 1971) A4, ED+, 150 m, 10 h, 054, S.M. ; [symbol](90) ; [?] [symbol] ; [symbols].

088.1 − LE JEU DES PERLES DE VERRE (J.-F. Hagenmuller, J.-C. Lafaille, D. Villevalle, 1994) A4, ED+, 250 m, 25 h, 054, S.M. ; [symbols](10EP, 20P, 5PP, 15B)[symbols](12, ⌀8 mm, avec 6 vis et 6 écrous), 6 coinceurs câblés pour cravates ; [C].

086 − GUY HÉRAN (B. Dineur, S. Gousseault, G. Héran, P. Louis, 1970) 6a & A2 (photo p. 215), ED, 250 m, 10 h, 054, S.M. ; [symbol] ; [symbols]. Autre nom : **LA PAROI ROUGE**

086.1 − ATLANTIDE* (J.-F. Hagenmuller, R. Lecluse, 1993) A4 & 6b(6a), ED+, 250 m, 30 h, 054, S.M. ; [symbol] ; [symbols](15EP, 20P, 15PP, 15B)[symbols](28 ⌀8 mm avec 25 écrous et 3 vis)[C].

Chapitre X. L'ESCALÈS

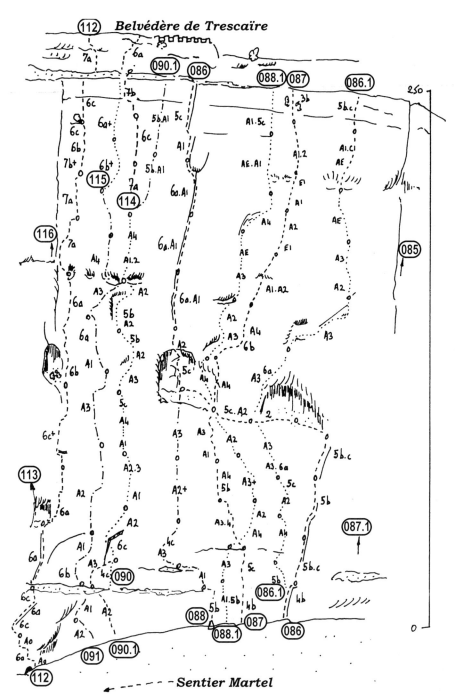

X-46 : secteur PAROI ROUGE

087 – LES SECRETS DE LA MER ROUGE** *(M. Fauquet, M. Guiot, 1986)* 6b & A4 (photo p. 215), ED+, 250 m, 50 h, |⁰⁵⁴, S.M. ; 🪨 ⚠ ; 🔩(5PP, 10EP, 15P, 15B, 4PB, 2BO) ⓒ (10 ⌀8 mm, avec vis) 🔨 🪝 🔗.

087.1 – AU VOLEUR ! MÉFIEZ-VOUS : voir X-47, p. 223
085 – MESCALITO : voir X-47, p. 223

Paradis artificiels

Si l'alpinisme est «l'art de parcourir les montagnes en affrontant les plus grandes difficultés avec la plus grande prudence» (René Daumal *in* Le Mont Analogue, collection *L'imaginaire chez Gallimard*) alors il ne fait aucun doute que l'escalade artificielle (l'*artif*) est une partie de ce tout que l'on nomme Alpinisme. L'alpinisme, on le sait, est un mélange de genres très différents, un «tout» constitué de «parties». Cette entité est composée de substances et de matières très différentes et apparemment incompatibles. Vitesse ici, lenteurs là. Dépouillement d'un côté, pléthore de technologie de l'autre.

L'originalité de ce mélange, de cette mixture, de ce breuvage capiteux réside dans sa formidable permanence face au temps et aux modes et dans ses évolutions (y compris technologiques et qu'il ne faut pas négliger) les plus récentes. Cette réflexion (pleine de bon sens) justifie le présent article. On a tenté de traiter le sujet avec légèreté et bonne humeur, afin de ne pas faire fuir un futur adepte.

Abécédaire

Aid : escalade artificielle (en anglais).

Américains : pionniers de l'escalade artificielle (tribu de sauvages).

Artif : escalade artificielle (en français).

Agressive testing : méthode qui consiste à placer un point de protection quel qu'il soit (pitons, coinceurs, copper head) et avant de monter dessus, de le tester par un grand choc ou une secousse le pied dans l'étrier, très usité chez les américains).

Balle neuve : un bon piton dans une longueur dure: « Youppiiiiiiiiiiiiiiii, j'ai mis une balle neuve » (la pression descend d'un cran — expression typiquement pyrénéenne).

Bivouac : il faut savoir l'installer, avec efficacité et rapidité mais sans précipitation. Il faut pouvoir retrouver chaque objet; être méthodique, patient, ordonné et efficace. Le leader arrive en fin de journée et commence à l'installer, pendant que son second nettoie la longueur.

Suite p. 231

Chapitre X. L'ESCALÈS

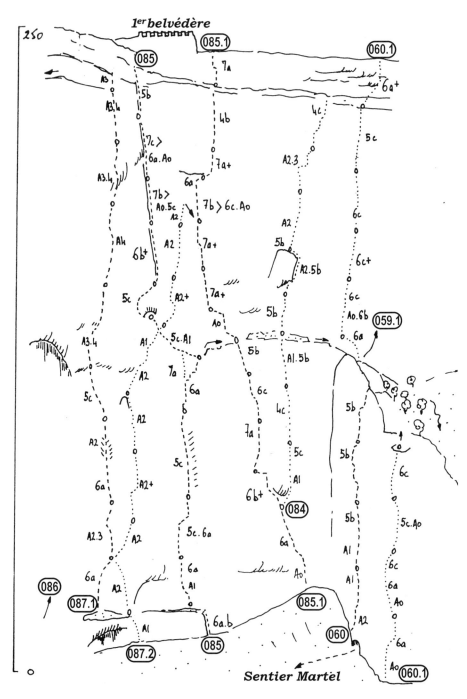

X-47 : secteur MESCALITO

X-47 MESCALITO

acc.: p. 214, 216 ; ⚠️ 🧗 🔨 ☀️ 8–12

086 – GUY HÉRAN : voir X-46, p. 219

087.1 – **AU VOLEUR ! MÉFIEZ-VOUS*** *(A. Boudet, F. Gentet, D. Ravanel, 1993)* A4 & 6a(6a), ED+, 250 m, 30 h, ↓054, S.M. 🔨 ; 🪨 🔩 (15EP, 20P, 15PP, 15B) 🎣 🔗 ℂ (15 ⌀8 mm, avec vis) 🪢.

087.2 – **RAGE AGAINST THE MACHINE*** *(D. Brau Mouret, 1995)* A3+, ED, 250 m, 30 h, ↓054, S.M. 🔨 ; 🪨 🔩 (50) 🎣 🔗 🪢.

085 – **MESCALITO*** *(C. Guyomar, G. Abert, 1976)* 7b+(6c.A2) (photo p. 215), ED–, 250 m, 8 h, ↓054, S.M. ; ▢o▢ (1984) ; 🎣 ; (échappatoire à droite / escape route on the right / Notausgang rechts).

085.1 – **KALLISTÉE*** *(H. Guigliarelli, K. Maze, 1993)* 7b(6b), ED, 250 m, 7 h, ↓054, S.M. ; △ ▢o▢ 15⚯.

084 – **INTERLOPE*** *(P. Bestagno, C. Guyomar, 1977)* A3 & 6a (photo p. 215), ED+, 250 m, 15 h, ↓054, S.M. ; 🪨 (65) ; 🔩 🎣 ; (échappatoire à droite / escape route on the right / Notausgang rechts).

060 – **ATTENTION** *(C. & Y. Rémy, 1986)* 5b & A2(6b), TD, 120 m, 6 h, ↓054, S.M. ; 🪨 (50) ; 🔩 🎣.

060.1 – **L'IVRESSE DES PROFONDEURS*** *(H. Guigliarelli, K. Maze, 1994)* 6c+, TD+, 270 m, 6 h, ↓054, S.M. ; 🧗 🧗 🔨 ; ▢o▢ (1994) 14⚯.

059.1 – L'ULTIME ATOME : voir X-48, p. 225

PARTICIPEZ À L'HISTOIRE DU VERDON
pour 50 francs
ADHÉREZ À « LEI LAGRAMUSAS »
Renseignements au Perroquet Vert,
en Mairie, ou à l'Auberge de Jeunesse

Chapitre X. L'ESCALÈS

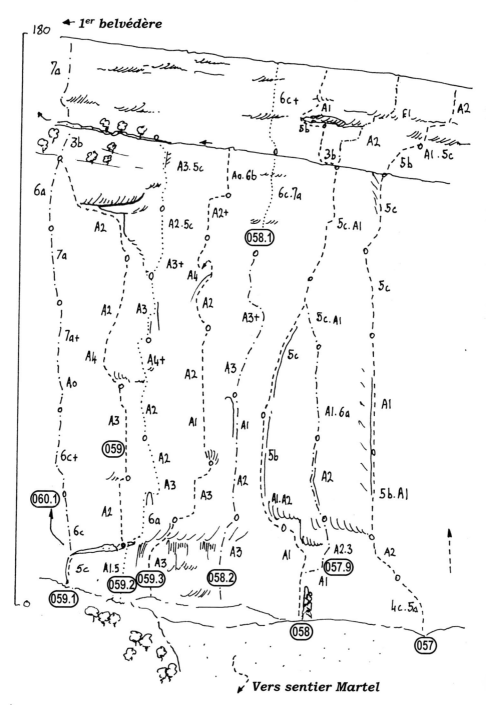

X-48 : secteur COLIS

X-48 COLIS

acc.: p. 214, 215, 216 ; ⚠️ 🗝️ 🚪 🕯️ ☀️ 8–12

060.1 – L'IVRESSE DES PROFONDEURS : voir X-47, p. 223

059.1 – **L'ULTIME ATOME*** *(H. Guigliarelli, K. Maze, 1994)* 7a+, TD+, 180 m, 4 h, ⌐054, S.M. ; ◦ (1994) 13 ⌀.

059 – **COLIS PIÉGÉ*** *(M. Fauquet, M. Guiot, 1982)* A4, ED+, 180 m, 20 h, ⌐054, S.M. ; △ (50) ; ⚭ (25B+10PP+plbs) 🔦.

059.2 – **GOOD MORNING AMERICA**** *(J.-F. Hagenmuller, C. Paul, 1993)* A4+ & 6a, ED+, 180 m, 15 h, S.M. ; 💡 ⚭ (50 dont 10B + plbs) 🔦.

059.3 – **SMOKE*** *(J.-F. Hagenmuller, B. Kempf, 1996)* A4 & 7a, ED, 180 m, 15 h, S.M. ; 💡 ⚭ (40 dont 10B + plbs) 🔦.

058.2 – **LA BANDE À BAADER*** *(J.-M. Troussier, G. Decorps, 1995)* A3+, ED, 160 m, 10 h, S.M. ; 💡 ⚭ (50 + plbs) 🔦.

058.1 – **Y'A PLUS DE SOLEIL DANS LE CANYON**** *(H. Guigliarelli, K. Maze, 1994)* 6c+, TD, 60 m, ↓ ; ◦ (1994).

057.9 – **SALE GOSSE*** *(H. Guigliarelli, G. Sauget, 1997)* A2+, TD+, 180 m, 12 h, ⌐054, S.M. ; 💡 ⚭ (50 dont nombreux **P**, et **EP** et **B**).

058 – **TECTO FLIP*** *(P. Grenier, C. Guyomar, 1977)* A3, TD+, 180 m, 12 h, ⌐054, S.M. ; △ (45) ; ⚭ 🕯️.

057 – **DIÈDRE DE LA TERREUR*** *(P. Bestagno, C. Guyomar, S. Troussier, M. Guyomar, 1979)* A3, TD+, 180 m, 15 h, ⌐054, S.M. ; 🕯️ △ (50) ☠ ; 🕯️🕯️🕯️ ⚭ (**PP**).

COMPRARE L'AUTOADESIVO
«LEI LAGRAMUSAS»
È CONTRIBUIRE ALL'ATTREZZATURA
Un autoadesivo comprato = 2 protezioni installate

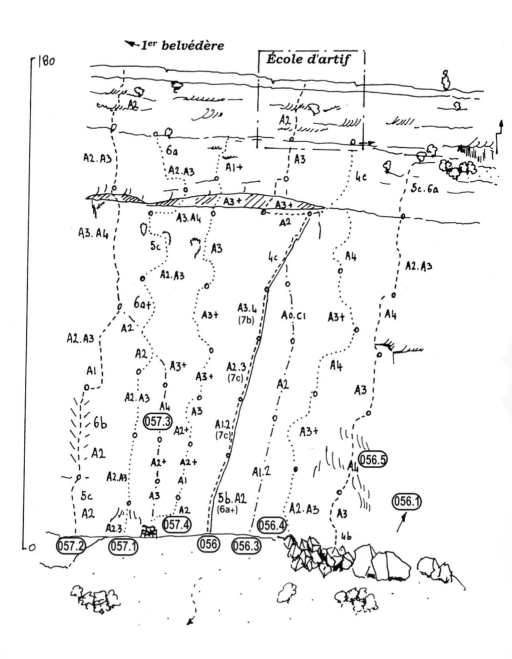

X-49 : secteur CASTAPIAGNE ROUGE

X-49 CASTAPIAGNE ROUGE

acc.: p. 214, 215, 216, 232 ; △ ☼ 8–12

057.2 – LE CHANT DES SOLEILS* *(M. Fauquet, M. Guiot, J.-M. Porte(L1 et L2 C. Guyomar et D. Belden, ?), 1994)* A4 & 6b, ED, 180 m, 15 h, ↓ **054**, S.M. ; 🔩 🔨 ⛏ (50) 🅟 🅢 (P, B, PP, « rurps ») 🅒 🅒.

057.1 – L'ARRACHE COURONNE* *(B. Duterte, J.-M. Savoye, 1993)* A4 & 6b, ED, 180 m, 20 h, ↓ **054**, S.M. ⛏ (50) 🅟 🅢 (10EP, 20B, 15P, plbs, « rurps ») 🅒 🅒.

057.3 – LE TOMBEAU DE L'ÉCLAIR* *(J.-M. Troussier, C. Moulin, 1997)* A4, ED, 120 m, 10 h, S.M. ; 🅟 🅢 (50 + plbs) 🅒.

057.4 – L'UNIVERS DE L'ALAMBIC SPATIO-TEMPOREL* *(D. Brau Mouret, J. Thinières, 1995)* A3+, ED+, 160 m, 20 h, S.M. ; 🅟 🅢 (30,PB,BO+ 30plbs) 🅒 (drill hooks * et classiques).

056 – CASTAPIAGNE ROUGE** *(B. Bouscasse, J. Fouque, M. Tanner, B. Vaucher, M. Coquillat, R. Jamin, H. Rigaud, 1972)* A4 (photo p. 215), ED, 180 m, 10 h, ↓ **054**, S.M. ; ⛏ (100) ; 🅢 (15) 🎯. Entre parenthèses sur le schéma, les cotations en libre de J. Rochelle.

056.3 – NAGASAKI* *(J.-M. Troussier, P.-H. Vernet, 1995)* A3, ED-, 120 m, 10 h, S.M. ; 🅟 🅢 (50 + plbs) 🅒.

056.4 – LE SIXIÈME ÉLÉMENT* *(J.-M. Troussier, C. Moulin, 1997)* A4, ED, 120 m, 15 h, S.M. ; 🅟 🅢 (50, dont 4 « rurps », 7 puces, 8 plbs) 🅒 (15).

056.5 – LA MÉLODIE SECRÈTE** *(J.-F. Hagenmuller, S. Koenig, 19975)* A4+, ED+, 160 m, 15 h, S.M. ; ⛏ 🅟 (dont 6 câbles pour cravates) 🅢 (5EP, 30P, 5PP, 15B, 4« rurps » dont 1 ou 2 en « stars », 3 plbs) 🅒.

056.1 – : voir X-50, p. 229

DEN KLETTERFÜHRER KAUFEN
HEISST ZUR AUSRÜSTUNG BEITRAGEN
Ein gekaufter Führer = 2 Sicherungspunkte + 1 Stand

Chapitre X. L'ESCALÈS

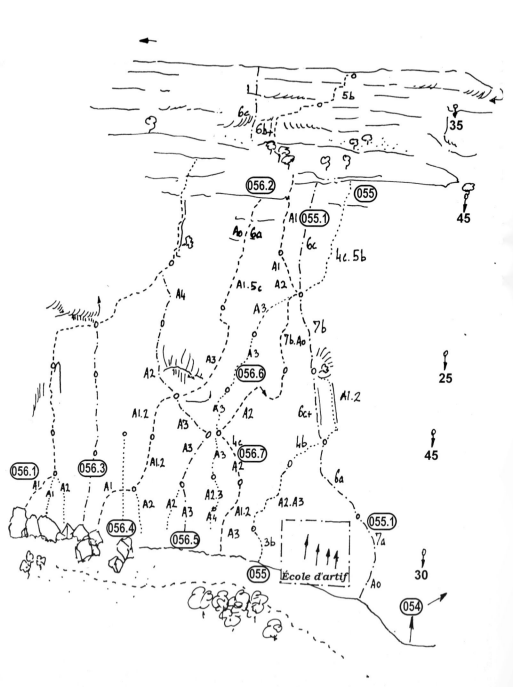

X-50 : secteur POKER

X-50   POKER   acc.: p. 214, 216, 232 ; 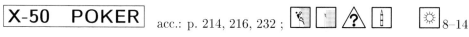 8–14

056.1 – — : voir p. 149. Variantes L1 : « directe », « Starting plomb ».
056.3 – **?** *(?)* ?
056.2 – **POURQUOI J'AI MANGÉ MON PÈRE*** *(J.-F. Hagenmuller, R. Lecluse, 1993)* A3 & 6a, ED, 180 m, 10 h, S.M. ; (10EP, 15P, 15B) (2 ⌀8 mm avec écrous). Variante L1 : ?.
056.4 – **JAZZ FROM HELL** *(?)* ?
056.5 – **LE MANDAROM** *(J.-M. Troussier, G. Decorps, S. Laurenceau, T. Duru, 1996)* A4 & 6a, ED, 160 m, 15 h, S.M. ; (10EP, 15P, 15B, plbs). Variante L1: « Passe la seconde ».
056.6 – **COSMICS DÉBRIS** *(J.-C. Herriau, C. Moulin, J.-M. Troussier, 1996/99)* A4, ED, 140 m, 12 h, S.M. ;
056.7 – **POKER À CINQ AS*** *(M. Gamio, G. Thomas, 1996)* A3 & 7b, ED-, 160 m, 12 h, S.M. ; (plbs).
055.1 – **SUBLIMINABLE**** *(H. Guigliarelli, K. Maze, 1994)* 7b, TD+, 180 m, 4 h, 054, S.M. ; ; (1994).
055 – **IMAGINOD** *(C. & Y. Rémy, 1984)* A3 & 6b, TD+, 180 m, 5 h, 054, S.M. ; .
054 – DÉROBÉE : voir X-52, p. 233

230   *Chapitre X. L'ESCALÈS*

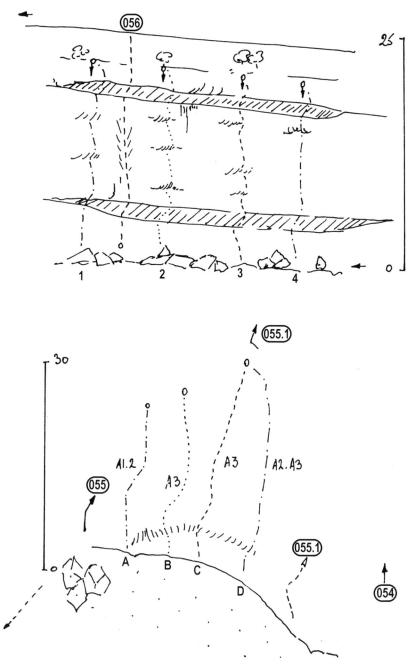

X-51 : secteur ARTIF

X-51 Secteur ARTIF

X-51 ARTIF acc.: p. 214, 216, 226, 228 ;   8-14

HAUT :
056 – CASTAPIAGNE ROUGE : voir X-49, p. 227
1. **BIBI FRICOTIN** *(G. Bouquet des Chaux, 1999)*
2. **L'ESCARGOT D'OR** *(M. Rodriguez, F. Percatetu, M. Troussier)*
3. **LA BROCHE À GLACE** *(G. Ridereau, F. Grégoire, M. Troussier)*
4. **ALICE** *(O. Gacon, V. Tombalan)*

BAS :
055 – IMAGINOD : voir X-50, p. 229
055.1 – SUBLIMINABLE : voir X-49, p. 227
A. **LA CATAPULTE**
B. **LE PÈRE UBU**
C. **LE CANON À JULES**
D. **LE SIÈGE ÉJECTABLE**

« *Paradis artificiels* », suite de la p. 221

Big walls/big wall climbing : grands murs, c'est-à-dire grandes parois. Les américains ont ainsi défini les parois où l'on passe des jours entiers à grignoter du terrain.

Bolt : mauvais spit (en français), la norme iso 9002 du gougeon inox de 14 n'a pas encore traversé les océans. Un bolt en trop dans un passage dur est immédiatement cassé par les gardiens du temple, le fautif est promené enduit de goudron et de plumes dans les travées de Camp 4. On menace parfois de l'émasculer !

Camisole de force : utile après plusieurs longueurs d'A5 !

Camp 4 : dans Yosemite Park, refuge de *hooligans* de toutes les nationalités (accessoirement le camping le moins cher de la vallée, 3 dollars par jour et par emplacement de tente, les cartes bleues ne sont pas acceptées, pas plus que la monnaie de singe qu'on trouve en France).

Castapiagne rouge : petit « big wall français », inconnue du reste du Monde malgré les efforts désespérés de certains grimpeurs français sur le Oueb.

Casque : obligatoire. les Américains eux-mêmes commencent à en porter régulièrement, sponsoring oblige et changement de mode. Là-bas le crâne rasé est du dernier chic, donc le bandana est réservé aux papis ou aux Français.

Casquette (petit casque en toile) : surplomb terminal en calcaire : « cette voie propose une belle casquette en fin de longueur » expression typiquement pyrénéenne.

Chaînes conjugales : couper avant de partir.

Chaîne à dépitonner : à emporter.

Suite p. 235

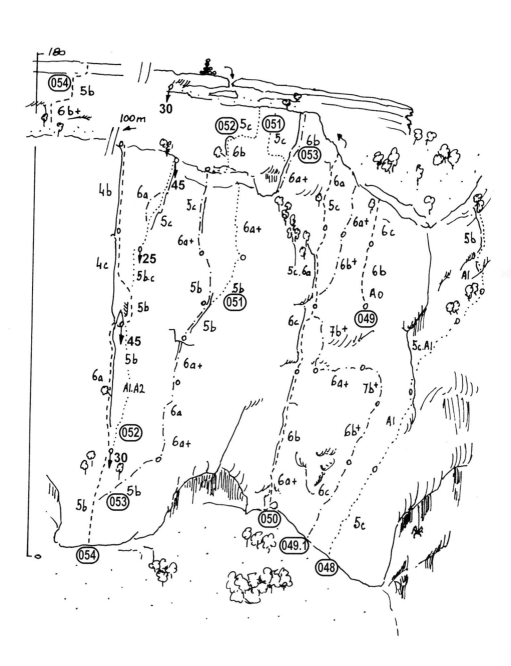

X-52 : secteur DÉROBÉE

X-52   DÉROBÉE   acc.: p. 214, 216 ; ☀ 8-14

054 – **LA DÉROBÉE**** *(S. Morizot, B. Bouscasse, 1973)* 6b+(5c) (photo p. 215), D+, 180 m, ; ; (1998) ; .

053 – **POUR UNE POIGNÉE DE GROS LARDS***** *(P. Bestagno, 1990)* 6a+(6a), TD, 175 m, 054, S.M. ; (1990).

052 – **LE RASOIR**** *(C. & Y. Rémy, 1985)* 6a & A2, TD, 180 m, 6 h 30, 054, S.M. ; , L3: ; (8) .

051 – **LES ZEGZILÉS**** *(J.-F. Lignan, P. Guillot, 1991)* 6a+, TD–, 90 m, 054, S.M. ; (1991).

050 – **IN MEMORIAM**** *(P. Bestagno, 1977)* 6c(6b), TD, 170 m, 054, S.M. ; (1999) ; =50 m.

049.1 – **FACE DE LUNE**** *(G. Chappaz, S. Destombes, 1996)* 7b+, TD+, 170 m, 4 h, 054, S.M. ; (1996).

049 – **LA MONTÉE AUX ACOULES** *(R. Balestra, T. Volpiatto, 1979)* 6c & A0(6c), TD, 110 m, ; (1979).

048 – **TERRIFIFIDALBAL** *(B. Gorgeon, T. Volpiatto, 1982)* 5c.A1, TD+, 180 m, 6 h, 054, S.M. ; ; (10).

234   Chapitre X. L'ESCALÈS

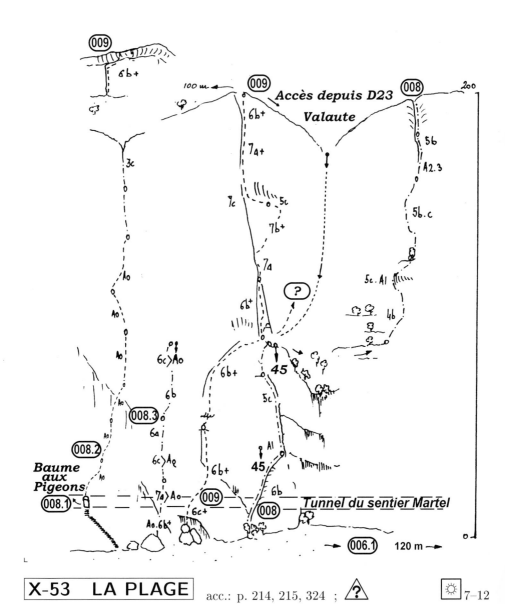

| X-53   LA PLAGE | acc.: p. 214, 215, 324 ; | 7–12 |

Accès autorisé exceptionnellement pour l'escalade, rester discret.
Access only exceptionally admitted for climbing. Discretion required.
Zugang nur für das Klettern außergewöhnlich toleriert. Diskretion erforderlich!
Accesso eccezionalmente tollerato per l'arampicata. Siate discreti.
Acceso tolerado excepcionalmente para la escalada. Discreción necesaria.

X-53 Secteur LA PLAGE 235

008.1 − — : voir p. 149.
008.2 − **VOYAGE À TRAVERS L'IMPOSSIBLE**** *(H. Guigliarelli, K. Maze, 1992)* A0.5c, TD, 250 m, 6 h, ↓054, S.M. ; 🏔 📋 🌲 ; 🥾 ⭕ (1992) 35 ⌀.
008.3 − **VOIE SANS ISSUE*** *(H. Guigliarelli, K. Maze, 1994)* A0 & 6c, TD+, 80 m, 🥾, S.M. ; 🏔 🏔 📋 🌲 ; ⭕ (1993).
009 − **LES NAUFRAGÉS***** *(M. Guiot & M. Fauquet, 1990)* 7c(7c), ABO, 180 m, 4 h, ↓008, S.M. ; 🏔 🏔 ; ⭕ (1990) ⚠.
008 − **LA PLAGE**** *(S. Morizot, B. Bouscasse, B. Vaucher, 1974)* 6b & A3(6b), TD+, 230 m, 6 h, 🥾, S.M. ; △ ; 🔦 ⛺.
006.1 − KLOUG : voir X-55, p. 239.

« *Paradis artificiels* », suite de la p. 231

Cheatter stick : recommandé par les autorités américaines du Yosemite, ce « bâton de tricheur » est un piquet de tente sur lequel est fixé un « rivet hanger » (voir plus loin) ou un mousqueton ouvert relié à une cordelette de quelque longueur. A l'aide de cet artifice on peut négocier au mieux un « crux » voire gagner quelques précieuses minutes pour rejoindre un relais. Réprouvé par une éthique pure, ce procédé à de nombreux adeptes. Beaucoup plus utile que les signes de croix dans les longueurs d'A5 !

Chiottes : Il est recommandé d'utiliser des sacs en papier (aux USA) et de les récupérer une fois la voie terminée. Opération toujours acrobatique en paroi comme sur le porta-ledge.

Circle head : cable cerclé, sorte de « copper head » fermé par une douille de cuivre, indispensable pour les fissures horizontales et superficielles, frayeur garantie !

Clean (aid) : depuis quelques années, les Américains ont théorisé cette nouvelle pratique qui consiste à gravir des escalades entièrement artificielles sans l'usage du marteau (donc des pitons). Raffinement des raffinements, cette pratique est réservée aux experts (bon courage les gars !).

Cotations : Quasiment impossible à comprendre sans expérimentation. On démarre par le plus petit nombre A0 (tout le matos est en place) pour atteindre l'A5 (voire A5+). De proche en proche et par expérimentations successives et bien ordonnées (attention à ne pas sauter les étapes...), on rejoint sa limite (« un piton en place vaut mieux qu'un homme en moins » — G. Livanos, « Il vaut mieux un piton qui chante qu'une femme qui crie » — C. Moulin).

Copper : morceau de cuivre (ou d'aluminium) serti sur un câble (c'est fou comme ils sont nombreux — et petits parfois — dans les big walls du Yosemite).

Suite p. 237

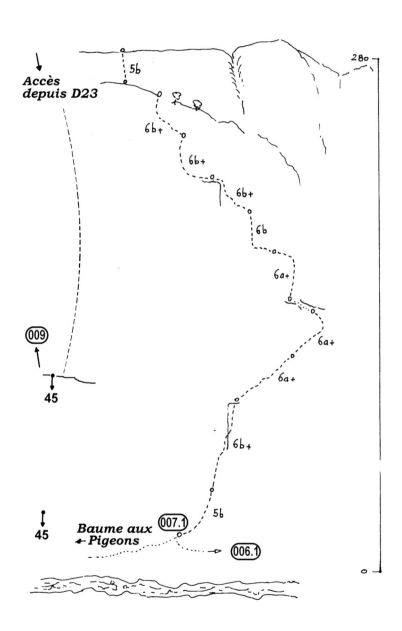

X-54 : secteur MILLÉNAIRES

X-54   MILLÉNAIRES
acc.: p. 214, 234, 324 ; ⚠ 10-14

Accès autorisé exceptionnellement pour l'escalade, rester discret.
Access only exceptionally admitted for climbing. Discretion required.
Zugang nur für das Klettern außergewöhnlich toleriert. Diskretion erforderlich!
Accesso eccezionalmente tollerato per l'arampicata. Siate discreti.
Acceso tolerado excepcionalmente para la escalada. Discreción necesaria.

007.1 − L'EMPREINTE des MILLÉNAIRES***   (P. Faudou, 2000) 6b+, TD+, 250 m, | 008 |, p. 324 ; | ○ | (2000)

« *Paradis artificiels* », suite de la p. 235

Crash landing : mauvaise chute !

Crochets : de toutes tailles et de toutes courbures, ils semblent symboliser l'escalade artificielle précaire ; déjà utilisés par Geoges Livanos en son temps (cf. *Au delà de la verticale*, éditions Guérin).

Crux : passage clé (en franglais).

Durée : on ne sait plus s'il faut compter les jours, les heures ou plus simplement les longueurs qui séparent la cordée du Sommet, parfois assez plat. Ce qui compte aussi, après une escalade de plusieurs jours, c'est la distance entre le sommet et le premier bar. Dix minutes au Verdon, trois heures du sommet d'El Cap.

Daisy chain : sangle à boucle et à usage multiple. Tenir les pitons que l'on plante, se vacher sur ces derniers etc.

El Niño : courant maritime ayant une mauvaise influence sur le temps en Californie (et ailleurs) et contrariant les projets des frenchies (voir plus loin) au Yosemite.

El Capitan : compter trois parois rouges du Verdon empilées les unes sur les autres.

Étriers (aiders) : il faut toujours en posséder trois.

Économie d'énergie : le pire est toujours à craindre (en emporter beaucoup, faire attention au nom des ouvreurs).

Expanding (flake) : malédiction du grimpeur. L'écaille est là mais elle bouge, elle est flexible et menace de s'arracher aux premiers pitons. Toujours difficile à négocier !

Fissures : de toutes tailles, de toutes formes, et parfois superficielles.

Fifi : toujours au baudrier et très court afin de pouvoir économiser les placements de pitons en se vachant très court.

Frenchies : français (en anglais), mauvais grimpeurs de libre, d'artif, d'alpinisme, de glace. Synonymes : prétentieux, vantard, couche-tôt, mangeurs de grenouille

Suite p. 251

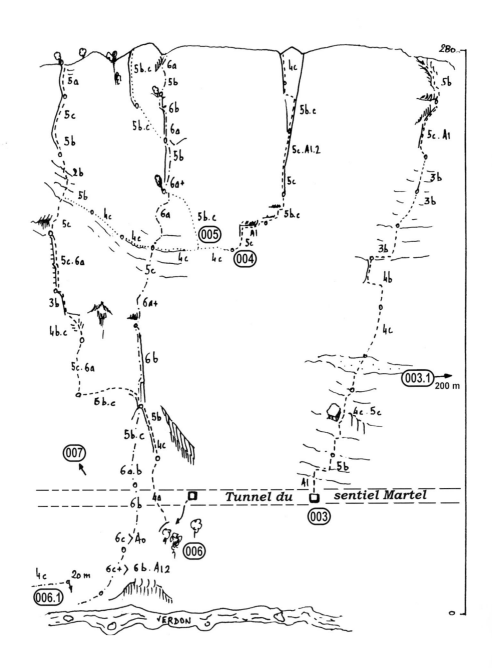

X-55 : secteur OFFRE

X-55 OFFRE acc.: p. 214, 234, 324 ; ⚠ ☀ 10-14

Accès autorisé exceptionnellement pour l'escalade, rester discret.
Access only exceptionally admitted for climbing. Discretion required.
Zugang nur für das Klettern außergewöhnlich toleriert. Diskretion erforderlich!
Accesso eccezionalmente tollerato per l'arampicata. Siate discreti.
Acceso tolerado excepcionalmente para la escalada. Discreción necesaria.

006.1 − **KLOUG*** *(B. Gorgeon, M. Guiot, J.-F. Gras, 1992)* 6b+(6b), TD+, 290 m, 6 h, S.M. ; 🏳 📖 ✋ 🖐 ; ⚠ 🔧(1993) ◇ 🪢 ⟨!⟩ =50 m.

006 − **L'OFFRE**** *(M. Coquillat, F. Guillot, G. Héran, 1969)* 6a(5c), D+, 200 m, 5 h, S.M. ; 🏳 📖 ; 🔧(1991) ◇.

    007 − PEPSI LOUIS *(J.-P. Coullet, P. Louis, Moujik, 1971)* ?, 230 m, 4 h, S.M. ; ⚠.

005 − **LE ZIPPO** *(G. Héran, P. Louis, 1969)* 5c(5c), TD+, 230 m, 8 h, S.M. ; ⚠ ; 🪢 ⟨!⟩.

004 − **LE SOMMEIL COUCHANT** *(S. Morizot, B. Bouscasse, B. Vaucher, 1975)* 5c & A2, TD+, 250 m, 10 h, S.M. ; ⚠ ; 🔨(10) 🪢 ⟨!⟩.

003 − **LA CADOBAB** *(S. Morizot, B. Bouscasse, B. Gorgeon, P. Gras, J. Keller, J. Nosley, 1976)* 5c.A1(6a), TD+, 270 m, 6 h, S.M. ; ⚠ ; 🔨(15) 🪢.

    003.1 − — : voir p. 149.

Good morning America

« J'ai cherché l'Amérique sidérale, celle de la liberté vaine des freeways, jamais celle du social et de la culture, celle de la vitesse désertique, des motels et des surfaces minérales, jamais l'Amérique profonde des mœurs et des mentaltés... Mais peut-être sa fascination n'est-elle que celle du vide, alors qu'il n'y a de séduction que du secret... »

Jean Baudrillard, « Amérique », d'après J.-F. Hagenmuller

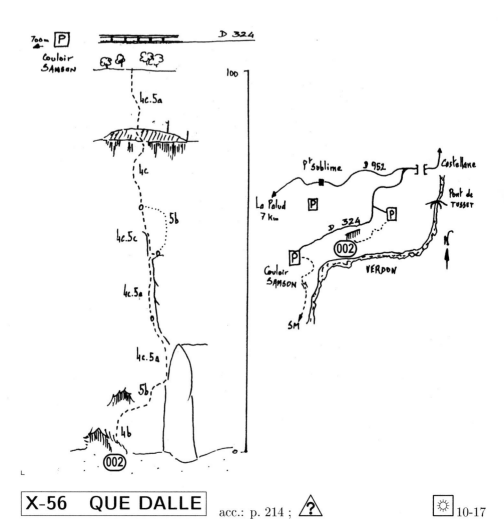

X-56 QUE DALLE
acc.: p. 214 ;   10-17

002 – **QUE DALLE** *(R. Bonnard, A. Querelle, 1972)* 5c & A1, TD, 100 m,

Remportez toutes vos ordures...
et même un peu plus, si vous en trouvez !

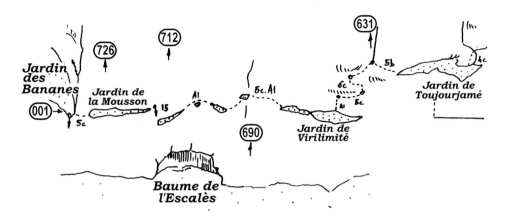

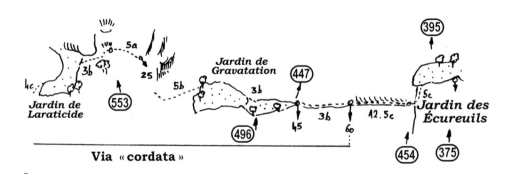

Via « cordata »

X-57 CATARACTES

acc.: p. 120, 148, 154, 212 ; ⚠ ☼ 7–14

001 − LES CATARACTES** *(B. Gorgeon, S. Troussier, 1979)* 5c.A2, TD+, 1000 m, 15 h, ⌐792¬ ; →↯ ; ⚠ ○ jusqu'à *Virilimité* ; (suréquipée et même défigurée en « via cordata » !) de *Naziaque* à *Pichenibule* (cf. p. 169) ; (6) .

BUYING the CLIMBER'S GUIDE
is PARTICIPATING in the EQUIPMENT
One guide bought = 1 belay stance + 2 protections installed

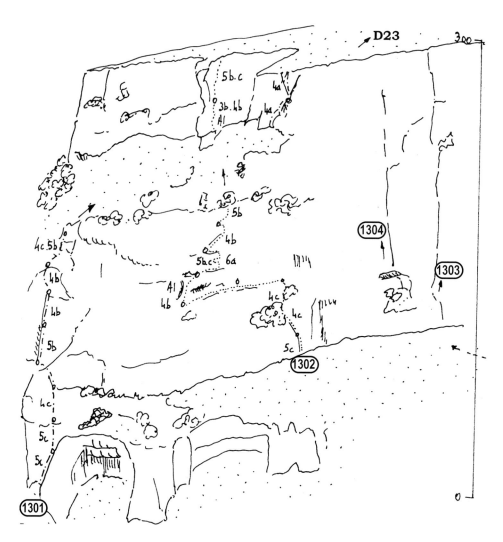

XI. GRAND EYCHARME

XI-1 PÉROU ▙ (45 min) : p. 338, 244 ; ⚠️ ☼ 10–18

1301 – **LA PROSPECTION** *(B. Gaschignard, F. Guillot, 1973)* 5c, TD–, 350 m, ⌊1304 ; 📖▮ ; ⚠(10) 🪛 💧.

1302 – **CÉPALEPÉROU** *(C. & Y. Rémy, 1978)* 6a & A1, TD, 200 m, 4 h 30, ▙ ; 📖▮ ; ⚠(9) 🪛 💧.

1304 – 1303 – LES CAQUOUS, ESTAMPORANÉE : voir XI-2, p. 245

L'hiver

Chapitre XI. GRAND EYCHARME

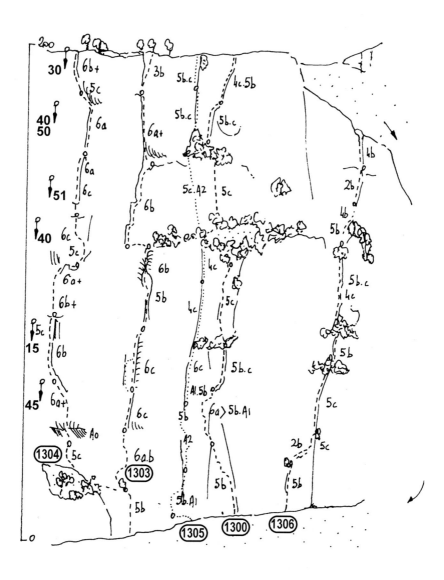

XI-2 : secteur ESTAMPO

XI-2 ESTAMPO

(45 min), 1304 ; 10–18

1304 – LES CAQUOUS*** *(G. Abert, J.-M. Picard-Deyme, 1974; desc.: A. Cutullic, M. Belley, 1992)* 6c(6c), ED–, 200 m, 6 h, , ; ; (1992) .

1303 – ESTAMPORANÉE*** *(F. Guillot, J.-M. Picard-Deyme, 1974)* 6c(6b+), ED–, 200 m, 5 h ; ; (1974) .

1305 – AGAR *(C. & Y. Rémy, 1985)* 6c & A2, ED–, 200 m, 6 h 30 ; (10) .

1300 – DEPUTINDEBOPA* *(G. Abert, J. Fabre, 1974)* 6b(5b+), TD–, 200 m ; (1974) .

1306 – BLÉRIOTE *(C. & Y. Rémy, 1982)* 5c+, TD–, 170 m, 4 h, ; (10) .

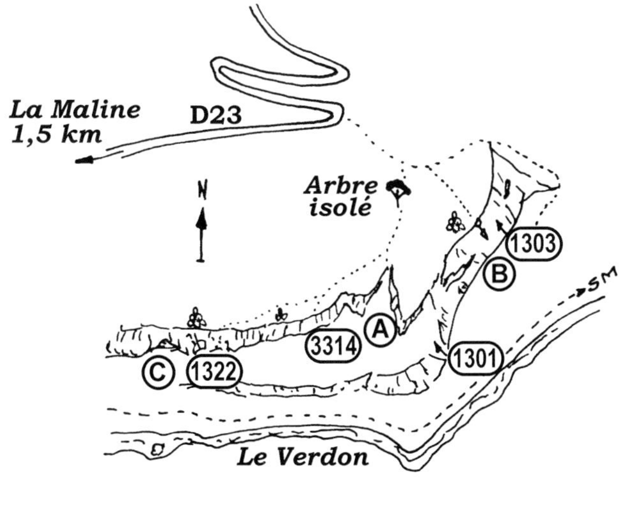

Figure 14: Petit Eycharme (A), Grand Eycharme (B), Tiotieuma (C) : accès

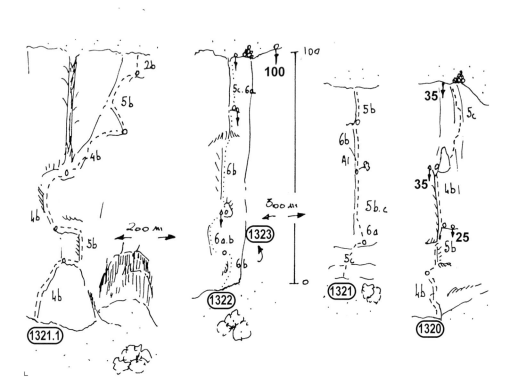

XI-3 TIOTIEUMA

acc.: (30 min) p. 244, 338 ;

1321.1 − FRISCO *(C. & Y. Rémy, 1987)* 5b, D, 100 m, 4 h, 1320.

1322 − SPITS SHOWS ET SUEURS FROIDES** *(J. Giral, M. Ricard, 1984)* 6b, TD, 100 m, 1320 ; (1998).

1323 − L'AMOUR PROPRE NE LE RESTE PAS LONGTEMPS *(J. Giral, M. Ricard, 1984)* ?, 100 m, 5 h, 1320 ; (15).

1321 − TIOTIEUMA** *(B. Gorgeon, Y. Maîtrejean, B. Vuillemin, 1989)* 6b & A1, TD+, 100 m ; (5).

1320 − MONIER*** *(C. & Y. Rémy, 1987)* 5c, D, 100 m, ; (1997).

GRAND EYCHARME

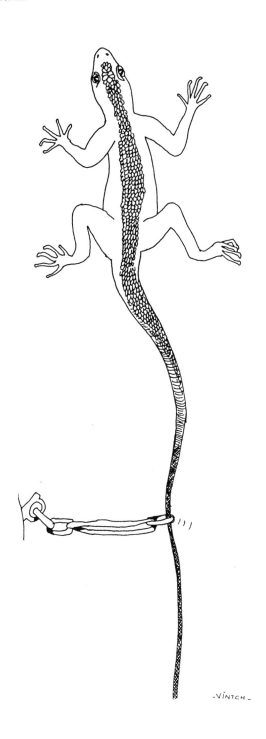

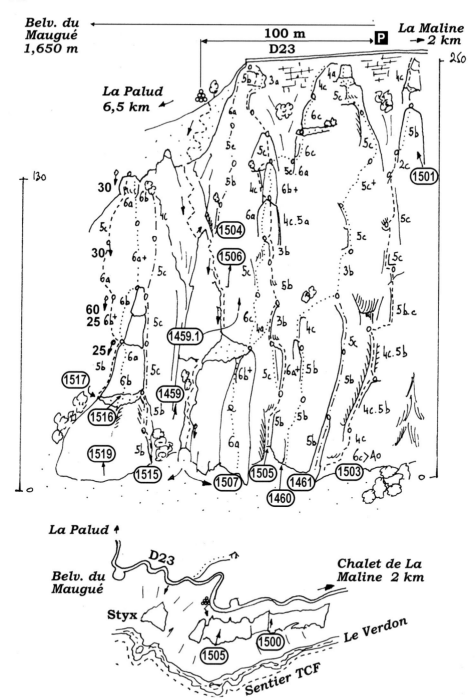

XII-1 : secteur BELVÉDÈRE

XII. MALINES
XII-1 BELVÉDÈRE (45 min) ; 12-18

1519 – — : voir p. 149

1517 – **BABOUCHEMOLLE**** *(B. Gorgeon, 1986)* 6b+(6a+), TD, 110 m, (1986).

    1518 – PALUNODIE *(B. Gorgeon, F. Guillot, 1983)* 6a(?), TD–, 120 m, 1517 ; (10). Pas de schéma : croise 1517 et 1516.

1516 – **LA LUNE AUX OISEAUX**** *(B. Gorgeon, N. Flory, 1989)* 6b(6a+), TD, 130 m, 1517 ; (1989).

1515 – **B.-B.** *(B. Bouscasse, R. Bonnard, 1973)* 5c+, TD–, 200 m, 4 h 1517 ; (1973).

    1459 – BOBBY-SAND *(J.-L. Eyraud, B. Vaucher, 1981)* 5c, TD–, 120 m ; (15).

1504 – **15 FOIS VINCENT*** *(B. Gorgeon, Y. Maîtrejean, B. Vuillemin, 1989)* 6a, TD–, 150 m ; (2).

    1459.1 – VERDON, OCEAN WALL *(D. Motin, 1984)*, TD+, 200 m, 7 h ; (15).

1506 – — : voir p. 149

1507 – **OR SUJET**** *(C. & Y. Rémy, 1988)* 6c(6b), TD+, 200 m, ; (1988).

1505 – **ARÊTE DU BELVÉDÈRE**** *(B. Bouscasse, F. Guillot)* 6a+(5b), D+, 220 m ; (1996).

1460 – **LES DALLES**** *(Billoque, B. Bouscasse, F. Guillot, 1972)* 5c+, TD–, 250 m ; (1998).

1461 – **DIRECTE DES DALLES** *(B. Bouscasse, F. Guillot, 1972)* 5c+, TD–, 250 m ; (1972).

1503 – **TÉLÉGRAMMES**** *(C. & Y. Rémy, 1981)* 6c(5b), TD–, 200 m, 4 h ; (1999) (10 cm).

250   Chapitre XII. MALINES

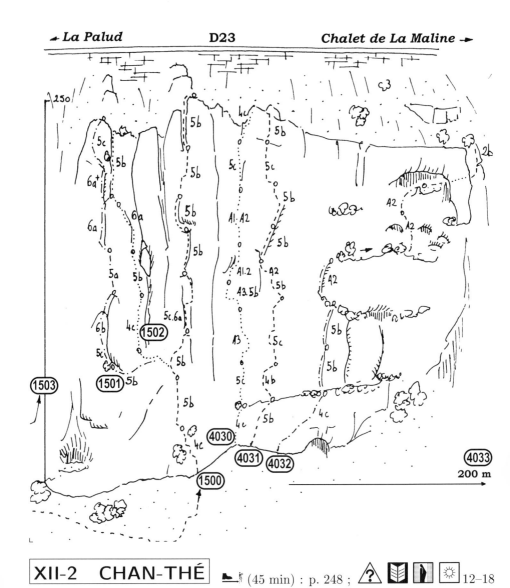

| XII-2   CHAN-THÉ | ⛏ (45 min) : p. 248 ; 12–18

1503 – TÉLÉGRAMMES : voir XII-1, p. 249.
1501 – **FLEUR DE SOLSTICE*** *(Feltrin, J.-F.Lignan, J.-F.Gras, M.Guiot, 1996)* 6b ;, TD, 200 m, 4 h ;
1502 – **ARÊTE GRISE*** *(M. André, G. Vincent, 1972)* 6a(5c), TD, 200 m ; (1972).

XII-2 Secteur CHAN-THÉ

1500 — CHAN-THÉ** *(F. Guillot, J.-P. Folliet, 1972)* 5c, TD, 200 m ; 🯄 🯄 🯄 ; ▲ (1972) 🯅.
4030 — LA PARISIENNE *(R. Bonnard, M. Coquillat, 1979)* 5c & A2+, ED–, 250 m, 21 h ; ▲ (50) 🯆 🯅.
4031 — LA J.-P. GAFFARD *(P. Berhault, M. Dufranc, 1977)* 5c & A2, TD+, 250 m, 6 h ; ▲ (30) 🯆 🯇. 🯅.
4032 — L'HOMME PERDU *(S. Morizot, B. Bouscasse, M. Coquillat, 1973)* 5a & A2, TD+, 250 m, 4 h ; ▲ (30) 🯆 🯇.

« *Paradis artificiels* », suite de la p. 237

(frog eaters), buveur de bon vin ; très recherché pour les cordées mixtes (mettre une annonce en arrivant sur le panneau du camp 4).

Friends (et autres buddies) : en Français : pinces à sucre. Apparu dans le courant des années soixante-dix, ce coinceur mécanique à quatre cames (puis à trois avec les fameux TCU : tri cam unit) permet de progresser rapidement là où hier on posait une lourde artillerie de pitons. S'utilise parfois sur deux cames. Attention : difficile à utiliser en calcaire.

Gants : le granite, ça use ; le calcaire, ça adhère ; le marteau, ça fait mal à la peau.

Granite : matière noble pour le grimpeur (américain) qui peut devenir horriblement « loose » pour le frenchie en voyage aux USA.

Haschich : stupéfiant interdit. Abandonné dans le cyclisme mais pas à Camp 4 (voir Rangers).

Inspiration : le contraire d'expiration. On inspire avant de monter sur un « junk point ».

Junk point : point de progression « loose ». Á éviter si possible.

Jumars : indispensables ; en posséder deux par grimpeur (en cas de perte posséder un Ti bloc ou un Rope Man). Permet de hisser les sacs.

Katastrophe naturelle : effondrement de paroi, tornade persistante, El Niño parfois et un bon prétexte pour aller voir ailleurs.

Littérature : sublime, forcément sublime ! La prévoir abondante et euphorique, surtout pour les longueurs dures.

Loyer : ne pas oublier de le payer avant de partir pour un très long « big wall ».

Mousquetons : nombreux, très nombreux. 100 pour un big wall aux USA.

Musique (en anglais : Music) : elle adoucit les mœurs. Elle calme les esprits ou exaspère le leader (dans un passage « loose » surtout), car il souhaite que l'on prête attention à lui.

Suite p. 259

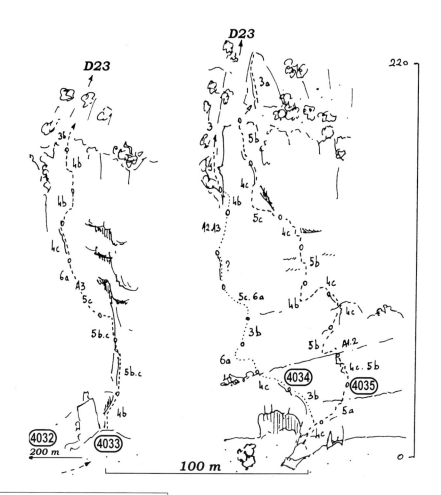

XII-3 DISCORDE

▶︎ (45 min) : p. 248, 250 ; 🔺 📖 📄 ⚒ 🧭 ☀ 12–18

4033 − **LA PÉDALE FEUTRÉE** *(C. Deck, F. Guillot, 1973)* 6a & A3, TD+, 250 m, 4 h 30 ; 🔺 (15) .

4034 − **LES SURPRISES** *(M. Afanassief, F. Guillot, 1973)* 6b & A2+, TD+, 250 m, 5 h 30 ; 🔺 (20) .

4035 − **LA DISCORDE** *(R. Bonnard, R. Fustin, A. Querelle, 1973)* 5b & A2, TD+, 250 m, 10 h ; 🔺 (25) .

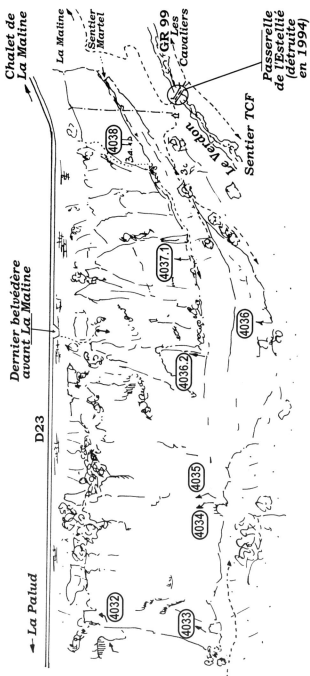

Figure 15: Falaises de la Maline (est), situation et accès

Chapitre XII. MALINES

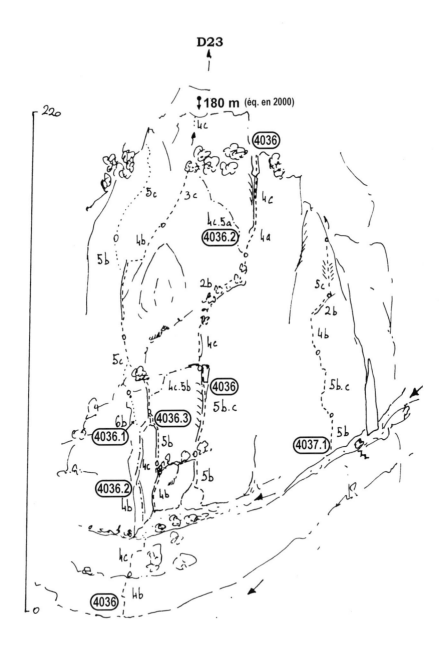

XII-4 : secteur IGLOO

XII-4 IGLOO

⮕ (45 min), p. 253, 🔗 (rappels équipés en 2000) ; ⚠️📖🕮 ☀️12-18

Secteur appelé à s'équiper (relais) pour un apprentissage du terrain d'aventure.

4037 – LES BLEUS *(M. Chevalier, J.-M. Ricciardi, 1974)* 5c, TD, 180 m, 4 h ; ⚠️(6)(ancienne voie méconnue dans les voies 4036.1 et 4036.2).

4036.1 – **TRICROTALE**** *(Y. Clavé, B. Gorgeon, 1999)* 6b, TD-, 180 m, 4 h ; 🔲◯.

4036.2 – **WAMBLIMOLÉ**** *(Y. Clavé, B. Gorgeon, 1998)* 5b, D+, 180 m, 4 h ; ⚠️◇◯.

4036.3 – **LE SACTOUFUATESTU** *(F. Dévoluet, T. Testud, 1998)* 5c, D+, 180 m, 4 h ; ⚠️(3) ◇ ◯.

4036 – **L'IGLOO-TROGLO*** *(M. Guyomar, B. Gorgeon, C. Guyomar, 1977)* 4c, D+, 230 m, 4 h ; ⚠️(6) ◇ ◯.

4037.1 – **C117*** *(J.-M. Blanche, E. Poirier, 1999)* 5c, D+, 140 m ; ⚠️ ◇ ◯.

4038 – LE MAGE *(C. Guillot, A. Frau, F. Guillot, 1972)* 4b, AD, 180 m ; ⚠️ ⚠️(5) 🕳️; voir p. 253.

SUICIDE, MODE D'EMPLOI
Solution III : la moulinette sur sangle

Suite de la p. 163.

Les grimpeurs « modernes » n'aiment pas le rappel, ils préfèrent la moulinette. Donc, pourquoi ne pas faire une moulinette de descente sur un anneau de rappel ?
Ça marche très bien, surtout au début car le frottement soulage le descendeur-frein de l'assureur. Ensuite, au bout de 20 à 40 m, le frottement fait fondre l'anneau de rappel ou la sangle. Enfin chute libre, soit jusqu'au sol (s'il existe) soit jusqu'en bout de corde. Se pose alors question technologique de savoir si l'assureur sera ou non arraché du relais.
Cette solution est déconseillée car, au lieu de se terminer par un ou deux décès bien propres, elle entraîne souvent une coûteuse incapacité à vie.

Si vous tenez à votre vie, moulinez toujours sur un mousqueton ou un maillon rapide, qui évacuent la chaleur du frottement et fondent à 1000 degrés au lieu de 80.

Suite p. 311.

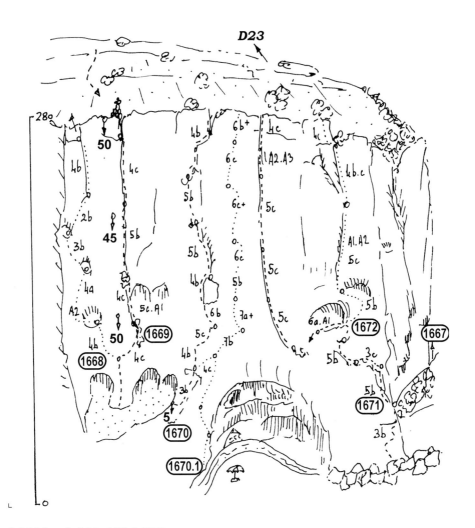

XIII. L'IMBUT

| XIII-1 DÉCIZE | ⌂ (1 h) : p. 264 | ☼ 13–18 |

1668 – **LA TOUCHE QUI MOUSSE** *(M. & G. Guyomar, 1977)* 4b & A2, D+, 180 m, ⌂ ou ↓ (40 m) ; △ (10) ⊙.

1669 – **L'ARCANSON** *(C. Guyomar, C. Hautcœur, 1976)* 5c & A1, TD–, 200 m, ⌂ ou ↓ (40 m) ; △ (9) ⊙.

1670 − LA DÉCIZE* *(C. Guyomar, G. Prioreschi, 1976)* 6a+ & A2, TD, 200 m, 5 h, ▅⫶ ou |╎ (40 m) ; △ (15).

1670.1 − L'ÂGE DE RAISON** *(P. Berhault, H. Fievet, X. Glorieux, J.-M. Schiavolini (stage E.N.S.A.), 1991)* L4−L10: 7b+(7a), L1−L3: |○| (1994), non réalisé, ABO−, 200 m, 6 h, |╎ ; |👤|👤| ; |○| (1991) ◁▷ =50 m.

1671 − DIÈDRE DES AIXOIS** *(J. Bouquier, G. Créton, Y. Racaud, B. Vuillemin, 1973)* 6a & A2+, ED−, 8 h, ▅⫶ ; △ (1973) ⓢ ⓘⓘⓘ.

1672 − L'ADOPATAB *(C. Guyomar, S. Troussier, 1976)* 5c+ & A1+, TD, 150 m, 4 h, ⇒ **1671** ; △ (14) ⓘ.

1667 − PATIBULAIRE* : voir XIII-2, p. 258.

Le Verdon des années 70 : l'Imbut, l'Autrepas

L'Imbut est une falaise particulière. En arrivant en bas du sentier vous percevez, mieux que presque partout ailleurs dans le canyon, ce que Verdon signifie. Les gorges sont très étroites, ça et là s'avancent des piliers rocheux qui gisent tels d'immenses navires échoués et puis frôlant vos doigts de pieds, coule le torrent parfois terrible.

A l'époque de la « découverte » de l'Imbut par des grimpeurs en 1973, les intéressés sont encore tout imprégnés du style « grandes courses ». Une cordée de quatre, Jean-Paul Bouquier, Gérard Créton, Yves Racaud, Bernard Vuillemin, s'attaque d'emblée à un sacré morceau.

Après avoir placé de nombreux pitons des spits, entrecoupés d'un rappel pendulaire, de traversés et de toits − le tout dominant le Verdon, mieux on ne peut pas − ils terminent le *Dièdre des Aixois*. Le matériel laissé généreusement en place nécessite encore toute la panoplie de coinceurs et quelques pitons pour l'en cas....

L'année suivante l'infernal quatuor de l'époque, Guy abert, Jean Fabre, Jean-Marie Picard-Deyme ainsi que le pionnier et maître des lieux François Guillot, ouvre une ligne plus directe le long d'une fissure-cheminée dont la couleur et la qualité de la roche ont inspiré le nom : *Péril rouge*. Depuis, cette voie a été nettoyée et équipée et est devenue une classique incontournable

Suite p. 263

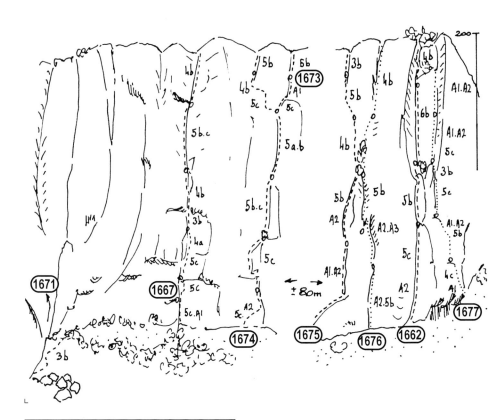

XIII-2 PATIBULAIRE

⚓ (45 min) : p. 264 ; /?\ 📗 📙   ☼ 12-19

1667 – PATIBULAIRE* *(C. Guyomar, P. Bestagno, 1979)* 6b, TD, 200 m, 4 h ;
△ (6).

1673 – VARIANTE DU GOBBI *(F. Guillot, G. Merlin, 1977)* 5c & A1, TD+,
60 m, 5 h, ⟹ **1674** ; △ (7) ⓘ.

1674 – LE GOBBI *(H. Jullian, S. Troussier, 1976)* 5c & A2, TD+, 180 m, 5 h ;
△ (20) ⓘ.

1675 – L'AIGUE *(J.-P. Bouquier, G. Créton)* 5c & A2, TD–, 200 m, 3 h 30 ;
△ (2) ⓘ.

1676 – OVERKILL *(C. & Y. Rémy, 1981)* 5c & A2+, TD+, 200 m, 10 h ;
🗝 🖊 ; △ (45).

1662 – LE BEC DE LIÈVRE** *(G. Créton, C. Gimel, 1974)* 6b, TD+, 200 m, 4 h ; 🗋 📋 📋 ; ⚠ (1974) 💡.
1677 – LE BEAU MENACÉ *(C. & Y. Rémy, 1981)* 5c & A2, TD+, 200 m, 8 h ; ⚠ (54).

« *Paradis artificiels* », suite de la p. 251

Natural protection : protection naturelle. Tout sauf le « bolt ».

Nandrolone : inutile en artif, car plus on est gros plus on flippe ! On est pas là pour courir le 100 mètres en moins de 9"79.

O (eau) : compter 3 litres par jour et par personne (sauf par temps moyen, grand vent, tempête et El Niño).

Pancake : nourriture de base à la cafétéria en face de Camp 4.

Pancake landing : écrasement au pied de la paroi, fait beaucoup rire les indigènes.

Pitons : ils sont soit pour le granit, soit pour le calcaire. La taille varie du timbre poste au hamburger. La forme est changeante. En Z comme les fameux Leeper ou en U comme les classique cornières. Pointus comme les fameux Cassin ou en lames comme les Livanos.

Pigs : sacs de hissage, très, très lourds.

Plouc : français à Camp 4.

Plouf : bruit (quand on tombe dans l'air on entend « comme une sorte de [...] »)

Porta-ledge : home sweet home. Lit de paroi démontable et parfois à deux places.

Puce : plaquette amovible en « trou de serrure » ; en posséder au moins 10.

Q : manque de bol (souvent en paroi). Sexe (rarement en paroi).

Rappel : ne faites pas comme « Bunny » descendant de Pacific Ocean Wall. Il a confondu dans le dernier rappel de nuit, le pontet du baudrier et le porte matériel. Freinage manuel douloureux et traumatisant. Avec 180 mètres, on peut descendre la *Castapiagne rouge* depuis le haut, ne pas hésiter.

Rangers : ne pas oublier de payer la note au camping de Camp 4. S'amusent souvent à confisquer des affaires de grimpeurs. Aucun humour ces gars.

Rivets : c'est la malédiction du grimpeur (en Espagne et aux USA). Ce sont de faux expansions, des contrefaçons honteuses. En fait ce sont des compression de petits diamètres (6 mm). Pour paraphraser Jim Bridwel : « un gars qui n'est pas capable de progresser sur 10 mètres avec des crochets et une poignée de coppers assuré par quelques rivets... pfuit ! ».

Rope Man ; bloqueur mécanique très utile pour plein de choses.

RURPs : Really Ultimate Razor Piton. Détrôné depuis peu par le « bird beak » (encore plus petit) il fut longtemps le symbole de l'escalade « ultime » granitique.

Suite p. 261

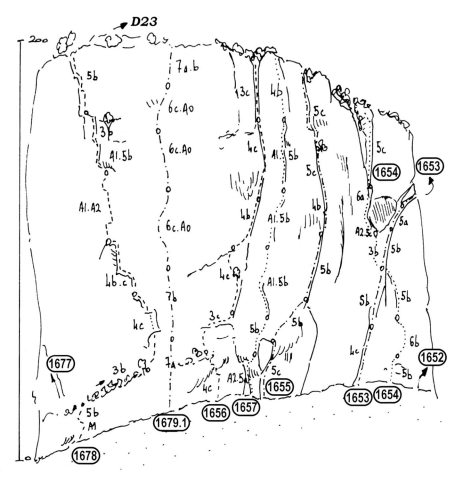

| XIII-3 WAPITI | (45 min) : p. 264 ; | 11–16 |

1678 – LES SONS APOCALYPTIQUES *(C. & Y. Rémy, 1980)* 5b & A2, TD, 200 m, 6 h ; (24).

    1679 – LA RECHERCHE *(B. Gaschignard, F. Guillot, 1973)* 5a, D–, 220 m ; ; (3)(ancien départ abandonné et oublié ; cf. 1656).

1679.1 – DÉLICE DU WAPITI** *(J.-M. Troussier, (stage E.N.S.A), 1992)* 7b & A0, ED+, 200 m, 6 h ; (1992).

1656 – DIRECTE DE LA RECHERCHE *(M. Guyomar, C. Guyomar, 1975)* 4c, D, 50 m ; (5).

1657 — RINQUINQUIN *(C. & Y. Rémy, 1984)* 5c & A2, TD+, 180 m, 7 h ▲(25)◉◐.
1655 — LA CARRIÈRE *(P. Berhault, M. Dufranc, 1977)* 5c.A1, TD, 170 m, 5 h ; ▲(14).
1653 — È PERICOLOSO SPORGERSI** *(F. Guillot, J. Coqueugniot, 1976)* 5c.A1, TD, 180 m, 4 h ; ▲ ▲(1976)◉.
1654 — LE CŒUR** *(C. & Y. Rémy, 1984)* 6b & A2, TD+, 180 m, 6 h ; 🔦 ; ▲ 🔋(1984)⚙.

« *Paradis artificiels* », suite de la p. 259

Posez dix de ces grands timbres poste et votre pouls risque fort de battre des records.

Shoes (chaussures) : on trouve des chaussures d'artif aux USA et maintenant en France. C'est le dernier « chic ».

Sky hooks : voir « crochets ».

Tatoo : fréquent à Camp 4.

Topo : on le consulte dix fois par heure car on s'emmerde ferme au relais. Parfois on peaufine le futur tracé.

Ti bloc : petit bloqueur (PETZL), bon à tout faire.

Urgence : prévoir un baudrier ad hoc !

VO2max : À peu près inutile en artif.

Voleurs : nombreux au Verdon. Ils sont capables de remonter de nuit sur des cordes fixes et de voler tout le matos. Ne rien laisser en paroi. Tendre un piège car les voleurs du Verdon sont aussi des grimpeurs ! Espèces inconnues au Yosemite.

W : (ou les mémoires d'enfance de Georges Pérec, collection L'Imaginaire) à lire absolument au relais pendant les grands moments d'attente, mais un peu déprimant.

Wall hauler : bloqueur mécanique avec poulie pour hisser le sac (bientôt un modèle français chez PETZL — cocorico ! J'espère être dans les premiers servis).

Weather report : bulletin météo (groupe phare Jazz Roc des années 80, Black Market, Tales Spinnin, Heavy Weather).

X : (inconnue, voire manquante).

Yosemite : voir plus haut les nombreuses citations.

Zappa : dans les oreilles avant ou après la grimpe (best of: Wakajawaka, Le Grand Wazoo, Tinseltown Rebellion, Sheik Yerbouti, Hot Rats, The Black Page, etc. voir `zappa.com` et Zappe Zappa de Pierre-Jean Gaucher, un must).

Suite p. 265

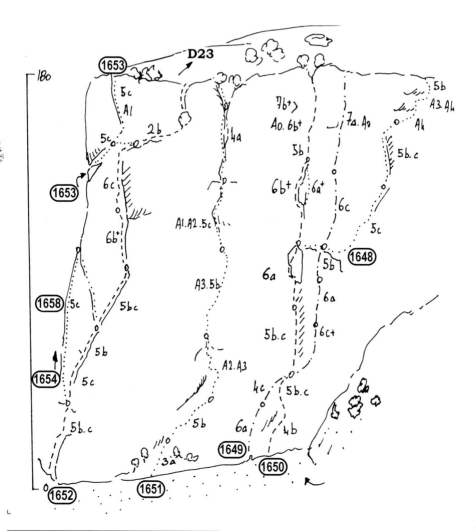

XIII-4 ROUMAGAOU

▬▬ (45 min) : p. 264 ; 🔾 📖 📄 ☼ 11–16

1658 – VARIANTE DE L'ABAGA* *(J. Coqueugniot, F. Labaye, 1976)* 5c, TD, 40 m, 4 h, ⟹ **1652** ; 🔾 △ (8) 🎲.

1652 – ROUMAGAOU*** *(G. Créton, J.-P. Bouquier, 1973)* 6c(6a+), TD, 180 m ; 📄 ; ⚠ ▫ (1997) ◇.

1651 – PÉRIL HELVÉTIC *(C. & Y. Rémy, 1982)* A3, ED–, 180 m, 15 h 🔾 △ (25) 🄟.

1650 – PÉRIL ROUGE* *(G. Abert, F. Guillot, 1979)* 7b+(6b+), TD+, 180 m ; ⬚(1997) ⟨🌢⟩ ⚠ 🅣.
1649 – DE L'ART ET DU COCHON** *(C. & Y. Rémy, 1987)* 7a(6b+), TD+, 180 m, 4 h, ⛓ ; ⬚(1987) 🅣.
1648 – LE PÉRIL JAUNE *(R. Balestra, V. Giacomo, 1977)* 7a+ & A4, ED–, 80 m, 6 h, $\overset{1649}{\Longrightarrow}$ ⟨?⟩ ⚠(20).

« L'Imbut, l'Autrepas », suite de la p. 257

en 6a malgré une sortie en artificielle dans le mur terminal ; passage libéré en 79 déjà par un mutant de l'escalade, Patrick Berhault, à une époque où n'existaient pas encore l'au-delà du 6 sup, ni les subtiles subdivisions...

En 1974 nous retrouvons au fond de l'Imbut le Créton des *Aixois* et du *Roumagaou* (ouverte avec Jean-Paul Bouquier) ; cette fois il est avec Christian Gimel pour faire très fort en ouvrant le *Bec de lièvre*. Certes on nage encore en pleine préhistoire de l'escalade dans les tréfonds de fissures-cheminées aussi lugubres et sales que les châteaux du moyen-âge... Quelques pitons sont parcimonieusement semés le long d'un sévère échauffement, au-dessus surgit une cheminée aux bords lisses, parallèles et terriblement hauts. Aucune protection n'est en place, aucune n'est placée, voilà un chef-d'œuvre de l'escalade libre et engagée de l'époque. À moins de hisser quelques friends du plus grand format, style numéro 13, ou de se ridiculiser en fixant une échelle à poules de spits, il faut compléter le sac à magnésie par une sacrée dose de courage afin de suivre les traces exemplaires de certains pionniers d'alors. Stéphane Troussier, l'un des premiers à reprendre la voie, avoue avoir agonisé. Nous aussi !

Cette fissure-cheminée est la plus dure des Gorges estimée alors 6b. Suite à l'évolution de l'escalade, tout porte à croire que la cotation a dû se bonifier, surtout avec les 29-30 mètres qui séparent les deux seuls points d'assurages de cette fameuse longueur, servant aussi de relais.

Avant d'y aller, soyez à l'aise dans ses sœurs locales *l'Estamporanée, Belle fille sûre, Barjots* ... Il paraît que le premier ascensionniste du *Bec de Lièvre* pratiquait beaucoup la spéléologie, et que ça aide !

Mais Créton n'était-il pas plutôt un grimpeur d'exception ?

Claude RÉMY

Chapitre XIII. L'IMBUT

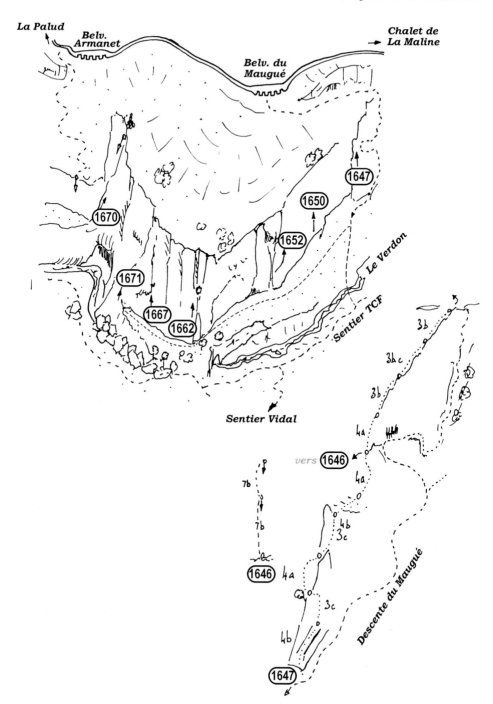

XIII-5 : secteur HERBETTO

XIII-5   HERBETTO   ⮕ (45 min) ; △   ☼ 11–16

1647 – L'HERBETTO* *(B. Cazenave, G. Créton, 1975)* 5b, D, 180 m ;
🧗 📖 ⌾ (1996) ◖ ; ⮕ .

1646 – VOUAI VOUAI VOUAI !** *(B. Clément, 1999)* 7b, 70 m, 🧗
△ ⌾ (1999).

« *Paradis artificiels* », suite de la p. 261

La logistique

Clausewitz l'a sûrement écrit quelque part, la logistique dans la guerre ne s'improvise pas. Ne faites pas comme Napoléon en Russie, ne sous-estimez pas les intempéries (chaud ou froid), ne partez pas sans réchaud, et prenez de quoi tenir un siège avec des vivres de bouche variées et abondantes. Relisez « les Géorgiques » et « La route des Flandres » de Claude Simon pour comprendre ce qu'est une défaite.

Qu'est-ce qu'un sac bien garni ? — Check list à usage des étourdis

Matos individuel :
— baudrier (confort ! on a testé le Clyde de chez Petzl) ;
— porte-matériel sophistiqué (donc confortable, on aime le Zodiac de chez Black Diamond) ;
— une Daisy chain ;
— une longe avec Rope Man ;
— un fifi ;
— un casque (on apprécie les casques légers) ;
— des genouillères ;
— une gourde (bouteille plastique 1 litre) (camel back) ;
— un marteau (un vrai, pas comme le ... de chez...) ;
— des étriers (trois minimum) ;
— mitaines ;
— des sangles de relais, mousquetons à vis (au moins trois) ;
— Wall Hauler (au moins un) ;
— poignée Jumar (avec son réglage), au moins deux par personne ;
— sac de couchage (plumes ou synthétique, à vous de choisir mais sachez que le synthétique est vivement recommandé aux USA car il sèche plus vite que la plume et peut vous éviter une amende si vous cumulez les oublis (la tente du porta-ledge, un départ par mauvais temps et un équipement rudimentaire) ;
— frontale ;
— vêtements en tout genre et « waterproof » ;
— et enfin, un raton laveur (NDLR).

Suite p. 283

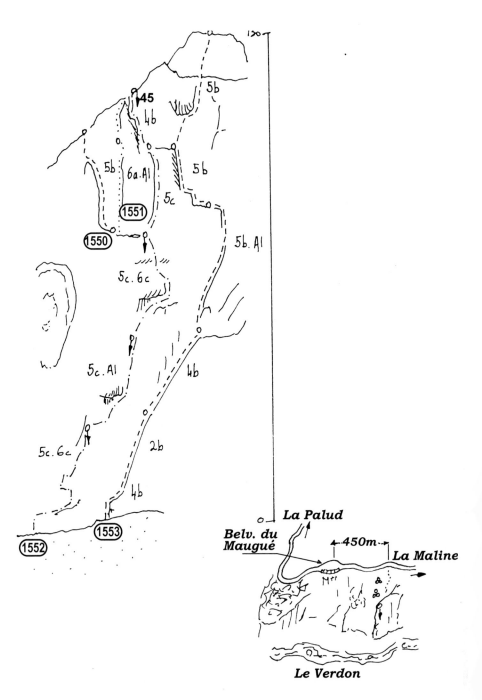

XIII-6 : secteur STYX

XIII-6 STYX ⌕ (45 min) ; 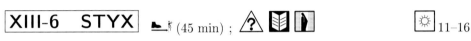 11–16

1550 – **L'OREILLE** *(C. & Y. Rémy, 1986)* 5b, TD–, 40 m, ↓¹⁵⁵² ▲(2) ◯ ⛨.

1551 – **LE DÉLUGE** *(C. & Y. Rémy, 1986)* 6a & A1, 60 m, 4 h, ↓¹⁵⁵² ; ▲(25) ◯ ⛨.

1552 – **PASSION D'AVENTURE*** *(C. & Y. Rémy, 1986)* 6c, TD+, 120 m, 4 h, ↓ ▮◦ (1986) ⛨.

1553 – **COUP DANS L'EAU** *(C. & Y. Rémy, 1986)* 5b & A1, TD, 130 m, 4 h, ↓¹¹⁵² ; ▲(15) ◯ ⊕.

Mangoustine

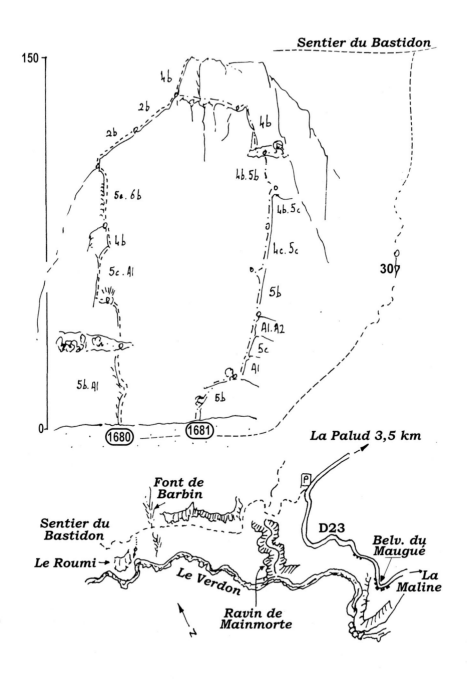

XIV-1 : secteur ROUMI

XIV. ROUMI

XIV-1 ROUMI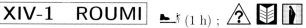

1680 – **INDIANA JONES** (C. & Y. Rémy, 1985) 6b & A1, TD, 150 m, 4 h ; 🔷 (8).

1681 – **LE BASTIDON*** (B. Bouscasse, B. Gorgeon, J.-F. Gras, P. Gras, J. Keller, 1976) 5c & A2, TD, 150 m, 4 h ; 🔳 🔳 🔳 ; 🔺 (1976) 🅾.

Le Verdon des années 70 : « Pierrot, Pierrot ! »
ou : Le Bastidon

C'était une chaude soirée du printemps dans la banlieue Est de Marseille. Même les fenêtres ouvertes on étouffait. Les crapauds s'en donnaient à cœur joie dans les bassins alentour et je ne trouvais pas le sommeil. Dans la rue quelqu'un appela de nouveau mon père.

« Pierrot, Pierrot ! » Les volets de sa chambre s'ouvrirent.

« Oh ! Guy, qu'est ce que tu fais là ? »

« Je reviens du Verdon, je passais pas loin et comme j'avais soif.... »

« Du Verdon, à vélo ! Mais bien sûr, monte, monte ! »

Ils furent bientôt attablés devant un pique-nique improvisé par ma mère, à parler de dièdres, de fissures surplombantes et de voies de 300 mètres.

Par l'entrebaillement de la porte de ma chambre, du bas de mes 9 ans, j'admirais ce Guy Héran qui escaladait des falaises de 300 mètres dans des gorges taillées au couteau. Moi qui avais pleuré dans la Petite Aiguille à En-Vau le jour même...

Les années passèrent et mon père, entraîné par ses copains (vous savez, ces grands chevelus !) allait de loin en loin grimper au Verdon (à cette époque bénie, aller grimper au Verdon voulait souvent dire y ouvrir une voie). Moi je n'y allais pas, je n'y avais pas droit, le Verdon ce n'était pas pour les « minots ». Je ne m'en plaignais pas d'autant plus que j'avais eu l'occasion, depuis, de voir du bas ces fameuses falaises et qu'elles étaient encore plus terrifiantes que dans mes pires cauchemars. Et puis, se lever tôt, traverser les tunnels dans le noir et les pieds dans l'eau, la brume, le Verdon toujours en

Suite p. 271

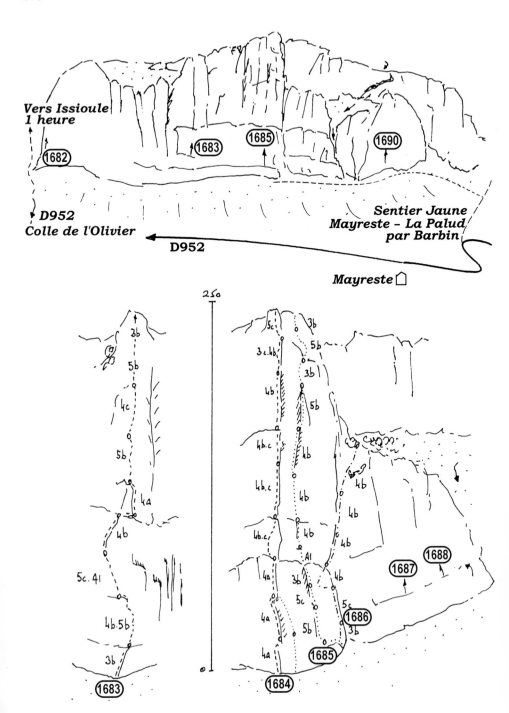

XV-1 : secteur BANANIERS

XV. MAYRESTE
XV-1 BANANIERS

▲: (1 h) ; 🔍📖📄 ☼11-19

1682 – L'ÉCHO LOGIQUE *(B. Domenech, F. Guillot, 1974)* 4c, D–, 240 m ; (12).

1683 – **LES PATAGONISTES** *(B. Amy, F. Guillot, 1968)* 5c.A1, TD+, 250 m, 5 h ; (12).

1684 – **ÉPERON DES BANANIERS*** *(B. Domenech, F. Guillot, 1967)* 5c, D+, 280 m ; (3).

1685 – **PILIER DU POUPRE** *(S. Morizot, B. Bouscasse, M. Coquillat, B. Rogeaux, 1974)* 5c & A1, TD, 280 m, 4 h ; (10).

1686 – **LA CHEMINÉE** *(S. Morizot, B. Bouscasse, B. Rogeaux, 1974)* 5c, D+, 280 m ; (4).

« Le Bastidon », suite de la p. 269

colère, ces parois monstrueuses, merci bien, je vous laisse tout ça à vous les grands. Les Calanques, Buoux, et les Deux Aiguilles me suffisent!

En 1976 mes quinze ans étaient juste passés, je fus jugé capable par mes aînés de les accompagner à l'ouverture d'une voie dans le Verdon. Je ne sais lequel des deux Bernard (Bouscasse ou Gorgeon) avait repéré cet itinéraire. C'était, paraît-il, dans un endroit pas trop gazeux, loin du Duc, de l'Escalès et des tunnels. Malgré tout à l'arrière de la voiture je n'en menais pas large. J'étais en même temps très fier de jouer dans la cour des grands. La voiture entra dans les gorges emplies de brume et ma belle fierté toute neuve fondit comme neige au soleil. Nous laissâmes les voitures au-dessus d'une ferme, voire d'un bastidon, Bernard (Gorgeon) confia Attila son chien jaune destructeur à ma mère et nous voilà partis. Un bout de sentier, une descente dans un couloir, un ou deux rappels et nous fûmes à pied d'œuvre.

Avec mon père nous formions la dernière cordée ; étant second titulaire je fermais la marche et j'étais chargé de la lourde tâche de récupérer les coinceurs, ces nouveautés excentriques d'alors. Mon rôle était bien plus

Suite p. 275

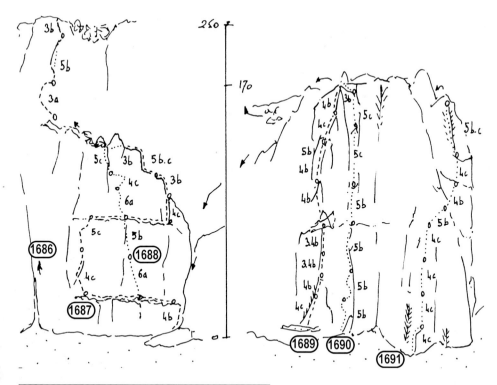

XV-2 SCHLOPPAKOTZE

▲: ⏃(1 h), p. 270 ; ⚠️📖👤 ☼11-19

1687 – L'AS DE PIQUE (L. Delady, B. Domenech, 1971) 5c+, D, 280 m 🔺 (3) 🅢 🎽.

1688 – LA SCHLOPPAKOTZE* (J.-F. Hagenmuller, S. Koenig, 1979) 5c+, TD+, 180 m ; 🔺 (1) 🅢 🎽.

1689 – L'INFÂME CHAUSSE-TRAPE (Y. Dessy, M. Chabert, P.-F. Pernet, 1971) 4c, D, 180 m ; 🔺 (2) 🅢 🎽.

1690 – LE MOU DU MINOU (J. Coqueugniot, J.-P. Folliet, F. Guillot, 1972) 5c, TD, 170 m ; 🔺 (3) 🅢 🎽.

1691 – LES JARDINETS (R. Mizrahi, Y. Tugaye, 1975) 5c, D+, 180 m ; 🔺 (2).

Suicide ? Non, B. Paquet dans ses œuvres (photo F. Ferreira)

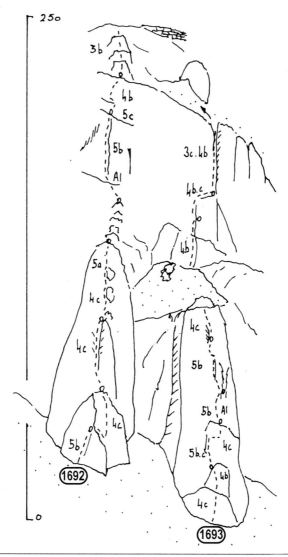

XVI-1 : secteur CHAPELLE

XVI. COLLE DE L'OLIVIER

XVI-1 CHAPELLE ⌐ (45 min) ; ☼ 12-19

1692 – PILIER DE LA CHAPELLE *(R. Bonnard, R. Fustin, 1974)* 5c & A1, D+, 250 m ; (3).

1693 – PILIER DU GRAILLOU *(R. Bonnard, B. Bouscasse, Y. Picard, A. Querelle, 1974)* 5c+ & A1, TD, 250 m, 4 h 30 ; (6).

1693.1 – LA FERME *(S. Morizot, B. Bouscasse, 1974)* ?, 200 m ; (?).

« *Le Bastidon* », suite de la p. 271

important que d'habitude, fini le temps du second « clavette » selon une expression du Grec chère à mon père : « *le second ne m'intéresse que dans la mesure où il ne passe pas à travers le mousqueton* ». De la voie je n'ai qu'un vague souvenir, le 5 sup ou l'artif n'y étaient ni plus ou moins durs qu'ailleurs. Je me rappelle une grosse fissure cheminée d'où je n'arrivais plus à m'extirper tellement j'étais bardé de matériel (dont les coinceurs ; jamais nom ne fut autant mérité). Au milieu de la voie nous entendîmes Attila aboyer pas très loin de nous. Il avait échappé à la surveillance de ma mère et on le voyait se profiler tel une figure de proue sur l'épaule d'un pilier 100 mètres sur notre droite. Il nous accompagna en hurlant à la mort jusqu'à ce que son maître ait rejoint le sommet où il se fit copieusement débarbouiller le visage à grands coups de langue et fouetter les jambes par une queue qui pouvait à elle seule, dans un élan de joie, balayer verres, bouteilles et amuse-gueules.

Une fois tout le monde au sommet, un nom plutôt classique fut choisi : la voie du *Bastidon*. Plus tard il y en eut d'autres et ce n'est pas la plus belle ni la plus dure mais, comme le dit Brassens : « Jamais de sa vie on ne l'oubliera... ».

Jean-François GRAS

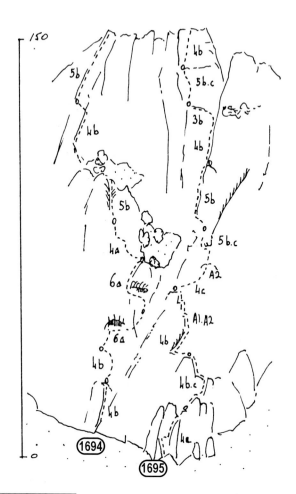

| XVI-2 OLIVIER | ⬛ (45 min) : p. 274 ; | ☀ 12-19 |

1694 – LE CLAPIER *(C. & Y. Rémy, 1985)* 6a, TD–, 150 m ; (1) .

1695 – LES PORTUGAIS *(R. Bonnard, R. Fustin, A. Querelle, 1974)* 5c & A2, TD, 150 m ; (12) .

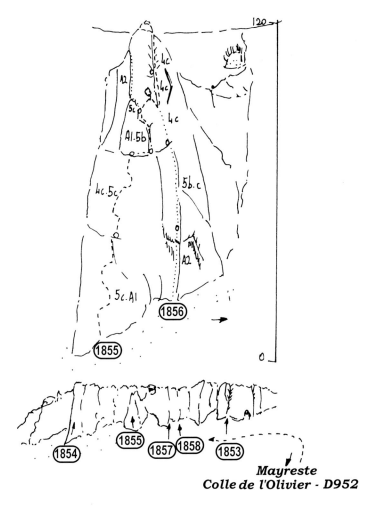

Mayreste
Colle de l'Olivier - D952

XVII. ISSIOULE

| XVII-1   BALADE | ⛸(1 h 30) : p. 270 ; ⚠📖👤   ☀9–16

- 1854 – PILIER BERNARD-SYLVIE *(S. Morizot, B. Bouscasse, 1974)* ; 🔺⓵.
- 1855 – **PILIER DE LA BALADE** *(R. Bonnard, B. Bouscasse, Y. Picard, A. Querelle, 1974)* 5c & A2, TD, 120 m ; 🔺(?) .
- 1856 – **LA BALADE** *(M. Dassonville, S. Morizot, B. Bouscasse, M. Tanner, 1974)* 5b+ & A2, TD, 120 m ; 🔺(20) .
  - 1857 – LA MINI-BROWN *(S. Morizot, B. Bouscasse, 1975)* ? ; 🔺(12)⓵.
  - 1858 – LA RICCIARDI-CHEVALIER *(M. Chevalier, J.-M. Ricciardi)* 5c & A2, TD, 120 m ; 🔺(?)⓵.

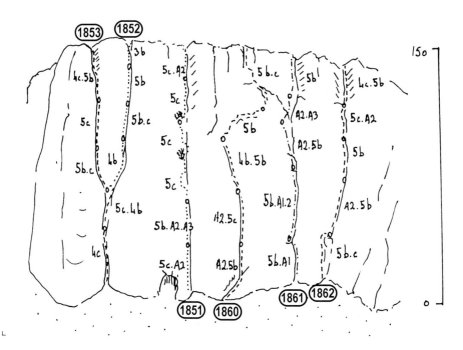

XVII-2 ISSIOULE

⛰ : 〽(1 h 30), p. 270 ; 🅰🅱🅲 ☀9–16

1853 – LE PILIER** (B. Vaucher, M. Charles, 1974) 5c, TD, 130 m ; 🅰 🅱 ; 🅲 🅳 (12).

1852 – LA GORGE (B. Vaucher, M. Charles, 1974) 5c, TD–, 130 m ; 🅰 🅱 ; 🅲 (10).

1851 – LE PRIMATE* (G. Abert, B. Bouscasse, 1974) 5c & A2, TD+, 130 m ; 🅰 🅱 ; 🅲 (20) 🅳.

1860 – SINNER (C. & Y. Rémy, 1981) 5c & A2, TD+, 130 m, 8 h ; 🅰 🅱 (4) 🅳.

1861 – EXCITER (C. & Y. Rémy, 1981) 5b & A2+, TD+, 130 m, 9 h ; 🅰 (3) 🅱.

1862 – FISSURE DE L'AMITIÉ (M. Charles, B. Vaucher, 1974) 5c & A2, ED–, 130 m ; 🅰 (20) 🅱.

XVII-3 Secteur GALETAS

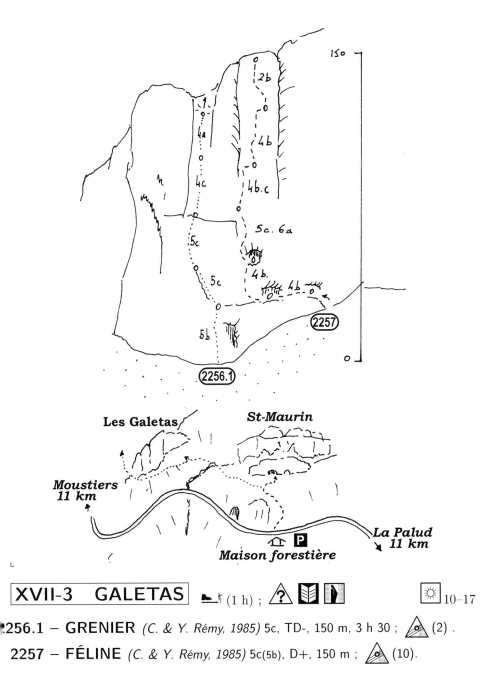

XVII-3 GALETAS ⛰(1 h) ; ❓📖🧍 ☀10–17

2256.1 – GRENIER *(C. & Y. Rémy, 1985)* 5c, TD-, 150 m, 3 h 30 ; ⛰(2) .
2257 – FÉLINE *(C. & Y. Rémy, 1985)* 5c(5b), D+, 150 m ; ⛰(10).

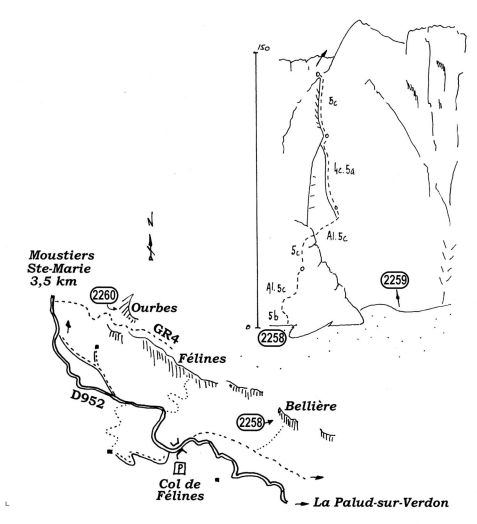

XVIII. OURBES

XVIII-1 BELLIÈRE ⬥ ⁀ : 🐍 (1 h) ; ⚠ 📗 📄   ☀ 10–19

2258 – LES GRELOTS *(R. Bonnard, M. Charles, 1975)* 5c & A1, TD+, 150 m ; 🔺 (20) 🔧 💡.

2259 – LA BOUSCASSE *(S. Morizot, B. Bouscasse, 1975)* 5c & A1 (???), 150 m ; 🔺 (?) 🔧 💡. Aucun renseignement précis, sauf la situation / no precise information, except the location / keine Information, nur die Lokalisierung.

Gueule d'amour

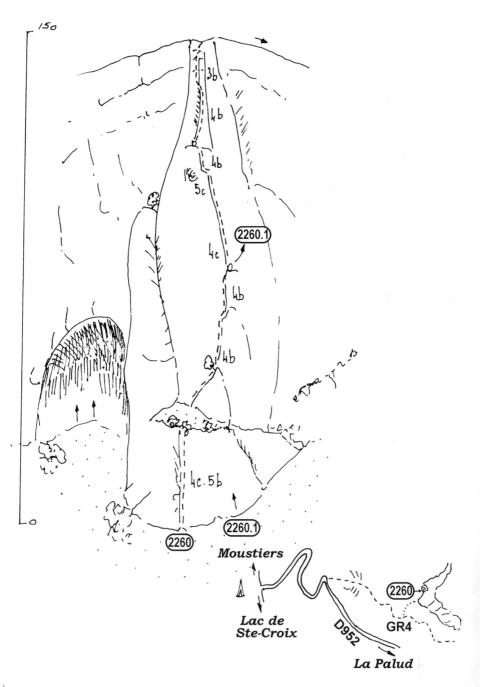

XVIII-2 : secteur FAMILLE À MAX

XVIII-2 FAMILLE À MAX ▄₅ (1 h) p. 280 ; ⚠ 12–19

2260.1 – — : voir p. 149

2260 – LA FAMILLE À MAX *(F. André, M. André, C. Herveic, G. Vincent, 1972)* 5c, TD, 150 m ; 📖 🖼 📕 ; 🔺(8) 🔑 ⓘ.

« Paradis artificiels », suite de la p. 265

Matos collectif :
— pitons (jamais moins de cinquante, rien n'est pire que de regretter !) ;
— cales de bois (indispensable pour le calcaire) de toutes tailles (du cure-dent au tronc d'arbre — cette année le bois fait un retour en force au Verdon, le couteau-scie peut aussi vous dépanner ;
— crochets (de toutes sortes, ne soyez pas avare et renseignez-vous sur les détails scabreux) ;
— mousquetons (ne pas lésiner, 60 est un **minimum**, prévoir large, au moins 80) ;
— cordelettes (au moins 40, de toutes tailles, de toutes épaisseurs) ;
— une corde attache de 50 mètres au minimum, de gros diamètre et si possible avec gaine renforcée (aux USA les longueurs de cordes sont indiquées sur les topos) pour ravitaillement du leader en cours de longueur et hissage du sac (elle doit mesurer le double de la longueur la plus longue évidemment) ;
— sac de hissage : un par personne et de gros calibre soit au minimum de 120 litres (les marques américaines sont hors de prix mais curieusement les variations existent : Metolius semble pratiquer les prix les moins élevés. Presque introuvables en France mais OK sur le Oueb) ;
— quelques sacs étanches (type kayak) pour garder les Palluardes ou les hamburgers toujours prêts à une dégustation rapide ;
— porta-ledge : en paroi on aime son (petit) confort et, partager sa couche avec un ronfleur... Il faut préférer deux monoplaces (pour le confort) à un biplace (pourtant meilleur rapport pour le poids) ; le Black Diamond « parapluie » (monoplace) se monte et se démonte à grande vitesse, Les biplaces ont une fâcheuse tendance à se déformer ;
— nourriture abondante et variée (prévoir salé et sucré) ;
— prévoir aussi un raton laveur de rechange (NDLR).

Marco TROUSSIER

*« Les longueurs d'artif les plus dures sont comme les liaisons sentimentales, on n'est jamais assuré d'en atteindre le bout, elles sont parfois **interminables** ! »*

Anonyme du XXe siècle, Camp 4, Yosemite, Californie

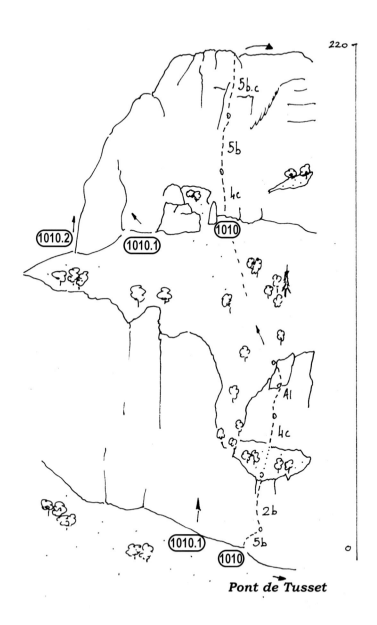

XIX-1 : secteur CASSEYÈRE

XIX. VERDON AMONT – RIVE GAUCHE

XIX-1 CASSEYÈRE ⚓, ↯(1 h) : p. 113 ; /?\   ☼ 7–11

Escalade réglementée ; voir p. 293

1010.1 – 1010.2 – — : voir p. 149

1010 – LA DEMI-PANACHÉ *(C. Carr, A. Guenoche, J. Lemaître, 1977)* 5b+
& A1, TD–, 200 m, 4 h ; 📖 🔖 ; 🔺(6) 🔔 🪝.

L'ESPRIT DE LA PIERRE

« Je remonte lentement sur la corde fixe. L'ombre noie maintenant la falaise. Un vent frais monte du fond des gorges. L'orage approche. Le tonnerre gronde, et le ciel au loin s'obscurcit. Mon voyage dans le vide s'arrête là, au bout de cette corde. Je m'installe sur le relais, agrippé à quelques bouts de ferraille plantés dans la pierre. Me voilà perdu dans cette muraille couleur de sang, comme un insecte posé sur l'océan. Mon regard s'égare un instant sur les gouttes de pluies qui rejoignent la terre. Drôle d'univers pour quelqu'un qui n'est ni un oiseau, ni un lézard.

Entre air et roche. Seul. Plus haut, deux hommes s'excitent à l'envers dans un toit. Un clou chante. Des blocs pressés retournent vers la terre. Le bruit de leur rencontre avec le sol revient nous saluer. La roche encore chaude m'offre un peu de sa chaleur. Ma peau frissonne sous la caresse du vent. Corde, sac, chaussons, dégaines, coinceurs, marteau, clous, sac à pof, eau et quelques biscuits attendent. Leur présence me réconforte. Mes doigts déchiffrent le relief de la pierre.

Comprendre. Écouter. Le corps apprivoise les formes. Trouver l'équilibre. Un chemin au visage changeant coule dans les yeux. Ne pas perdre le fil de l'histoire. Les pierres parlent. Elles ont un passé. Le monde a la couleur du pourpre qui les colore. Le sang est rouge. Un peu d'eau de pluie a creusé une goutte. Mes doigts s'y glissent. Je rejoins l'histoire du monde. Comme l'eau autrefois et le vent maintenant, ma vie coule sur cette pierre millénaire. Une autre trace. Parmi des milliards. L'orage s'éloigne ailleurs répandre d'autres messages. Les hirondelles volent à nouveau.

Suite p. 289

Chapitre XIX. VERDON AMONT – RIVE GAUCHE

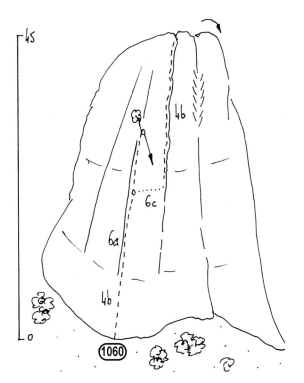

| XIX-2 TATOUNE | ⛺ (45 min) : p. 113 ; ⚠ 📋   ☀ 7–12 |

Escalade réglementée ; voir p. 293

1060 – TATOUNE *(J. Perrier, 1982)* 6a (6c sans le pendule), 45 m ; ⛰ (5) 🔑 ⚙.

**Den Aufkleber
„LEI LAGRAMUSAS" kaufen,
heißt zur Ausrüstung beitragen:**
Ein gekaufter Aufkleber = 2 neue Sicherungspunkte

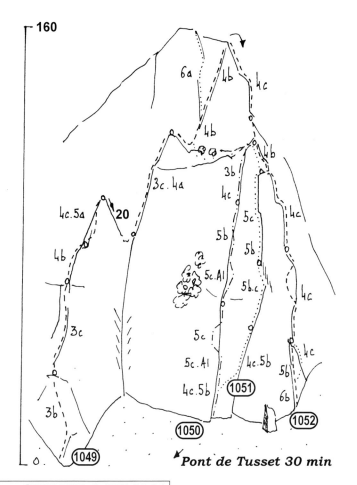

XIX-3 SERRE MEYAN

🥾 (45 min) : p. 113 ; ⚠️📖▮ ☀️7–11

Escalade réglementée ; voir p. 293

1049 – **LA PACOULE*** *(J. Charvel, B. Gorgeon, J. Nosley, 1977)* 4c, D, 180 m ;
🧤 ; 🔺(1977) 🔗 🎯 ⓞ.

1050 – **LES TROMPETTES TUBERCULEUSES*** *(J. Charvel, B. Gorgeon, J. Nosley, 1977)* 5c.A1, TD+, 180 m ; 🔺 (10) 🔗 🎯.

1051 – **HRRSKI SORTANT**** *(B. Gorgeon, J.-M. Cambon, 1977)* 6a, TD, 150 m ; 🧤 ; 🔺(1) 🔗 ⓞ.

1052 – **TOUTENOISETTE**** *(B. Gorgeon, N. Broche, 1977)* 6b(6a), TD–, 150 m ; 🧤 ; 🔺 ⓞ.

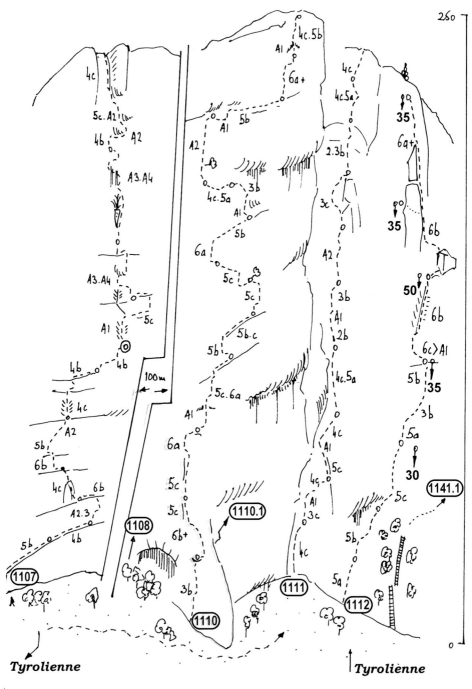

XX-1 : secteur LE DUC

XX. DUC – ENCASTEL – IROUELLE
XX-1 LE DUC ⚲ : p. 113 ;  15-20

Escalade réglementée ; voir p. 293

Accès par une tyrolienne au confluent Verdon/Baù (passage sur le gros bloc) ou, si câble en place, juste en amont des tunnels du sentier Martel ; également faisable depuis le pont de Tusset (par gros débit) avec un peu d'escalade et du flair !

    1105 – 1106 – — : voir p. 149

1107 – LES MARSEILLAIS (B. Bouscasse, M. Charles, R. Jamin, 1975) 6b & A4, ED+, 300 m, 20 h ; ▲ (80) 🪝 🔩.

    1108 – — : voir p. 149

1110 – LES ENRAGÉS* (P. Bodin, P. Cordier, L. Mauch, P. Richard, 1968) 6b+ & A2, ED+, 300 m, 8 h ; ▲ (1968) ◇ 🔩 ; doit-on rééquiper ? Comment ?.

    1110.1 – — : voir p. 149

1111 – DIÈDRE SAMSON (P. Richard, J. Brillant, 1969) 5c & A2, TD, 260 m, 6 h ; ▲ (25) 🪝 🔩.

1112 – ARBRAGIFLE** (J.-F. Gras, M. Guiot, 1991) 6c(6a), TD+, 230 m, 4 h ; 🧗 (91) 🔩 ◇.

« *L'esprit de la pierre* », suite de la p. 285

La faim n'attend pas. La terre disparaît. Le ciel grandit. Ce monde est vertical. Le vide en est le maître. Il faut le vaincre. La pierre est un allié. Elle me protège. La nuit tombe. Tout est noir ici. Plus de vide, plus de roche. Des étoiles guident mes pas. Un sommet. La terre à nouveau, pour m'endormir. »

La Castapiagne rouge en libre et en solitaire, juin 1995

Jérôme ROCHELLE

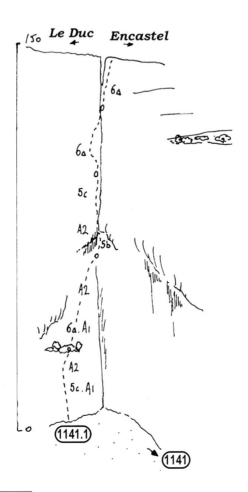

XX-2 BLUES acc.: p. 113, 288, 289   15–20

1141.1 – **BIG BONG BLUES*** *(H. Guigliarelli, K. Maze, 1993)* 6a & A2, ED–,
150 m, 15 h, ▰ ; 🔲 ; ⚠ ⚒ (40) 🔗 (25 variés) 🔘 (2 friends n°4)
🪨 .

Nehmen Sie alle ihre Abfälle wieder mit !
... und auch ein wenig mehr wenn möglich!

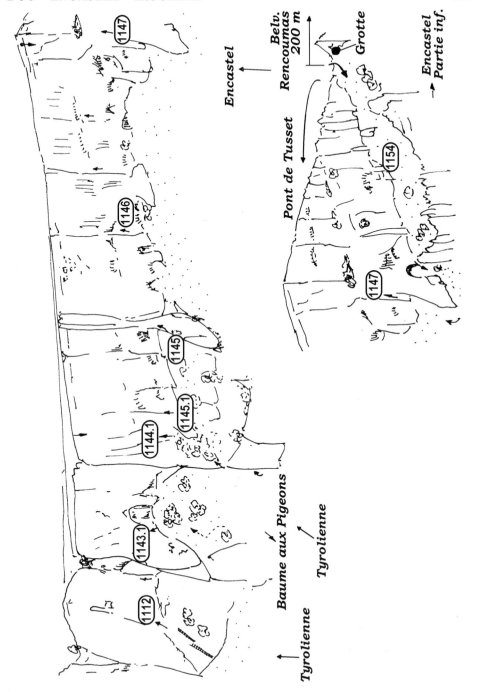

Figure 16: Schéma général : Duc — Encastel

Chapitre XX. DUC – ENCASTEL – IROUELLE

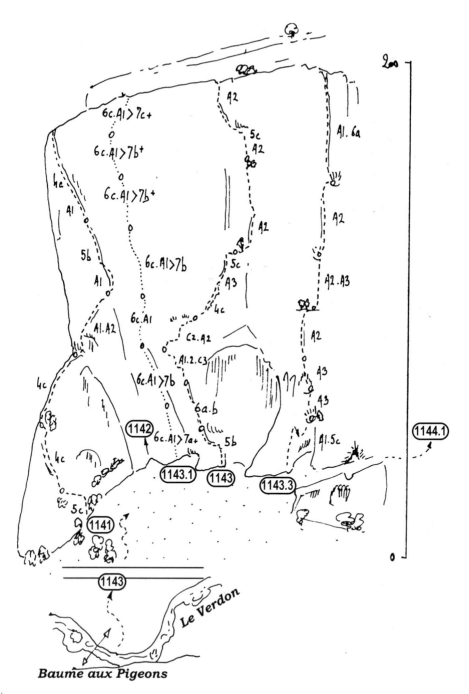

XX-3 : secteur AVENTURE

XX-3 AVENTURE ▃𝄐 : p. 113, 234, 288 ; △? ▨ ☼ 14–18

Escalade réglementée ; voir p. 293

Pour accéder : suivre le sentier Martel jusqu'à la Baume aux Pigeons puis traverser le Verdon par une tyrolienne.

1141 – LE DIVERTISSEMENT SUBTIL *(C. Guyomar, S. Troussier, 1977)*
5c & A2, TD+, 200 m, 12 h ; △ (40) ⊕ ⊕.

1142 – — : voir p. 149

1143.1 – LA TAF NÉFASTE*** *(P. Lèbre, J.-M. Roman, 1993)* 7c+(6c.A1),
ED, 230 m, 6 h ; [o] (1993) ⚠.

1143 – L'AVENTURE, C'EST L'AVENTURE** *(M. Fauquet, M. Guiot, 1989)* A4, ED+, 250 m, 24 h ; [ ] △ ; (C)(20, ⌀8 mm)
(○)(♀)(10 cm) ⊕ (5PP+10P+5EP+10B+5PB).

1143.3 – AU DELÀ DU MIRACLE *(H. Guigliarelli, G. Sauget 1998)* A3, ED+,
250 m, 14 h ; [ ] △ (○)(♀) ⊕.

Commune de Rougon — réglementation de l'escalade

Attention : ce site est sur la commune de Rougon où l'escalade sera réglementée ; avant de partir dans une voie, se renseigner à la mairie de Rougon, au 0033/4 92 83 66 32.

Caution: this site is in the commune of Rougon where climbing will be under regulation: before climbing any route, contact the town hall of Rougon, at 0033/4 92 83 66 32.

Achtung! Diese Felsen finden sich auf der Gemeinde Rougon, wo das Klettern wahrscheinlich reglementiert wird; bevor Sie eine Tour übernehmen, müssen Sie darauf beim Gemeidenhaus Erkundigungen einziehen: 0033/4 92 83 66 32.

Attenzione: Queste pareti sono sul territorio del comune di Rougon, dove l'arrampicata verrà regolamentata ; prima di partire in una via, rivolgersi al municipio di Rougon, al 0033/4 92 83 66 32.

Cuidado: Estos peñascos son localizados en el término de Rougon, donde la escalada será sometida a un reglamento; antes de emprender alguna escalada, llamar al ayuntamiento de Rougon, al 0033/4 92 83 66 32.

294   Chapitre XX. DUC – ENCASTEL – IROUELLE

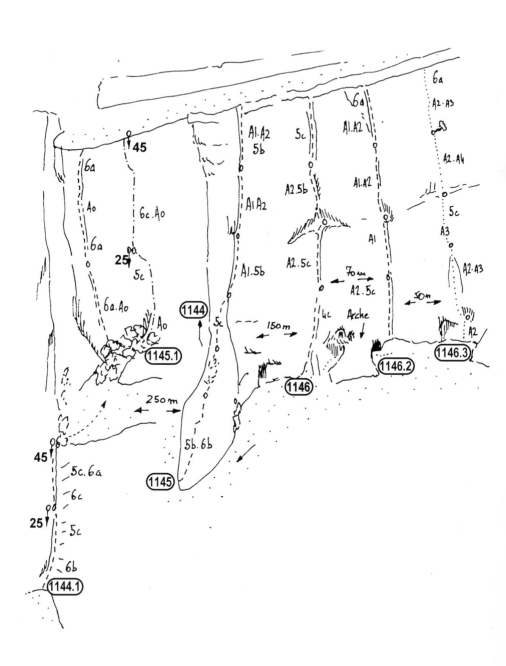

XX-4 : secteur RÉGLISSE

XX-4 RÉGLISSE

⌐╧ (1 h 30) : p. 113, 292, 296, 298 ; ⚠ 📖 ▮   ☼ 13-19

Escalade réglementée ; voir p. 293

1144.1 − RÉGLISSE** *(L1-L2 : C. Tetard, Y. Pouget 1979, puis H. Guigliarelli, K. Maze, M. Keller, 1994)* 7b(6c), TD+, 200 m, 6 h, ⌐╧ p. 293 & |⁻¹¹⁴⁷ ;
⚠ |o| (1994) 👤.

1145.1 − ANIS** *(H. Guigliarelli, K. Maze, M. Keller, 1994)* 6b+ & A0, TD+, 150 m, 6 h, |⁻¹¹⁴⁷ , ⌐╧ , ¹¹⁴⁴·¹⇒ ; |o| (1994) 👤.

1144 − — : voir p. 149

1145 − BARI *(C. & Y. Rémy, 1985)* 6b & A1+, TD, 150 m, 5 h 30, |⁻¹¹⁴⁷ ;
△(10) 🝆 🝅.

1146 − L'ARCHE PERDUE *(C. & Y. Rémy, 1985)* 5c.A2, TD, 150 m, 4 h 30,
|⁻¹¹⁴⁷ ; △(3) 🝆 🝅.

1146.2 − MASSILIA CONNECTION** *(H. Guigliarelli, K. Maze, 1996)* 6a & A2, TD+, 150 m, 7 h, |⁻¹¹⁴⁷ , ⌐╧ , ¹¹⁴⁴·¹⇒ |☂| ; △ 🝆 👤.

1146.3 − JULES ET LE SANGLIER** *(G. Crespi, F. Ranise, 1996)* 6a & A2+, ED, 150 m, 9 h, |⁻¹¹⁴⁷ , ⌐╧ , ¹¹⁴⁴·¹⇒ |☂| ; |o| (1994) 👤.

Chapitre XX. DUC – ENCASTEL – IROUELLE

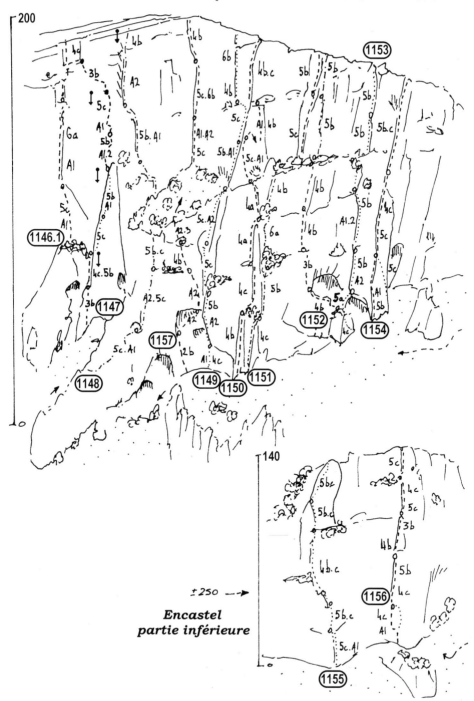

XX-5 : secteur ENCASTEL

XX-5   ENCASTEL

▬⃗ (1 h 30) : p. 113, 298 ;   ⚠️ 📖 🚪   ☼ 13-19

Escalade réglementée ; voir p. 293

1146.1 – **ÇA REND FOUGNE****   *(H. Guigliarelli, K. Maze, 1994)* 6a & A1, TD+, 100 m, 3 h 30, |1147 ; [o] (1994) 🔦 🕯.

1147 – **PILIER NORD-OUEST DE L'ENCASTEL***   *(R. Bonnard, R. Fustin, A. Querelle, 1974)* 5c & A1+, TD, 200 m, 6 h, |⃗ ; ▲(25) 🔦 🕯.

1148 – **FLUIDE RACIAL**   *(C. & Y. Rémy, 1984)* 5c.A2, TD, 200 m, 6 h, |1147 ; ▲(25) 🔦 🕯.

1157 – **PETIT PATRICK**   *(C. & Y. Rémy, 1982)* 6b & A3, TD+, 200 m, 6 h, ▬⃗ : p. 291 ; ⚠️ ▲(15) 🔦 🕯.

1149 – **EN FACE**   *(C. & Y. Rémy, 1987)* 5c & A2, TD, 200 m, 5 h 30, ▬⃗ : p. 291 ; ▲(15) 🔦 🕯.

1150 – **PILIER DE L'IMPATIENCE***   *(M. & C. Guyomar, 1977)* 5c & A1, TD, 200 m, 5 h, ▬⃗ : p. 291 ; ▲(1977) 🕯 ◇.

1151 – **RÉVO-CUL**   *(M. & C. Guyomar, 1977)* 6a, TD, 180 m, 5 h ; ▲(10) 🔦 🕯.

1152 – **ZAIROI DES QUOI ?**   *(B. Gorgeon, C. Guyomar, 1977)* 5b, TD–, 180 m ; ▲(6) 🔦 🕯.

1153 – **LES PARTISANS**   *(C. & Y. Rémy, 1983)* 5b.A2, TD, 150 m, 6 h ; ▲(25) 🔦 🕯 🚪.

1154 – **DOUCE MASTURBATION***   *(B. Gorgeon, N. Broche, 1976)* 5c, TD–, 130 m ; ▲(1976) 💡.

1155 – **LES GUEUSES LASSES***   *(B. Gorgeon, J.-F. Gras, J. Keller, 1977)* 5c & A1, TD, 140 m ; ▲(7) 🔦 🕯.

1156 – **LA TARDIVE INSOLATION****   *(B. Gorgeon, P. Gras, N. Broche, 1977)* 5b & A1, TD, 150 m, 4 h ; ▲(4) 🔦 🕯.

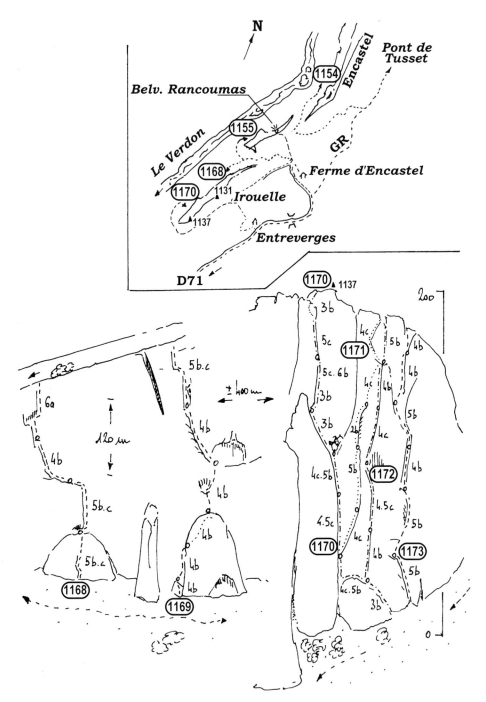

XX-6 : secteur IROUELLE

XX-6 IROUELLE

👣 : 🧗 (1 h 30) : p. 113 ; ⚠️ 📖 🧗 ☀️ 12-19

Escalade réglementée ; voir p. 293

1168 — MIEUX *(C. & Y. Rémy, 1987)* 5c+, D, 100 m ; 🔺 🔺 ⓣ.

1169 — QUI DIT MIEUX ? *(C. & Y. Rémy, 1987)* 5c+, TD-, 120 m ; 🔺 🔺 ⓣ.

1170 — VOIE DE L'HOMME NUTS* *(B. Gorgeon, J. Keller, J. Nosley, 1974)* 6b, TD, 200 m, 5 h ; 📋 ; 🔺 (15) 🔗 ⓣ.

1171 — LE PIÈGE À CONS *(C. & Y. Rémy, 1983)* 5b, D, 200 m ; 🔺 🔗 ⓣ.

1172 — CAUVIN** *(C. & Y. Rémy, 1983)* 5c, D+, 200 m ; ▫️ ⓣ.

1173 — ENTRE-AVERSES *(C. & Y. Rémy, 1983)* 5b, D, 200 m ; 🔺 🔗 ⓣ.

Le conte d'au bout du compte

La situation dans laquelle je me trouve est extrêmement délicate. La corde pend au loin en dessous de moi et je sais que les derniers clous que j'ai plantés sont foireux. Je n'ai pas du tout envie de me payer un vol à cet endroit. Je pense à la vie, à la mort, à la baraka. Je commence à voir les diables.

Accroché du bout des doigts, je me dis que je vais m'en sortir si je peux atteindre cette « baignoire », en m'y jetant dessus. A cet instant — stupéfaction ! — un lézard s'y pose. Il me regarde d'une drôle de manière et semble me dire :

« Je te défends l'accès tant que tu n'auras as répondu à mes trois questions. D'emblée en voici la première : au fil du temps qui passe, quel est le fil de tes pensées ? » Je l'écoute à peine, mais il continue pour m'aider : « que suis-tu ? le fil de l'eau ? le fil d'Ariane ? » La gorge sèche, incapable de prononcer un mot, je ne vais pas tarder à décrocher.

« Prends ton temps, réfléchis — poursuit-il — voici la deuxième question : quel est le point commun entre un lézard du Verdon et un grimpeur ? » Dans un souffle, je parviens à lui dire qu'à part le sang froid je ne vois rien d'autre. Il me traite d'imbécile mais me laisse néanmoins franchir le passage.

Plus tard, je compris que le fait de grimper, au lieu de marcher à plat, est un chemin parmi tant d'autres qui m'a permis de donner du sens à ma vie.

Voici bientôt trente ans que cela s'est passé... Je grimpe encore parfois, mais je n'ai plus rencontré de lézard. Il me plaît depuis lors de penser que j'ai trouvée tout seul, la troisième question !

Serge MENDOLA

300   Chapitre XX. DUC - ENCASTEL - IROUELLE

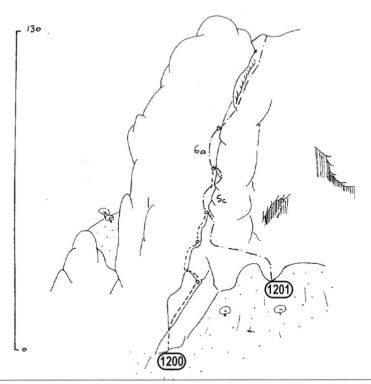

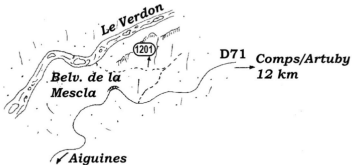

| XX-7   ARTUBY | ⚓ ₹ : 〽(1 h 30) ; ⁇ | ☀ 10–17 |

1200 – — : voir p. 149
1201 – **ARÊTE DES TROIS CHÈVRES** *(R. Balatore, B. Cazenave, G. Créton, G. Malbranche, 1975)* 6a, D ; 📋 📖 ; ⟁ (2) 🜁 🛢 .

Aïe ! le *crux* de l'Arête du Belvédère.

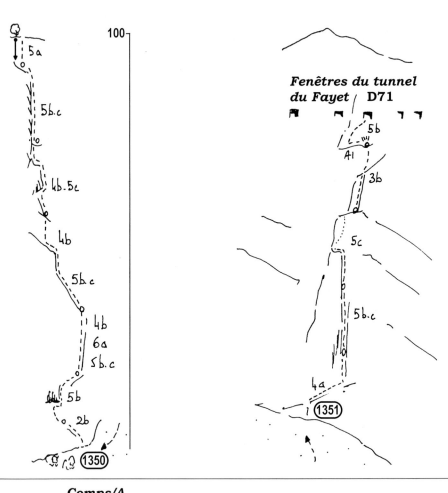
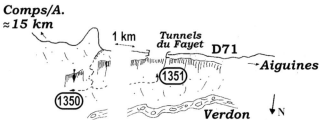

XXI-1 : secteur FAYET

XXI. VERDON VAROIS

XXI-1   FAYET ⌁ (45 min), p. 304 ;   ☀ 9–16

1350 – LES PIONNIERS SONT TOUJOURS LÀ* *(B. Gorgeon, J.-F. Gras, J.-F. Lignan, J. Nosley, 1983)* 6a, TD–, 150 m, 4 h, ⌁ ou ⌁ (rappels non équipés (arbres) ; 50 m maxi) ; (1).

1351 – LA TAUPE BESOGNEUSE *(C. & Y. Rémy, 1978)* 5c+ & A1, TD, 100 m ; (1).

LA BALLADE DU TEMPS JADIS

Dites-moi où n'en quel pilier
Est Gousseault gelé aux Jorasses,
Bernard Bouscasse et puis Troussier,
Dont on a égaré la trace,
Crochets « fifi » qu'Abert emmène
Dans cheminées tout « renfougnant »,
Qui figure eut trop plus qu'indienne,

Mais où sont les parois d'antan ?

Où est donc passé Petit Louis
Et Picou, varappeur de femmes,
François Guillot, Pschitt et Pepsi,
Tous fascinés par l'Eycharme,
Semblablement quels « enragés »
Ont sur le Duc, dégoulinant,
Martelé spits très usagés ?

Mais où sont les parois d'antan ?

La Palud vierge de touristes,
Au clocher il n'y a plus de gong,
Granges squattées, sextogradistes,
Et Guy Héran qui tint le « bong »,
Et Fouque le grimpeur extrême,
Seul à Ula ; dans ses vingt ans,
Elle est partie ma mongolienne.

Mais où sont les parois d'antan ?

Suite p. 315

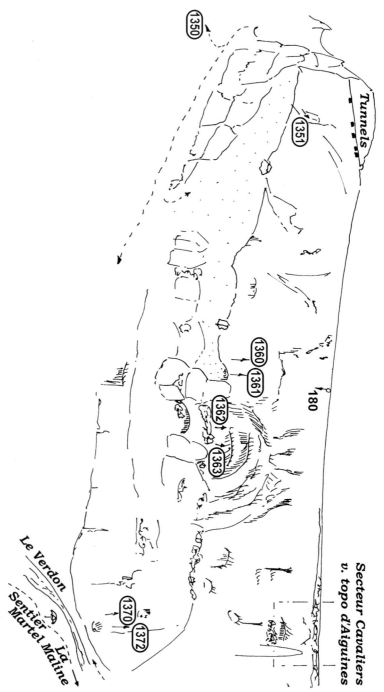

Figure 17: Plan d'ensemble des secteurs : Fayet – Cavaliers

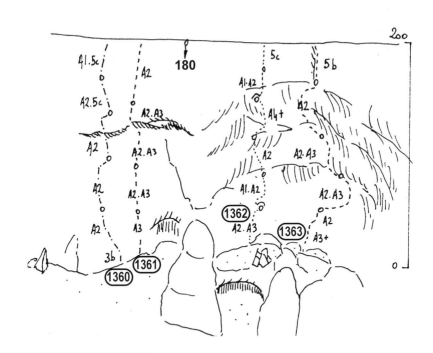

XXI-2 DÉVERS

▬ (45 min) : p. 304, (180 m) ; 8–12

1360 – LES SALADES DE L'APOCALYPSE* *(H. Guigliarelli, G. Sauget, 1997)* A2, TD+, 180 m, 14 h ;

1361 – PAPY QUÉ DÉVERS* *(G. Crespi, F. Ranise, 1997)* A3, ED, 181 m, 14 h ;

1362 – À CROCHE TOIT** *(M. Fauquet, F. Ghini, 1999)* A4+, ED+, 150 m, 24 h ; (100m) ; (10 cm) (5PP+20P+5EP+25B+5PB+ 5 coins de bois (type manche de pioche).

1363 – VOIE BRODIE-MORA** *(N. Brodie, C. Mora, 1999)* A3+, ED, 150 m, 24 h ; (80m) ; (10 cm) (5PP+20P+5EP+35B+5PB+ 5 coins de bois (type manche de pioche) + bird peak pour L1+plbs).

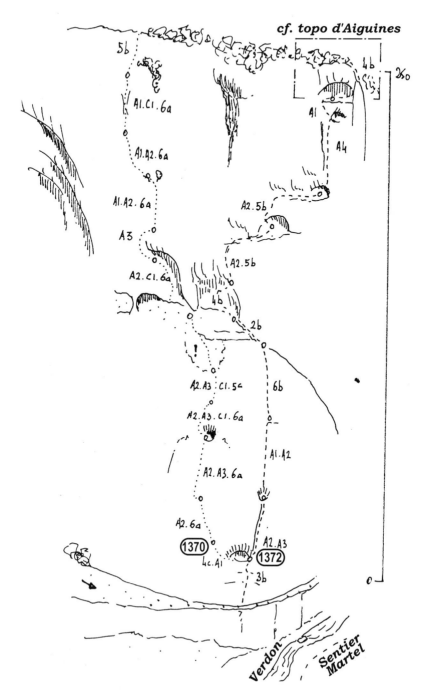

XXI-3 : secteur MOU

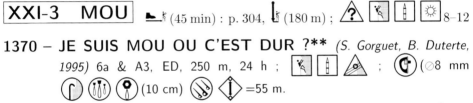

1370 – **JE SUIS MOU OU C'EST DUR ?**** *(S. Gorguet, B. Duterte, 1995)* 6a & A3, ED, 250 m, 24 h ; 🗝️ 🕯️ 📐 ; 🧭(⌀8 mm) 🪨 🎣 🔑 (10 cm) 🪝 ◇ =55 m.

1372 – **LE FOND DE L'AIR EFFRAIE, LE FOND DE LA RIVIÈRE AUSSI**** *(G. Crespi, H. Guigliarelli, F. Ranise, 1996)* 6b & A4, ED-, 250 m, 20 h ; 🗝️ 🕯️ 📐 ; 🪨 🎣 🔑 (10 cm) 🪝.

Estellié : la passerelle fantôme

Jadis, la passerelle de l'Estellié permettait d'aller à pied sec du Chalet de la Maline à l'Auberge des Cavaliers et à l'Imbut, sur l'autre rive des gorges du Verdon.

Elle a été emportée en 1994 par une forte crue du Verdon. Depuis lors, sa reconstruction est « à l'ordre du jour » pour... l'année prochaine et elle est encore indiquée comme « praticable » sur la carte IGN 3442 OT de 1999. Toutefois, au printemps 2000, elle n'est toujours pas reconstruite. Pourquoi ?

D'une part, elle est à la frontière entre deux communes et deux départements. Donc, qui financera la reconstruction ? D'autre part, à la suite de multiples procès en Correctionnelle à la suite d'accidents en pleine nature, les normes de sécurité sont devenues extrêmement strictes et il est possible que certaines administrations veuillent imposer à une passerelle pour randonneurs les mêmes contraintes qu'à un ouvrage en pleine ville. Ce qui rend la reconstruction exorbitante, à la fois du point de vue prix, et du point de vue des dommages à l'environnement que pourrait causer un chantier pharaonique...

The Passerelle de l'Estellié – a bridge which permitted to walk from La Maline to the Auberge des Cavaliers and to Imbut – was swept out by a flood in 1994.

Since that time, its reconstruction is always planned for... next year. This delay seems to be due to the fact that each bank of the Verdon belongs to two distinct départements, and to the excessive cost of safety regulations when building a new bridge, even for hikers in a wilderness area.

1994 wurde die Estellié-Fußgängerbrücke durch einen Fluß weggenommen. Seitdem ist eine neue Brücke „nächtes Jahr" immer noch geplannt...

Wahrscheinlich gibt es einen finanziellen Konflikt zwischen den zwei Departements, die die beiden Seiten des Verdon verwalten. Vielleicht auch kosten die strengen neuen Sicherheitsregeln einer neuen öffentlichen Brücke zuviel Geld.

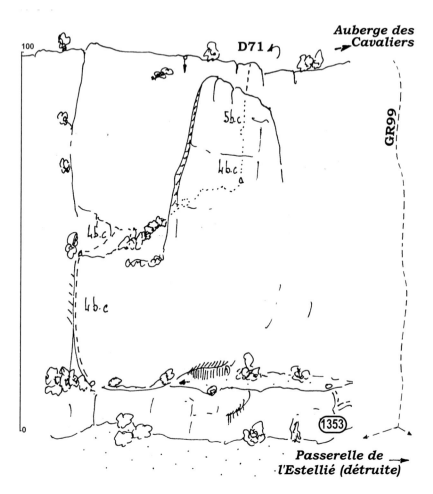

| XXI-4 CAVALIERS | (45 min) : p. 309 ; | 8–12 |

Passerelle de l'Estellié : attention, voir p. 307.

1353 – VOIE DE L'ÉCAILLE *(S. Morizot, R. Bonnard, B. Bouscasse, A. Querelle, 1973)* 5b+, TD, 100 m ; (5) .

Portate via tutti
vostri rifiuti...
... ed anche di più, se ne trovate !

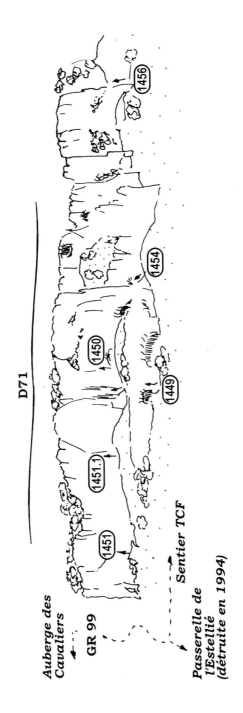

Figure 18: Falaise de l'Estellié, schéma général

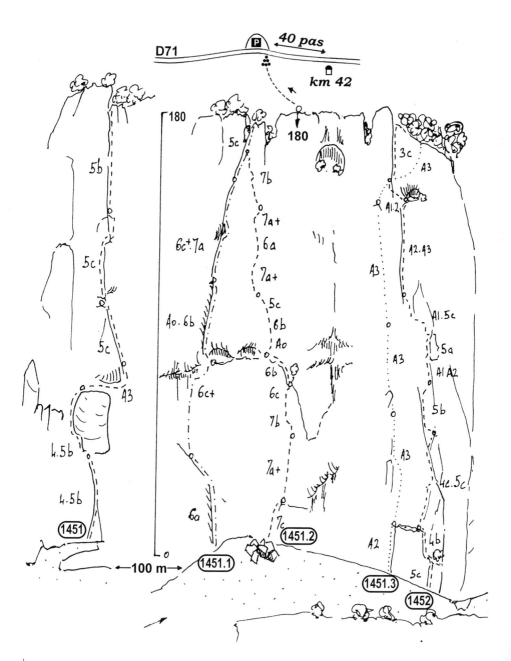

XXI-5 : secteur ESTELLIÉ

XXI-5　ESTELLIÉ

▬ (30 min) : p. 309, (180 m) ; △ 📖 ▮　☼ 10-12

Passerelle de l'Estellié : attention, voir p. 307.

1451 – LE VOL DU CANARD ET DU CASQUE TROUÉ *(S. Morizot, B. Bouscasse, J. Fouque, 1975)* 5c+ & A3, TD+, 180 m, 5 h ; /?\ /♦\ (15)

1451.1 – 3 JOURS D'ENGATSE** *(H. Guigliarelli, K. Maze, M. Keller, 1995)* 7a, TD+, 180 m, 5 h ; |●|(1995) ; 🜚 ⚱ 🜨 20 .

1451.2 – CE N'EST PAS UNE PIPE** *(L. et L. Catsoyannis, 1997)* 7c & A0(7a), ED+, 180 m, 5 h ; |●| (1997) .

1451.3 – PLUS TOP QUE ÇA TU MEURS** *(B. Guillet, M. Noiran, B. Ravanat, S. Koenig, 1997)* A3+, ED+, 180 m, 15 h ; |🔑| |▮| ; /♦\ 🜚 ⚱ 🜨 🜩 🜚 (3 ⌀8 mm) .

1452 – LE BON, LA BRUTE, LE TRUAND* *(P. Berhault, M. Dufranc, G. Thomas, 1976)* 5c & A2, TD+, 250 m, 20 h ; /?\ /♦\ (40) 🜚 ⚱ .

SUICIDE, MODE D'EMPLOI
Solution IV : la moulinette trop courte

Suite de la p. 255.

Très simple : votre corde de moulinette doit être plus courte que le double de la longueur dont vous descendez. Veillez à ce que l'assureur (virtuel) ne soit pas encordé à l'autre bout.

Alors, en bout de corde, le corde s'échappe de son frein ou de son huit. Ensuite, chute libre *ad libitum*.

Méthode intensivement testée dans les petites falaises. Dans les grandes falaises, l'avantage de la grande hauteur serait d'éviter une incapacité à vie : un mort coûte moins cher qu'un handicapé...

Si vous tenez à la vie : toujours encorder l'assureur à l'autre bout de la moulinette. Il ne passera pas au travers des mousquetons.

Suite p. 341.

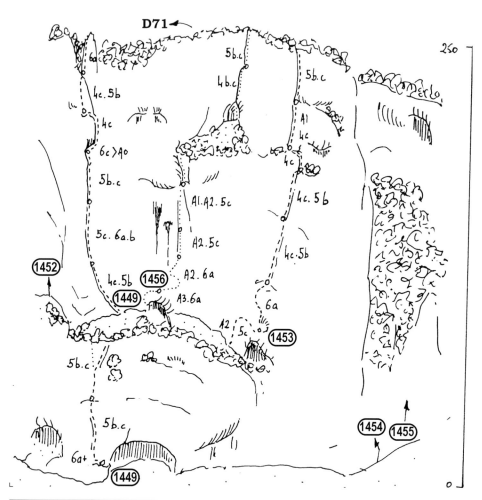

XXI-6 OURSINADE

🥾 (30 min) : p. 309, ⬆ (180 m) ; ⚠️📖▮ ☀10–12

1452 – LE BON, LA BRUTE, LE TRUAND : voir 18, p. 309
1449 – **L'OURSINADE*** *(R. Bonnard, R. Fustin, 1973)* 6c(6a), TD+, 220 m,
  5 h ; △ 🎒(1991) 🔦 ◇=50 m.
1450 – **DÉLIVRANCE*** *(G. Abert, C. Guyomar, 1976)* 6b+ & A2, TD+,
  160 m, 7 h ; ⚠️ △ (1976) ⚠ 🚫 🔦.
1453 – **L'AVEUGLETTE** *(P. Berhault, M. Dufranc, 1977)* 6a & A2, TD, 200 m,
  6 h ; △ (20) ✂ 🔦.

XXI-7 Secteur FAUTEUIL

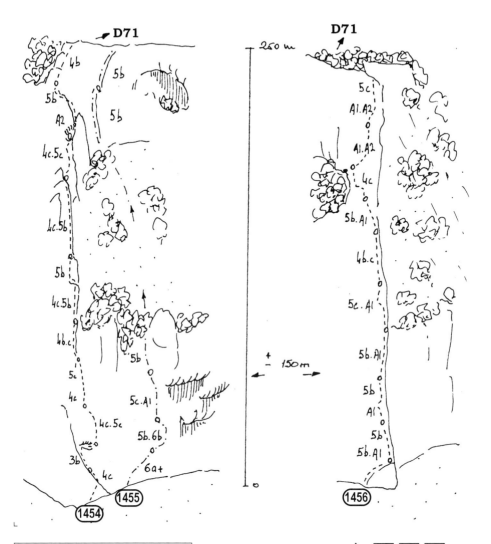

| XXI-7   FAUTEUIL | ⚓ (30 min) : p. 309 ; 10–12

1454 – PILIER GAUCHE DU FAUTEUIL* *(S. Morizot, R. Bonnard, B. Bouscasse, A. Querelle, 1973)* 5c & A2, TD+, 250 m, 10 h ; (25)

1455 – LE FAUTEUIL *(L. Castoyannis, M. Coquillat, 1978)* 6a+ & A1, TD+, 250 m ; (25)

1456 – PILIER DU FEU SACRÉ* *(R. Bonnard, R. Fustin, G. Migieu, A. Querelle, 1973)* 5c & A2, TD+, 250 m, 12 h ; (40)

314   Chapitre XXI. VERDON VAROIS

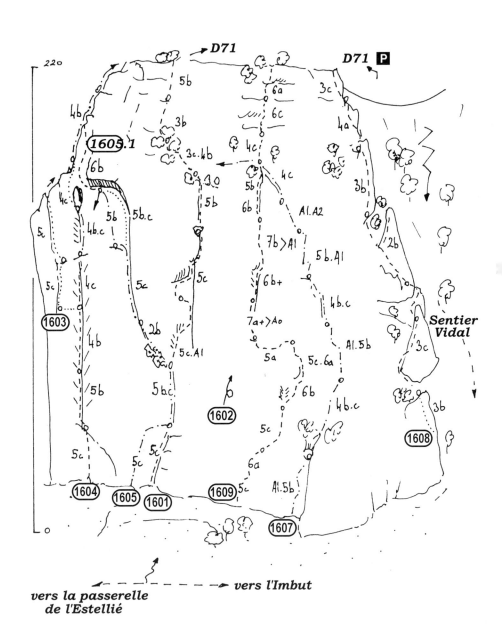

XXI-8 : secteur MAUGUÉ

XXI-8 MAUGUÉ

⌐⌐˙ (45 min) ; �️📖🚪 ☀10–13

Passerelle de l'Estellié : attention, voir p. 307.

Accès, soit par sentier Vidal rive gauche, soit par la descente du Maugué et traversée à gué du Verdon (profondeur 60-80 cm) ; voir p. 264.

1603 – PILIER DU MAUGUÉ (G. Abert, G. Cancel, 1979) 5c+, TD- ; ⛰(1979) 🪝 ⛓.

1604 – GRAND DIÈDRE (G. Abert, G. Cancel, 1979) 5c, TD- ; ⛰(1979) 🪝 ⛓.

1605 – VOIE DE L'ARCHE** (G. Cancel, G. Delaunay, 1973) 5c+, TD, 250 m, 4 h ⛰ ; ▫(1999) ⬥.

1605.1 – SORTIE DIRECTE** (G.Abert, 1999) 6b

1601 – PICOU DISTRAIT (F. Guillot, J.-M. Picard-Deyme, 1973) 5c.A1, TD, 220 m, 5 h ; ⛰(11) 🪝 ⛓.

1602 – LORRAINE (G. Abert, G. Cancel, G. Delaunay, 1984) 7a, ED, 220 m, 4 h ; 📖 ; ⛰(1984) ⬥ ⛓.

1609 – EGYPTOS* (G. Abert, et un client 1979) 7a+(7a), TD+, 220 m, 5 h ⛰ ; ▫(1994) ⬥.

1607 – EL PELIGRO (G. Abert, J. Coqueugniot, 1977) 6c+ & A2+, TD+, 220 m, 5 h ; ⛰(30) 🪝 ⛓.

1608 – ARÊTE DES TROGNONS (B. Cazenave, G. Créton, 1975) 4a, AD, 170 m ; ⛰ 🎯 ⛓.

« Ballade du temps jadis », suite de la p. 303

« Caquous » ne criez pas « putain ! »
Dans ces canyons trop résonnants,
De vos exploits ne reste rien.

Mais où sont mes parois, mes parois d'antan ?

Jean FABRE

316   Chapitre XXI. VERDON VAROIS

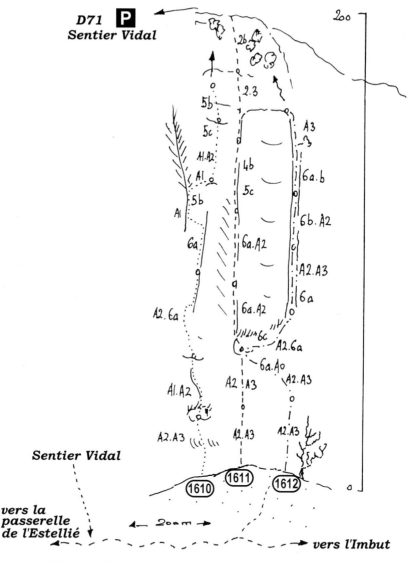

| XXI-9   KHÉOPS | ↙ (45 min) : p. 315 ; | 10–13

1610 – **TOTAL KHÉOPS** *(H. Guigliarelli, K. Maze, G. Crespi, 1996)* 6a &
A2+, TD+, 15 h, 200 m ;

1611 – **LE TOURNIQUET MONGOL** *(F.Breysse, G. Crespi, F. Ranise
1999)* 6a & A2+, TD+, 15 h, 200 m ;

1612 – **PILIER DE LA BELLE DE MAI**** *(F.Breysse, G. Crespi, F. Ranise
1996)* 6b & A2+, ED, 15 h, 200 m ;

XXI-10 Secteur ÉOUVIÈRE

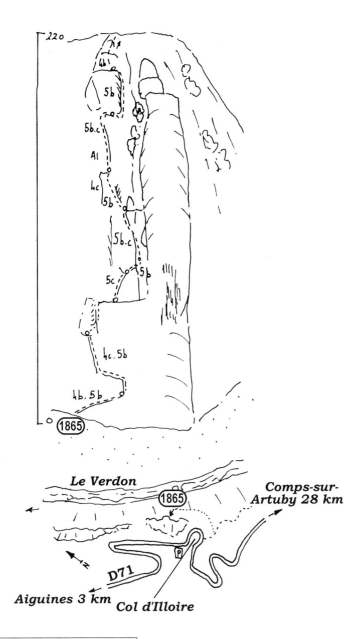

XXI-10   ÉOUVIÈRE ⚓ ▸ ↻ (1 h) ; ⟨?⟩ 📖 ▮   ☼ 7–12

1865 – **LES VAGABONDS** *(R. Bonnard, R. Fustin, 1974)* 5c & A1, TD, 250 m, 5 h ; 🔺 (20) 🔗 ⓘ .

Chapitre XXI. VERDON VAROIS

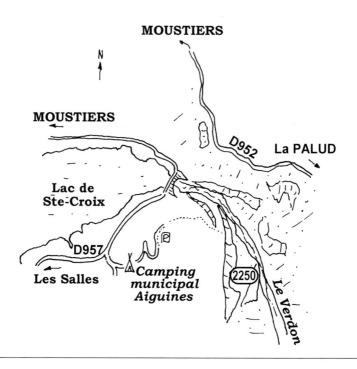

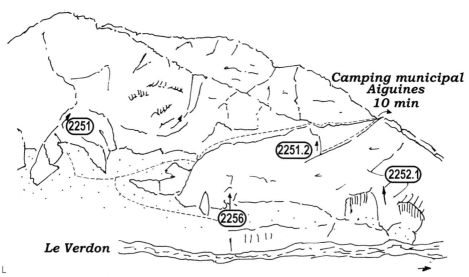

Figure 19: Vernis : vue d'ensemble et schémas d'accès

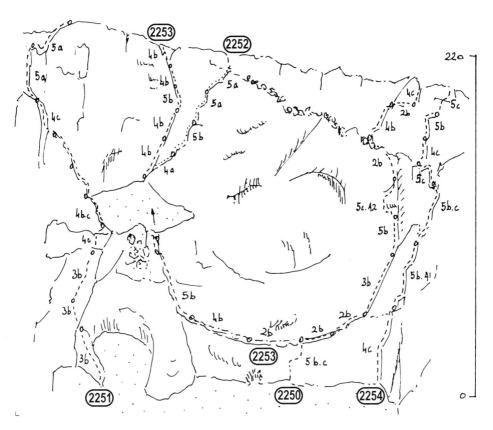

XXI-11 KHMERS ⚑ (1 h) : p. 318 ; 9–14

2251 – LE SIGNOR TREUILLÉ *(S. Morizot, B. Bouscasse, B. Gorgeon, J. Nosley, 1976)* 5a, D, 220 m ; (1).

2252 – LOTOJIZOUCATI *(C. Aubron, B. Vaucher, 1982)* 5a, D, 200 m ; .

2253 – BELLE DE LOIN *(C. & Y. Rémy, 1983)* 5b, D+, 220 m ; .

2250 – KHMERS ROUGES* *(B. Gorgeon, J. Nosley, B. Bouscasse, 1976)* 5c.A2, TD, 200 m ; (10) .

2254 – LES PAYSANS *(C. & Y. Rémy, 1985)* 5c & A1, TD–, 200 m, 4 h ; (3) .

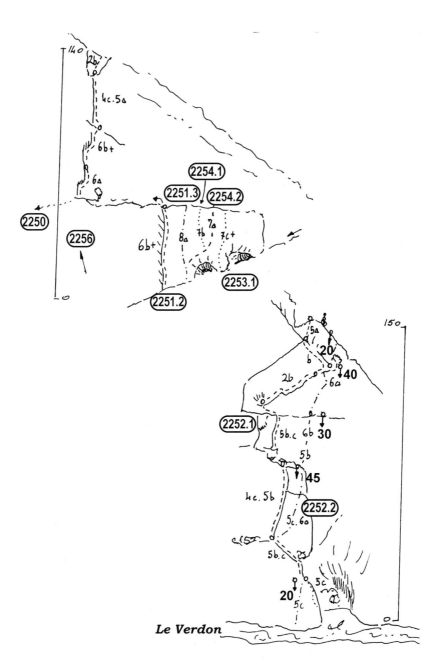

XXI-12 : secteur VERNIS (aval)

XXI-12   VERNIS 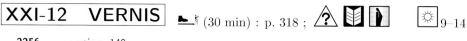 (30 min) : p. 318 ;   9–14

2256 – — : voir p. 149

2251.2 – DIEDRO KETCH-UP** *(G. Merlin, P. Blot, 1979)* 6b+(5c), TD+, 150 m ; (1979)

2251.3 – FINGERS PARADISE* *(J.-P. Légier, 1991)* 8a, 20 m ; (1991).

2254.1 – SENSUELLE ET SANS SUITE* *(J.-P. Légier, 1991)* 7b, 20 m ; ; (1991).

2254.2 – MICKEY MAOUSSE* *(J.-P. Légier, 1991)* 7a, 20 m ; ; (1991).

2253.1 – LE POINÇONNEUR* *(J.-P. Légier, 1991)* 7c+, 20 m ; ; (1991)

2252.1 – FEMMES LIBÉRÉES** *(B. Gorgeon, J.-J. Ille, 1985)* 5c, TD, 150 m, 2252.2 ;

2252.2 – ALAIN MORONI** *(A. Moroni, ? 1991)* 6b, TD, 150 m, 4 h, ; (1992).

Prise de cent (photo C. et Y. Rémy)

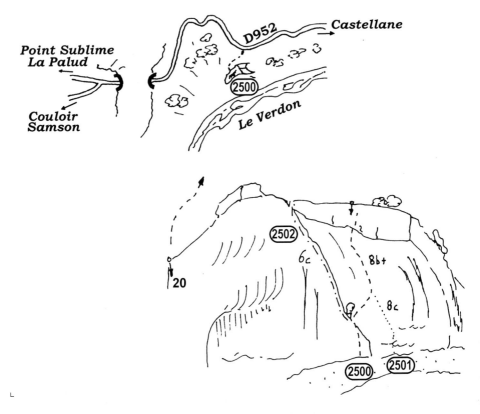

XXII. LES PETITES FALAISES

XXII-1   SPÉCIALISTES

▲ 🧗 ☀ 10–16

2500 – **LES SPÉCIALISTES**** *(J. Perrier, M. Fauquet, J.-B. Tribout 1985–87)* 8b+, 20 m ; ▫ (1987).

2501 – **LES SPÉCIALISTES DIRECT**** *(L. Fourtine, 1994)* 8c, 20 m ; ▫ (1994).

2502 – **LES NIAUDS** *(?, 1993)* 6c, 20 m ; ▫ (1993).

La Palud au XIXe siècle (collection J. Cauvin).

Chapitre XXII. LES PETITES FALAISES

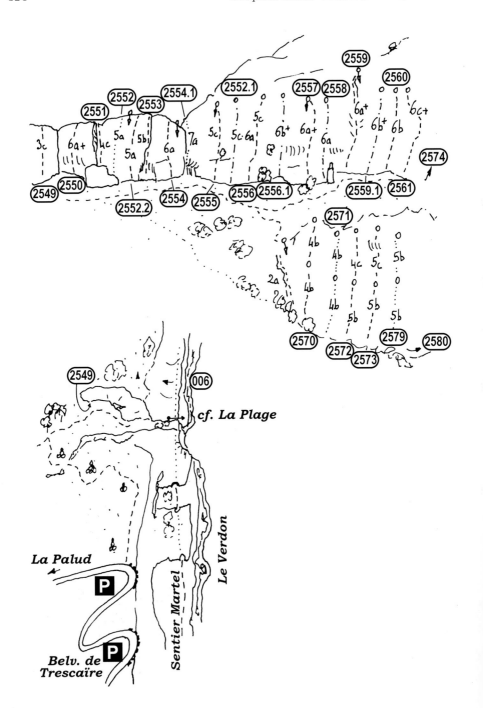

XXII-2 : secteur VALAUTE (ouest)

XXII-2 VALAUTE (ouest)

(1994-96) 9–16

2549 – **OBSERVER C'EST PERTURBER*** *(B. Enjalric, 1992)* 3c, 10 m.

2550 – **PARTITION**** *(S. Taillandier, 1990)* 6a+, 10 m.

2551 – **LES TIQUES DU GRIMPEUR**** *(F. Planchon, 1990)* 4c, 10 m.

2552 – **COMME ÇA M'ÉNERVE*** *(L. Martin, 1990)* 5a, 10 m.

2552.2 – **SOUS LE SOLEIL DE FEU*** *(P. Gros, 1991)* 5c, 10 m.

2553 – **CHANTAL**** *(D. Ressot, 1990)* 5b, 10 m ;.

2554 – **CÉCILE*** *(F. Chouridis, 1990)* 6a, 10 m.

2554.1 – **SUZY SUNSHINE** *(?, 1999)* 7a, 10 m ; .

2555 – **REGAIN*** *(M. Bousquet, 1990)* 5c, 20 m.

2552.1 – **VALAUTE EXPRESS**** *(G. Tuscan, 1991)* 5c+, 25 m.

2556 – **MATINÉE D'IVRESSE**** *(J.-J. Lombardi, 1990)* 5c, 20 m ;.

2556.1 – **COME BACK**** *(B. Gorgeon, J.-J. Lombardi, 1991)* 6b+, 10 m.

2557 – **TERRE PROMISE**** *(B. Gorgeon, 1990)* 6a+, 20 m.

2558 – **ARC-EN-CIEL**** *(J.-J. Lombardi, 1990)* 6a, 20 m.

2559 – **RUSTINES À LA TONNE**** *(B. Gorgeon, 1990)* 6a+, 26 m.

2559.1 – **LESISBÉPLUS***** *(B. Gorgeon, F. Magaud, 1991)* 6b+, 25 m.

2560 – **DESYRIS**** *(L. Quadrio, M. Jourdan, 1990)* 6b, 26 m.

2561 – **LA CITÉ QUI RÊVE*** *(O. Dobel-Ober, 1991)* 6c+, 20 m ; .

2570 – **BABAR AU PERFO*** *(T. Chizallet, E. Agate, 1991)* 4b, 40 m.

2571 – **MIMI CRACRA ÉQUIPE**** *(C. Jaggers, V. Predon, 1991)* 4b, 40 m.

2572 – **LES PIEDS NICKELÉS*** *(L. Faitout, O. Chaix, 1991)* 5b, 40 m.

2573 – **DAMOCLÈS**** *(H. Klinger, M. Henninger, 1991)* 5c, 40 m.

2579 – **TOUCHE PAS AUX ARBRES*** *(M.-R. Amossé, J.-L. Leonardi, L. Musci, 1992)* 5b, 40 m.

Chapitre XXII. LES PETITES FALAISES

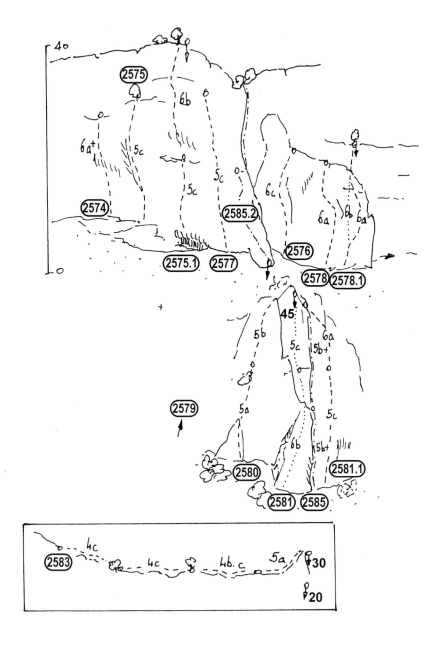

XXII-3 : secteur VALAUTE (est)

XXII-3 VALAUTE (est)

 : p. 324   9–16

- 2574 – **CARMEN CRU*** *(J. Defaria, A. Barbier, R. Doumenjou, 1993)* 6a+, 20 m.
- 2575 – **LAUREL ET HARDY*** *(D. Delcamp, C. Blochet, 1993)* 5c, 25 m ; 🎒.
- 2575.1 – **CAYENNE C'EST FINI**** *(C. Michel, G. Elzière, L. Dallemagne, P. Karquel, 1994)* 6b, 40 m.
- 2577 – **LES FILLES D'À CÔTÉ**** *(M. Deschamps, N. Gisclard, 1994)* 5c, 35 m.
- 2576 – **LES KROSTONS*** *(T. Roche, L. Hennequin, 1993)* 6c, 20 m.
- 2578 – **ATTIRE D'ELLE**** *(D. Evrard, A. Guibert, 1993)* 6a, 15 m.
- 2578.1 – **LA FILIÈRE FILOU**** *(P. Gay, N. Meslin, 1994)* 6b+, 35 m.
- 2580 – **TENDRE VIOLETTE*** *(C. Ferre, J.-L. Soreau, 1993)* 5a, 45 m.
- 2581 – **SALAMANDRE*** *(G. Granier, C. Tendil, 1993)* 6a+?, 50 m.
- 2585 – **SANS**** *(B. Gorgeon, 1988)* 5b+, 120 m ; 🔺🅰️🔶🎒.
  - 2585.2 – Sans : voir X-15, p. 149
- 2581.1 – **LA DAUBE À PAPY**** *(1994)* 6a, 50 m.
- 2583 – **BARTAS D'ANNIVERSAIRE** *(S. Hermant, I. Karaguinsky, 1993)* 4c, 80 m ; ⚠️ ; 🎒.
  - 2583.1 – PASTAGA CRACK *(L. Simoni, 1999)* 6c, 60 m ; ⚠️ ; 🎒 (fissure évidente en face de 2580, versant nord).

PARTICIPEZ À L'HISTOIRE DU VERDON
pour 50 francs
ADHÉREZ À « LEI LAGRAMUSAS »
Renseignements au Perroquet Vert,
en Mairie, ou à l'Auberge de Jeunesse

328　　　　　　　　　　　　　　　Chapitre XXII. LES PETITES FALAISES

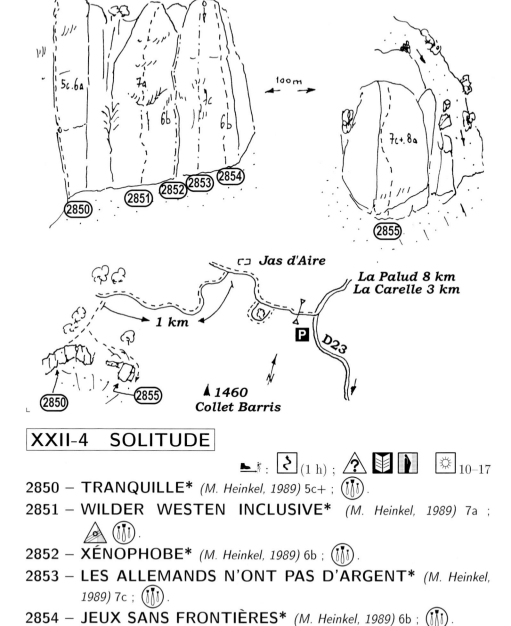

XXII-4 SOLITUDE

▂ː : ⏃(1 h) ; ⚠📖▮　☼ 10–17

2850 – **TRANQUILLE*** *(M. Heinkel, 1989)* 5c+ ; (▼▼▼).

2851 – **WILDER WESTEN INCLUSIVE*** *(M. Heinkel, 1989)* 7a ; ⚠ (▼▼▼).

2852 – **XÉNOPHOBE*** *(M. Heinkel, 1989)* 6b ; (▼▼▼).

2853 – **LES ALLEMANDS N'ONT PAS D'ARGENT*** *(M. Heinkel, 1989)* 7c ; (▼▼▼).

2854 – **JEUX SANS FRONTIÈRES*** *(M. Heinkel, 1989)* 6b ; (▼▼▼).

2855 – **SOLITUDE*** *(J. Perrier, F. Lepron, 1986)* 7c+, 35 m, ▎ ; 🗻 🧗 ; ▣ (1986).

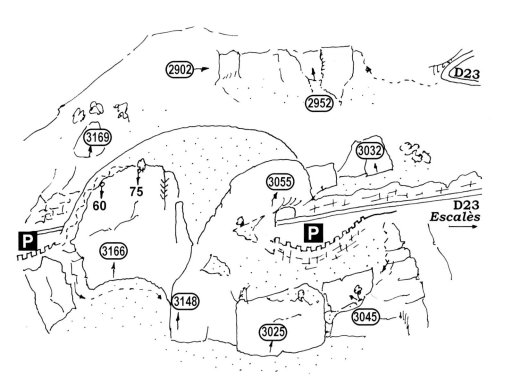

Figure 20: Miroirs, schéma d'ensemble

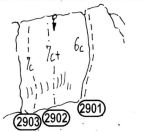

XXII-5　SALE TEMPS ☼ 9–13

2903 – **VOILÀ LES CAKES DE PLAGE*** *(B. Potié, 1984)* 7c, 20 m, ↓2902 ; ▫ (1984).

2902 – **SALE TEMPS POUR LES CAVES*** *(P. Edlinger, 1983)* 7c+, 20 m, ▫ ; ▫ (1991).

2901 – **FISSURE DU BEL INCONNU** *(P. Perez, 1983)* 6c, 20 m, ↓2902 ; ▫ ; ◬ (1983) ⏀.

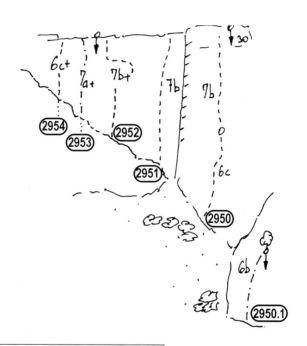

XXII-6 SEPTIÈME SAUT

- 2954 – **SUPER JANE*** *(P. Edlinger, 1983)* 6c+, 30 m, (1983).
- 2953 – **N'EN JETEZ PLUS** *(J.-M. Troussier, 1983)* 7a+, 30 m, 2954 ; (1983).
- 2952 – **SEPTIÈME SAUT**** *(J.-M. Troussier, 1983)* 7b+, 30 m, ; (1991).
- 2951 – **IGOR STRAVINSKY*** *(J.-M. Troussier, 1983)* 7b, 30 m, 2952 ;
- 2950 – **PAS DE PANIQUE** *(P. Maclé, 1983)* 7b, 30 m, ; (1983).
- 2950.1 – **?** *(?, 1992)* 6b, 15 m, ; (1992).

Les barjots

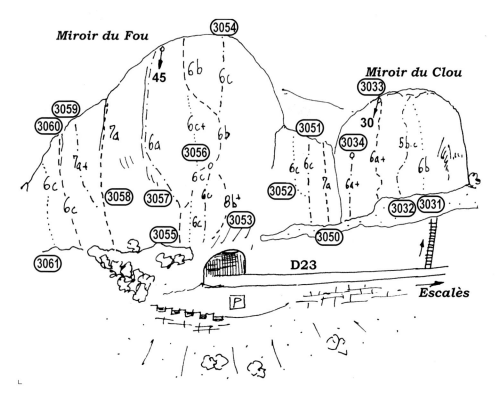

XXII-7 MIROIRS acc.: p. 329 ; 9–13

3061 – **GABRIELLE**** *(?, 1999)* 6c, 20 m, ; (1999).
3060 – **ROND DE CHAUSSETTES*** *(P. Bestagno, 1982)* 6c, 30 m, ; (1994).
3059 – **VOIE FAWCETT**** *(R. Fawcett, 1981)* 7a+, 30 m, ; .
3058 – **UNE TÉNÉBREUSE AFFAIRE** *(J.-M. Troussier, 1981)* 7a, 20 m, ; .
3057 – **LA DÜLF DU FOU**** *(P. Tardieu, 1981)* 6a, 45 m, ; ; (1985).
3056 – **PIROUETTE ENCHANTÉE**** *(S. Troussier, 1981)* 6c+, 45 m, ; (1986).
3055 – **LE MIROIR DU FOU**** *(J. Perrier, 1979)* 6c, 45 m, ; (1986).
3054 – **GRAIN DE FOLIE**** *(J.-M. Troussier, 1982)* 6c, 20 m, ; (1982).

3053 – **BROUETTE EN CHANTIER** (B. Potié, 1984) 8b+, 15 m, ⫯ ;
⬚(1984).
3052 – **ÇA MANQUE D'INDICES INSPECTEUR** (J.-M. Troussier, 1982) 6c, 30 m, ⫯ ; ▲ ⚠.
3051 – **LE FOU D'ARTIFICE*** (P. Maclé, 1982) 6c, 30 m, ⫯ ; ⬚(1994).
3050 – **SALUT LES BERLOTS*** (F. Lepron, 1983) 7a, 15 m, ⫯ ;
▲ ⚠.
3034 – **LES PIEDS DE JEAN-CHRISTOPHE*** (J.-C. Marchand, B. Giais, 1996) 6a+, 25 m, ⫯ ; ⬚(1996).
3033 – **Y'A PAS DE PET*** (J.-L. Philip, 1983) 6a+, 35 m, ⫯ ; ⬚(1994).
3032 – **LA DALLE DU CLOU QUI REND FOU**** (M. Fauquet, M. Guiot, 1982) 5b+, 35 m, ⫯ ; ⬚(1994).
3031 – **LE FOU DE L'EXTRÊME DROITE*** (J.-M. Roman, 1984) 6b, 35 m, ⫯ ; ⬚(1994).

Ein kleines gallisches Dorf...

Wenn die Jäger aus La Palud eine Wildsau erlegt haben, praktisieren sie jedesmal das gleiche Ritual: Feierliche Zurschaustellung der Beute und Bekanntgabe ihres Gewichts auf dem Dorfplatz, anschließend Verfrachtung in die kranbewehrte Garage neben der Bar, wo sich dann fachkundige Hände an die kasserolengerechte Zerlegung machen.

Fehlt nur noch, dass beim anschließenden Gelage der Barde geknebelt und an einen Baum gefesselt wird. Doch das passiert schon mangels passendem Troubadour nicht. Zwar gibt es in La Palud einen fleißigen Dichter, der sich durch seitenlange Oden an die Heimat einen Namen gemacht hat und diese bei Gelegenheit gern deklamiert. Doch kann der im bürgerlichen Leben als Taxifahrer tätige Mann es sich verkneifen, sein Werk auch noch zu singen.

Generell haben sich die Sitten und Gewohnheiten der Gallier — das Faible für die Wildsau einmal außer Acht gelassen — seit Asterix' Zeiten ein bisschen verändert: Fremde zum Beispiel, egal ob Römer, Wikinger oder Teutonen, brauchen keine Prügel a priori mehr zu fürchten. Denn die Paluarden, wie

Suite p. 335

Chapitre XXII. LES PETITES FALAISES

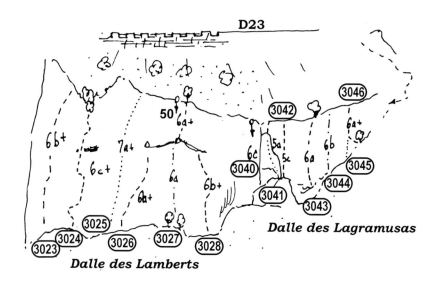

Dalle des Lagramusas

Dalle des Lamberts

XXII-8 LAMBERTS ET LAGRAMUSAS

acc.: p. 329 — 3027 ; 7-12

- 3023 — **SI ZUT SIDA** (J. Giral, G. Jolbert, 1986) 6b+, 60 m ; (1986).
- 3024 — **INSPECTEUR POLPOT MÈNE L'ENQUÊTE** (B. Potié, P. Mussato, 1984) 6c+, 60 m ; (1984).
- 3025 — **CAR LES MARTIENS SONT DE RETOUR** (B. Potié, J.-F. Lignan, 1984) 7a+, 60 m ; (1984).
- 3026 — **DUMPUS-BLUES** (J.-F. Lignan, 1984) 6a+, 55 m ; (1984).
- 3027 — **QUE FAIT LA POLICE ?*** (B. Gorgeon, J.-F. Lignan, 1984) 6a+, 50 m ; (1984).
- 3028 — **CALABÈGUE ET DINDOBOULE COURENT TOUJOURS*** (B. Gorgeon, J.-F. Lignan, 1984) 6b+, 50 m ; (1984).
- 3040 — **MOULINETTE** (B. Gorgeon, 1985) 6c, 10 m ; .
- 3041 — **SEINS D'ACIER*** (B. Gorgeon, J.-F. Lignan, 1984) 5a, 15 m ; (1984).
- 3042 — **GUSTON*** (B. Gorgeon, J.-F. Lignan, 1984) 5c, 15 m ; (1984).

3043 – **MON MARI SAIT TOUT FAIRE*** *(B. Gorgeon, J.-F. Lignan, 1984)* 6a, 15 m ; [o] *(1984)*.

3044 – **INDEPENDENCE DAY*** *(B. Gorgeon, P. Harrop, 1984)* 6b, 15 mr ; [o] *(1984)*.

3045 – **140 PIQUE DIRECT*** *(B. Gorgeon, J.-F. Lignan, 1984)* 6a+, 15 m ; [o] *(1984)*.

3046 – **140 PIQUE*** *(B. Gorgeon, J.-F. Lignan, 1984)* 6a+, 15 m ; [o] *(1984)*.

Suite de la p. 265

sich die Einwohner von La Palud gern nennen, wissen ganz gut, was sie als tief in der Provinz angesiedeltes Nest am Tourismus haben. Die Frage stellt sich hier erst gar nicht, ob der Ort zur Ferienkolonie oder zum Altenheim degeneriert. Im Gegenteil: Das Schulhaus ist proppenvoll, die Zuwachsraten des Sprengels gehören zu den höchsten im gesamten Departement.

Sicher hat auch der traditionelle und ausgesprochen internationale Klettertourismus dazu beigetragen, dass in La Palud schon seit langem eine besondere Atmosphäre herrscht: Aufgeschlossen und dörflich-rustikal zugleich ist die Stimmung. Es herrscht eine interessante Balance zwischen Alteingesessenen und dem Häufchen anWeitgereisten, die hier Anker geworfen haben.

Inzwischen gesellen sich zum Klettern weitere Aktivitäten wie Mountainbiken oder Canyoning, sommers wälzen sich an manchen Tagen eh größere Massen auf dem Sentier Martel durch die Schlucht. Zeitweilig weht dann ein Hauch von Disneyland durchs kleine gallische Dorf.

So gesehen ist es ein Glück, dass der Fels mit wenigen Ausnahmen von solch zirkusartigen Zuständen bis heute verschont bleibt. In vielen Klassikern und erst recht in den abgelegenen Sektoren ist Staugefahr ein Fremdwort. Das hängt mit dem eher ernsten Charakter vieler Touren und der dezenten Art der Sanierung zusammen, welche die Kletterervereinigung Lei Lagramusas im Verdon betrieben hat. Zum schnellen Verzehr eignen sich im Verdon jedenfalls besser die Wildschweine. Aber selbst die wollen auch erst mal erwischt und dann nach allen Regeln der gallischen Kochkunst gebraten sein.

Michael KERN

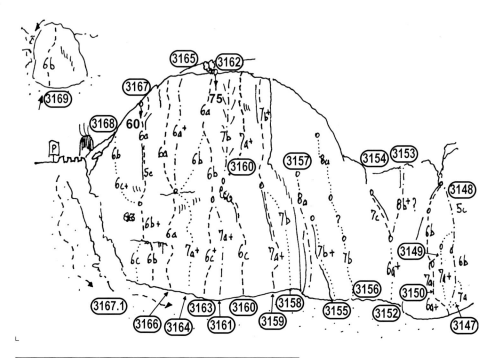

XXII-9 ENVERS DU MIROIR

acc.: p. 329 ; 9-14

- **3169 – C.K.DUR*** *(F. Lepron, 1983)* 6b, 30 m, ; (1983).
- **3168 – FLAGRANT DÉLICE*** *(H. Guigliarelli, 1986)* 6c+, 30 m, 3167 ; (1987).
- **3167 – RUMORI DI GOMMA**** *(B. Gorgeon)* 6b+, 60 m, ; (1987).
- **3167.1 – C'EST LA FÊTE À LUCETTE** *(S. Hermant, 1993)* 6c, 30 m, 3167 ; (1993).
- **3166 – OUAH, CON, C'EST DU LIBRE !**** *(F. Lepron, 1983)* 6a, 60 m, 3167 ; (1987).
- **3165 – CIVET DE PORCELET**** *(F. Lepron, 1984)* 6a+, 35 m, 3167 ; (1984).
- **3164 – DANS'LINE**** *(F. Lepron, 1983)* 7a+, 60 m, 3167 ; (1988).

XXII-9 Secteur ENVERS DU MIROIR

3163 – **OVER COOL BABA DOSE*** *(R. Exertier, 1981)* 6c+, 60 m, ↓3167 ; ◌ (1981).

3162 – **LES GESTES POUR LE DIRE**** *(P. Berhault, 1982)* 7b, 30 m, ↓3167 ; ◌ (1982).

3161 – **OUAH, CON, QU'IL EST COOL CET ÉTÉ LA !**** *(P. Edlinger, 1983)* 7a+, 30 m, ↓3167 ; ◌ (1983) ☠.

3160 – **MISSING**** *(J.-M. Rey, 1982)* 7a+, 60 m, ↓3167 ; ◌ (1990).

3159 – **L'ÉTÉ DE PORCELAINE**** *(J. Perrier, 1981)* 7b+, 60 m, ↓3167 ; ◌ (1981).

3158 – **LA VOIE DU BLOND*** *(P. Edlinger, 1983)* 7b, 30 m, ↓3167 ; ⚠ ⚠.

3157 – **DIÈDRE ANTIQUE*** *(P. Faudou, 1990)* 8a ; ◌ (1990).

3156 – **LES ARTISTES TRAVAILLENT SANS FILET**** *(P. Mussato, 1986)* 8a?, 60 m, ↓ ; ◌ (1986).

3155 – **SYMBIOSE**** *(P. Faudou, 1990)* 7b+, 25 m ; ◌ (1990).

3154 – **EXTASIA**** *(P. Faudou, 1990)* 7c, 25 m ; ◌ (1990).

3153 – **LA FESSE DROITE DE BENIT*** *(P. Faudou, 1990)* 8b+, 25 m ; ◌ (1990).

3152 – **L'ŒIL DU CYCLONE**** *(P. Faudou, 1990)* 6a+, 25 m ; ◌ (1990).

3150 – **HENRY IV PART II*** *(P. Harrop, 1986)* 7a, 50 m, ↓3148 ; ⚠ ◌ (1986).

3149 – **SCOUBIT** *(P. Harrop, 1988)* 7a+, 40 m, ↓3148 ; ⚠ ◌ (1988).

3148 – **L'ESPRIT DE LA TEMPÊTE*** *(P. Harrop, B. Gorgeon, 1985)* 6b, 60 m, ↓ ; ⚠ ◌ (1985).

3147 – **GLORIA VARIANTE*** *(P. Harrop, 1986)* 7a, 10 m, ↓3148 ; ⚠ ◌ (1985).

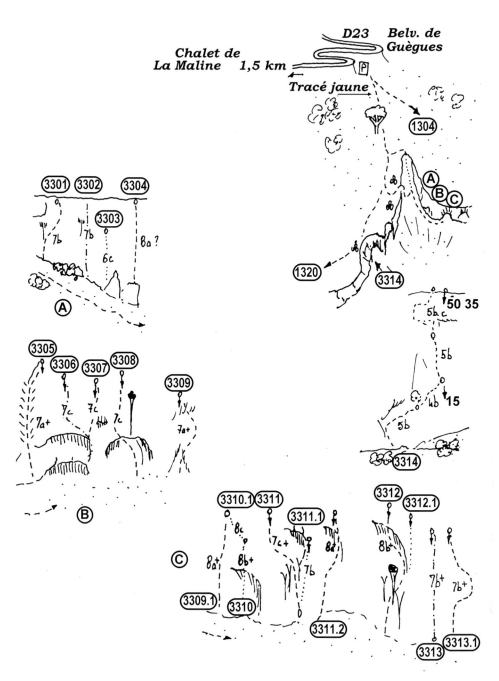

XXII-10 : secteur PETIT EYCHARME

XXII-10 PETIT EYCHARME

▙ɬ (30 min) ; △▦ ; ▣(1992) ☼ 12–18

- 3301 – **BOUSE POWER**** *(O. Dobel-Ober, 1992)* 7b, 15 m.
- 3302 – **TEQUILA PAF**** *(P. Faudou, 1992)* 7b+, 15 m.
- 3303 – **LE FOUR**** *(P. Faudou, 1992)* 6c+, 15 m.
- 3304 – **EXÉCUTION TESTAMENTAIRE**** *(P. Faudou, 1992)* 8a, 20 m.
- 3305 – **LE PÈRE NOËL EST UNE ORDURE*** *(P. Faudou, 1992)* 7a+, 20 m.
- 3306 – **SENSIMILLIA**** *(F. Dévoluet, 1992)* 7c, 20 m.
- 3307 – **MINIMOOG*** *(F. Dévoluet, 1992)* 7c, 20 m.
- 3308 – **L'HOMME QUI VALAIT TROIS PÉTARDS**** *(O. Dobel-Ober, 1992)* 7c+, 25 m.
- 3309 – **DOULEURS ET CHARMES**** *(F. Dévoluet, 1992)* 7a+, 20 m.
- 3309.1 – **ASSIS SUR UNE GOUINE**** *(G. Faucon, 1993)* 8a, 20 m ; ▣ (1994).
- 3310 – **LE MUST***** *(O. Dobel-Ober, 1992)* 8b+, 15 m.
- 3310.1 – **LE MUSTOC***** *(B. Clément, 1999)* 8c, 150 m.
- 3311 – **LA DIAGONALE DU FOURBE**** *(P. Faudou, 1992)* 7c+, 20 m.
- 3311.1 – **CHAPEAU BAS**** *(P. Bestagno, 1992)* 7b, 20 m ; ▣ (1994).
- 3311.2 – **TEAM ZINC**** *(P. Faudou, 1993)* 8a+, 20 m ; ▣ (1994).
- 3312 – **TRISTE LUNE***** *(O. Dobel-Ober, 1992)* 8b+, 25 m.
- 3312.1 – **GAI SOLEIL*** *(O. Dobel-Ober, 1994)* ?, 20 m ; ▣ (1994).
    - 3312.2 – ? *(F. Dévoluet, 1994)* ?, 20 m ; ▣ (1994).
- 3313 – **MÂTIN*** *(F. Dévoluet, 1992)* 7b+, 25 m ; ▣ (1992).
- 3313.1 – **SANGLANTE AFFAIRE*** *(?, 1994)* 7b+ (bloc), 20 m ; ▣ (1994).
- 3314 – **BWANA MALINE***** *(O. Dobel-Ober, J.-J. Lombardi, 1994)* 5b+, 50 m, ▯ ; ▮ ; ▣ (1993).

Chapitre XXII. LES PETITES FALAISES

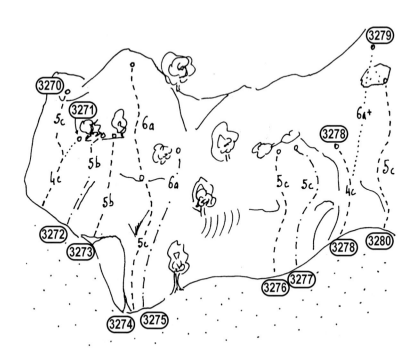

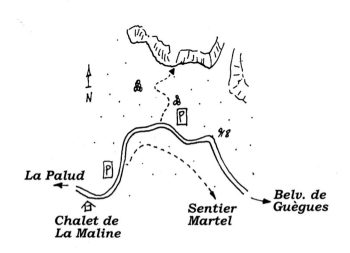

XXII-11 : secteur COLLET BARRIS

XXII-11 COLLET BARRIS

⛺ : 15 min ; △ 🧗 ◓ ☼ 12–19

3270 – LE VAISSEAU DE PIERRE** *(A. Mahaut, 1998)* 5c, 25 m ; 🔗 (1998).

3271 – ENFANCE DE L'ART** *(A. Mahaut, 1998)* 4c, 15 m ; 🔗 (1998).

3272 – ELLE EST BLEUE** *(A. Mahaut, 1998)* 5b, 15 m ; 🔗 (1998).

3273 – VOIE DES DEBS** *(A. Mahaut, 1998)* 5b, 15 m ; 🔗 (1998).

3274 – CELUI QUI CROYAIT AU CIEL*** *(A. Mahaut, 1998)* 6a, 50 m ; 🔗 (1998).

3275 – JARDIN BOTANIQUE* *(A. Mahaut, 1998)* 6a, 25 m ; 🔗 (1998).

3276 – PIERROT N'CO** *(A. Mahaut, 1998)* 5c, 15 m ; 🔗 (1998).

3277 – TRIPLE FLOP*** *(A. Mahaut, 1998)* 5c, 15 m ; 🔗 (1998).

3278 – LA CONQUÊTE*** *(A. Mahaut, 1998)* 4c, 15 m ; 🔗 (1998).

3279 – CONCHITA** *(A. Mahaut, 1998)* 6a+, 20 m ; 🔗 (1998).

3280 – CHIENNE DE PLUIE* *(A. Mahaut, 1998)* 5c, 20 m ; 🔗 (1998).

SUICIDE, MODE D'EMPLOI
Solution V : la moulinette éternelle
Suite de la p. 311.

Variante de la solution précédente, typique de l'Escalès : vous vous faites mouliner en descente depuis un des belvédères de la Route des Crêtes. Comme l'assureur bénévole n'a pas de baudrier, vous utilisez un ou deux tours morts autour des garde-corps. Bien sûr, l'assureur n'est pas encordé — vous n'allez quand même pas l'encorder à la taille !

Comme d'habitude, vous ne savez pas où vous arrêter — le Verdon, il faut connaître... — et, en bout de corde, celle-ci échappe à l'assureur.

Cette méthode amusante a été testée avec succès à l'Escalès. Nous n'avons pas pu retrouver le grimpeur ainsi descendu pour lui demander ses impressions...

Daniel TAUPIN

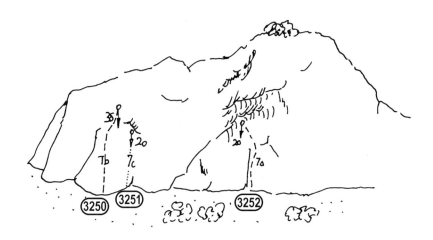

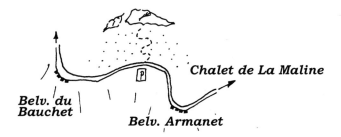

XXII-12 BAUCHET

3250 – **ACTION DIRECTE** *(?, 1986)* 7b, 35 m ; (1986)

3251 – **GALÉJADE** *(B. Potié, 1986)* 7c, 20 m ; (1986)

3252 – **LE CALABRAI** *(B. Potié, 1986)* 7a, 20 m ; (1986).

To BUY the STICKER "LEI LAGRAMUSAS" is to PARTICIPATE in the EQUIPMENT

One sticker bought = 2 protections installed

LES PETITES FALAISES

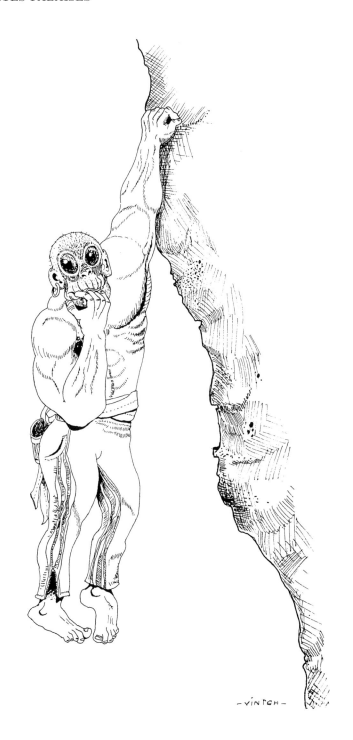

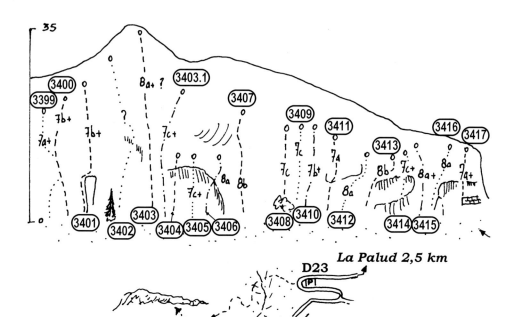

XXII-13   MAINMORTE  ☀ 9-18

- 3399 – **ANIS ELBOW*** *(A. Jamin, 1994)* 7a+, 20 m ; 🔘 (1994).
- 3400 – **TA MÈRE ELLE CHAUSSE DU DEUX*** *(A. Guinet, 1994)* 7b+, 25 m ; 🔘 (1994).
- 3401 – **LIEUX SACRÉS*** *(P. Faudou, 1990)* 7b+, 20 m ; 🔘 (1990).
- 3402 – **GAMELLE TROPHY*** *(O. Dobel-Ober, 1990)* ?, 20 m ; 🔘 (1990).
- 3403 – **L'ENFER PROVISOIRE*** *(P. Faudou, 1990)* 8a+, 35 m ; 👤, 👤 ; 🔘 (1990).
- 3403.1 – **THE GREAT GUIGUE IN THE SKY*** *(P. Faudou, F. Dévoluet, 1994)* 7c+, 35 m ; 👤, 👤 ; 🔘 (1994).
- 3404 – **MISTER FLAN*** *(F. Dévoluet, 1990)* 7c+?, 20 m ; 🔘 (1990).
- 3405 – **SOURIRE CANAILLE*** *(F. Dévoluet, 1990)* 7c+, 20 m ; 🔘 (1990).
- 3406 – **TU PIGES, MEC ?*** *(P. Faudou, 1990)* 8a, 20 m ; 🔘 (1990).
- 3407 – **AÏ PEPITO*** *(P. Faudou, 1990)* 8b, 20 m ; 🔘 (1990).

3408 – **EXIL SUR PLANÈTE FANTÔME**** *(F. Dévoluet, 1990)* 7c, 20 m ; 🧗 ; ⬛ *(1990)*.

3409 – **GRIS FLUO**** *(P. Faudou, 1990)* 7c, 20 m ; 🧗 , 🧗 ; ; ⬛ *(1990)*.

3410 – **BLEU BANANE**** *(P. Faudou, 1990)* 7b+, 20 m ; 🧗 ; ⬛ *(1990)*.

3411 – **CORPS FERME ET CŒUR TENDRE**** *(O. Dobel-Ober, 1990)* 7a, 20 m ; 🧗 ; ⬛ *(1990)*.

3412 – **A DONF !*** *(F. Dévoluet, 1990)* 8a, 20 m ; 🧗 , ⟶ ; ⬛ *(1990)*.

3413 – **L'OMBRE D'UN DOUTE**** *(P. Faudou, 1990)* 8b, 20 m ; ⬛ *(1990)*.

3414 – **BÉTA COINCEUR**** *(P. Faudou, 1990)* 7c+, 20 m ; ⬛ *(1990)*.

3415 – **LE TEMPS D'UN INSTANT*** *(P. Faudou, Y. Ghesquiers, 1990)* 8a+, 20 m ; 🧗 ; ⬛ *(1990)*.

3416 – **UN AIR DE RAP*** *(P. Faudou, 1990)* 8a, 20 m ; 🧗 ; ⬛ *(1990)*.

3417 – **BOBO BICEPS**** *(P. Faudou, 1990)* 7b, 20 m ; ⬛ *(1990)*.

Chapitre XXII. LES PETITES FALAISES

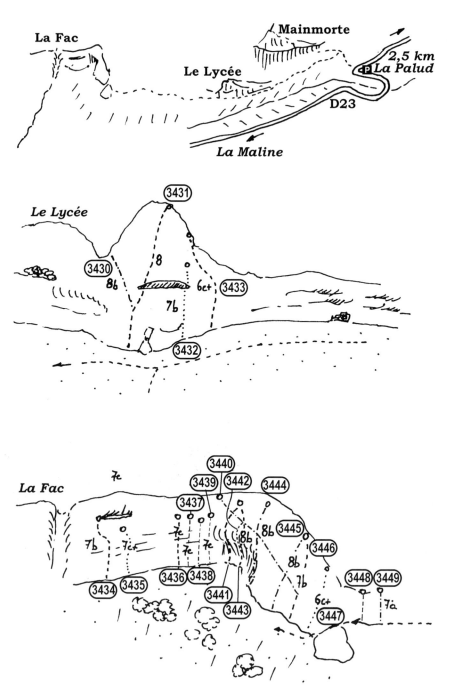

XXII-14 : secteur LA FAC

XXII-14   LA FAC ⏴ (10 min) ;   9-17

3430 – OPÉRA BOUFFE** *(B. Clément, 1999)* 8b, 30 m ; (1999).

3431 – MANGEURS DE LUNE* *(B. Clément, 1999)* ?, 30 m ; (1999).

3432 – PAS D'BLOC PICASSO** *(B. Clément, 1999)* 7b, 30 m ; (1999).

3433 – EN JEU* *(B. Clément, 2000)* 6c+, 30 m ; (2000).

3434 – LES SEMEURS** *(?, 1999)* 7b, 30 m ; (1999).

3435 – ZÉRO DE CONDUITE* *(L. Triay, 2000)* 7c+, 30 m ; (2000).

3436 – BAC MOINS 1* *(B. Clément, 2000)* 7c, 30 m ; (2000).

3437 – THÈSE ET VOUS ?* *(B. Clément, 2000)* 7c, 30 m ; (2000).

3438 – LE GUY MICHELIN* *(B. Clément, 2000)* ?, 30 m ; (2000).

3439 – DOCTORAT SAUCISSONAGE* *(B. Clément, 2000)* 7c, 30 m ; (2000).

3440 – RATATOUILLE NIÇOISE* *(B. Clément, 2000)* ?, 30 m ; (2000).

3441 – LES DIPLÔMÉS* *(B. Mestre, 2000)* 8a, 30 m ; (2000).

3442 – BAC EN VRAC* *(C. Louis, 2000)* 7c+, 30 m ; (2000).

3443 – BOÎTE À BAC* *(B. Clément, 2000)* 8a+, 30 m ; (2000).

3444 – MAÎTRISE STG* *(O. Fourbet, 2000)* 8a+, 30 m ; (2000).

3445 – LICENCE STEAK* *(B. Clément, 2000)* 8a?, 30 m ; (2000).

3446 – LA FAC** *(B. Clément, 1999)* 7b, 30 m ; (1999).

3447 – TRIO* *(F. Gaudini, 2000)* 6c+, 30 m ; (2000).

3448 – ? *(?, 2000)* ?, 20 m ; (2000).

3449 – AU BONHEUR DES DAMES* *(B. Clément, 2000)* 7a, 30 m ; (2000).

Chapitre XXII. LES PETITES FALAISES

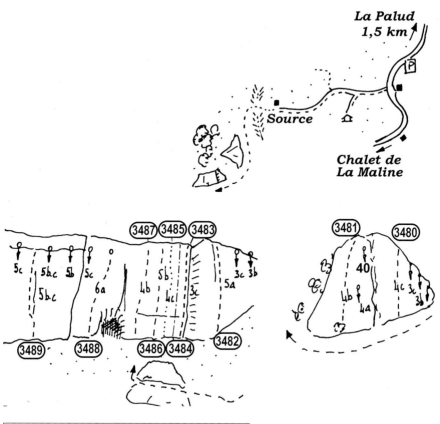

XXII-15 CHALANETTES

(20 min) ; (1990) 7–16

3480 – **GRENOUILLE**** *(Lei Lagramusas, 1990)* 4c, 10 m.
3481 – **MASTOK**** *(Lei Lagramusas, 1990)* 4b, 17 m.
3482 – **APRÈS LA PLUIE**** *(Lei Lagramusas, 1990)* 5a, 10 m.
3483 – **HISTOIRE D'H2O**** *(Lei Lagramusas, 1990)* 3c, 10 m.
3484 – **NIMBUS FOU**** *(Lei Lagramusas, 1990)* 4c, 10 m.
3485 – **TOMBÉ DU CIEL**** *(Lei Lagramusas, 1990)* 4c, 10 m.
3486 – **BANASTE**** *(Lei Lagramusas, 1990)* 5b, 10 m.
3487 – **LA PREMIÈRE**** *(Lei Lagramusas, 1990)* 4b, 10 m.
3488 – **L'HOMME DES BUIS**** *(Lei Lagramusas, 1990)* 6a, 10 m.
3489 – **LE CHAT POT**** *(Lei Lagramusas, 1990)* 5b+, 10 m.

Boulevard des stars (photo F. Ferreira)

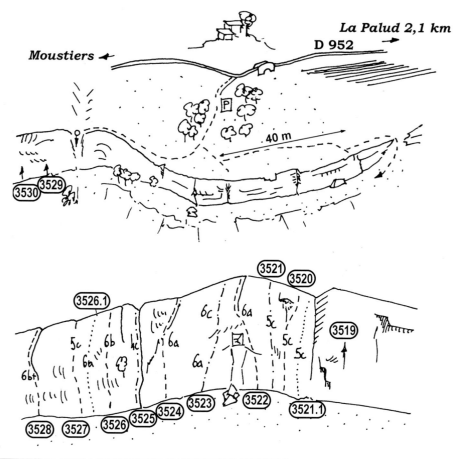

XXII-16 COL D'AYEN (ouest)

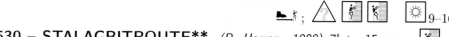

3530 – **STALAGBITROUTE**** *(P. Harrop, 1988)* 7b+, 15 m ; (1988).

3529 – **LE CORBEAU ET LE ROSBEEF**** *(P. Harrop, 1987)* 7a, 15 m ; (1987).

3528 – **TARZAN*** *(P. Harrop, 1985)* 6b+, 15 m ; (1985).

3527 – **GATINA**** *(P. Harrop, 1985)* 5c, 15 m ; (1985).

3526.1 – **L'ALONGEUNS**** *(M. Danger, L. Rullan, A. Baesa 1996)* 6a, 15 m ; (1996).

3526 – **TRONCHE DE CONQUE*** *(P. Harrop, 1985)* 6b, 15 m ; [o] (1985).
3525 – **WEDGE*** *(P. Harrop, 1985)* 4c, 15 m ; 📖 ; [o] (1985).
3524 – **QUICK PISS**** *(P. Harrop, 1985)* 6a, 15 m ; [o] (1985).
3523 – **DIRECTE CHIEN*** *(P. Harrop, J.-P. Dewilde, M. Belley, 1992)* 6c, 15 m ; [o] (1992).
3522 – **CHIEN DE PLOMB**** *(P. Harrop, 1985)* 6a, 15 m ; [o] (1985).
3521 – **REEMON**** *(P. Harrop, 1985)* 5c, 15 m ; [o] (1985).
3520 – **GAFFE AU BLOC*** *(P. Harrop, 1985)* 5c, 15 m ; [o] (1985).
3521.1 – **ATTILA**** *(UNSS, 1992)* 5c, 15 m ; [o] (1992).

Le Verdon des années 70 : la Castapiagne rouge

En promenant dans les Gorges, à Pâques 72, avec Touloum et Méhu, Bernard avait remarqué que la paroi entièrement surplombante entre les deux tunnels était constituée, jusqu'à mi-hauteur, d'un système de fissures relativement régulier ; un bombement compact constituait un verrou à une rampe inclinée qui permettait de contourner l'énorme toit final par la droite. La candeur de Cricri et de Jacky a induit le nom de la voie : la « Castapiagne rouge ».

Sans aller jusqu'à ces extrémités, elle nous réservera des moments assez « chauds ». À ma connaissance, les « plombs » ont été employés pour la première fois (dans le bombement qui sépare la grande fissure surplombante de la facile rampe supérieure). « Grand pêcheur devant l'Éternel », Michel avait eu l'idée de prélever sur son matériel des plombs de pêche, sans se douter le moins du monde du succès dont bénéficierait sa trouvaille. Avant de placer les futurs plombages dans le passage clé de la Castapiagne, Michel avait pris la précaution de tester son innovation au ras du sol (sur un bloc, aux Goudes).

Après avoir placé une cordelette derrière le plomb, puis l'avoir

Suite p. 359

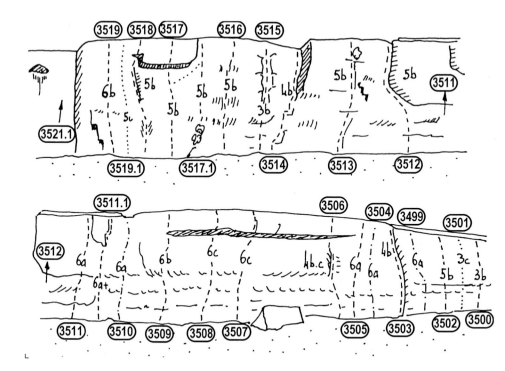

XXII-17 COL D'AYEN (est)

: p. 350 ; 9-16

3519 – SMOOTH OPERATOR** *(P. Harrop, 1985)* 6b, 15 m ; (1985).

3519.1 – CODIS FAUX** *(J.-J. Lombardi, Romain, 1994)* 5c, 15 m ;

3518 – GRODEJ** *(D. Jugy, 1985)* 5b, 15 m ; (1985).

3517 – FOX-FODDER** *(P. Harrop, 1985)* 5b, 15 m ; (1985).

3517.1 – BEAU DARD*** *(M. Belley, J. Woock, J.-J. Lombardi, 1992)* 5b+, 15 m
 ; (1992).

3516 – MAYA** *(D. Jugy, 1985)* 5b, 15 m ; (1985).

3515 – RIO** *(D. Jugy, 1985)* 3b, 15 m ; (1985, moulinette / top rope).

3514 – BLACKIE** *(P. Harrop, 1985)* 4b, 15 m ; (1985).

3513 – CATASTROPHE* *(P. Harrop, 1985)* 5b, 15 m ; (1985).

3512 – SADE** *(P. Harrop, 1985)* 5b, 15 m ; (1985).

3511 – **PETIDEJ***** *(P. Harrop, 1985)* 6a, 15 m ; ◊ (1985).

3511.1 – **L'AMITIÉ INTERNATIONALE**** *(J. Gerhardt, 1994)* 6a+, 15 m ; ◊ (1994).

3510 – **TIGROGNASSE**** *(P. Harrop, 1985)* 6a, 15 m ; ◊ (1985).

3509 – **VICIOUS*** *(P. Harrop, 1985)* 6b, 15 m ; ◊ (1985).

3508 – **L'ŒIL PERDU*** *(P. Harrop, 1985)* 6c, 15 m ; ◊ (1985).

3507 – **N'A QU'UN ŒIL**** *(P. Harrop, 1985)* 6c, 15 m ; ◊ (1985).

3506 – **SAUVAGE***** *(D. Jugy, 1985)* 4b+, 15 m ; 🌿 ; ◊ (1985).

3505 – **ANGOS*** *(D. Jugy, 1985)* 6a, 15 m ; ◊ (1985).

3504 – **BIG JIM**** *(D. Jugy, 1985)* 6a, 15 m ; ◊ (1985).

3503 – **POULPE*** *(D. Jugy, 1985)* 4b, 15 m ; ◊ (1985, moulinette / top rope).

3499 – **ANTEPRIMA*** *(D. Jugy, 1985)* 6a, 15 m ; ◊ (1985, moulinette / top rope).

3502 – **PRIMA*** *(D. Jugy, 1985)* 5b, 10 m ; ◊ (1985, moulinette / top rope).

3501 – **SECONDA*** *(D. Jugy, 1985)* 3c, 10 m ; ◊ (1985, moulinette / top rope).

3500 – **TERZA*** *(D. Jugy, 1985)* 3b, 10 m ; ◊ (1985, moulinette / top rope).

« Adolescence au Verdon », suite de la p. 185

Tous les deux ans nous ouvrions une voie d'artif, dans l'indifférence générale ; nous n'étions pas à la mode. Aussi ouvrions-nous de temps en temps une voie de libre, qui devenait instantanément une classique. Le « nous » comprend bien sûr Marc Guiot, Gérard Pailheiret et Robert Balestra, mais également Alain Jamin, Roger Pedini, Pierre Guiraud et bien d'autres.

J'ai passé dans ce magnifique coin de Provence quelques uns des plus beaux et des plus intenses moments de ma vie et, soyez sûrs, vous qui vous apprêtez peut-être à découvrir ou à redécouvrir ces lieux magiques, qu'ils sont chargés d'émotion, d'histoire et de souvenir.

Prenez le temps de rencontrer les gens qui le composent, autant que vous appréciez la qualité incomparable du rocher de l'Escalès. Peut-être pourront-ils vous expliquer l'origine de quelques noms de voies ou de lieux ; la toponymie de ce lieu est elle aussi chargée d'histoires, parfois cocasses.

Michel FAUQUET, alias TCHOUKY

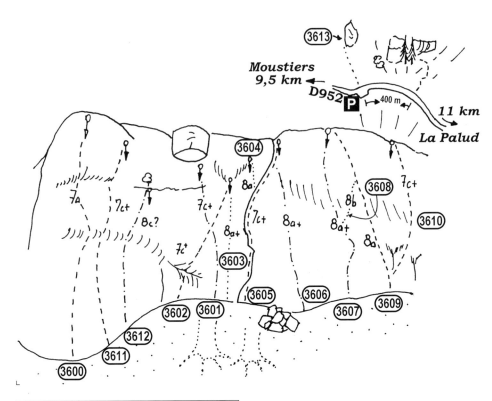

XXII-18   NÉOPHYTES

🅲; △ 🎽 🚹 ; ⬜ (1994) ☼ 9–15

- 3613 – **FAUT S'FAIRE UNE RAISON***** *(S. Hermant, 1994)* 7b, 20 m.
- 3600 – **MONSIEUR PLACARD**** *(P. Faudou, 1988)* 7a, 20 m.
- 3611 – **JOLLY JUMPER**** *(P. Faudou, 1992)* 7c+, 20 m.
- 3612 – **?** *(?, 1992)* 8c?, 20 m.
- 3601 – **CRACBOUMHUE**** *(P. Faudou, 1989)* 7c+, 12 m.
- 3602 – **BIG BOUGRE, LES BEAUX GROS BRAS GRAS BLANCS**** *(P. Faudou, B. Clément, 1990)* 7c+, 15 m.
- 3602.1 – **CRACPROUT**** *(P. Faudou, B. Clément, 1990)* 7c+, 15 m. Enchaînement 3602 (le bas) et 3601 (le haut).
- 3603 – **NÉOPHYTES**** *(P. Faudou, 1987)* 8a+, 12 m.
- 3604 – **LES INVERSÉES SATANIQUES**** *(P. Faudou, 1989)* 8a, 12 m.
- 3605 – **MADAME PERSIL**** *(H. Delacour, D. Belden, 1988)* 7c+?, 15 m.
- 3606 – **LE TOP***** *(P. Faudou, 1989)* 8a+, 15 m.

3607 – LE Z** *(P. Faudou, 1989)* 8a+, 15 m.
3608 – LE Z DIRECT** *(P. Faudou, 1990)* 8b, 15 m.
3609 – LA VIE PRIVÉE DE WALTER CLOSET** *(P. Faudou, 1988)* 8a, 15 m.
3610 – L'ESCALIER RENVERSÉ** *(P. Faudou, 1990)* 7c+, 15 m.

La fête de l'Escalade à Quinson

356 Chapitre XXII. LES PETITES FALAISES

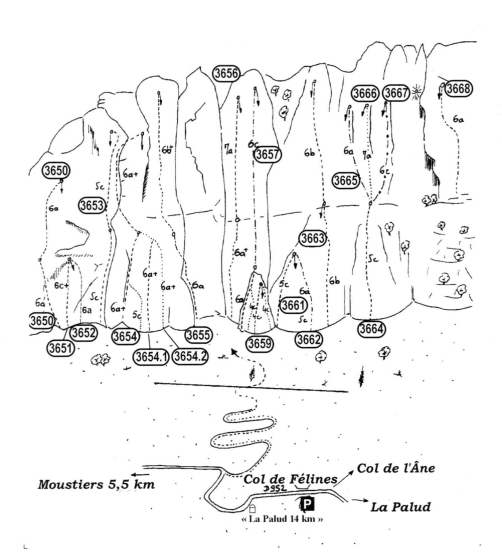

XXII-19 FÉLINES

⛸ (20 min) ; △ ◓ 🧗 ☼ 11-16

3650 – **NIAGARAK*** *(D. Garambois, 1985)* 6a, 50 m ; |o| (1985) ◇.

3651 – **?*** *(UCPA, 1992)* 6c+, 25 m ; |o| (1992).

3652 – **IL BIDONE*** *(D. Garambois, 1985)* 6a+, 15 m ; |o| (1987).

3653 – **DES SPITS POUR LE DIRE*** *(A. Molinatti, 1987)* 5c, 50 m ;

[o] (1987) ◁🛉▷ .

3654 – **LES JARDINS DE NAVARRE*** *(D. Garambois, 1985)* 5c, 50 m ;
△ (1985) ◁🛉▷

3654.1 – ?** *(?,1996)* 6a+, 20 m ; [o] (1996).

3654.2 – ?** *(?,1996)* 6a+, 20 m ; [o] (1996).

3655 – **CHUTE DE GLAND*** *(D. Jugy, 1987)* ?6b+, 50 m ;
[o] (1987) ◁🛉▷ .

3656 – **TAKAVASY*** *(D. Jugy, 1987)* 7a, 65 m ; ⚠ [o] (1987)

3657 – **CITÉ DES DALLES*** *(D. Garambois, 1985)* 6c, 65 m ;
△ (1985) ◁🛉▷ .

3658 – ?** *(UCPA, 1988)* 4c, 20 m ; [o] (1988) ◓.

3659 – **CHAMEAU*** *(A. Molinatti, 1987)* 4c, 20 m ; [o] (1987) ◓.

3660 – ?** *(UCPA, 1988)* 4c, 20 m ; [o] (1988).

3661 – **UN POINT, C'EST TOUT*** *(A. Molinatti, 1987)* 5c, 30 m ;
[o] (1987).

3662 – ?** *(UCPA, 1988)* 6a, 30 m ; [o] (1988).

3663 – **PRIVATE DANCING*** *(D. Jugy, 1987)* 6b, 65 m ; [o] (1987).

3664 – **TSIPANA*** *(D. Jugy, 1987)* 5c, 25 m ; [o] (1987).

3665 – **HARPO*** *(D. Jugy, 1987)* 6a, 25 m ; [o] (1987).

3666 – **GROUCHO*** *(D. Jugy, 1987)* 7a, 25 m ; [o] (1987).

3667 – **CHICO*** *(D. Jugy, 1987)* 6c, 25 m ; ⚠ [o] (1987).

3668 – **LES ARTS PLASTIQUES*** *(A. Molinatti, 1987)* 6a, 25 m ;
[o] (1987) ◓.

**COMPRAR LA PEGATINA
«LEI LAGRAMUSAS»
ES PARTICIPAR EN LAS INSTALACIONES**
Una pegatina comprada = 2 puntos de amarre instalados

Chapitre XXII. LES PETITES FALAISES

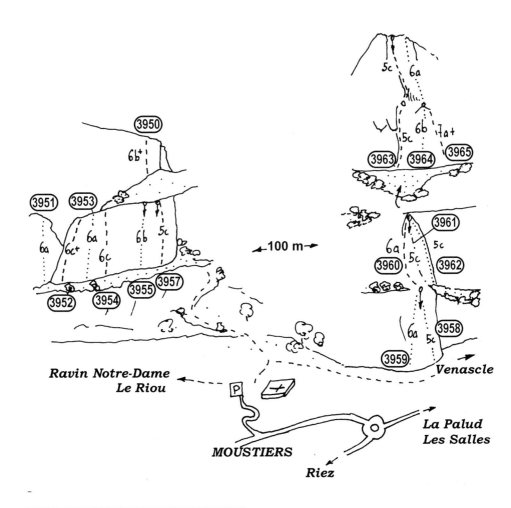

Ravin Notre-Dame
Le Riou

Venascle

MOUSTIERS

Riez

La Palud
Les Salles

XXII-20 MOUSTIERS 14-20

3950 – **CANELURE OMERE** *(A. Molinatti, 1988)* 6b+, 15 m ; (1988).

3951 – **LES MAUX DE LAU** *(A. Molinatti, 1988)* 6a, 15 m ; (1988).

3952 – **HAINE-MOI** *(A. Molinatti, 1988)* 6c+, 15 m ; (1988).

3953 – **PASSION ET HURLEMENTS** *(A. Molinatti, 1988)* 6a, 15 m ; (1988).

3954 – **VICTIM OF EGOISM** *(A. Molinatti, 1988)* 6c, 15 m ; (1988).

3955 – **LA HAUTE MELLE** *(A. Molinatti, 1988)* 6b, 15 m ; (1988).

3957 – **LA BASSE MELLE** *(A. Molinatti, 1988)* 5c, 15 m ; ○ (1988).
3958 – **COMEDI** *(A. Molinatti, 1988)* 5c, 20 m ; ○ (1988).
3959 – **TURE 1** *(A. Molinatti, 1988)* 6a, 20 m ; ○ (1988).
3960 – **FEMME ACT** *(A. Molinatti, 1988)* 6a, 20 m ; ○ (1988).
3961 – **TURE 2** *(A. Molinatti, 1988)* 5c, 20 m ; ○ (1988).
3962 – **RATAFIA** *(A. Molinatti, 1988)* 5c, 20 m ; ○ (1988).
3963 – **PSYCHOSOZIAL** *(A. Molinatti, 1988)* 5c, 50 m ; ○ (1988).
3964 – **Y'A PRESQUE PAS DE LÉZARDS** *(A. Molinatti, J.-M. Chatain, 1988)* 6b, 50 m ; ○ (1988).
3965 – **LABEL DU SEIGNEUR** *(J.-M. Chatain, 1988)* 7a+, 25 m ; ○ (1988).

« La Castapiagne rouge », suite de la p. 351

« copieusement tabassé », c'est avec une certaine circonspection que Michel est monté sur l'étrier, pour s'apercevoir que... ça tenait !

Tester les « plombages » dans le bombement lisse était une autre paire de manches.

Pendant six heures, Michel a pitonné ; six heures pour gagner vingt misérables mètres...

Souvenir d'un rideau de pluie dense, loin derrière nous ; souvenir du vieux bouc solitaire, plus ou moins habitué à notre présence, qui nous surveillait, toutefois, du coin de l'œil. Le seul point solide entre les « plombs » et le relais (étagé sur plusieurs pitons) était une broche américaine plantée à l'envers, que Michel avait maintenue avec un mousqueton. Aux dernières nouvelles, ils y sont toujours...

En 1972, les pensées des rochassiers s'envolaient fréquemment vers les parois californiennes, mais les récits de première main manquaient. L'existence des « mashies » et autres « copperheads » nous était totalement inconnue. A cet égard, l'innovation de Michel Tanner était une première absolue, que Christian Guyomar reprendrait quelques années plus tard.

Bernard « Barney » VAUCHER

XXIII. OMISSIONS VOLONTAIRES

Certains secteurs figurant dans les précédentes éditions ont été délibérément omis :

XXIII-1   SAINT-MAURIN – BŒUF BEURRÉ

— LES NOCTAMBULES, B. Ilbert, P. Kelle, G. Ruyssen, 1966, AD+.
— LES CONS-COURANTS, B. Domenech, F. Guillot, 1977, TD.
— LA DIRECTE, J. Kelle, P. Kelle, 1966, TD.
— LE SINGE, M. André, M. Scotto, 1967, TD+.
— SPIGOLO DU BŒUF BEURRÉ, G. Cohen, B. Domenech, F. Guillot, 1967, TD+.
— LES ÉCUREUILS ALCOOLIQUES, G. Cohen, 1967, TD.
— LES FADAS, J.-M. Koller, M. Scotto, M. Serre, 1967, D.

XXIII-2   MOUTON

— LE TRAVAIL, M. Chabert, G. Cohen, 1967, D+.
— LES CREVARDS, F. Guillot, J.-M. Koller, 1966, TD.
— L'INDIRECTE, J. Kelle, P. Kelle, 1966, D+.
— LE MOUTON SAOUL, F. Guillot, J.-M. Koller, R. Lankester, 1966, TD–.
— LA DROITE, M. André, M. Chabert, 1966, TD–.
— LA PÂQUES, M. Chabert, F. Guillot, 1968, TD.
— LE SARPET, M. André, M. Chabert, 1967, TD–.

XXIII-3   COURCHON

Interdit par le propriétaire. Une vingtaine de voies y ont été ouvertes en 1989-1990 (6a–8b).

XXIII-4   COL DE l'ÂNE

Non autorisé par l'ONF. Des voies y ont été ouvertes entre 1990 et 1992 (7a–7c+).

XXIII-5   MONTDENIER

Informations obsolètes et non vérifiées.
— LE CINQUIÈME MAJEUR , J. Coqueugniot, P. Durand, J.-P. Resch, 1978, D+.
— LE GROS COIN , B. Bouscasse, M. Charles, J.-M. Ricciardi, D.

XXIV. INDEX ALPHABÉTIQUE DES VOIES

Les numéros renvoient aux pages

? : 125, 147, 170, 173, 179, 181, 187, 189, 229, 330, 339, 347, 354, 356, 357
140 Pique : 335
140 Pique direct : 335
3 jours d'engatse : 311
36.15 : 189
À croche toit : 305
A donf ! : 345
À l'est des bens : 189
À moi les vivants : 183
À tout cœur : 191
Abnégation : 184
Abraxas : 199
Action directe : 342
Adopatab (l') : 257
Afin que nul ne meure : 189
Agacelard : 165
Again : 131
Agar : 245
Âge de raison (l') : 257
Agorgeamoclès : 187
Aï Pepito : 344
Aigue (l') : 258
Air de rap (un) : 345
Alain Moroni : 321
Alerte au gaz : 167
Alicantropia : 141
Alice : 231
Allemands n'ont pas d'argent (les) : 328
Allô, la terre ! : 126
Alongeuns (l') : 350
Amena : 136
Amitié internationale (l') : 353
Amok : 143
Amour propre ne le reste pas longtemps (l') : 246
Andropolis : 199
Âne rouge (l') : 171
Ange en décomposition (l') : 167
Angkor Vat : 173
Angos : 353
Anis : 295
Anis elbow : 344
Another perfect day : 159
Ant's kill : 199
Anteprima : 353

Appelez-moi « guidos » : 187
Après la pluie : 348
Arabe dément (l') : 189
Arabe en décomposition (l') : 189
Arabe ou gris (l') : 191
Arabe souriant (l') : 189
Arbragifle : 289
Arc-en-ciel : 325
Arcanson (l') : 256
Arche perdue (l') : 295
Arête des trognons : 315
Arête des trois chèvres : 300
Arête du Belvédère : 249
Arête grise : 250
Armoiraprods : 165
Arrache couronne (l') : 227
Artistes travaillent sans filet (les) : 337
Arts plastiques (les) : 357
As de pique (l') : 272
Ascension : 211
Ascensure (l') : 213
Assis sur une gouine : 339
Assurancetourix : 127
Atlantide : 219
Attention : 223
Attila : 351
Attilas : 197
Attire d'elle : 327
Au bonheur des dames : 347
Au bord des abîmes : 153
Au delà du délire : 197
Au delà du délire (L3–L9) : 195
Au delà du miracle : 293
Au voleur ! méfiez-vous : 223
Autant en supporte le vier : 195
Aventure, c'est l'aventure (l') : 293
Aveuglette (l') : 312
Aveux les plus doux (les) : 127
B.-B. : 249
Baba Yaga : 127
Babar au perfo : 325
Babar est tombé du vélo : 135
Babouchemolle : 249
Babyfoot : 191
Bac en vrac : 347

Bac moins 1 : 347
Baiser sanglant : 199
Balade (la) : 277
Balade humide : 129
Bananes (les) : 145
Banaste : 348
Bande à Baader : 225
Baraka (la) : 179
Baraka (la) (L6) : 180
Barbapoupon : 167
Bari : 295
Barjots (les) : 195
Bartas d'anniversaire : 327
Basse Melle (la) : 359
Bastidon (le) : 269
Batso : 157
Beau dard : 352
Beau menacé (le) : 259
Bec de lièvre (le) : 259
Belle de loin : 319
Belle fille sûre : 145
Belle Linda lave et rie (la) : 155
Bénénuts : 189
Bestatête : 191
Béta coinceur : 345
Bête à sexe : 185
Bibi Fricotin : 231
Bidochon en vacances (les) : 179
Bidochons bretons : 157
Big balls : 159
Big bong blues : 290
Big bougre, les beaux gros bras gras blancs : 354
Big Jim : 353
Big Mir volage : 143
Biscotte margarine : 184
Black pot : 193
Blackie : 352
Blériote : 245
Bleu banane : 345
Bleus (les) : 255
Bobby-sand : 249
Bobo biceps : 345
Bois gentil : 137
Boîte à bac : 347
Bon chic, bon genre : 141
Bon, la brute, le truand (le) : 311
Bonbons collent au sachet (les) : 199
Botte de carottes ça ravigotte (une) : 147
Bottes surbottes : 135
Boulevard des stars : 153
Bouscasse (la) : 280
Bouse power : 339
Braves gens ne courent pas les rues (les) : 157
Brin de soleil : 199
Broche à glace (la) : 231

Brouette en chantier : 333
Burning for your touch : 197
Bwana maline : 339
Bye Brigitte : 151
C'est la fête à Lucette : 336
C.K.Dur : 336
C117 : 255
Ça manque d'indices, Inspecteur : 333
Ça rend fougne : 297
Caca boudin ou les grands navires : 207
Cadobab (la) : 239
Calabègue et Dindoboule courent toujours : 334
Calabrai (le) : 342
Canelure omere : 358
Canon à Jules (le) : 231
Caprices du désir (les) : 147
Caquous (les) : 245
Car les martiens sont de retour : 334
Carmen Cru : 327
Carrière (la) : 261
Cas Reagan (le) : 126
Castapiagne rouge (la) : 227
Catapulte (la) : 231
Cataractes (les) : 241
Catastrophe : 352
Cauvin : 299
Cayenne c'est fini : 327
Ce n'est pas une pipe : 311
Cécile : 325
Célia follys : 211
Celui qui croyait au ciel : 341
Cenerentola : 138
Cépalepérou : 242
Cercopithèque : 180
Chameau : 357
Chan-Thé : 251
Chant des soleils(le) : 227
Chant du perfo (le) : 163
Chantal : 325
Chapeau bas : 339
Charlie Brown : 159
Charme-anticharme : 115
Chat pot (le) : 348
Chatilah : 145
Chemin de la gième (le) : 151
Chemin du nuage blanc : 159
Cheminée (la) : 271
Chez les Grecs : 131
Chico : 357
Chien de plomb : 351
Chienne de pluie : 341
Chirat : 207
Chlorochose : 189
Chrysalis : 151
Chute de gland : 357

Ciel, mes bijoux ! : 159
Cinquième majeur (le) : 360
Circoncision : 189
Cité des dalles : 357
Cité qui rêve (la) : 325
Civet de porcelet : 336
Clapier (le) : 276
Claudia : 155
Clic-clac : 180
Cloportes phosphorescents (les) : 173
Coco d'ziles : 139
Cocoluche : 189
Codis faux : 352
Cœur (le) : 261
Cœur de verre : 191
Cogitum : 143
Colis piégé : 225
Coloriages : 151
Come back : 325
Comedi : 359
Comme ça m'énerve : 325
Conchita : 341
Conquête (la) : 341
Cons-courants (les) : 360
Corbeau et le rosbeef (le) : 350
Corbeautage : 171
Corde tchèque : 211
Corps ferme et cœur tendre : 345
Cosmics débris : 229
Cotignac : 129
Couleur tombée du ciel (la) : 207
Coup d'état : 195
Coup dans l'eau : 267
Coup de calcaire : 147
Coup de foudre : 141
Coups de semonce : 125
Crabe aux pinces d'or (le) : 165
Cracboumhue : 354
Cracprout : 354
Crevards (les) : 360
Cri métallic : 145
Crime passionnel (un) : 126
Cruel brittonique : 130
Ctuluh : 185
Dalle du clou qui rend fou (la) : 333
Dalles (les) : 116, 249
Dalles grises (les) : 189
Damoclès : 325
Dans'line : 336
Daube à Papy (la) : 327
De gevangenpoort : 155
De l'art et du cochon : 263
Debado : 129
Déballez je suis cassé : 141
Débiloff proffondicum : 153

Décize (la) : 257
Délice du wapiti : 260
Delirium très mince : 179
Délivrance : 312
Déluge : 129
Déluge (le) : 267
Demande (la) : 197
Demi-panaché (la) : 285
Démon : 191
Deputindebopa : 245
Dernière surprise : 195
Dérobée (la) : 233
Descente au barbu (la) : 171
Désir du matin : 170
Désordre amoureux (un) : 126
Dessous, c'est affriolant : 141
Desyris : 325
Déviée (la) : 161
Diagonale du fourbe (la) : 339
Dièdre antique : 337
Dièdre de la terreur : 225
Dièdre des aixois : 257
Dièdre des rappels : 211
Dièdre Samson : 289
Diedro ketch-up : 321
Dimension cachée : 159
Dingomaniaque : 191
Diplômés (les) : 347
Directe (la) : 360
Directe chien : 351
Directe de la Paroi rouge : 219
Directe de la Recherche : 260
Directe des dalles : 249
Discorde (la) : 252
Distribution de topinambours : 145
Divan le terrible : 132
Divertissement subtil (le) : 293
Docteur Jivago : 139
Docteur No : 139
Doctorat saucissonage : 347
Dolce vita : 128
Domaine des dieux : 145
Douce masturbation : 297
Douce sublimation : 209
Douk Douk : 171
Douleurs et charmes : 339
Droite (la) : 360
Du goudron et des plumes : 151
Dülf du fou (la) : 332
Dumpus-blues : 334
Durandal : 151
Dure limite : 135
È pericoloso sporgersi : 261
Écho logique (l') : 149, 271
Échographie : 145

Éclopante : 183
Éclopante (L11) : 180
École des fans (L1–L5)(l') : 203
École des fans (L6–L11)(l') : 209
Écritoire (l') : 197
Écureuils (pilier des) : 193
Écureuils alcooliques (les) : 360
Effet papillon (l') : 173
Egyptos : 315
El camino de los Incas : 151
El chochoduerme : 151
El gringo loco : 128
El topo : 197
Élite est entrée sans prévenir (l') : 203
Elle est bleue : 341
Emballez, c'est pesé : 141
Empreinte des millénaires (L') : 237
En face : 297
En jeu : 347
Encore une journée d'foutue : 137
Enfance de l'art : 341
Enième tas (le) : 151
Enragés (les) : 289
Entre-averses : 299
Entrée de secours : 213
Éperon des bananiers : 271
Éperon sublime (l') : 209
Erebus : 189
Escagot d'or (l') : 231
Escalebitte dure : 179
Escalier renversé (l') : 355
Espèce d'espace : 211
Esprit de la tempête (l') : 337
Esprit inventif (l') : 207
Esprit torturé (l') : 207
Estamporanée : 245
Été de porcelaine (l') : 337
Éternel détour (l') : 118
Étroit mousquetaire (l') : 139
Ève Line : 145
Exciter : 278
Exécution testamentaire : 339
Exil sur planète fantôme : 345
Extase : 140
Extasia : 337
Extra terrestres (les) : 209
Fac (la) : 347
Face au public : 183
Face de Lune : 233
Fadas (les) : 360
Fait car : 141
Famille à Max (la) : 283
Fantasia : 155
Farci par là : 137
Faut s'faire une raison : 354

Faut vidanger les bigorneaux : 165
Fauteuil (le) : 313
Féline : 279
Femme act : 359
Femmes libérées : 321
Fenrir : 167
Ferme (la) : 275
Fesse d'or de la grande vorace (la) : 136
Fesse droite de Benit (la) : 337
Fête des nerfs (la) : 155
Fête du bagne (la) : 145
Filière filou (la) : 327
Filles d'à côté (les) : 327
Filles sales du métier (les) : 163
Fils de la terre et du vent (les) : 149
Fingers paradise : 321
Fini au pipi : 179
Fissure de l'amitié : 278
Fissure du bel inconnu : 329
Flagrant délice : 336
Flash : 173
Fleur de solstice : 250
Fluide racial : 297
Fond de l'air effraie, le fond de la rivière aussi (le) : 307
Footcroute : 195
Fou d'artifice (le) : 333
Fou de douleur : 127
Fou de l'extrême droite (le) : 333
Four (le) : 339
Fox-fodder : 352
Frères Caramel Mou (les) : 139
Frimes et châtiments : 138
Frisco : 246
G2LOQ : 155
Gabrielle : 332
Gaélique : 203
Gaffe au bloc : 351
Gaffe dans le dos : 183
Gai soleil : 339
Gaîté (la) : 125
Galéjade : 342
Gamelle trophy : 344
Gatina : 350
Gaz Max au Verdon : 173
Génie des alpages (le) : 155
Genou de Claire (le) : 185
Gestes pour le dire (les) : 337
Glaçons (les) : 122
Glamour : 211
Gland (le) : 116
Globules rouges (les) : 122
Gloria variante : 337
Gobbi (le) : 258
Golem : 159, 161

Good morning America : 225
Gorge (la) : 278
Gousseault direct : 155
Grain de folie : 332
Grand dièdre : 315
Grand nez qui boite (le) : 171
Grands navires (les) : 207
Grands penseurs : 145
Graphique : 145
Gravatation (la) : 173
Gravities rainbow : 157
Great Guigue in the Sky (the) : 344
Grelots (les) : 280
Grenier : 279
Grenouille : 348
Grimpeurs se cachent pour vomir (les) : 187
Gris fluo : 345
Gris qui tue (le) : 207
Grodej : 352
Gros coin (le) : 360
Groucho : 357
Guère épais : 139
Guet (le) : 151
Gueule d'amour : 135
Gueuses lasses (les) : 297
Guston : 334
Guy Héran : 219
Guy Michelin (le) : 347
Haine-moi : 358
Hakama : 137
Hannibal : 118
HAPQT : 173
Harpo : 357
Haute Melle (la) : 358
Haute tension : 185
Heavy metal : 137
Hélène et les gros cons : 149
Henriette : 135
Henry IV part II : 337
Herbetto (l') : 265
Heure des mamans (l') : 171
Heure zéro : 149
Histoire d'H2O : 348
Holocauste : 139
Homme des buis (l') : 348
Homme mort(l') : 125
Homme perdu (l') : 251
Homme qui valait trois pétards (l') : 339
Hormones frites : 145
Hors la loi : 157
Hot red chili pepper : 219
HRRSKI sortant : 287
I.V.G. : 159
Igloo-troglo (l') : 255
Igor Stravinsky : 330

Il bidone : 356
Imaginod : 229
Impasse des nouilles : 155
In memoriam : 233
Incal (l') : 171
Independence day : 335
Indiana jones : 269
Indirecte (l') : 360
Infâme chausse-trape (l') : 272
Inspecteur Polpot mène l'enquête : 334
Interlope : 223
Inversées sataniques (les) : 354
Ivresse des profondeurs (l') : 223
J.-P. Gaffard (la) : 251
Jacquerie (la) : 145
Jakajawaka : 197
Jardin botanique : 341
Jardinets (les) : 272
Jardins de navarre (les) : 357
Jazz from hell : 229
Je suis mou ou c'est dur ? : 307
Je suis une légende : 181
Jeu des perles de verre (le) : 219
Jeux sans frontières : 328
Jolly Jumper : 354
Jour d'été : 165, 167
Jules et le sanglier : 295
Jupons capiteux (les) : 153
Kaboube : 173
Kallisté : 223
Karin's line : 175
Khmers rouges : 319
Kingos : 157
Kloug : 239
Krokus : 129
Krostons (les) : 327
L'enfer provisoire : 344
L'ombre d'un doute : 345
La voie de 50 cm : 143
Label du seigneur : 359
Laisse dire : 132
Lances du crépuscule (les) : 211
Larme tombée du ciel (une) : 135
Laurel et Hardy : 327
Lesisbéplus : 325
Licence steak : 347
Lieux sacrés : 344
Lips : 213
Liqueur de coco : 149
Liz Taylor is rich : 126
Loi du mouvement (la) : 137
Lorraine : 315
Los Alfaquès : 205
Lotojizoucati : 319
Love me : 173

Luna Bong : 205
Luna plomb : 205
Lune aux oiseaux (la) : 249
Lutte contre la fin : 165
Ma nuit chez Maud : 126
Madame Persil : 354
Mage (le) : 255
Magnésiac : 151
Maîtrise STG : 347
Malice au pays des merveilles : 149
Mami Nova : 183
Mandarin merveilleux : 138
Mandarom(le) : 229
Manège enchanté (le) : 153
Mange poutre : 209
Mangeurs de lune : 347
Mangoustine scatophage : 193
Manimal : 213
Manu Ribdu : 159
Marcelin : 175, 179
Marches du temps (les) : 197
Marseillais (les) : 289
Massacre à la tronçonneuse : 199
Massilia connection : 295
Mastok : 348
Mâtin : 339
Matinée d'ivresse : 325
Mattéorite : 219
Maux de lau (les) : 358
Maya : 352
Mégafoot : 195
Mélodie secrète (la) : 227
Mémorail Patrick Berthet) : 211
Mère elle chausse du deux (ta) : 344
Mescalito : 223
Metallic K.O. : 219
Métropolis : 133
Mickey maousse : 321
Microsporum canis : 183
Mieux : 299
Mifascaga : 119
Mijo : 141
Mille pas de vide : 203
Mimi Cracra équipe : 325
Minets gominés (L8-L11) : 163
Minets gominés (partie inférieure) : 165
Minette express : 139
Mingus : 161
Mini-brown (la) : 277
Minimoog : 339
Miroir du fou (le) : 332
Miroirs ardents : 195
Miskatonic : 200
Miss Canyon : 136
Miss Tourbillon : 165

Missing : 337
Mission impossible : 140
Mister Flan : 344
Mon mari sait tout faire : 335
Mona Lisa klaxon : 205
Monier : 246
Monsieur Placard : 354
Montée aux Acoules (la) : 233
Mort à Venise : 137
Mort subite : 159
Mou du minou (le) : 272
Moulinette : 334
Mousson (la) : 155
Mouton saoul (le) : 360
Muab.Dib : 169
Muche : 163
Mur bleu (le) : 127
Must (le) : 339
Mustc (le) : 339
N'a qu'un œil : 353
N'en jetez plus : 330
Nagasaki : 227
Naufragés (les) : 235
Naziaque : 173
Nécronomicon : 207
Nécropolis : 199
Nenec plus ultra : 133
Néophytes : 354
Nez (le) : 129
Niagarak : 356
Niauds (les) : 322
Nilvia : 131
Nilvia (sortie Court mais bon) : 131
Nilvia (sortie dièdre) : 131
Nilvia (sortie droite) : 131
Nilvia (sortie gauche) : 131
Nimbus fou : 348
No self control : 173
Noctambules (les) : 360
Noisette enragée (la) : 205
Nos amies les bêtes : 205
Nostradamus : 132
Nyctalopes : 211
Observer c'est perturber : 325
Œil du cyclone (l') : 337
Œil du tigre (l') : 171
Œil perdu (l') : 353
Offre (l') : 239
Oiseau de feu (l') : 171
On rase bien les poireaux : 179
On s'en caghelos : 139
Opéra bouffe : 347
Opéra Verticouenne : 183
Or sujet : 249
Oreille (l') : 267

Orgasme : 132
Orgiaque : 213
Orni : 213
Ouah, con, c'est du libre ! : 336
Ouah, con, qu'il est cool cet été là ! : 337
Oublier pour tenir : 219
Oursinade (l') : 312
Over cool baba dose : 337
Overdose : 207
Overkill : 258
Pacoule (la) : 287
Pain et chocolat : 167
Paluarde secousse : 195
Palunodie : 249
Papy on sight : 180
Papy qué dévers : 305
Pâques (la) : 360
Parisienne (la) : 251
Paroi rouge (la) : 219
Partisans (les) : 297
Partition : 325
Pas d'bloc Picasso : 347
Pas de panique : 330
Pas de poireau pour Miss Sida : 141
Pas de sida pour Miss Poireau : 141
Passion d'amour : 191
Passion d'aventure : 267
Passion et hurlements : 358
Passion néfaste (une) : 127
Pastaga crack : 327
Patagonistes (les) : 271
Patibulaire : 258
Patience dans l'azur : 130
Paysans (les) : 319
Pédale feutrée (la) : 252
Peligro (el) : 315
Pepsi Louis : 239
Percéides : 170
Père Noël est une ordure (le) : 339
Père Ubu (le) : 231
Péril helvétic : 262
Péril jaune (le) : 263
Péril rouge : 263
Petidej : 353
Petit bain : 140
Petit chat : 128
Petit coin de paradis (un) : 159
Petit Patrick : 297
Phœbus : 143
Pichenibule (L1–L4) : 187
Pichenibule (L5–L11) : 187
Pichenibule (L8–L12) : 183, 184
Picou distrait : 315
Pieds de Jean-Christophe (les) : 333
Pieds nickelés (les) : 325

Piège à cons (le) : 299
Pierre de lune : 195
Pierrot n'Co : 341
Pilier (le) : 278
Pilier Bernard-Sylvie : 277
Pilier de l'Impatience : 297
Pilier de la Balade : 277
Pilier de la Belle de mai : 316
Pilier de la Chapelle : 275
Pilier des Écureuils (le) : 193
Pilier du Feu sacré : 313
Pilier du Graillou : 275
Pilier du Maugué : 315
Pilier du Poupre : 271
Pilier gauche du Fauteuil : 313
Pilier Gousseault : 155
Pilier nord-ouest de l'Encastel : 297
Pilier sud : 119
Pilier vermoulu (le) : 209
Pionniers sont toujours là (les) : 303
Pique assaut : 195
Pirouette enchantée : 332
Pitoncanthrope : 169
Plage (la) : 235
Plus top que ça tu meurs : 311
Plus vieux rêve de l'homme (le) : 211
Poêle à mazout : 155
Poinçonneur (le) : 321
Point, c'est tout (un) : 357
Poker à cinq as : 229
Polpett : 180
Polpot : 171
Popa said : 170
Portugais (les) : 276
Posséder les chromosomes : 195
Poulpe : 353
Pour une poignée de gros lards : 233
Pourquoi j'ai mangé mon père : 229
Première (la) : 348
Première loge : 213
Prima : 353
Primate (le) : 278
Prise de cent : 193
Prises uniques : 187
Private dancing : 357
Prospection (la) : 242
Psychosozial : 359
Purgatoire : 203
Que dalle : 240
Que fait la police ? : 334
Qui dit mieux ? : 299
Qui s'y frotte s'y pique : 153
Qui se souviendra des hommes ? : 213
Quick piss : 351
Quinze fois Vincent : 249

Chapitre XXIV. INDEX ALPHABÉTIQUE DES VOIES

Rage against the machine : 223
Rage des saigneurs (la) : 205
Ragtime : 191
Rasoir (le) : 233
Ratafia : 359
Ratatouille niçoise : 347
Raticide (la) : 169
Ravi sans car (le) : 117
Recherche (la) : 260
Reemon : 351
Regain : 163, 325
Réglisse : 295
Repère bondissant (le) : 207
Rêve de fer : 167
Rêver c'est bien, le fer c'est mieux (le) : 167
Rêves de la mer (les) : 147
Révo-cul : 297
Ricciardi-Chevalier (la) : 277
Rideaux de Gwendal (les) : 183
Rideaux de Gwendal (les) (L6-L9) : 185
Rideaux de Gwendal (les) (L7-L9) : 187
Rimaye (la) : 115
Rinquinquin : 261
Rio : 352
Riri pinson : 149
Rivière d'argent : 167
Rond de chaussettes : 332
Rop'nroll : 179
Roumagaou : 262
Route pour nulle part (en) : 135
Rumori di gomma : 336
Rustines à la tonne : 325
Sabra : 127
Sacré Nascimo : 127
Sactoufuatestu (le) : 255
Sade : 352
Saga du Verdon : 137
Sahara : 203
Salades de l'Apocalypse (les) : 305
Salamandre : 327
Sale gosse : 225
Sale temps pour les caves : 329
Salta minchia ! c'è una stella che cade : 185
Salut le Bref : 143
Salut les berlots : 333
Salut les copines : 170
Salvaje de corazón : 157
Samba triste : 163
Sanglante affaire : 339
Sans : 327
Sarbacane : 151
Sarpet (le) : 360
Saut d'homme : 163
Sauvage : 353
Schloppakotze (la) : 272

Science désastre : 205
Scoubit : 337
Scoumoune : 180
Séance crevante : 151
Séance tenante : 151
Seconda : 353
Secrets de la Mer Rouge (les) : 221
Seins d'acier : 334
Semeurs (les) : 347
Sensimillia : 339
Sensuelle et sans suite : 321
Septième saut : 330
Série noire : 163
Sérieux s'abstenir : 179
Sexe hystérie : 211
Si zut sida : 334
Sidardendaille : 153
Sidermek : 139
Siège éjectable (le) : 231
Signor treuillé (le) : 319
Sinfonie del vento : 153
Singe (le) : 131, 360
Sinner : 278
Six fois Zette : 179
Sixième élément(le) : 227
Slut : 145
Smoke : 225
Smooth operator : 352
Solanuts : 199
Soleil minéral : 205
Solide au bidet : 187
Solitude : 328
Sommeil couchant (le) : 239
Sommeil paradoxal : 159
Sons apocalyptiques (les) : 260
Sordidon : 149
Sortie directe : 315
Souricière (la) : 130
Souricière (la)(sortie gauche) : 130
Souricière (rappels de la) : 130
Sourire canaille : 344
Sous le soleil de feu : 325
Sous-doués (les) : 132
Spaggiari : 133
Spécialistes (les) : 322
Spécialistes direct (les) : 322
Spigolo del bœuf beurré : 360
Spitophage pervers : 191
Spits pour le dire (des) : 356
Spits shows et sueurs froides : 246
Stalagbitroute : 350
Stanley-Livingstone : 122
Starter : 181
Stramilano : 205
Subliminable : 229

Sucepé : 191
Super Jane : 330
Supplément cornichon : 139
Suppositoire (le) : 133
Surprises (les) : 252
Surveiller et punir : 138
Suzy sunshine : 325
Symbiose : 337
Symphonie du temps : 203
Syndrome de Calimero (le) : 147
T'en veux ? : 127
T'y vas si j't'assure : 151
T.N.T. : 137
Taf néfaste (la) : 293
Takavasy : 357
Take it or leave it : 139
Tamara : 199
Tanti auguri : 157
Tapir volant : 136
Tapis volant : 136
Taquet coinceur : 171
Tardive insolation (la) : 297
Tarpet farceur : 183
Tarsinge l'homme Zan : 183
Tarzan : 350
Tatoune : 286
Taupe besogneuse (la) : 303
Team zinc : 339
Tecto flip : 225
Télégrammes : 249
Temps d'un instant (le) : 345
Temps perdu (le) : 116
Tendre Violette : 327
Ténébreuse affaire (une) : 332
Tentative d'évasion : 193
Tequila paf : 339
Terre promise : 325
Terrifififidalbal : 233
Terza : 353
Tête à claques : 151
Tête à eau : 151
Tête en l'air : 127
Thalamus : 157
Thèse et vous ? : 347
Ticket danger : 179
Ticket danger (L7) : 180
Ticket piégé : 205
Ticket pour un taquet : 171
Tigrognasse : 353
Tintin au pays des mauviettes : 165
Tiotieuma : 246
Tiques du grimpeur (les) : 325
Tire-flemme : 179
Toboggan de la mort (le) : 157
Tombé du ciel : 348

Tombeau de l'éclair(le) : 227
Top (le) : 354
Topo hallucinogène : 173
Total khéops : 316
Totem : 191
Touche pas aux arbres : 325
Touche qui mousse (la) : 256
Toujourjamé : 167
Toujourpluspròs : 193
Tour de chauffe : 141
Tourniquet mongol (le) : 316
Tous au cade : 125
Tout ça pour une médaille : 157
Toutenoisette : 287
Tranquille : 328
Tranxène 5 : 195
Travail (le) : 360
Tricrotale : 255
Trio : 347
Triomphe d'Éros (le) : 205
Triomphe des brocs (le) : 119
Triongle : 191
Triple flop : 341
Tripo-dechou (la) : 115
Triroute : 187
Triste lune : 339
Troglobule : 207
Troisième Ciel : 171
Trompettes tuberculeuses (les) : 287
Tronche à nœuds : 167
Tronche de conque : 351
Trous secs : 187
Tsipana : 357
Tu piges, mec ? : 344
Ture 1 : 359
Ture 2 : 359
Turlut : 153
Tuyau d'orgue : 213
Tuyère (la) : 143
Ula : 197
Ula (départ original) : 197
Ula (L7-L9) : 195
Ultime atome (l') : 225
Univers carcéral : 219
Univers de l'alambic spatio-temporel (l') : 227
Vache qui tache (la) : 170
Vagabonds (les) : 317
Vaisseau de Pierre (le) : 341
Valaute express : 325
Variante de l'abaga : 262
Variante du Gobbi : 258
Variette : 135
Vent des errances (le) : 197
Verdon, ocean wall : 249
Vicious : 353

Victim of egoism : 358
Victimes de la cruauté des femmes : 149
Vie privée de Walter Closet (la) : 355
Violent passion surrogate : 127
Vires (les) : 119
Virginie : 145
Virgule tricoteuse (la) : 117
Virilimité : 165
Virus (le) : 145
Vision futée : 149
Visite à Urt : 125
Voie Brodie-Mora : 305
Voie de l'arche : 315
Voie de l'écaille : 308
Voie de l'homme nuts : 299
Voie des debs : 341
Voie du Blond (la) : 337
Voie Fawcett : 332
Voie sans issue : 235
Voilà les cakes de plage : 329
Vol du canard et du casque troué (le) : 311
Voleur de Bagdad : 136

Vouai vouai vouai ! : 265
Voyage à travers l'impossible : 235
Voyage de la Mandarine (le) : 161
Vytal : 137
Wall of Woodoo : 184
Wamblimolé : 255
Wedge : 351
Wide is love : 185
Wilder Westen inclusive : 328
Xénophobe : 328
Y'a pas de pet : 333
Y'a plus de soleil dans le canyon : 225
Y'a presque pas de lézards : 359
Yukio Mishima : 137
Z (le) : 355
Z direct (le) : 355
Zairoi des quoi ? : 297
Zartemeuh : 119
Zegzilés (les) : 233
Zéro de conduite : 347
Zippo (le) : 239
Zizagutti : 165, 167

ACHETEZ LES TOPOS !

Seules quelques communes et quelques départements financent l'équipement des falaises. La plupart du temps, et malgré les aides de la FFME ou du COSIROC dont les moyens sont très limités, les équipeurs financent en partie l'équipement avec leur argent personnel ! La vente des topos est alors pour eux le seul moyen de récupérer leur mise de fonds... et d'acheter du matériel pour de nouvelles voies ou le rééquipement de celles qui ont vieilli.

ACHETER LE TOPO
C'EST PARTICIPER À l'ÉQUIPEMENT

Un topo acheté = un relais + un point d'assurage

XXV. INDEX DES VOIES PAR DIFFICULTÉ

Les derniers numéros renvoient aux pages
Entre parenthèses les numéros des voies

? : ? (056.3) : 229
? : ? (3448) : 347
? : Chute de gland (3655) : 357
? : Fantasia (723) : 155
? : Fou de douleur (979.1) : 127
? : Gaîté (la) (1185) : 125
? : Gai soleil (3312.1) : 339
? : Gamelle trophy (3402) : 344
? : Guy Michelin (le) (3438) : 347
? : Jazz from hell (056.4) : 229
? : Mangeurs de lune (3431) : 347
? : Poêle à mazout (722) : 155
? : Purgatoire (183) : 203
? : Ratatouille niçoise (3440) : 347
3b : Rio (3515) : 352
3b : Terza (3500) : 353
3c : Histoire d'H2O (3483) : 348
3c : Observer c'est perturber (2549) : 325
3c : Seconda (3501) : 353
4a : Arête des trognons (1608) : 315
4b : Babar au perfo (2570) : 325
4b : Blackie (3514) : 352
4b : Mastok (3481) : 348
4b : Mimi Cracra équipe (2571) : 325
4b : Poulpe (3503) : 353
4b : Première (la) (3487) : 348
4b : Série noire (L4) (667) : 163
4b & A2 : Touche qui mousse (la) (1668) : 256
4b+ : Sauvage (3506) : 353
4c : ? (3658) : 357
4c : ? (3660) : 357
4c : Bartas d'anniversaire (2583) : 327
4c : Chameau (3659) : 357
4c : Conquête (la) (3278) : 341
4c : Directe de la Recherche (1656) : 260
4c : Enfance de l'art (3271) : 341
4c : Filles sales du métier (les) (L4) (671) : 163
4c : Grenouille (3480) : 348
4c : Igloo-troglo (l') (4036) : 255
4c : Infâme chausse-trape (l') (1689) : 272
4c : Nimbus fou (3484) : 348
4c : Pacoule (la) (1049) : 287
4c : Souricière (la)(sortie gauche) (944) : 130
4c : Tiques du grimpeur (les) (2551) : 325

4c : Tombé du ciel (3485) : 348
4c : Wedge (3525) : 351
4c+ : Chlorochose (394) : 189
4c+ : Dalles (les) (1005) : 116
5a : Après la pluie (3482) : 348
5a : Comme ça m'énerve (2552) : 325
5a : Lotojizoucati (2252) : 319
5a : Massacre à la tronçonneuse (L3) (220) : 199
5a : Seins d'acier (3041) : 334
5a : Signor treuillé (le) (2251) : 319
5a : Tendre Violette (2580) : 327
5a & A2 : Homme perdu (l') (4032) : 251
5a+ : Heavy metal (L3+L4) (875) : 137
5b : Arabe ou gris (l') (379.1) : 191
5b : Banaste (3486) : 348
5b : Belle de loin (2253) : 319
5b : Catastrophe (3513) : 352
5b : Chantal (2553) : 325
5b : Elle est bleue (3272) : 341
5b : Entre-averses (1173) : 299
5b : Fox-fodder (3517) : 352
5b : Frisco (1321.1) : 246
5b : Grodej (3518) : 352
5b : Herbetto (l') (1647) : 265
5b : Maya (3516) : 352
5b : Nilvia (L3) (938) : 131
5b : Nilvia (sortie Court mais bon) (935) : 131
5b : Nilvia (sortie dièdre) (934) : 131
5b : Nilvia (sortie droite) (936) : 131
5b : Nilvia (sortie gauche) (937) : 131
5b : Oreille (l') (1550) : 267
5b : Piège à cons (le) (1171) : 299
5b : Pieds nickelés (les) (2572) : 325
5b : Prima (3502) : 353
5b : Rimaye (la) (1003) : 115
5b : Sade (3512) : 352
5b : Touche pas aux arbres (2579) : 325
5b : Voie des debs (3273) : 341
5b : Vytal (871) : 137
5b : Wamblimolé (4036.2) : 255
5b : Zairoi des quoi? (1152) : 297
5b & A1 : Coup dans l'eau (1553) : 267
5b & A1 : Tardive insolation (la) (1156) : 297
5b & A2 : Attention (060) : 223

BUREAU DES GUIDES DU VERDON

L'EXPÉRIENCE

Descente de canyons
Escalade

The Verdon's Guides Office

Canyon descent
Rock climbing

rue Principale,
04120
la Palud-sur-Verdon
0033/04 92 77 30 50

5b & A2 : Discorde (la) (4035) : 252
5b & A2 : Sons apocalyptiques (les) (1678) : 260
5b & A2+ : Exciter (1861) : 278
5b+ : Beau dard (3517.1) : 352
5b+ : Bwana maline (3314) : 339
5b+ : Chat pot (le) (3489) : 348
5b+ : Dalle du clou qui rend fou (la) (3032) : 333
5b+ : Face au public (493) : 183
5b+ : Mami Nova (494) : 183
5b+ : Sans (2585) : 327
5b+ : Tarpet farceur (492) : 183
5b+ : Temps perdu (le) (1006) : 116
5b+ : Triroute (400) : 187
5b+ : Voie de l'écaille (1353) : 308
5b+ & A1 : Demi-panaché (la) (1010) : 285
5b+ & A2 : Balade (la) (1856) : 277
5b.A1 : Krokus (945) : 129
5b.A1 : Raticide (la) (578) : 169
5b.A1 : Ravi sans car (le) (1009) : 117
5b.A2 : Partisans (les) (1153) : 297
5c : À moi les vivants (L2–L3) (480) : 183
5c : Attila (3521.1) : 351
5c : Bête à sexe (446) : 185
5c : Basse Melle (la) (3957) : 359
5c : Bestatête (387) : 191
5c : Bottes surbottes (923) : 135
5c : C117 (4037.1) : 255
5c : Cauvin (1172) : 299
5c : Chan-Thé (1500) : 251
5c : Chant du perfo (le) (L3+L4) (666) : 163
5c : Cheminée (la) (1686) : 271
5c : Chienne de pluie (3280) : 341
5c : Clic-clac (507) : 180
5c : Codis faux (3519.1) : 352
5c : Comedi (3958) : 359
5c : Dalles grises (les) (395) : 189
5c : Damoclès (2573) : 325
5c : Douce masturbation (1154) : 297
5c : El camino de los Incas (770) : 151
5c : Éperon des bananiers (1684) : 271
5c : Extase (852) : 140
5c : Féline (2257) : 279
5c : Famille à Max (la) (2260) : 283
5c : Femmes libérées (2252.1) : 321
5c : Filles d'à côté (les) (2577) : 327
5c : Fini au pipi (511) : 179
5c : Gaffe au bloc (3520) : 351
5c : Gatina (3527) : 350
5c : Gorge (la) (1852) : 278
5c : Grand dièdre (1604) : 315
5c : Grenier (2256.1) : 279
5c : Grimpeurs se cachent pour vomir (les) (L2–L3) (445) : 187
5c : Guston (3042) : 334
5c : Jardinets (les) (1691) : 272

5c : Jardins de navarre (les) (3654) : 357
5c : Laurel et Hardy (2575) : 327
5c : Matinée d'ivresse (2556) : 325
5c : Monier (1320) : 246
5c : Mou du minou (le) (1690) : 272
5c : On rase bien les poireaux (512) : 179
5c : Opéra Verticouenne (491) : 183
5c : Pierrot n'Co (3276) : 341
5c : Pilier (le) (1853) : 278
5c : Point, c'est tout (un) (3661) : 357
5c : Prospection (la) (1301) : 242
5c : Psychosozial (3963) : 359
5c : Ratafia (3962) : 359
5c : Reemon (3521) : 351
5c : Regain (2555) : 325
5c : Rop'nroll (514) : 179
5c : Sactoufuatestu (le) (4036.3) : 255
5c : Saut d'homme (672) : 163
5c : Souricière (la) (943) : 130
5c : Sous le soleil de feu (2552.2) : 325
5c : Sous-doués (les) (932) : 132
5c : Spits pour le dire (des) (3653) : 356
5c : Tarsinge l'homme Zan (489) : 183
5c : Tire-flemme (513) : 179
5c : Triple flop (3277) : 341
5c : Tsipana (3664) : 357
5c : Ture 2 (3961) : 359
5c : Vaisseau de Pierre (le) (3270) : 341
5c : Variante de l'abaga (1658) : 262
5c : Zippo (le) (005) : 239
5c & A1 (???) : Bouscasse (la) (2259) : 280
5c & A1 : Arcanson (l') (1669) : 256
5c & A1 : Cotignac (948) : 129
5c & A1 : Glaçons (les) (1180) : 122
5c & A1 : Grelots (les) (2258) : 280
5c & A1 : Gueuses lasses (les) (1155) : 297
5c & A1 : Paysans (les) (2254) : 319
5c & A1 : Pilier de l'Impatience (1150) : 297
5c & A1 : Pilier de la Chapelle (1692) : 275
5c & A1 : Pilier du Poupre (1685) : 271
5c & A1 : Que dalle (002) : 240
5c & A1 : Vagabonds (les) (1865) : 317
5c & A1 : Variante du Gobbi (1673) : 258
5c & A1+ : Pilier nord-ouest de l'Encastel (1147) : 297
5c & A2 : Aigue (l') (1675) : 258
5c & A2 : Bastidon (le) (1681) : 269
5c & A2 : Beau menacé (1677) : 259
5c & A2 : Big Mir volage (835) : 143
5c & A2 : Bon, la brute, le truand (le) (1452) : 311
5c & A2 : Dièdre Samson (1111) : 289
5c & A2 : Divertissement subtil (le) (1141) : 293
5c & A2 : En face (1149) : 297
5c & A2 : Fissure de l'amitié (1862) : 278

5c & A2 : Gobbi (le) (1674) : 258
5c & A2 : J.-P. Gaffard (la) (4031) : 251
5c & A2 : Pilier de la Balade (1855) : 277
5c & A2 : Pilier du Feu sacré (1456) : 313
5c & A2 : Pilier gauche du Fauteuil (1454) : 313
5c & A2 : Portugais (les) (1695) : 276
5c & A2 : Primate (le) (1851) : 278
5c & A2 : Rinquinquin (1657) : 261
5c & A2 : Sinner (1860) : 278
5c & A2 : Sommeil couchant (le) (004) : 239
5c & A2+ : Overkill (1676) : 258
5c & A2+ : Parisienne (la) (4030) : 251
5c+ : As de pique (l') (1687) : 272
5c+ : B.-B. (1515) : 249
5c+ : Blériote (1306) : 245
5c+ : Dalles (les) (1460) : 249
5c+ : Directe des dalles (1461) : 249
5c+ : Fait car (843) : 141
5c+ : Gland (le) (1007) : 116
5c+ : Magnésiac (760) : 151
5c+ : Mieux (1168) : 299
5c+ : Pas de poireau pour Miss Sida (848) : 141
5c+ : Pilier du Maugué (1603) : 315
5c+ : Qui dit mieux ? (1169) : 299
5c+ : Schloppakotze (la) (1688) : 272
5c+ : Tranquille (2850) : 328
5c+ : Valaute express (2552.1) : 325
5c+ : Voie de l'arche (1605) : 315
5c+ & A1 : Pilier du Graillou (1693) : 275
5c+ & A1 : Taupe besogneuse (la) (1351) : 303
5c+ & A1+ : Adopatab (l') (1672) : 257
5c+ & A3 : Vol du canard et du casque troué (le) (1451) : 311
5c+.A1 : Nez (le) (946) : 129
5c.A1 : Cadobab (la) (003) : 239
5c.A1 : Carrière (la) (1655) : 261
5c.A1 : È pericoloso sporgersi (1653) : 261
5c.A1 : Lips (118) : 213
5c.A1 : Nilvia (938) : 131
5c.A1 : Orgiaque (122) : 213
5c.A1 : Patagonistes (les) (1683) : 271
5c.A1 : Picou distrait (1601) : 315
5c.A1 : Terrififidalbal (048) : 233
5c.A1 : Trompettes tuberculeuses (les) (1050) : 287
5c.A1 : Variette (918) : 135
5c.A1 : Vires (les) (1015) : 119
5c.A2 : Arche perdue (l') (1146) : 295
5c.A2 : Ascenseur (l') (116) : 213
5c.A2 : Cataractes (les) (001) : 241
5c.A2 : Debado (949) : 129
5c.A2 : Fluide racial (1148) : 297
5c.A2 : Gravatation (la) (551) : 173
5c.A2 : Khmers rouges (2250) : 319
5c.A2 : Topo hallucinogène (554) : 173

5c.A3 : Métropolis (926) : 133
5c.C1 : Angkor Vat (550) : 173
6a : ? (3662) : 357
6a : Alongeuns (l') (3526.1) : 350
6a : Angos (3505) : 353
6a : Anteprima (3499) : 353
6a : Arête des trois chèvres (1201) : 300
6a : Arête grise (1502) : 250
6a : Arc-en-ciel (2558) : 325
6a : Arts plastiques (les) (3668) : 357
6a : Attire d'elle (2578) : 327
6a : Autant en supporte le vier (318) : 195
6a : Bénénuts (388) : 189
6a : Big Jim (3504) : 353
6a : Bon chic, bon genre (L5) (846) : 141
6a : Cécile (2554) : 325
6a : Celui qui croyait au ciel (3274) : 341
6a : Chien de plomb (3522) : 351
6a : Circoncision (390) : 189
6a : Clapier (le) (1694) : 276
6a : Cocoluche (396) : 189
6a : Dülf du fou (la) (3057) : 332
6a : Daube à Papy (la) (2581.1) : 327
6a : Demande (la) (275) : 197
6a : Durandal (L3+L4) (758) : 151
6a : Éclopante (L11) (503) : 180
6a : El gringo loco (961) : 128
6a : Faut vidanger les bigorneaux (676) : 165
6a : Femme act (3960) : 359
6a : Globules rouges (les) (1181) : 122
6a : HRRSKI sortant (1051) : 287
6a : Harpo (3665) : 357
6a : Heavy metal (875) : 137
6a : Homme des buis (l') (3488) : 348
6a : Jardin botanique (3275) : 341
6a : Mange poutre (157) : 209
6a : Maux de lau (les) (3951) : 358
6a : Mifascaga (1013) : 119
6a : Minette express (856) : 139
6a : Mon mari sait tout faire (3043) : 335
6a : Niagarak (3650) : 356
6a : Offre (l') (006) : 239
6a : Ouah, con, c'est du libre ! (3166) : 336
6a : Passion d'amour (383) : 191
6a : Passion et hurlements (3953) : 358
6a : Petidej (3511) : 353
6a : Pionniers sont toujours là (les) (1350) : 303
6a : Popa said (589) : 170
6a : Quick piss (3524) : 351
6a : Quinze fois Vincent (1504) : 249
6a : Révo-cul (1151) : 297
6a : Ragtime (379) : 191
6a : T'y vas si j't'assure (762) : 151
6a : Tatoune (1060) : 286
6a : Tigrognasse (3510) : 353

6a : Toujourjamé (622) : 167
6a : Tour de chauffe (851) : 141
6a : Ture 1 (3959) : 359
6a : Wide is love (452) : 185
6a & A1 : Big balls (709) : 159
6a & A1 : Cépalepérou (1302) : 242
6a & A1 : Ça rend fougne (1146.1) : 297
6a & A1 : Déluge (le) (1551) : 267
6a & A2 : Aveuglette (l') (1453) : 312
6a & A2 : Big bong blues (1141.1) : 290
6a & A2 : Déviée (la) (705) : 161
6a & A2 : Gaélique (184) : 203
6a & A2 : Guy Héran (086) : 219
6a & A2 : Massilia connection (1146.2) : 295
6a & A2 : Rasoir (le) (052) : 233
6a & A2 : Tuyère (la) (836) : 143
6a & A2+ : Dièdre des aixois (1671) : 257
6a & A2+ : Éternel détour (l') (1011.1) : 118
6a & A2+ : Jules et le sanglier (1146.3) : 295
6a & A2+ : Total khéops (1610) : 316
6a & A2+ : Tourniquet mongol (le) (1611) : 316
6a & A3 : Je suis mou ou c'est dur ? (1370) : 307
6a & A3 : Pédale feutrée (la) (4033) : 252
6a & C1 : Balade humide (945.1) : 129
6a+ : 140 Pique (3046) : 335
6a+ : 140 Pique direct (3045) : 335
6a+ : 36.15 (399) : 189
6a+ : ? (3654.1) : 357
6a+ : ? (3654.2) : 357
6a+ : ? (394.1) : 189
6a+ : Afin que nul ne meure (398) : 189
6a+ : Amitié internationale (l') (3511.1) : 353
6a+ : Arête du Belvédère (1505) : 249
6a+ : Arabe dément (l') (392) : 189
6a+ : Arabe en décomposition (l') (391) : 189
6a+ : Cœur de verre (385) : 191
6a+ : Carmen Cru (2574) : 327
6a+ : Chatilah (805) : 145
6a+ : Civet de porcelet (3165) : 336
6a+ : Conchita (3279) : 341
6a+ : Dolce vita (960) : 128
6a+ : Dumpus-blues (3026) : 334
6a+ : Filles sales du métier (les) (671) : 163
6a+ : Il bidone (3652) : 356
6a+ : Massacre à la tronçonneuse (L2+L3) (220) : 199
6a+ : Œil du cyclone (l') (3152) : 337
6a+ : Partition (2550) : 325
6a+ : Petit chat (962) : 128
6a+ : Pieds de Jean-Christophe (les) (3034) : 333
6a+ : Pour une poignée de gros lards (053) : 233
6a+ : Que fait la police ? (3027) : 334
6a+ : Regain (665) : 163
6a+ : Rustines à la tonne (2559) : 325
6a+ : Six fois Zette (518) : 179

6a+ : Terre promise (2557) : 325
6a+ : Ticket danger (L7) (506) : 180
6a+ : Vache qui tache (la) (590) : 170
6a+ : Y'a pas de pet (3033) : 333
6a+ : Zegzilés (les) (051) : 233
6a+ & A1 : Fauteuil (le) (1455) : 313
6a+ & A2 : Décize (la) (1670) : 257
6a+? : Salamandre (2581) : 327
6a.A1 : Cri métallique (810) : 145
6a.A1 : Première loge (117) : 213
6a.A2 : Henriette (917) : 135
6a.A3 : Corde tchèque (127) : 211
6a.A3 : Microsporum canis (460) : 183
6b : ? (2950.1) : 330
6b : ? (509) : 179
6b : Abraxas (226) : 199
6b : Alain Moroni (2252.2) : 321
6b : Bec de lièvre (le) (1662) : 259
6b : Belle fille sûre (813) : 145
6b : Brin de soleil (227) : 199
6b : Burning for your touch (276) : 197
6b : C.K.Dur (3169) : 336
6b : Caprices du désir (les) (800) : 147
6b : Cayenne c'est fini (2575.1) : 327
6b : Coloriages (761.1) : 151
6b : Deputindebopa (1300) : 245
6b : Desyris (2560) : 325
6b : Écho logique (l') (794) : 149
6b : Enième tas (le) (763) : 151
6b : Entrée de secours (089) : 213
6b : Esprit de la tempête (l') (3148) : 337
6b : Fleur de solstice (1501) : 250
6b : Footcroute (325) : 195
6b : Fou de l'extrême droite (le) (3031) : 333
6b : Haute Melle (la) (3955) : 358
6b : Independence day (3044) : 335
6b : Jeux sans frontières (2854) : 328
6b : Lune aux oiseaux (la) (1516) : 249
6b : Massacre à la tronçonneuse (220) : 199
6b : Pain et chocolat (623) : 167
6b : Patibulaire (1667) : 258
6b : Percéides (588) : 170
6b : Pichenibule (L1-L4) (454) : 187
6b : Private dancing (3663) : 357
6b : Smooth operator (3519) : 352
6b : Sortie directe (1605.1) : 315
6b : Spaggiari (925) : 133
6b : Spits shows et sueurs froides (1322) : 246
6b : Toutenoisette (1052) : 287
6b : Tricrotale (4036.1) : 255
6b : Tronche de conque (3526) : 351
6b : Ula (282) : 197
6b : Ula (L7–L9) (282) : 195
6b : Vicious (3509) : 353
6b : Voie de l'homme nuts (1170) : 299

6b : Xénophobe (2852) : 328
6b : Y'a presque pas de lézards (3964) : 359
6b & A1 : Indiana jones (1680) : 269
6b & A1 : Muab.Dib (593) : 169
6b & A1 : Pitoncanthrope (594) : 169
6b & A1 : Tiotieuma (1321) : 246
6b & A1+ : Bari (1145) : 295
6b & A2 : Ascension (l') (119) : 211
6b & A2 : Cœur (le) (1654) : 261
6b & A2 : École des fans (L6–L11)(l') (159) : 209
6b & A2+ : Pilier de la Belle de mai (1612) : 316
6b & A2+ : Surprises (les) (4034) : 252
6b & A3 : Petit Patrick (1157) : 297
6b & A3 : Plage (la) (008) : 235
6b & A4 : Fond de l'air effraie, le fond de la rivière aussi (le) (1372) : 307
6b & A4 : Marseillais (les) (1107) : 289
6b & A4 : Secrets de la Mer Rouge (les) (087) : 221
6b+ : ? (1187) : 125
6b+ : À tout cœur (381) : 191
6b+ : Assurancetourix (979) : 127
6b+ : Babouchemolle (1517) : 249
6b+ : Babyfoot (378) : 191
6b+ : Barbapoupon (624) : 167
6b+ : Biscotte margarine (456) : 184
6b+ : Calabègue et Dindoboule courent toujours (3028) : 334
6b+ : Canelure omere (3950) : 358
6b+ : Charlie Brown (696) : 159
6b+ : Come back (2556.1) : 325
6b+ : Dérobée (la) (054) : 233
6b+ : Dièdre des rappels (121) : 211
6b+ : Diedro ketch-up (2251.2) : 321
6b+ : Empreinte des millénaires (L') (007.1) : 237
6b+ : Erebus (397) : 189
6b+ : Filière filou (la) (2578.1) : 327
6b+ : G2LOQ (719) : 155
6b+ : HAPQT (552) : 173
6b+ : I.V.G. (699) : 159
6b+ : Kloug (006.1) : 239
6b+ : Lesisbéplus (2559.1) : 325
6b+ : Minets gominés (L8-L11) (670) : 163
6b+ : Mort subite (693) : 159
6b+ : Nos amies les bêtes (175) : 205
6b+ : Pilier des Écureuils (le) (375) : 193
6b+ : Rêve de fer (630) : 167
6b+ : Rivière d'argent (625) : 167
6b+ : Rumori di gomma (3167) : 336
6b+ : Sérieux s'abstenir (510) : 179
6b+ : Sarbacane (759) : 151
6b+ : Si zut sida (3023) : 334
6b+ : Sidermek (855) : 139
6b+ : Solide au bidet (442) : 187
6b+ : Starter (497) : 181

6b+ : Sucepé (382) : 191
6b+ : Tête à claques (766) : 151
6b+ : Tamara (224) : 199
6b+ : Tapir volant (883.1) : 136
6b+ : Tarzan (3528) : 350
6b+ : Univers carcéral (115) : 219
6b+ : Victimes de la cruauté des femmes (793.1) : 149
6b+ : Voleur de Bagdad (882) : 136
6b+ : Zartemeuh (1016) : 119
6b+ & 5c.A2 : Mona Lisa klaxon (178) : 205
6b+ & A0 : Anis (1145.1) : 295
6b+ & A1 : Amok (837) : 143
6b+ & A1 : Another perfect day (710) : 159
6b+ & A1 : Orni (124) : 213
6b+ & A2 : Bananes (les) (818) : 145
6b+ & A2 : Délivrance (1450) : 312
6b+ & A2 : Enragés (les) (1110) : 289
6b+ & C2 : El topo (277) : 197
6b.A1 : Chemin de la gième (le) (771) : 151
6b.A1 : Symphonie du temps (182) : 203
6b.A2 : Agacelard (675) : 165
6b.A2 : Armoiraprods (690) : 165
6b.A2 : Rêves de la mer (les) (801) : 147
6b.A2 : Sexe hystérie (125) : 211
6c : ? (550.1) : 173
6c : À l'est des bens (389) : 189
6c : Arabe souriant (l') (393) : 189
6c : Arbragifle (1112) : 289
6c : Barjots (les) (326) : 195
6c : Bidochon en vacances (les) (516) : 179
6c : C'est la fête à Lucette (3167.1) : 336
6c : Ça manque d'indices, Inspecteur (3052) : 333
6c : Caquous (les) (1304) : 245
6c : Chico (3667) : 357
6c : Ciel, mes bijoux ! (694) : 159
6c : Cité des dalles (3657) : 357
6c : Couleur tombée du ciel (la) (169) : 207
6c : Directe chien (3523) : 351
6c : Douce sublimation (160) : 209
6c : Durandal (758) : 151
6c : Escalebitte dure (515) : 179
6c : Esprit inventif (l') (167) : 207
6c : Estamporanée (1303) : 245
6c : Fissure du bel inconnu (2901) : 329
6c : Fou d'artifice (le) (3051) : 333
6c : Frimes et châtiments (868) : 138
6c : Gabrielle (3061) : 332
6c : Grain de folie (3054) : 332
6c : Grand nez qui boite (le) (584) : 171
6c : Gueule d'amour (921) : 135
6c : In memoriam (050) : 233
6c : Jour d'été (631.1) : 165, 167
6c : Kaboube (520) : 173
6c : Krostons (les) (2576) : 327

6c : Love me (519) : 173
6c : Luna Bong (170) : 205
6c : Magnésiac (760) : 151
6c : Malice au pays des merveilles (793) : 149
6c : Miroir du fou (le) (3055) : 332
6c : Moulinette (3040) : 334
6c : N'a qu'un œil (3507) : 353
6c : Nécronomicon (166) : 207
6c : Nécropolis (222) : 199
6c : Niauds (les) (2502) : 322
6c : Nyctalopes (155) : 211
6c : Œil perdu (l') (3508) : 353
6c : Oiseau de feu (l') (575) : 171
6c : Or sujet (1507) : 249
6c : Oursinade (l') (1449) : 312
6c : Pas de sida pour Miss Poireau (849) : 141
6c : Passion d'aventure (1552) : 267
6c : Petit coin de paradis (un) (708) : 159
6c : Pique assaut (321) : 195
6c : Rêver c'est bien, le fer c'est mieux (le) (631) : 167
6c : Rond de chaussettes (3060) : 332
6c : Roumagaou (1652) : 262
6c : Salta minchia ! c'è una stella che cade (451) : 185
6c : Salut les copines (592) : 170
6c : Samba triste (668) : 163
6c : Science désastre (179) : 205
6c : Sommeil paradoxal (695) : 159
6c : Stramilano (180) : 205
6c : Télégrammes (1503) : 249
6c : Tanti auguri (713) : 157
6c : Toujourspluprès (334) : 193
6c : Triomphe d'Éros (le) (174) : 205
6c : Tuyau d'orgue (123) : 213
6c : Victim of egoism (3954) : 358
6c & A0 : La voie de 50 cm (819) : 143
6c & A0 : Montée aux Acoules (la) (049) : 233
6c & A1 : Extra terrestres (les) (158) : 209
6c & A1 : Hannibal (1011) : 118
6c & A2 : Agar (1305) : 245
6c & A2 : Virilimité (633) : 165
6c & A4 : Metallic K.O. (090) : 219
6c+ : ? (3651) : 356
6c+ : Baba Yaga (983) : 127
6c+ : Baiser sanglant (218) : 199
6c+ : Baraka (la) (502) : 179
6c+ : Baraka (la) (L6) (502) : 180
6c+ : Bonbons collent au sachet (les) (219) : 199
6c+ : Cercopithèque (504) : 180
6c+ : Cité qui rêve (la) (2561) : 325
6c+ : Corbeautage (579) : 171
6c+ : Ctuluh (449) : 185
6c+ : Débiloff proffondicum (754) : 153
6c+ : Dingomaniaque (377) : 191

6c+ : En jeu (3433) : 347
6c+ : Flagrant délice (3168) : 336
6c+ : Four (le) (3303) : 339
6c+ : Haine-moi (3952) : 358
6c+ : Hakama (872) : 137
6c+ : Heure zéro (796) : 149
6c+ : Inspecteur Polpot mène l'enquête (3024) : 334
6c+ : Ivresse des profondeurs (l') (060.1) : 223
6c+ : Mangoustine scatophage (329) : 193
6c+ : Mort à Venise (877) : 137
6c+ : Over cool baba dose (3163) : 337
6c+ : Pirouette enchantée (3056) : 332
6c+ : Rideaux de Gwendal (les) (L6-L9) (447) : 185
6c+ : Rideaux de Gwendal (les) (L7-L9) (447) : 187
6c+ : Série noire (667) : 163
6c+ : Sabra (981) : 127
6c+ : Solanuts (221) : 199
6c+ : Super Jane (2954) : 330
6c+ : Tapis volant (883) : 136
6c+ : Trio (3447) : 347
6c+ : Turlut (752) : 153
6c+ : Violent passion surrogate (978) : 127
6c+ : Vision futée (795) : 149
6c+ : Y'a plus de soleil dans le canyon (058.1) : 225
6c+ & A1 : Toboggan de la mort (le) (712) : 157
6c+ & A2+ : Peligro (el) (1607) : 315
7a : 3 jours d'engatse (1451.1) : 311
7a : Agorgeamoclès (441) : 187
7a : Andropolis (223) : 199
7a : Ange en décomposition (l') (628) : 167
7a : Ant's kill (225) : 199
7a : Au bonheur des dames (3449) : 347
7a : Au delà du délire (317) : 197
7a : Au delà du délire (L3-L9) (317) : 195
7a : Calabrai (le) (3252) : 342
7a : Chemin du nuage blanc (698) : 159
7a : Cloportes phosphorescents (les) (549) : 173
7a : Coco d'ziles (857) : 139
7a : Cogitum (844) : 143
7a : Corbeau et le rosbeef (le) (3529) : 350
7a : Corps ferme et cœur tendre (3411) : 345
7a : De l'art et du cochon (1649) : 263
7a : Delirium très mince (508) : 179
7a : Dimension cachée (707) : 159
7a : Douk Douk (577) : 171
7a : Du goudron et des plumes (767) : 151
7a : Éperon sublime (l') (156) : 209
7a : Génie des alpages (le) (721) : 155
7a : Gloria variante (3147) : 337
7a : Golem (697) : 159, 161
7a : Gris qui tue (le) (165) : 207

Chapitre XXV. INDEX DES VOIES PAR DIFFICULTÉ

7a : Groucho (3666) : 357
7a : Henry IV part II (3150) : 337
7a : Heure des mamans (l') (583) : 171
7a : Impasse des nouilles (746) : 155
7a : Incal (l') (586) : 171
7a : Jacquerie (la) (806.1) : 145
7a : Je suis une légende (498) : 181
7a : Larme tombée du ciel (une) (924) : 135
7a : Lutte contre la fin (674) : 165
7a : Manimal (120) : 213
7a : Marches du temps (les) (281) : 197
7a : Mickey maousse (2254.2) : 321
7a : Monsieur Placard (3600) : 354
7a : Mur bleu (le) (982) : 127
7a : No self control (550.2) : 173
7a : Noisette enragée (la) (176.1) : 205
7a : Patience dans l'azur (942) : 130
7a : Phœbus (845) : 143
7a : Polpett (505) : 180
7a : Prise de cent (336) : 193
7a : Salut les berlots (3050) : 333
7a : Suzy sunshine (2554.1) : 325
7a : T.N.T. (878) : 137
7a : Ténébreuse affaire (une) (3058) : 332
7a : Takavasy (3656) : 357
7a : Ticket piégé (173) : 205
7a : Tintin au pays des mauviettes (634) : 165
7a : Totem (386) : 191
7a : Trous secs (440) : 187
7a : Wilder Westen inclusive (2851) : 328
7a & A1 : Naziaque (553) : 173
7a & A2 : Pilier Gousseault (726) : 155
7a & A2 : Repère bondissant (le) (164.1) : 207
7a+ : Alerte au gaz (629) : 167
7a+ : Âne rouge (l') (587) : 171
7a+ : Anis elbow (3399) : 344
7a+ : Au bord des abîmes (750) : 153
7a+ : Babar est tombé du vélo (922) : 135
7a+ : Bon chic, bon genre (846) : 141
7a+ : Caca boudin ou les grands navires (161) : 207
7a+ : Car les martiens sont de retour (3025) : 334
7a+ : Chant du perfo (le) (666) : 163
7a+ : Coup d'état (319) : 195
7a+ : Démon (376) : 191
7a+ : Désir du matin (595) : 170
7a+ : Dans'line (3164) : 336
7a+ : Distribution de topinambours (802) : 145
7a+ : Douleurs et charmes (3309) : 339
7a+ : Effet papillon (l') (548) : 173
7a+ : Egyptos (1609) : 315
7a+ : Fête des nerfs (la) (744) : 155
7a+ : Frères Caramel Mou (les) (859) : 139
7a+ : Gaffe dans le dos (459) : 183
7a+ : Hélène et les gros cons (791.1) : 149

7a+ : Hormones frites (817) : 145
7a+ : Kingos (715.1) : 157
7a+ : Label du seigneur (3965) : 359
7a+ : Manège enchanté (le) (756) : 153
7a+ : Manu Ribdu (706) : 159
7a+ : Miroirs ardents (324) : 195
7a+ : Miss Tourbillon (636) : 165
7a+ : Missing (3160) : 337
7a+ : N'en jetez plus (2953) : 330
7a+ : Œil du tigre (l') (580) : 171
7a+ : Ouah, con, qu'il est cool cet été là ! (3161) : 337
7a+ : Père Noël est une ordure (le) (3305) : 339
7a+ : Prises uniques (443) : 187
7a+ : Scoubit (3149) : 337
7a+ : Sinfonie del vento (753) : 153
7a+ : Soleil minéral (171) : 205
7a+ : Surveiller et punir (866) : 138
7a+ : T'en veux ? (974) : 127
7a+ : Troglobule (162) : 207
7a+ : Troisième Ciel (585) : 171
7a+ : Tronche à nœuds (627) : 167
7a+ : Ultime atome (l') (059.1) : 225
7a+ : Voie Fawcett (3059) : 332
7a+ : Yukio Mishima (873) : 137
7a+ & 6c.C1 : Mingus (691) : 161
7a+ & A4 : Péril jaune (le) (1648) : 263
7b : À moi les vivants (490) : 183
7b : Action directe (3250) : 342
7b : Bobo biceps (3417) : 345
7b : Botte de carottes ça ravigotte (une) (803) : 147
7b : Boulevard des stars (747) : 153
7b : Bouse power (3301) : 339
7b : Célia follys (123.1) : 211
7b : Cenerentola (867) : 138
7b : Chapeau bas (3311.1) : 339
7b : Crabe aux pinces d'or (le) (635) : 165
7b : Cruel brittonique (940) : 130
7b : Désordre amoureux (un) (985) : 126
7b : Écritoire (l') (278) : 197
7b : El chochoduerme (768) : 151
7b : Ève Line (807) : 145
7b : Fac (la) (3446) : 347
7b : Faut s'faire une raison (3613) : 354
7b : Fesse d'or de la grande vorace (la) (882.1) : 136
7b : Gaz Max au Verdon (521) : 173
7b : Gestes pour le dire (les) (3162) : 337
7b : Holocauste (76) : 139
7b : Igor Stravinsky (2951) : 330
7b : Kallisté (085.1) : 223
7b : Mandarin merveilleux (870) : 138
7b : Orgasme (928) : 132
7b : Oublier pour tenir (114) : 219

7b : Pas d'bloc Picasso (3432) : 347
7b : Pas de panique (2950) : 330
7b : Passion néfaste (une) (975) : 127
7b : Pierre de lune (323) : 195
7b : Réglisse (1144.1) : 295
7b : Rideaux de Gwendal (les) (447) : 183
7b : Route pour nulle part (en) (919.1) : 135
7b : Sacré Nascimo (976) : 127
7b : Scoumoune (501) : 180
7b : Semeurs (les) (3434) : 347
7b : Sensuelle et sans suite (2254.1) : 321
7b : Subliminable (055.1) : 229
7b : Tête en l'air (980) : 127
7b : Tentative d'évasion (328) : 193
7b : Tous au cade (1183) : 125
7b : Tranxène 5 (315) : 195
7b : Voie du Blond (la) (3158) : 337
7b : Vouai vouai vouai ! (1646) : 265
7b : Zizagutti (632) : 165, 167
7b & A0 : Délice du wapiti (1679.1) : 260
7b & A0 : Visite à Urt (1182) : 125
7b & A2 : Mégafoot (322) : 195
7b+ : ? (499) : 181
7b+ : Âge de raison (l') (1670.1) : 257
7b+ : Alicantropia (847) : 141
7b+ : Aveux les plus doux (les) (977) : 127
7b+ : Bleu banane (3410) : 345
7b+ : Cas Reagan (le) (990) : 126
7b+ : Chrysalis (769) : 151
7b+ : De gevangenpoort (746.1) : 155
7b+ : Élite est entrée sans prévenir (l') (215) : 203
7b+ : Été de porcelaine (l') (3159) : 337
7b+ : Face de Lune (049.1) : 233
7b+ : Fils de la terre et du vent (les) (797) : 149
7b+ : Haute tension (453) : 185
7b+ : Karin's line (517) : 175
7b+ : Lieux sacrés (3401) : 344
7b+ : Mâtin (3313) : 339
7b+ : Mère elle chausse du deux (ta) (3400) : 344
7b+ : Mattéorite (112) : 219
7b+ : Mescalito (085) : 223
7b+ : Miss Canyon (879) : 136
7b+ : Mission impossible (854) : 140
7b+ : Péril rouge (1650) : 263
7b+ : Petit bain (854.1) : 140
7b+ : Pichenibule (L5–L11) (454) : 187
7b+ : Pichenibule (L8-L12) (454) : 183, 184
7b+ : Qui se souviendra des hommes ? (113) : 213
7b+ : Riri pinson (792.1) : 149
7b+ : Saga du Verdon (879.1) : 137
7b+ : Sanglante affaire (3313.1) : 339
7b+ : Septième saut (2952) : 330
7b+ : Stalagbitroute (3530) : 350

7b+ : Symbiose (3155) : 337
7b+ : Syndrome de Calimero (le) (801.1) : 147
7b+ : Tête à eau (765) : 151
7b+ : Tequila paf (3302) : 339
7b+ : Ticket pour un taquet (576) : 171
7b+ : Tout ça pour une médaille (714) : 157
7c : Allemands n'ont pas d'argent (les) (2853) : 328
7c : Bac moins 1 (3436) : 347
7c : Belle Linda lave et rie (la) (724) : 155
7c : Coup de foudre (850) : 141
7c : Doctorat saucissonage (3439) : 347
7c : Encore une journée d'foutue (874) : 137
7c : Exil sur planète fantôme (3408) : 345
7c : Extasia (3154) : 337
7c : Farci par là (876) : 137
7c : Galéjade (3251) : 342
7c : Gravities rainbow (715) : 157
7c : Grimpeurs se cachent pour vomir (les) (445) : 187
7c : Gris fluo (3409) : 345
7c : Guère épais (858) : 139
7c : Hors la loi (718.1) : 157
7c : Jupons capiteux (les) (749) : 153
7c : Liz Taylor is rich (987) : 126
7c : Minimoog (3307) : 339
7c : Miskatonic (217) : 200
7c : Naufragés (les) (009) : 235
7c : Paluarde secousse (316) : 195
7c : Polpot (582) : 171
7c : Salvaje de corazón (723.1) : 157
7c : Sensimillia (3306) : 339
7c : Thèse et vous ? (3437) : 347
7c : Virus (le) (808) : 145
7c : Voilà les cakes de plage (2903) : 329
7c & A0 : Ce n'est pas une pipe (1451.2) : 311
7c+ : ? (442.1) : 187
7c+ : Abnégation (455) : 184
7c+ : Amena (880) : 136
7c+ : Appelez-moi « guidos » (444) : 187
7c+ : Béta coinceur (3414) : 345
7c+ : Bac en vrac (3442) : 347
7c+ : Big bougre, les beaux gros bras gras blancs (3602) : 354
7c+ : Black pot (327) : 193
7c+ : Chez les Grecs (933) : 131
7c+ : Cracboumhue (3601) : 354
7c+ : Cracprout (3602.1) : 354
7c+ : Descente au barbu (la) (581) : 171
7c+ : Diagonale du fourbe (la) (3311) : 339
7c+ : Divan le terrible (927) : 132
7c+ : Docteur No (859.1) : 139
7c+ : Escalier renversé (l') (3610) : 355
7c+ : Étroit mousquetaire (l') (864) : 139
7c+ : Fenrir (626) : 167

7c+ : Flash (555) : 173
7c+ : Genou de Claire (le) (450) : 185
7c+ : Great Guigue in the Sky (the) (3403.1) : 344
7c+ : Homme qui valait trois pétards (l') (3308) : 339
7c+ : Jolly Jumper (3611) : 354
7c+ : Laisse dire (931) : 132
7c+ : Liqueur de coco (798) : 149
7c+ : Ma nuit chez Maud (989) : 126
7c+ : Papy on sight (500) : 180
7c+ : Poinçonneur (le) (2253.1) : 321
7c+ : Sale temps pour les caves (2902) : 329
7c+ : Solitude (2855) : 328
7c+ : Sourire canaille (3405) : 344
7c+ : Supplément cornichon (863) : 139
7c+ : Taf néfaste (la) (1143.1) : 293
7c+ : Zéro de conduite (3435) : 347
7c+? : Madame Persil (3605) : 354
7c+? : Mister Flan (3404) : 344
8a : A donf ! (3412) : 345
8a : Air de rap (un) (3416) : 345
8a : Assis sur une gouine (3309.1) : 339
8a : Claudia (745) : 155
8a : Dièdre antique (3157) : 337
8a : Diplômés (les) (3441) : 347
8a : Échographie (806) : 145
8a : Emballez, c'est pesé (842) : 141
8a : Exécution testamentaire (3304) : 439
8a : Fingers paradise (2251.3) : 321
8a : Graphique (816) : 145
8a : Inversées sataniques (les) (3604) : 354
8a : Mijo (838) : 141
8a : Muche (673) : 163
8a : Nenec plus ultra (930.1) : 133
8a : Séance crevante (791.2) : 151
8a : Séance tenante (791) : 151
8a : Take it or leave it (861) : 139
8a : Tu piges, mec ? (3406) : 344
8a : Vie privée de Walter Closet (la) (3609) : 355
8a+ : ? (571.1) : 170
8a+ : Allô, la terre ! (988) : 126
8a+ : Boîte à bac (3443) : 347
8a+ : Dessous, c'est affriolant (840) : 141
8a+ : Docteur Jivago (860) : 139
8a+ : L'enfer provisoire (3403) : 344
8a+ : Maîtrise STG (3444) : 347
8a+ : Néophytes (3603) : 354
8a+ : Posséder les chromosomes (314) : 195
8a+ : Team zinc (3311.2) : 339
8a+ : Temps d'un instant (le) (3415) : 345
8a+ : Top (le) (3606) : 354
8a+ : Wall of Woodoo (458) : 184
8a+ : Z (le) (3607) : 355
8a? : ? (799.1) : 147

8a? : Artistes travaillent sans filet (les) (3156) : 337
8a? : Déballez je suis cassé (842.1) : 141
8a? : Licence steak (3445) : 347
8b : Aï Pepito (3407) : 344
8b : Bidochons bretons (715.2) : 157
8b : Braves gens ne courent pas les rues (les) (711) : 157
8b : Crime passionnel (un) (986) : 126
8b : Dure limite (919) : 135
8b : L'ombre d'un doute (3413) : 345
8b : Opéra bouffe (3430) : 347
8b : Suppositoire (le) (930) : 133
8b : Z direct (le) (3608) : 355
8b+ : Brouette en chantier (3053) : 333
8b+ : Fesse droite de Benit (la) (3153) : 337
8b+ : Must (le) (3310) : 339
8b+ : Spécialistes (les) (2500) : 322
8b+ : Triste lune (3312) : 339
8c : Mustc (le) (3310.1) : 339
8c : Spécialistes direct (les) (2501) : 322
8c? : ? (3612) : 354
A0 & 6c : Ticket danger (506) : 179
A0 & 6c : Voie sans issue (008.3) : 235
A0.5c : Voyage à travers l'impossible (008.2) : 235
A1 & 5c : Pilier sud (1012) : 119
A1 & 5c+ : Slut (811) : 145
A1 & 6b : Vent des errances (le) (279) : 197
A1+ : Singe (le) (939.1) : 131
A1.5b : Déluge (947) : 129
A1.5b : Virgule tricoteuse (la) (1008) : 117
A1.5c : Again (939) : 131
A1.5c : Bois gentil (869) : 137
A1.5c : Sordidon (792) : 149
A1.5c : Tripo-dechou (la) (1004) : 115
A1.6a : Minets gominés (partie inférieure) (669) : 165
A2 : Salades de l'Apocalypse (les) (1360) : 305
A2 & 5c : Dernière surprise (320) : 195
A2 & 5c+ : Sidardendaille (755) : 153
A2 & 6a : Domaine des dieux (804) : 145
A2 & 6a : Éclopante (503) : 183
A2 & 6a : Rage des saigneurs (la) (176) : 205
A2 & 6a : Thalamus (717) : 157
A2 & 6b : Grands penseurs (814) : 145
A2 & 6b : Homme mort(l') (1184) : 125
A2 & 6b : Mousson (la) (720) : 155
A2 & 6b : Virginie (809) : 145
A2 & 6c+ : Qui s'y frotte s'y pique (751) : 153
A2+ : Lances du crépuscule (les) (128) : 211
A2+ : Mémorial Patrick Berthet (132) : 211
A2+ : Sale gosse (057.9) : 225
A2+ & 6b : Coups de semonce (1186) : 125
A2.5c : Bye Brigitte (761) : 151
A2.5c : Chirat (163) : 207

A2.5c : École des fans (L1–L5)(l') (159) : 203
A2.5c+ : Attilas (283) : 197
A2.5c+ : Ula (départ original) (282.1) : 197
A2.C2 : Coup de calcaire (799) : 147
A2.C2 & 6c : Salut le Bref (834) : 143
A3 : Au delà du miracle (1143.3) : 293
A3 : Dièdre de la terreur (057) : 225
A3 : Nagasaki (056.3) : 227
A3 : Papy qué dévers (1361) : 305
A3 : Péril helvétic (1651) : 262
A3 : Tecto flip (058) : 225
A3 & 5c : Batso (718) : 157
A3 & 5c : Charme-anticharme (1002) : 115
A3 & 5c : Esprit torturé (l') (168) : 207
A3 & 5c : Fête du bagne (la) (815) : 145
A3 & 5c : Overdose (164) : 207
A3 & 6a : Glamour (126) : 211
A3 & 6a : Interlope (084) : 223
A3 & 6a : Pourquoi j'ai mangé mon père (056.2) : 229
A3 & 6b : Guet (le) (764) : 151
A3 & 6b : Imaginod (055) : 229
A3 & 6b : Mille pas de vide (181) : 203
A3 & 7b : Poker à cinq as (056.7) : 229
A3+ : Bande à Baader (058.2) : 225
A3+ : Gousseault direct (726.1) : 155
A3+ : Plus top que ça tu meurs (1451.3) : 311
A3+ : Rage against the machine (087.2) : 223
A3+ : Univers de l'alambic spatio-temporel (l') (057.4) : 227
A3+ : Voie Brodie-Mora (1363) : 305
A4 : Aventure, c'est l'aventure (l') (1143) : 293
A4 : Castapiagne rouge (la) (056) : 227
A4 : Colis piégé (059) : 225
A4 : Cosmics débris (056.6) : 229
A4 : Directe de la Paroi rouge (088) : 219
A4 : Jeu des perles de verre (le) (088.1) : 219
A4 : Luna plomb (180.1) : 205
A4 : Sahara (181.1) : 203
A4 : Sixième élément(le) (056.4) : 227
A4 : Tombeau de l'éclair(le) (057.3) : 227
A4 & 6a : Au voleur ! méfiez-vous (087.1) : 223
A4 & 6a : Mandarom(le) (056.5) : 229
A4 & 6a : Voyage de la Mandarine (le) (692) : 161
A4 & 6b : Arrache couronne (l') (057.1) : 227
A4 & 6b : Atlantide (086.1) : 219
A4 & 6b : Chant des soleils(le) (057.2) : 227
A4 & 6b+ : Marcelin (496) : 175, 179
A4 & 7a : Smoke (059.3) : 225
A4 & 7a+ : Hot red chili pepper (091) : 219
A4+ : À croche toit (1362) : 305
A4+ : Mélodie secrète (la) (056.5) : 227
A4+ & 6a : Good morning America (059.2) : 225
A4+ & 6b : Plus vieux rêve de l'homme (le) (130) : 211
C2 & 6c : Los Alfaquès (172) : 205

Votre SÉCURITÉ en falaise,
ça ne s'improvise pas,
ÇA S'APPREND.
ADHÉRER À UN CLUB
C'EST PARTAGER l'EXPÉRIENCE,
C'EST GRIMPER PLUS SÛR.

Tous les clubs d'escalade de France :
http://www.ffme.fr/club/liste/index.html

Chapitre XXV. INDEX DES VOIES PAR DIFFICULTÉ

XXVI. INDEX GÉNÉRAL

Les numéros renvoient aux pages

Aiguines : 27, 61
arbres : 84
argent : 106
ARTIF : 230
artificiel : 85
ARTUBY : 300
assurage naturel : 94
AVENTURE : 292
BALADE : 277
BANANIERS : 270
BAUCHET : 342
BELLIÈRE : 280
BELVÉDÈRE : 248
bivouac : 84
BLUES : 290
Bœuf beurré : 360
camping sauvage : 25, 103
campings : 103
CARELLE : 180
casque : 76, 96
CASSEYÈRE : 284
CASTAPIAGNE ROUGE : 226
CATARACTES : 241
CAVALIERS : 308
Cavaliers : 27, 61
CHALANETTES : 348
CHAN-THÉ : 250
change : 106
CHAPELLE : 274
Charte fédérale de l'équipeur : 22
climat : 17
coinceurs : 76, 81, 95
COL D'AYEN (est) : 352
COL D'AYEN (ouest) : 350
COLIS : 224
COLLET BARRIS : 340
Consignes fédérales de sécurité : 12
corde : 76
COSIROC : 26, 59
cotation : 85
cotation d'ensemble : 86
cotations : 80
crochet à gouttes d'eau : 76
crochets à gouttes d'eau : 86
CTULUH : 184
DALLES GRISES : 188
DÉBILOFF : 152
DÉCIZE : 256
dégaines : 96

DEMANDE : 196
DENT D'AIRE : 128
DÉROBÉE : 232
détritus : 25
DÉVERS : 305
DINGO : 190
DISCORDE : 252
DUC (le) : 289
Duc (paroi du), schéma) : 292
Duc — Encastel : 291
ÉCUREUILS : 192
ENCASTEL : 296
Encastel (paroi d'), schéma : 292
encordement : 76
ENVERS DU MIROIR : 336
ÉOUVIÈRE : 317
ÉPERON SUBLIME : 208
équipée (voie) : 76
Escalès, de la Carelle à l'Offre : 176
Escalès, de la Paroi rouge à l'Offre : 214
Escalès, de Mur bleu à la Carelle : 120
ESTAMPO : 244
ESTELLIÉ : 310
Estellié, schéma général : 309
FAC (la) : 347
FAMILLE À MAX : 282
FAUTEUIL : 313
FAYET : 302
Fayet – Cavaliers : 304
FÉLINES : 356
FENRIR : 166
FÊTE : 154
fissure : 92
gîtes : 104
GAÉLIQUE : 202
GALETAS : 279
GOLEM : 158
GRANDS NAVIRES : 206
GUEULE D'AMOUR : 134
Haute-Provence : 109
HERBETTO : 264
historique : 17, 81
hôtels : 104
IGLOO : 254
interdictions : 25
IROUELLE : 298
ISSIOULE : 278
JARDIN DES SUISSES : 129
KHÉOPS : 316

KHMERS : 319
L'AIGLE (est) : 117
L'AIGLE (ouest) : 114
L'AIGLE(centre) : 116
LA FAC : 346
LA PLAGE : 234
LAMBERTS ET LAGRAMUSAS : 334
LE DUC : 288
LIZ TAYLOR : 126
locations meublées : 104
LUNA BONG : 204
MAINMORTE : 344
Maison de l'Environnement : 27
Maline (est), situation et accès : 253
MAMI : 182
MANDARINE : 160
matériel d'escalade : 107
MAUGUÉ : 314
médecins : 106
MÉGAFOOT : 194
mégots : 25
MESCALITO : 222
meublés : 104
MILLÉNAIRES : 236
MIROIRS : 332
MISKATONIC : 200
MISSION : 140
MORT à VENISE : 136
MOU : 306
moulinettes : 25
MOUSTIERS : 358
MUAB : 168
MUR BLEU : 127
NAZIAQUE : 172
NÉOPHYTES : 354
OFFRE : 238
oiseaux : 25
OLIVIER : 276
ORNI : 212
OURSINADE : 312
ouvreurs : 85
PAROI ROUGE : 218
Paroi rouge, Castapiagne, Dérobée : 216
PAS DE LA BAÙ : 124
PATIBULAIRE : 258
Pays du Verdon : 110
PÉROU : 242
PETIT EYCHARME : 338
pharmacies : 106
PICHENIBULE : 186
pictogrammes : 85, 86
pitons : 96, 97
PLAGE (la) : 235
plaquettes : 97
POINT SUBLIME (centre) : 119

POINT SUBLIME (ouest) : 118
POKER : 228
protection de la nature : 81
QUE DALLE : 240
Quinson : 27
rappel : 76, 84, 90
refuges : 104
RÉGLISSE : 294
relais : 84
retraite : 95
Rougon : 293
ROUMAGAOU : 262
ROUMI : 268
S.O.S. : 97–101
SALE TEMPS : 329
sangles : 96
SAUT D'HOMME : 162
schémas : 84
SCHLOPPAKOTZE : 272
SÉANCE : 150
secours : 97
Sentier Martel : 91
SEPTIÈME SAUT : 330
SERRE MEYAN : 287
SIX FOIS ZETTE : 178
SOLANUTS : 198
SOLITUDE : 328
SORDIDON : 148
SOURICIÈRE : 130
SPÉCIALISTES : 322
stationnement : 25
STYX : 266
Sud-Est de la France : 108
supermarché : 105
SURBOTTES : 132
surprotection : 94
SURVEILLER et PUNIR : 138
TATOUNE : 286
TCHÈQUE : 210
terrain d'aventure : 81, 93
TILLEUL : 122
TIOTIEUMA : 246
TOBOGGAN : 156
TROISIÈME CIEL : 170
TUYÈRE : 142
VALAUTE (est) : 326
VALAUTE (ouest) : 324
Verdon amont, vue d'ensemble et accès : 113
VERNIS (aval) : 320
Vernis : vue d'ensemble et schémas d'accès : 318
VIRGINIE : 144
VIRILIMITÉ : 164
voies mixtes : 85
WAPITI : 260

LOUIS-JEAN Avenue d'Embrun, 05003 GAP cedex - Tél. : 04.92.53.17.00 - Dépôt légal : 603 - Août 2000 - Imprimé en France